50 *Klassiker*

PHILOSOPHEN

Die großen Denker von der Antike bis heute

dargestellt von Edmund Jacoby

unter Mitarbeit von Ulrike Braun

Anaconda

Was können wir wissen, was sollen wir tun?

■ Die Lieblingsgöttin der Griechen in der klassischen Zeit: Athene, die Göttin der Weisheit. Wenig später spielte sie nur noch in der Volksfrömmigkeit eine Rolle, während die Philosophen den Begriff der »Weisheit« *(sophia)* zu ergründen versuchten, deren »Freunde« *(philoi)* sie sein wollten.

50 Klassiker Philosophen ist ein Durchgang durch die Geschichte der Philosophie in fünfzig Etappen. Er beginnt am Anfang des 6. Jahrhunderts v. Chr. in Griechenland, denn hier zuerst nahmen die Menschen nicht länger hin, dass das, was die Tradition vorschrieb, fraglos zu gelten habe. Sie ersetzten das durch das Herkommen geheiligte Gewohnheitsrecht durch bewusst geschaffene Gesetze und die Götter, die über das Recht gewacht und zur Erklärung für das Geschehen in der Natur gedient hatten, durch abstrakte Begriffe. Aus der Göttin des Rechts wurde die Gerechtigkeit, und Gerechtigkeit bedeutete richtige Verteilung und ließ sich in berechenbaren Zahlenverhältnissen ausdrücken. Zeus, der größte Gott, wurde schließlich mit dem allgemeinsten denkbaren Begriff identifiziert, dem des Seins. Das Denken, die Natur und die Götter, stellten die Griechen fest, gehorchen denselben ewigen Gesetzen der Logik und der Mathematik, deren Kenntnis den Menschen über die Zufälligkeiten des Daseins erhebt. Die junge Philosophie triumphierte über Tradition und Mythos und traute sich zu, zu erkennen, was die Welt im Innersten zusammenhält. Sokrates war dann der Erste, der auch nach den Grenzen unseres Wissens und unserer Erkenntnis fragte und danach, was wir mit unserem Wissen tun sollen. Er führte damit den systematischen Zweifel gegenüber dem Denken in die Philosophie ein.

In China und in Indien begann der Bruch mit der Tradition und dem Mythos um dieselbe Zeit wie in Griechenland. Der Chinese Konfuzius machte die Tradition selbst zum Thema seines Denkens. Er erkannte, dass es die Tradition ist, die die Gesellschaft zusammenhält, und riet zum bewussten Umgang mit ihr, um sie vor willkürlichen Verfälschungen zu bewahren und für notwendige Entwicklungen zu öffnen; Buddha in Indien wiederum lehrte, dass der Einzelne die Freiheit hat, sich aus der von der Tradition geheiligten Weltordnung zurückzuziehen und jenseits dieser Welt nach Vervollkommnung zu streben.

Möglicherweise waren die Gedanken Buddhas auch Platon bekannt. Wie Buddha, so sehnt sich auch Platon nach

■ Diese Darstellung philosophischer Lehre aus dem Mittelalter sagt uns einiges über das Weltbild der Zeit: Die Welt ist geordnet durch die Hierarchie, die darin zum Ausdruck gebracht wird, dass der Lehrer nicht nur erhöht thront, sondern auch größer dargestellt ist als seine Schüler; sie ist aber auch geordnet nach der abgeschlossenen Welt des Studiums auf der einen Seite und der äußeren Welt der Politik und des Geschäfts auf der anderen.

einer wahreren Welt jenseits unserer Erfahrungswelt, in der alles zufällig und stets vergänglich ist; und er erblickt sie in der Welt der »Ideen«. Ideen oder Begriffe existieren im Denken, und das Denken ist nicht nur das eines einzelnen Menschen, sondern existiert wie die Gesetze der Logik unabhängig vom Individuum jenseits von Zeit und Raum. Denken ist etwas Wahreres als die materiellen Dinge. Diesem Idealismus Platons setzten die Materialisten, voran Epikur, entgegen, dass es nur Materie gebe und Geist nichts als besonders feine Materie sein könne. Aristoteles vermittelte auf eine sehr erfolgreiche und die gesamte Philosophiegeschichte prägende Weise zwischen Idealismus und Materialismus, indem er feststellte, dass Denken nicht ohne reale Dinge und reale Dinge nicht ohne die Begriffe, die wir uns von ihnen machen, für uns vorkommen. Durch die Verbindung abstrakter Begriffe und Denkgesetze mit der aufmerksamen Beobachtung der Wirklichkeit legte er die Grundlagen für das, was in der westlichen Tradition Wissenschaft heißt. Die Wissenschaft der Antike unterschied sich allerdings dadurch von der der Neuzeit, dass die Beherrschung der Natur für sie keine große Rolle spielte; sie blieb vor allem eine politische Lehre vom richtigen Leben im Einklang mit den Gesetzen der Natur. Deshalb konnte Aristoteles auch der wichtigste Philosoph für das islamische wie für das christliche Mittelalter werden, denn sein Denken war die geeignete Grundlage für die Festschreibung einer hierarchischen Ordnung der Welt, wie sie der mittelalterlichen Ständegesellschaft entsprach.

■ Die Renaissance betrachtet den Einzelnen nicht mehr nach seiner Stellung in der Ordnung der Welt, sondern, wie hier Macchiavelli, als Individuum, das aus sich selbst alles machen kann.

Die Neuzeit des Denkens beginnt mit einer Revolte gegen das aristotelische Denken des Mittelalters. Der Renaissancemensch, wie Machiavelli ihn beschreibt, bricht aus seiner vorgegebenen Rolle in der gesellschaftlichen Hierarchie

aus und versucht mit den Mitteln der Verstandesgesetze in der Gesellschaft das Beste für sich als Individuum zu erreichen, und wenn dafür die Gesellschaft verändert werden muss. Bald wird auch die Natur nicht mehr als unumstößliche Ordnung der Dinge betrachtet, sondern als etwas, das durch die Menschen manipuliert werden kann, wenn sie ihre Gesetze erkennen. Francis Bacon verkündet die Utopie einer neuen Ära, in der die Menschen durch die Beherrschung der Natur zu Wohlstand und Glück gelangen. Der an der Mathematik orientierte Rationalismus und der von der Sinneserfahrung ausgehende Empirismus sind gleichermaßen am Aufschwung der modernen Naturwissenschaft beteiligt; sie streiten jedoch in der Philosophie der Aufklärung um Vorherrschaft, bis Kant sie in der Formel zusammenbringt, dass unsere sinnliche Wahrnehmung der Wirklichkeit immer schon durch die rationalen Formen des Denkens geprägt ist. Gewissheit aber darüber, dass die rationalen Formen des Denkens allen Menschen gemeinsam, also allgemein gültig sind, so stellt Kant fest, gibt es erst in einer Gesellschaft, in der alle Menschen an der Diskussion über das, was richtig ist, teilhaben. Wenn wir *wissen* wollen, müssen wir auch etwas *tun*, nämlich eine aufgeklärte Gesellschaft von freien und gleichberechtigten Menschen herbeiführen.

■ Immanuel Kant, der Vollender der Aufklärung. Sein »kritisches« Denken ist bis heute Ausgangspunkt vieler philosophischer Debatten.

Mit Kant beginnen die auf den ersten Blick verwirrenden Debatten der modernen Philosophie, in denen eine Frage zur nächsten führt und selten eine Antwort lange gilt: Existiert überhaupt eine Welt außerhalb unserer Wahrnehmung und unseres Verstandes? Ist es nicht auch unsere von uns selbst gar nicht zu kontrollierende menschliche Natur, die unser Bild von der Welt aufgrund ihrer Bedürfnisse prägt? Ist nicht die ganze metaphysische Fragestellung nach Sein und Nichtsein der Welt müßig, solange wir uns darüber verständigen können, was im Sinne unserer Bedürfnisse von praktischer Bedeutung ist und damit als Faktum gelten kann? Können wir uns aber überhaupt über das verständigen, was für uns praktische Relevanz hat, solange wir in einer Klassengesellschaft gegensätzliche Interessen haben? Muss die Gesellschaft nicht radikal verändert werden, damit wir nicht länger ganz verschiedene Realitäten sehen? Aber wie soll eine richtigere Gesellschaft aussehen, welchen Maßstab besitzen wir, um das zu bestimmen? Die Wissenschaft, das weithin als wahr und richtig

■ Für Marx hat Philosophie nur dann Sinn, wenn sie zur gesellschaftsverändernden Praxis führt. Damit knüpft er auch an Kant an.

■ Bertrand Russell freut sich über den Nobelpreis, zumal er ihn für eine umstrittene Arbeit erhalten hat, in der es um die herrschende gesellschaftliche Moral geht, die er mit rationalen Argumenten zerpflückt. Dass man immer rational argumentieren kann, steht für ihn außer Frage.

anerkannte Denken, kommt dafür nicht ohne weiteres in Betracht. Denn wohin hat uns wissenschaftliche Aufklärung bisher gebracht? – Zum industriellen Massenmord, dahin, dass wir uns anschicken, unseren Planeten unbewohnbar zu machen, und dahin, dass wir uns selbst genetisch neu konstruieren. Aber könnte es nicht sein, dass eine radikale pessimistische Zivilisationskritik, die das rationale Denken für alle Scheußlichkeiten unserer Zeit verantwortlich macht, weit über das Ziel hinausschießt und selbst unverantwortlich wird, weil sie jedes vernünftige Handeln verhindert? Ist es nicht vielmehr möglicherweise so, dass wir Menschen noch nie so nahe wie heute daran waren, dank der Globalisierung von Demokratie und materiellem Wohlstand zu einer immer enger zusammenwachsenden Weltgemeinschaft freier, selbstbewusster und solidarischer Individuen zu werden, und dass wir diese Chance zu nützen haben?

Wir kommen nicht umhin, uns mit philosophischen Problemen auseinanderzusetzen, denn seitdem unser gesellschaftliches Leben und unser Bewusstsein nicht mehr allein von fraglos geltenden Traditionen bestimmt sind, kann niemand außer uns selbst den Sinn unseres Daseins bestimmen. Wenn wir nicht wieder in mythische Schicksalsergebenheit versinken wollen, diesmal gegenüber der von uns selbst geschaffenen, von Wirtschaft und Technik beherrschten Welt, müssen wir uns die Fragen der Philosophie immer wieder von Neuem stellen: Was können wir wissen, was sollen wir tun?

■ Wir müssen unser Leben selbst entwerfen, nur wir können ihm einen Sinn geben, sagt der Existentialist Jean-Paul Sartre.

Die Anfänge der Philosophie

Thales von Milet

um 600 v. Chr.

Thales galt und gilt als der Begründer der Philosophie. Nicht, weil er eine Sonnenfinsternis richtig vorausgesagt hatte oder weil ihm der »Satz des Thales« in der Geometrie zugeschrieben wurde, sondern weil er als Erster konsequent nach Erklärungen dafür suchte, warum die Welt so ist, wie sie ist. Erklärungen suchen aber heißt, nach den Ursachen und Ursprüngen aller Dinge zu fragen. Dies unablässige Fragen und Zu-erklären-Versuchen, das Sich-nicht-abspeisen-Lassen mit der Aussage: »Das ist nun einmal so« – das ist Philosophie, bis heute.

■ Wir wissen nicht, wie Thales ausgesehen hat; dieser Stich aus dem 19. Jh. entspricht also nur der Idealvorstellung dieser Zeit von einem Philosophen.

Gesichertes wissen wir über Thales so gut wie nichts. Zwar muss auch heute noch jeder Oberschüler den »Satz des Thales« lernen, der die Konstruktion rechtwinkliger Dreiecke beschreibt; doch wie rechtwinklige Dreiecke konstruiert werden, wussten schon die alten Babylonier, lange vor ihm. Dennoch hat die Bezeichnung »Satz des Thales« einen Sinn. Denn in der Zeit, als dieser »erste Philosoph«, als der er schon bei den Alten verehrt wurde, lebte, lernten die Griechen die präzise Formulierung von »Sätzen« im Sinne logischer Gesetze des Typs »Immer, wenn … dann«. Eins geht logisch aus dem anderen hervor: Immer, wenn man Linien zwischen den Endpunkten einer Strecke und einem beliebigen Punkt auf dem Halbkreis über ihr zieht, ergibt sich ein rechtwinkliges Dreieck. Dies ist ein Gesetz, es ist unveränderbar und gilt für immer und ewig.

Die Entdeckung solcher immerwährender Wahrheiten der Logik und Mathematik begeisterte die Griechen der auf Thales folgenden Generationen so sehr, dass manche von ihnen solchen Sätzen ein wirklicheres Sein zuschrieben als den Dingen der Erfahrungswelt. Damit begann ein Streit zwischen den »Idealisten«, die allein Ideen für wahr halten, und ihren Gegenspielern, den »Materialisten«, für die nur handfeste Gegenstände zählen, zwischen »spekulativen« Denkern, die meinen, die Wahrheit wie mathematische Sätze aus wenigen Grundannahmen konstruieren zu können, und den »Empirikern«, für die die sinnliche Erfahrung der Ursprung des Wissens ist. Dieser Streit sollte die ganze Philosophiegeschichte bis in un-

sere Gegenwart durchziehen. Die Begriffe »Idealismus« und »Materialismus« kannte Thales freilich mit Sicherheit noch nicht, selbst der des »Seins« war ihm wohl unbekannt. Was er hingegen gekannt haben muss, ist der Begriff des Gesetzes, und zwar aus dem politischen Denken der Griechen zu seiner Zeit. Das 7. und 6. Jahrhundert v. Chr. war eine Zeit, in der die griechischen Städte rapide wuchsen. Das gilt für Milet an der griechisch besiedelten Ägäisküste Kleinasiens, der Heimat des Thales, ebenso wie für Athen. Dieses Wachstum führte zu sozialen Spannungen zwischen der alten Adelsschicht und den immer selbstbewusster werdenden freien Bauern und den reichen Händlern in den Häfen und Stadtzentren. Um zu verhindern, dass diese Spannungen sich bis zum Bürgerkrieg steigerten, beriefen die Städte »Weise«, kluge Männer mit anerkannter Autorität, damit sie einen vernünftigen Ausgleich schufen. Ein solcher Weiser war Solon, der um 594 v. Chr. für Athen eine Verfassung ausarbeitete. Solon fand Begriffe wie »das richtige Gesetz«, die nichts mehr zu tun hatten mit der alten religiösen Gerechtigkeit, die man sich als eine Göttin vorstellte und die den Willen der Götter (der stets dem

■ Heraklit, der »Dunkle«, galt in der Überlieferung als der traurige Philosoph des Vergehens. Demokrit dagegen, der »Materialist«, galt als Philosoph des heiteren Lebens. *Heraklit und Demokrit. Der weinende und der lachende Philosoph.* Gemälde von Dirck van Baburen (um 1595–1624). Kaunas, Staatliches Kunstmuseum

IONISCHE NATURPHILOSOPHIE

Die ersten Philosophen stammten aus den vom griechischen Stamm der Ionier besiedelten Städten an der Westküste Kleinasiens wie Milet und Ephesus. In diesen aufstrebenden Handelsstädten kam das Griechentum mit dem alten Wissen des Orients, vor allem Babyloniens, in Berührung. Hier hatte sich auch schon früh die Geldwirtschaft entwickelt. Die dem Geld zugrunde liegende Idee, dass alles mit einem, eben dem Geld, verglichen werden kann und etwas Gemeinsames mit ihm hat, hat sicher auch die Entwicklung des philosophischen Denkens gefördert. Zu den ionischen Naturphilosophen werden neben Thales Anaximander und Anaximenes gezählt, die beide ebenfalls aus Milet stammten, Xenophanes aus Kolophon und Heraklit aus Ephesus.

■ Der Naturphilosoph Anaximander aus Milet (um 610 – um 546 v. Chr.) mit einer Sonnenuhr, die die Erforschung der Natur symbolisiert. Römisches Mosaik, 3. Jh. n. Chr. Trier, Rheinisches Landesmuseum

Althergebrachten entsprach) verkörperte. Das »richtige Gesetz« bedeutete, die berechtigten Interessen der verschiedenen Gesellschaftsschichten im richtigen Verhältnis auszugleichen. Was das richtige Verhältnis, etwa des Einflusses von Adel und Volk auf die Besetzung der Staatsämter, war, das ließ sich in öffentlicher Debatte nachprüfen. Das alte Geheimwissen der Priester und die Familienüberlieferungen des Adels hatten ausgedient. Wenn das richtige Verhältnis erreicht war, dann herrschten Frieden und Wohlstand. Wo Friede und Wohlstand herrschen, da sind die Kräfte der Gesellschaft im richtigen Verhältnis ausbalanciert. Das eine geht logisch aus dem anderen hervor. Krieg und Bürgerkrieg haben ihre Ursache in der fehlenden Ausgewogenheit der politischen Ordnung.

Immer, wenn … dann. Alles hat eine Ursache, die es mit Notwendigkeit herbeigeführt hat; es gibt keinen Zufall. Das war die Lehre, die Thales aus dem politischen Denken seiner Zeit aufnahm und auf die Natur übertrug. In der griechischen Überlieferung wird er gefeiert, weil er offenbar die völlige Verdunklung der Sonne am 28. Mai des Jahres 585 v. Chr. vorausgesagt hat. Auch die Babylonier konnten Sonnenfinsternisse schon im Voraus berechnen, aber bei Thales bedeutete dies etwas Neues, nämlich dass er aus einer Ursache – dem Lauf der Gestirne – auf eine notwendige Wirkung zu schließen in der Lage war: eben die Sonnenfinsternis.

Thales versuchte das Verhältnis von Ursache und Wirkung auch in anderen Naturerscheinungen zu ergründen. So wurde er bei einer Reise nach Ägypten mit den regelmäßigen Nilüberschwemmungen konfrontiert. Sie seien, so soll er behauptet haben, eine Folge des Nordostwinds im östlichen Mittelmeer, der das Nilwas-

■ Die Ruinen der Stadt Milet: links eine moderne Ansicht des Theaters aus hellenistischer Zeit, rechts auf einem Stahlstich von 1847.

PHILOSOPHENWITZE

Witze über Philosophen gibt es anscheinend schon so lange wie die Philosophie. So wurde in der Antike über Thales erzählt, er sei, während er die Nase in den Himmel gestreckt und die Sterne beobachtet habe, rückwärts in eine Grube gefallen. Das Muster dieses Witzes ist unzählige Male wiederholt worden. Stets wurden die Philosophen als etwas absonderliche Menschen dargestellt, die sich zwar über die kompliziertesten Dinge Gedanken machten, aber im praktischen Leben versagten. Daraus spricht ziemlich eindeutig ein etwas gehässiges Wunschdenken derer, die sich den Philosophen unterlegen fühlen.

ser aufstaue und daran hindere, ins Meer zu fließen. Natürlich war das falsch, denn Thales wusste nichts von den Regenzeiten in Innerafrika, die die Nilüberschwemmungen verursachten. Er dachte aber in einem modernen Sinne wissenschaftlich, weil er eine sinnvolle Hypothese für die Erklärung eines Naturphänomens aufstellte.

Thales ging noch einen Schritt weiter: Wenn alles eine Ursache hat, wenn stets eins aus etwas anderem hervorgeht, dann muss es auch ein Erstes gegeben haben, aus dem *alles* entstanden ist. Dieses Erste ist für ihn das Wasser, eines der vier Elemente, die die Griechen kannten: Feuer, Erde, Wasser, Luft. Die Erde, so seine Vermutung, schwimmt auf dem Ozean. Wenn sie schwimmt, heißt das, sie ist aus dem Wasser emporgestiegen, ebenso wie die leichteren Elemente Luft und Feuer. Dass sie auf einem wogenden Meer schwimmt, ist im Übrigen auch eine Erklärung für das Auftreten von Erdbeben.

Mit der von Thales aufgeworfenen Frage nach dem Ursprung der Dinge beginnt die erstaunlich schnelle Entwicklung der griechischen Philosophie.

Anaximander, der wie Thales aus Milet stammte und sein Schüler gewesen sein könnte, ist der erste, von dem wir einen vollständigen philosophischen Satz besitzen. In ihm ist vom »Unbestimmten« die Rede, das der Urspung aller »seienden« Dinge sei. Wenn das Wasser, aus dem Thales zufolge alles entstanden ist, die übrigen Elemente in sich enthält, ist es nicht einfach Wasser, sondern etwas Ungeschiedenes, Unbestimmtes. Und es ist der Ursprung von allem, was ist, aller »seienden« Dinge: Bei Anaximander ist die philosophische Sprache schon weit entwickelt, sie findet ein Wort für das, was allem ge-

■ Die ersten monumentalen griechischen Statuen waren die von »Kuroi«, jungen Kriegern. Sie repräsentierten das ideale Menschenbild einer noch weitgehend von aristokratischen Werten beherrschten Gesellschaft: Kuros, um 530–520 v. Chr. Athen, Archäologisches Nationalmuseum

■ Die Agora von Milet: An dieser Stelle dürften Thales, Anaximander und Anaximenes gelehrt haben.

meinsam ist, nämlich »seiend« zu sein. Und das Seiende »ist« nicht einfach, so fährt Anaximander fort, sondern es hat ein »Werden« und ein »Vergehen«, und zwar nach der »Schuldigkeit« des Seienden »in der Zeit«, das heißt nach einer Ordnung, die in der Natur, beim Aufgang und Untergang der Gestirne etwa, genauso gilt wie in den politischen Gesetzen, die bei den Griechen einen periodischen Wechsel in allen Staatsämtern vorsahen.
Vom »Sein« kommt man also zum »Werden« und »Vergehen«: Das »Werden« wird zum Zentralthema des Heraklit aus Ephesus werden, der um 500 v. Chr. lebte. Von ihm stammt der Satz, dass »alles fließt«, aber auch der, dass der Krieg der »Vater aller Dinge« sei, das heißt wohl, dass Neues stets nur aus dem Aufeinanderprallen von Gegensätzen entsteht.
Älter als Heraklit, aber jünger als Anaximander ist der ebenfalls aus Milet stammende Anaximenes, der nicht mehr das Wasser, sondern die Luft als das erste der Elemente ansah. Alle anderen, die festeren Elemente, seien aus einer Verdichtung der Luft entstanden. Die Idee, dass die Elemente, ja alles verschiedenartige Seiende nur verschieden dichte Zustände ein und derselben Materie seien, wurde in der Atomtheorie des Leukipp und des Demokrit weiter ausgearbeitet. Für sie ist es so, dass die mehr oder weniger festen Stoffe mehr oder weniger dichte Zusammenballungen kleinster Materieeinheiten, eben der Atome, sind. Die

DIE PYTHAGOREER

Pythagoras gründete in Unteritalien eine Art philosophischen Orden mit Zügen einer religiösen Gemeinschaft, dessen Meister oder – modern gesprochen – Guru er war. Auch nach seinem Tod spielte der Pythagoreerorden eine wichtige Rolle, vor allem in den politischen Auseinandersetzungen. Es war die alte Aristokratie, die sich gegen die Demokraten die Lehre des Pythagoras von der harmonischen, aber keineswegs egalitären Ordnung des Staates zunutze machte. In Platons politischer Philosophie ist der Einfluss der Pythagoreer deutlich zu spüren.

dünnste, feinste Materie aber sei das, was »Geist« genannt wird. Dieser »Atomismus« steht am Beginn der materialistischen Tradition im philosophischen Denken.

Ein Schüler des Thales und des Anaximander soll Pythagoras gewesen sein, der von der Insel Samos vor der ionischen Küste stammte und nach Unteritalien auswanderte, wo die Griechen zahlreiche Städte gegründet hatten.

Wenn Anaximenes der Vorläufer des Materialismus in der Philosophie war, so war Pythagoras der des Idealismus. Für ihn ist das Ursprüngliche nämlich nicht irgendeine Art von Materie, sondern die Ordnung des Seienden selbst und die ihr zu Grunde liegenden mathematischen Gesetze. Der Stoff, in dem sich diese Gesetze materialisieren, ist unwichtig, zufällig; wichtig ist allein die Harmonie, die Ordnung, die in der Arithmetik, in der Geometrie, in der

■ Pythagoras (Samos um 570 – Metapont um 497 v. Chr.) nach einem Idealbild des 19. Jh.s: Holzstich aus Hermann Göll »Die Weisen und Gelehrten des Altertums« (1876)

■ Ephesus war neben Milet die wichtigste griechische Stadt Ioniens und die Heimat Heraklits. Hier die untere Agora aus römischer Zeit.

Astronomie und in der Musik gleichermaßen herrscht und die auch in der politischen Ordnung der Städte herrschen sollte. Xenophanes aus dem kleinasiatischen Kolophon, der in der Mitte des 6. Jahrhunderts v. Chr. lebte, fügte der Naturlehre der ersten Philosophen nichts Wesentliches hinzu, wenn er die Erde, die allemal schon Wasser und Luft und Feuer enthält, als das Ursprungselement bezeichnete. Sein jüngerer Zeitgenosse Heraklit verspottete ihn sogar als unverständigen Vielwisser. Was ihn für uns interessant macht, ist sein philosophisches Selbstbewusstsein. In der Gewissheit seiner philosophischen Aufgeklärtheit verspottete er den Mythos und die traditionelle Religion der Griechen. Es sei doch offenkundig, argumentiert er, dass die Götter der verschiedenen Völker nichts als Abbilder der Menschen dieser Völker seien. Bei Weißen sind die Götter weiß, bei Schwarzen schwarz. Wenn es einen Gott gibt, so ist er den Menschen gewiss nicht ähnlich. Mit seiner Religionskritik ist Xenophanes ein Vorläufer der Sophisten des 5. Jahrhunderts, die radikal das überkommene Weltbild der Griechen infrage stellten und damit die klassische Philosophie des 4. Jahrhunderts vorbereiteten.

URSPRÜNGE

Die griechische Philosophie erlebte ihre klassische Vollendung etwa dreihundert Jahre nach Thales, bei Aristoteles. Und auf Aristoteles, den umfassendsten griechischen Denker, geht die Überlieferung zurück, dass es Thales war, der mit seiner Frage nach den Ursachen und dem Ursprung der Dinge am Anfang des philosophischen Denkens stand.

THALES VON MILET

LEBEN UND WERK

Thales stammte aus der bedeutenden antiken Handelsstadt Milet in Ionien an der westlichen Küste Kleinasiens, sein Geburtsjahr wird um 624 v. Chr. angenommen. Die heute türkische Stadt gab ihm und seinen beiden Nachfolgern Anaximander (um 610 – um 550 v. Chr.) und Anaximenes (um 575 – um 525 v. Chr.) die Bezeichnung, unter der wir die ersten griechischen Philosophen heute kennen: die milesischen Naturphilosophen. Über das Leben des Thales ist wenig bekannt. Seine Biographie ist nur in Bruchstücken und dabei überwiegend in Form von Anekdoten überliefert. Es heißt, er sei ein erfolgreicher Kaufmann gewesen und in seiner Stadt durch politisches Engagement hervorgetreten. Er reiste viel und hielt sich unter anderem länger in Ägypten auf. Dort gewann er Kenntnisse in den Bereichen Astronomie und Mathematik. Einige geometrische Lehrsätze, von denen einer seinen Namen trägt (»Satz des Thales«), werden ihm zugeschrieben. Er soll eine Methode zur Berechnung der Höhe von Pyramiden gefunden und nach einer Erklärung für die jährlichen Nilüberschwemmungen gesucht haben. Für den 28. Mai 585 v. Chr. sagte er die Sonnenfinsternis voraus, dieses Datum gilt als das einzig sichere in seinem Leben. Eine wichtige Quelle für Thales' philosophische Überlegungen ist das erste Buch der Metaphysik von Aristoteles, der erstmals eine kurze Geschichte der griechischen Philosophie verfasste. Da Thales keine Schriften hinterlassen hat, konnte sich bereits Aristoteles nur auf mittelbare Quellen – mündliche Überlieferung oder Hinweise in Werken anderer Philosophen – stützen. Wertvolle Details aus dem Leben der ersten griechischen Philosophen stellte im 3. Jahrhundert n. Chr. der Schriftsteller Diogenes Laertios in seinem zehnbändigen Werk *Leben und Lehre der Philosophen* zusammen. Obgleich es sich dabei um eine unkritische, von Anekdoten durchsetzte Materialiensammlung handelt, gehört dieses Werk zu den wichtigsten Quellen der antiken Philosophiegeschichte. Thales wurde zu den legendären Sieben Weisen gezählt, die erstmals Platon (um 427 – um 347 v. Chr.) in seinem Dialog *Protagoras* erwähnte. Die Überlieferungen nennen Thales meist an erster Stelle jener Gruppe griechischer Philosophen und Staatsmänner aus dem 7. und 6. Jahrhundert v. Chr., deren knapp formulierte Lebensweisheiten als Maximen in aller Munde waren. Thales starb in hohem Alter, wahrscheinlich um 547 v. Chr., angeblich als er bei großer Hitze, umringt von Menschenmassen, in einem Stadion einem Wettkampf zusah. Nachdem sich das Stadion geleert hatte, so wird erzählt, sei er wie schlafend auf den Stufen liegend gefunden worden.

EMPFEHLUNG

Lesenswert:

Diogenes Laertios: *Leben und Lehre der Philosophen*, Stuttgart 1998.

Luciano De Crescenzo: *Geschichte der griechischen Philosophie. Die Vorsokratiker*, Zürich 1985.

Wolfgang Röd: *Kleine Geschichte der antiken Philosophie*, München 1998.

Ewald Oetzel/Wolfgang Polte: *Der gescholtene Thales. Anekdotisches um Gelehrte und Gelehrige aus zwei Jahrtausenden*, Frankfurt/Main 1989.

Besuchenswert:

Die Ausgrabungen in Milet in der heutigen Türkei mit dem gut erhaltenen Theater (erneuert 2. Jh. n. Chr.). Der heute noch sichtbare Stadtgrundriss mit seinen rechtwinkligen Straßenkreuzungen geht auf die rationale Planung des Hippodamos zurück, der den Aufbau der Stadt nach ihrer Zerstörung 479 v. Chr. leitete.

AUF DEN PUNKT GEBRACHT

Thales wurde von den Griechen als Begründer ihres philosophischen Denkens angesehen. Er sei, so heißt es, der Erste gewesen, der systematisch nach dem Ursprung der Dinge geforscht hat.

Seinsphilosophie

Parmenides von Elea

um 500 v. Chr.

■ Pythagoras (um 570 – um 496 v. Chr.) demonstriert die geometrische Ordnung der Welt. Kupferstich aus dem 16. Jh. Paris, Bibliothèque Nationale. Pythagoras war der Gründer der philosophischen Schule der »Pythagoreer«, denen die »Eleaten« wie Parmenides nahestanden.

Kein Begriff der Philosophie ist mehr mit Bedeutungen aufgeladen, keiner auch umstrittener als der allgemeinste, der sich überhaupt denken lässt: das Sein. Es war Parmenides von Elea, der ihn in die philosophische Debatte eingeführt hat.

In Paestum südlich von Neapel kann man an den besterhaltenen Tempelruinen der griechischen Antike die Entwicklung des Tempelbaus zu seiner klassischen Vollendung in der Zeit von der Mitte des 6. bis zur Mitte des 5. Jahrhunderts v. Chr. nachvollziehen. In diesem Zeitabschnitt, der sich mit der Zeit der Herausbildung der klassischen griechischen Philosophie deckt, lebte in der ganz nahe gelegenen Griechenstadt Elea als einer ihrer angesehensten Bürger der Philosoph Parmenides.

Parmenides muss die Pythagoreer mit ihrer Lehre von der mathematischen Weltharmonie gekannt haben, die zu seiner Zeit in Unteritalien Mode war; viel deutlicher aber ist er von Xenophanes beeinflusst, dem Sucher nach dem Ursprung alles Seienden und Kritiker der mythischen Götterreligion, der sein Lehrer in Elea gewesen sein soll. Er setzte sich aber auch mit Heraklit, dem Philosophen des Werdens auseinander, einem Gegner des Xenophanes. Kurz, alle wichtigen Strömungen der frühesten griechischen Philosophie geben den Hintergrund für sein Denken ab und bündeln sich in ihm.

Xenophanes hatte gelehrt, dass der Ursprung des Seienden nicht bei menschengestaltigen Göttern zu suchen ist. Der Ursprung musste etwas Großes, Allgemeines sein. Parmenides nannte es einfach: Sein. Nicht »alles«, denn das hätte »vielerlei Verschiedenes« bedeutet, sondern ein einziges Sein, das hinter allem steht. Die Pythagoreer hatten das Denken für die Logik klarer Wahrheiten geschärft. Sein *ist*: A=A. Dass A ungleich A, dass Nicht-Sein sein kann, ist unmöglich. Diese einfache Feststellung war eine großartige Waffe des Parmenides gegen Heraklit, den philosophischen Gegner seines Lehrers Xenophanes. Alles fließt, alles wird, nichts *ist*, hatte Heraklit behauptet. Logisch falsch, hält Parmenides dagegen, denn das Sein *ist*, und es *wird* nicht, denn wenn es erst würde, entstünde oder verginge, dann müsste es aus Nichts werden und zu etwas, was (noch) Nichts ist. Es gibt aber kein

Nichts. Heraklit hat Unrecht. Parmenides triumphiert lauthals. In dem in prunkvollen Hexametern verfassten Gedicht, das seine Lehre enthält, wird sein Wagen von feurigen Rossen hinauf zum Licht gezogen, zum Palast der Göttin der Weisheit.

Diese »Weisheit« ist ausdrücklich nicht das Wissen von vielerlei Dingen, sondern die Errungenschaft der jungen Philosophie: das Denken in abstrakten Begriffen, das Spiel mit der Abstraktion. Der grammatische Kunstgriff, Verben und Adjektive zu Substantiven zu machen, hatte ungeahnte Möglichkeiten eröffnet: »das Schöne« war etwas ganz anderes als die konkrete Schönheit eines Menschen oder Dinges, »das Denken« etwas anderes als irgendein Gedanke, »das Seiende« etwas anderes als ein konkretes Ding – und dann erst »das Ist« oder »das Sein« selbst! Schwindelerregende Perspektiven des Denkens taten sich auf: Wenn alles Denken nur etwas, was ist, denken kann, wenn das Seiende immer wieder gedacht und ausgesprochen *ist*, wenn das

DIE ELEATEN

Unter den Eleaten versteht man die Vertreter der Philosophenschule von Elea, deren dritter wichtiger Vertreter neben Parmenides und seinem Lehrer Xenophanes Zenon war. Die Grundüberzeugung der Eleaten ist, dass hinter der vom Zufall geprägten Welt des Scheins das ewige Sein als eine wirklichere Wirklichkeit steht.

■ Jan Brueghel d.Ä. (1601–1678) und Hendrik van Balen d.Ä. (1575–1632), *Das Wasser*, um 1622. Bis zu Parmenides suchten die griechischen Naturphilosophen den Ursprung der Dinge in einem der Elemente. Erst Parmenides führt ihn auf etwas ganz Allgemeines zurück: das Sein.

PHILOSOPHISCHER MYTHOS

Um der Bedeutung seiner Gedanken Nachdruck, ja geradezu religiöse Weihen zu verleihen, kleidet Parmenides sein philosophisches Werk in die Form eines Mythos, in dem die Weisheit als Göttin auftritt. Platon nutzte mythische Erzählungen in ganz ähnlicher Weise.

Denken *ist*, dann kann es keinen Unterschied von Denken und Sein mehr geben! Alles ist ein einziges Sein, jedenfalls im Bewusstsein des Philosophen, der sich damit über die »blöde Menge« erhebt. Es sind Kunststücke der Logik und der Abstraktion, die Parmenides zur Verblüffung seines Publikums vorführt. Bei manchen seiner Nachfolger unter den Sophisten werden sie zu Taschenspielertricks verkommen, und die Leute werden sagen, dass die Philosophen »aus Schwarz Weiß« machen.

Auch bei Parmenides spüren wir die Freude an den Möglichkeiten, die das Spiel mit der Abstraktion bietet, und eine gewisse Überheblicheit gegenüber dem »gesunden Menschenverstand«, doch brauchen wir nicht an seiner Ernsthaftigkeit zu zweifeln, denn auch das, was nicht logische Gewissheit, sondern bloße »Meinung« der Menschen ist, nimmt Parmenides ernst: die Welt, in der es Werden *und* Vergehen, nicht nur Sein, sondern auch Bewegung zu geben *scheint*! Parmenides lässt sich von der Weisheitsgöttin auch durch diese vielfältige Welt des Scheins führen, das heißt die Welt all dessen, was die Menschen und auch die Philosophen vor ihm für wahr gehalten hatten. Er äußert sich nicht darüber, ob auch diese Scheinwelt *ist*, aber er nimmt sie zur Kenntnis. Er muss es auch, wenn er nicht alsbald am Ende seines Philosophierens anlangen will, denn über das Sein hätte er nicht mehr viel mehr sagen können, als dass es ist. Die Gegenüberstellung von Sein und Schein oder Wesen und Erscheinung aber, zu der es bei Parmenides erstmals kommt, hat sich als eine der fruchtbarsten Ideen in der Philosophiegeschichte erwiesen.

■ Es war die Göttin der Weisheit, von der Parmenides erzählt, dass sie ihn in die Wahrheit eingeführt habe. Als Göttin der Weisheit galt den Griechen Athene. *Sinnende Athene an einem Grenzstein,* um 460 v. Chr. Athen, Akropolismuseum

PARMENIDES VON ELEA

LEBEN UND WERK

Über keinen anderen der bedeutenden griechischen Philosophen wissen wir so wenig wie über Parmenides, der in die Philosophiegeschichte als Begründer der Ontologie, der Lehre vom Wesen und den Eigenschaften des Seienden, einging. Er wurde um 515, vielleicht aber auch schon um 540 v. Chr. in der phokäischen Kolonie Elea an der Westküste Süditaliens geboren, wo er auch die meiste Zeit seines Lebens verbrachte. Sein Todesjahr ist unbekannt, wahrscheinlich starb er nach 450 v. Chr. Parmenides stammte aus einer angesehenen wohlhabenden Familie und war dem griechischen Schriftsteller Plutarch (um 46 – um 120 n. Chr.) zufolge in Elea als Gesetzgeber tätig. Es heißt, er sei ein Schüler des Philosophen und Dichters Xenophanes (um 570 – um 470 v. Chr.) gewesen, des Gründers der eleatischen Philosophieschule. Im Jahr 450 soll Parmenides eine Reise nach Athen unternommen haben. Dass er und sein Schüler Zenon (um 490 – um 430 v. Chr.) dort mit dem jungen Sokrates zusammentrafen, hat sich später Platon mit großer Wahrscheinlichkeit nur ausgedacht. In dem Dialog *Parmenides*, einem seiner späten Werke, in dem Platon Parmenides' Ideenlehre wieder aufgreift, diskutieren die beiden Größen der Philosophie aus Elea mit dem wissbegierigen Sokrates. Parmenides erscheint dort als fünfundsechzigjähriger grauhaariger vornehmer Mann, der sich aufgeschlossen gegenüber den unbequemen Fragen und neuen Ideen des Sokrates zeigt. Die Tatsache, dass Platon Parmenides einen Dialog widmete, deutet darauf hin, was für eine herausragende Stellung er ihm unter den Philosophen einräumte. Parmenides schrieb seine theoretischen Überlegungen in Form eines Lehrgedichts auf, das in Bruchstücken erhalten und unter der Überschrift *Über die Natur* (*Peri physeos*) bekannt ist – ein Titel, den im Übrigen fast alle Schriften der frühen griechischen Philosophen tragen. Dass uns die Grundstruktur und Teile des Inhalts von Parmenides' Werk heute bekannt sind, verdanken wir zum einen dem Philosophen und Arzt Sextus Empiricus (um 200 n. Chr.), der in einer seiner Schriften die berühmte mythische Einleitung des Gedichts zitierte, zum anderen dem Philosophen Simplicius (um 500 n. Chr.), dem letzten heidnischen Lehrer der Platonischen Akademie in Athen, der vor allem durch seine Kommentare zu Schriften des Aristoteles bekannt wurde. Simplicius, dessen Werke eine wichtige Quelle zur griechischen Philosophie sind, hielt wesentliche Teile der Parmenidischen Lehre fest. Insgesamt sind 154 Verse des Lehrgedichts erhalten. Das komplette Werk ist wahrscheinlich drei- bis sechsmal so lang gewesen.

AUF DEN PUNKT GEBRACHT

Bei Parmenides begegnet uns erstmalig ein Begriff, der in der Geschichte der westlichen Philosophie eine zentrale Rolle spielen sollte: der des Seins. Sein ist. Nichtsein ist nicht. Diese schlichte Feststellung hatte eine ungeheure Wirkung.

EMPFEHLUNG

Lesenswert:

Hermann Diels: *Parmenides Lehrgedicht*, mit einem Vorwort von Walter Burkert und einer Bibliographie von Daniela de Cecco, Bonn 2003.

Diogenes Laertios: *Leben und Lehre der Philosophen*, Stuttgart 1998.

Ich denke, also bin ich. Grundtexte der Philosophie. Eingeleitet und kommentiert von Ekkehard Martens, München 2000.

Luciano De Crescenzo: *Geschichte der griechischen Philosophie. Die Vorsokratiker*, Zürich 1985.

Hans-Georg Gadamer: *Der Anfang der Philosophie*, Stuttgart 1996.

Besuchenswert:

Bei Ausgrabungen in Elea (lateinisch Velia) in Kampanien wurden Reste der Stadtmauer, Terrassen- und Platzanlagen, hellenistische Tempel und ein späthellenistisches Wohnviertel freigelegt. Für die Zeit des Parmenides selbst legen die Tempelanlagen im nahe gelegenen Paestum Zeugnis ab, die ausgezeichnet erhalten sind. In Paestum lässt sich auch die Entwicklung des Tempelbaus von der archaischen zur klassischen Epoche studieren, die mit der Entwicklung der Philosophie parallel geht.

Der Heilige der Philosophen

Sokrates

470/469 – 399 v. Chr.

■ Von Sokrates wurden seit der hellenistischen Epoche zahlreiche Büsten angefertigt, die stets demselben Typus folgen. Sie entsprechen auch der Beschreibung, die Platon von Sokrates gegeben hat. Sokrates-Büste nach Lysipp. Paris, Louvre

Kaum ein anderer Philosoph hat durch die Geschichte hindurch eine solch nahezu einhellige Verehrung erfahren wie Sokrates. Der Athener wurde zum Idealbild eines Philosophen, weil er das »Berufsethos« der Philosophen, das heißt wörtlich: der »Weisheitsliebenden«, in einer Weise geprägt hat, die für viele seiner Nachfolger vorbildlich blieb. Zu einem Heiligen in einem fast religiösen Sinn wurde er, weil er sich nicht scheute, für seine Wahrheitsliebe in den Tod zu gehen. Es ist die Persönlichkeit des Sokrates und seine Art zu philosophieren, die einen so großen Eindruck auf die Zeitgenossen und die Menschen späterer Zeit gemacht hat; das, was wir inhaltlich über seine Philosophie wissen, ist nicht zuletzt Ausdruck dieser Persönlichkeit.

Das Bedürfnis nach Philosophie ist stets dann am größten, wenn die Traditionen einer Gesellschaft aufweichen, wenn nicht mehr gilt, was immer schon so war, eben weil es immer schon so war. Dies gilt in besonderem Maße für das Athen der zweiten Hälfte des 5. Jahrhunderts v. Chr. Seit 462 v. Chr. herrschte hier die Demokratie, eine radikale Demokratie, wie es sie in der Weltgeschichte seitdem nicht wieder gegeben hat: Praktisch jeder (männliche) Bürger konnte und sollte in seinem Leben wenigstens einmal ein wichtiges Staatsamt ausüben. Wer die Volksversammlung oder ihre Ausschüsse mit geschickten Argumenten beein-

PERIKLES UND SOKRATES

Perikles war die überragende Persönlichkeit seiner Zeit. Souverän wusste er das Volk zu lenken, ohne formell dessen demokratischen Rechte zu schmälern. Zu seiner Zeit entstand der Parthenontempel auf der Akropolis, und der größte Künstler seiner Zeit, der Bildhauer und Architekt Phidias, war sein Freund. Er kannte den Tragödiendichter Euripides und diskutierte mit einigen der wichtigsten zeitgenössischen Philosophen. Seine zweite Frau Aspasia, die von Sokrates hoch geschätzt wurde, nahm an philosophischen Diskussionen teil und hatte so moderne Ansichten, dass sie wie später Sokrates wegen Religionsfrevels angeklagt wurde. Bei allen Verdiensten war Perikles nicht immer ein vorausschauender Politiker. Er führte Athen in eine waghalsige Großmachtpolitik, die schließlich in den Peloponnesischen Krieg (431–404 v. Chr.) mündete. Sokrates kritisierte Perikles heftig als einen, der nichts für die moralische Verbesserung der Athener getan habe.

drucken konnte, hatte die Chance, schnell in Schlüsselstellungen aufzusteigen – wie Perikles, der große Staatsmann dieser Periode. Viele wollten es dem Perikles gleichtun oder doch wenigstens erreichen, dass ihre Söhne einmal so glänzend dastünden wie er. In den Volksversammlungen und vor den Volksgerichten hatte jedoch vor allem derjenige einen Vorteil, der seine Sache mit den besten Argumenten zu vertreten wusste. Dies machten sich philosophische Wanderlehrer zunutze, die Sophisten. Sie lehrten, wie man durch den klugen Gebrauch der Sprache andere beeindrucken, matt setzen und notfalls auch übertölpeln konnte, vor allem aber, dass nichts allein schon dadurch Geltung beanspruchen kann, weil es dem Herkommen entspricht. Sie kannten die Lehren der Philosophen und wussten, dass keine davon eine letzte Sicherheit geben konnte; manche von ihnen waren auch im modernen Wortsinn Zyniker, die gegen Geld lehrten, philosophisches Argumentieren sei dazu da, um mit dessen Hilfe zu Macht und Reichtum zu gelangen. Nicht alle gingen so weit; am besten drückt der Satz des Sophisten Protagoras, dass der (einzelne) Mensch »das Maß aller Dinge« sei, die Stimmung unter den Sophisten aus: Weder Götter noch Gesetze, sondern allein der einzelne Mensch kann bestimmen, welchen Weg er gehen will, und die Philosophie kann ihm ein Mittel bei der Bestimmung und Erreichung seiner Ziele sein.

Sokrates trumpft nicht damit auf, dass er für sich das Maß aller Dinge sei, doch wenn er sich den Spruch, der über dem Eingang zum Orakel von Delphi geschrieben stand – »Erkenne dich

■ *Sokrates und seine Schüler – das Gastmahl des Platon.* Fresko, 1883–1888, von Gustav Adolph (1828–1891) im Treppenhaus des Hauptgebäudes der Universität in Halle. Aus dem Zyklus »Die vier Fakultäten«.

■ Der Parthenon in Athen, das monumentalste Bauwerk der Epoche des Perikles.

■ Jacques Louis David (1748–1825), *Der Tod des Sokrates*, 1787. New York, Metropolitan Museum of Art

selbst« – zum Motto wählt, so sagt auch er damit nichts anderes, als dass er allein aus seinem Inneren, aus seiner »Seele« heraus die Gründe seines Handelns zu entwickeln versucht. Und wenn er scheinbar ganz bescheiden sagt: »Ich weiß, dass ich nichts weiß«, so heißt das auch, dass er nichts für gesichert hält, was er nicht selbst geprüft hat, dass er keine andere Autorität als die eigene Seele anerkennt.

Offenbar wurde auch Sokrates von vielen Zeitgenossen zu den Sophisten gezählt. So schildert der Dichter Aristophanes in seiner Komödie *Die Wolken*, wie er harmlose Zeitgenossen dadurch verwirrt, dass er ihnen erklärt, nicht Zeus, sondern die Wolken brächten den Regen, und wenn es donnert, so seien das – wie bei einem vollgefressenen Menschen – die Fürze der von Wasser vollen Wolken, die der Entleerung vorausgingen. Die Philosophensatire des Aristophanes tut Sokrates wahrscheinlich unrecht, denn der interessierte sich vermutlich nicht für die Naturphilosophie, und sie zeigt die Gefahr auf, in der die philosophischen Aufklärer dieser Zeit – und dazu kann man die Sophisten ebenso zählen wie Sokrates – schwebten: Es drohte der Tag, an dem sie nicht nur der Spott, sondern auch der Zorn derer treffen würde, denen sie ihre festgefügten Überzeugungen genommen hatten. Am Ende der *Wolken* wird dem Sokrates des Stücks böse mitgespielt. Der reale Sokrates aber wurde in einer Zeit des politischen Niedergangs seiner Vaterstadt und entsprechend großer Verunsicherung ihrer Bürger wegen Religionsfrevels zum Tod durch den Giftbecher verurteilt. Er nahm das Todesurteil an, im Unterschied zu seinem Kollegen Protagoras, der auf der Flucht vor dem Athener Todesurteil in Sizilien umkam.

DER TOD DES SOKRATES

Der Gleichmut des Sokrates im Angesicht des Todes, seine Überzeugung, dass es Wichtigeres gebe als das kurze Leben eines einzelnen Menschen, nämlich die Tugend, hat die Menschen seit jeher fasziniert. Vor allem für die Anhänger der stoischen Lehre war er das große Vorbild. Christliche Denker haben ihn zu einem Vorläufer christlicher Märtyrer gemacht.

Die Verteidigungsrede des Sokrates bei seinem Prozess, die *Apologie*, ist von seinem Schüler Platon – vermutlich ziemlich authentisch – festgehalten worden. In dieser Rede weist Sokrates den Vorwurf der Gottlosigkeit energisch von sich. Allerdings lässt er durchblicken, dass er die mythischen Geschichten von den Göttern nicht sehr wörtlich nimmt. Wenn er an Götter glaube, dann weil er selbst etwas Göttliches in sich verspüre, eine Stimme, die ihn davor bewahre, etwas Schlechtes zu tun. »Daimonion«, »Dämonisches« im Sinne eines guten Geistes in seinem Inneren, nennt Sokrates diese Stimme. Über dieses Daimonion ist viel geschrieben worden; so hat man es mit dem christlichen Begriff des Gewissens gleichgesetzt. Wichtig an diesem Begriff ist, dass es eine innere Stimme ist, die nur zu einem Einzelnen, in diesem Falle zu Sokrates, spricht. Vor Sokrates bedeutete »gut handeln« einfach, nichts zu tun, was die Götter gegen einen aufbringen konnten; nun aber muss jeder Einzelne sich in seinem Inneren für das »Gute« entscheiden. Sozialhistoriker sprechen in diesem Zusammenhang von einem Prozess der »Verinnerlichung der Moral«, der dann unausweichlich wird, wenn eine Gesellschaft so komplex geworden ist, dass die durch bloßes Herkommen gegebenen Lebensregeln nicht mehr ausreichen und nicht mehr funktionieren. Erst die Verinnerlichung der Moral gibt dem Einzelnen die Freiheit, sich für ein bestimmtes Handeln zu entscheiden. Sie ist der historische Ausgangspunkt ethischen Denkens. Es ist nicht uninteressant, dass eine solche verinnerlichte Moral ungefähr zur selben Zeit in Griechenland, im Indien Buddhas wie auch in Israel nach dem »Babylonischen Exil« aufkommt.
Verinnerlichung von Verhaltensregeln bedeutet, dass sie von jedem Einzelnen geprüft werden können und müssen. Sokrates ließ es nicht damit bewenden, dass er auf seine innere Stim-

SOKRATES' GESELLSCHAFTLICHE STELLUNG

Sokrates ist oft als das Muster eines Philosophen dargestellt worden. Er galt offenbar als etwas sonderlich wegen seines fortwährenden grübelnden Fragens. Doch obwohl ihn der Satiriker Aristophanes als jemanden darstellt, der über den Köpfen der Menschen in einem »Wolkenkuckucksheim« schwebt, lebte er mitten unter den Menschen. Er hatte eine Frau, Xanthippe, und Kinder, war ein tapferer Soldat. Er hatte sein Auskommen, offenbar in seinem erlernten Beruf als Steinmetz, und nahm kein Geld von seinen Schülern. Zu seinen Freunden gehörten, wenn wir Platons *Gastmahl* Glauben schenken, keine Geringeren als besagter Aristophanes, der gefeierte Tragödiendichter Agathon und der glänzende Alkibiades, der zu der Zeit, in der das *Gastmahl* angesiedelt ist, wohl politisch einflussreichste Athener.

■ Der Spötter und sein Opfer: Doppelbüste des Aristophanes (um 445 – um 385 v. Chr.) und des Sokrates, 4. Jh. v. Chr. Paris, Louvre

■ Sokrates und die Muse. Seite des so genannten Musensarkophags im Louvre. Römisch, um 150–160 n. Chr.

me hörte, er wollte auch wissen, was das Gute sei, zu dem sie ihm riet. Auf immer neue Weise versuchte er dieses Gute zu ergründen und wieso seine »Seele« dem Guten oder der »Tugend« zuneigte. Gegen den egoistischen Individualismus, wie ihn etwa der erfolgreiche Sophist Gorgias lehrte, argumentierte er, dass niemand glücklich werden könne, der nicht im Einklang mit den Grundwerten der staatlichen Gemeinschaft handle. Durch seine Einwilligung in den staatlich verordneten Tod – dem er hätte entgehen können – machte er seine Entscheidung gegen ein unmittelbares individuelles Glück und für die Staatsräson ein für allemal glaubhaft und bewahrte sich damit die Autorität, die Herrschenden in der *Apologie* kritisieren zu können.

Sokrates ist zu einer eindeutigen Begriffbestimmung des Guten nicht gelangt. In den von dem bedeutendsten seiner zahlreichen Schüler, Platon, verfassten Dialogen finden wir Sokrates aber stets darum bemüht, diesen und verwandte Begriffe einzugrenzen. In dieser Suche nach begrifflicher Klärung sah schon Aristoteles das authentisch Sokratische der Dialoge, die im Übrigen oft die Philosophie Platons wiedergeben. Welche Beispiele lassen sich finden etwa für »Tapferkeit«? Lässt sich der Begriff umschreiben, etwa als Beharrlichkeit der Seele? Aber reicht das, muss die Beharrlichkeit nicht zumindest verständig sein, sie wäre ja sonst reine Sturheit? Und muss sie nicht auch etwas Vortreffliches zum Ziel haben? Aber was unterscheidet dann Tapferkeit als das beharrliche verständige Streben nach Vortrefflichem von Tugend überhaupt? Hier bricht die Argumentation, die sich im Dialog *Laches* findet, ab. Der Begriff ist nicht ein für allemal klar geworden, aber er ist eingegrenzt. Von hier geht die weitere Entwicklung des philosophischen Begriffsdenkens sowohl zu Platon und seiner Auffassung vom ideellen Sein der Begriffe jenseits aller materiellen irdischen Zufälligkeiten als auch zu Aristoteles und seiner formalisierten Methode zur Definition (wörtl.: Eingrenzung) von Begriffen.
Bis hin zu Hegel und modernen »Trial-and-Error«-Verfahren verweist die »dialektische« Methode des Sokrates. Er lässt seinen Gesprächspartner als These formulieren, wie er einen Begriff bestimmen würde, und erhebt dann einen triftigen Einwand dagegen – nicht um den Anderen zu beschämen, sondern um ihn zur Präzisierung seines Gedankens zu zwingen. Dann wendet er wieder etwas gegen den genauer gefassten Gedanken ein, um der Wahrheit erneut ein Stück näherzukommen. Sokrates nennt diese Technik des Philosophierens »Mäeutik«, wörtlich: »Hebammenkunst«.

SOKRATES

LEBEN UND WERK

Sokrates hat keine Schriften verfasst. Was wir über sein Leben und seine philosophischen Auffassungen wissen, beruht vor allem auf Überlieferungen von seinen Schülern Platon und Xenophon (um 430 – um 355 v. Chr.) sowie von Aristoteles und dem Schriftsteller Diogenes Laertius aus dem 3. Jahrhundert n. Chr. Da die verschiedenen Quellen widersprüchliche Angaben über seine Person und Philosophie machen, lässt sich kein einheitliches Bild von der historischen Persönlichkeit des Sokrates gewinnen. Platon ließ ihn in mehreren seiner Dialoge als Hauptredner zu Wort kommen, vermischte aber Sokrates' philosophische Ausführungen mit seinen eigenen Gedanken. Was von Sokrates und was von Platon selbst stammt, darüber gehen die Meinungen in der Forschung weit auseinander. Manche halten Sokrates für eine von Platon erfundene, rein literarische Figur, andere vertreten die Ansicht, dass Sokrates' Worte wirklichkeitsgetreu wiedergegeben seien. Sokrates wurde um 469 v. Chr. als Sohn des Bildhauers Sophroniskos und der Hebamme Phainarete in Athen geboren. Von seinem Vater lernte er das Bildhauerhandwerk. In welchem Umfang er diesen Beruf ausgeübt hat, ist nicht bekannt. Dem Schriftsteller Pausanias (um 110 – nach 180) zufolge, der eine zehnbändige *Beschreibung Griechenlands* verfasste, stand eine von Sokrates geschaffene Plastik der drei Grazien am Aufgang der Akropolis. In der ersten Phase des Peloponnesischen Krieges nahm Sokrates als Hoplit, als Schwerbewaffneter, an den Feldzügen von Poteidaia, Delion und Amphipolis teil und zog die Aufmerksamkeit der Athener durch seine Tapferkeit auf sich. Als Ratsherr verschaffte er sich in seiner Heimatstadt Ansehen durch engagiertes Eintreten für Gerechtigkeit und die Einhaltung der Gesetze. Er war mit Xanthippe verheiratet und hatte drei Kinder. Seine Frau, über die es kaum zuverlässige Informationen gibt, wurde schon im Altertum zu Unrecht der Inbegriff des zänkischen Eheweibs. Sokrates' Hauptinteresse galt der Philosophie. Täglich regte er auf Athens Straßen und Marktplätzen Diskussionen an und philosophierte insbesondere mit den Jugendlichen aus angesehenen Familien der Stadt über die Grundfragen der Ethik und Politik. Wegen angeblicher Leugnung der Götter und Verführung der Jugend wurde er im Jahr 399 angeklagt und zum Tode durch Schierling verurteilt. Seine Verteidigungsrede ist durch Platons *Apologie* überliefert. Platons Dialoge *Kriton* und *Phaidon* zeigen Sokrates in letzten philosophischen Gesprächen angesichts des bevorstehenden Todes. Im *Phaidon* wird in ergreifender Weise geschildert, wie Sokrates in Anwesenheit seiner engsten Freunde den Schierlingsbecher leert.

AUF DEN PUNKT GEBRACHT

Durch seine geduldige Suche nach der Wahrheit und dem Guten, durch seine Bescheidenheit, die ihn hinderte, mehr Gewissheit vorzutäuschen als er haben konnte, und durch die Entschiedenheit, mit der er an dem festhielt, was wir wissen können, wurde Sokrates zum großen Vorbild vieler Philosophen weit über die Antike hinaus. Sein erzwungener Tod machte ihn darüber hinaus zum Märtyrer für die Wahrhaftigkeit.

EMPFEHLUNG

Lesenswert:

Gottfried Martin: *Sokrates*, Reinbek 1994.

Günter Figal: *Sokrates*, München 2006.

Luciano De Crescenzo: *Geschichte der griechischen Philosophie. Die Vorsokratiker*, Zürich 1985.

Klaus Bartels: *Sokrates im Supermarkt. Streiflichter aus der Antike*, Frankfurt/Main 2000.

Udo Marquardt: *Spaziergänge mit Sokrates. Große Denker und die kleinen Dinge des Lebens*, München 2000.

Hörenswert:

Fritz Kortner spricht Platon, Brecht und Kraus. Verteidigung des Sokrates u.a. Otto Preiser, Wien 1998. Audio-CD.

Platon/Friedrich Dürrenmatt: *Apologie des Sokrates/Tod des Sokrates*. Gesprochen von Gerda Gmelin. Litraton, Hamburg 1997. Audio-CD.

Sehenswert:

Die Wolken. Komödie von Aristophanes

Besuchenswert:

Ein Rundgang über die Agora, den alten Marktplatz von Athen, gibt einen Eindruck vom wichtigsten Wirkungsbereich des Philosophen.

Vom richtigen Umgang mit der Tradition

Konfuzius

551–479 v. Chr.

Es war Kant, der Konfuzius mit Sokrates verglich und ihn damit für die Europäer als großen Ethiker einordnete. In der Tat war Kongzi oder Kong Fuzi, das heißt »Meister Kong« – bei den Jesuitenmissionaren, die im 17. Jahrhundert seine Lehre in Europa bekannt machten, wurde daraus ein lateinisches Confucius – wie Sokrates oder Buddha einer, der lehrte, wie man richtig leben sollte. Und wie Sokrates und Buddha scharte er auch eine zahlreiche Gemeinde von Schülern um sich, die seine Lehre verbreiteten und weiterentwickelten.

»Meister Kong« lebte in einer Zeit, in der die Macht der Zhou-Dynastie, die seit dem Ende des zweiten Jahrtausends v. Chr. die staatliche Einheit Chinas garantiert hatte, zerfallen war. Der rituelle König, der »Sohn des Himmels«, wurde nur noch geduldet, und die Fürsten einzelner Kleinstaaten bekämpften einander ebenso brutal, wie sie im eigenen Land ihre Rivalen aus dem alten Adel zu unterdrücken suchten. Verwaltungsexperten versuchten mit rigoroser Strenge die genaue Einhaltung gesetzlicher Vorschriften zu erzwingen, um die Gefahr der Anarchie zu bannen. Als Gegenströmung zu diesem »Legalismus« entstand unter den Gebildeten, das heißt zumeist unter den Angehörigen des funktionslos gewordenen alten Adels, eine Neigung zum Rückzug aus dem tätigen Leben, zur Kontemplation und zum empfindsamen Genuss der Schönheiten der Natur. Aus dieser Tendenz erwuchs der von Laozi (Laotse), möglicherweise einem Zeitgenossen des Konfuzius, gelehrte Daoismus (Taoismus). Konfuzius hielt nichts vom Rückzug aus dem tätigen Leben und der politischen Welt; er wollte, dass die Menschen ein besseres Zusammenleben lernten. Aber er hielt auch nichts davon, die Menschen mit Gewalt zur Einhaltung der Gesetze zu zwingen. Aus sich selbst heraus, aus der eigenen Einsicht, sollten sie sich zu den Werten einer guten Tradition bekennen.

■ Stele mit dem Bildnis des Konfuzius. Tang-Dynastie (618–906 n. Chr.), Xian (China), Stelenwald-Museum

Konfuzius zog aus dieser Auffassung praktische Konsequenzen, indem er eine Schule eröffnete, in der junge Männer aus allen Schichten zu vorbildlichen Mitgliedern der Gesellschaft gemacht werden sollten. Sie lernten klassische Bildung, das heißt das Verständnis der Schriftzeichen und die altchinesische Dichtung ebenso wie Körperbeherrschung und die Eleganz eines selbstbewusst-bescheidenen Auftretens, etwa in der ritualisierten Kunst des Bogenschießens. Meister Kong schuf so den Keim einer Elite, die sich aus allen Schichten der Bevölkerung rekrutierte und unabhängig von der familiären Herkunft nur dem Staat diente: den Keim des Beamtentums, dem der chinesische Staat und die chinesische Kultur ihre in der Weltgeschichte einmalige Kontinuität verdanken.

■ Konfuzius und seine Jünger, chinesischer Holzschnitt

Es genügte Konfuzius aber nicht, irgendeine Bildung zu vermitteln; er suchte nach der richtigen Weisheit. So begab er sich nach Luoyang, in die alte Hauptstadt der Zhou, und studierte dort die Archive. Und je eingehender er sich mit den Quellen der chinesischen Geschichte beschäftigte, desto mehr wurde er gewahr, wie die Bedeutungen der Begriffe sich im Laufe der Zeit gewandelt hatten, wie sehr sie – so empfand er – verfälscht worden waren. Das Verhältnis von Vater und Sohn, Fürst und Untertan etwa war in der Tradition nicht nur eines von Herrschaft und Unterwerfung, wie es der legalistischen Lehre entsprach, sondern auch eines wechselseitiger Verpflichtungen und subtiler Rücksichtsnahme. Der Sohn oder Untertan hatte zu gehorchen, aber er durfte, ja musste Widerstand leisten gegen Willkürakte des Überlegenen. »Berichtigung der Namen« nannte Konfuzius seine Methode, die Verfälschung der Tradition bloßzustellen. Wir würden stattdessen von »Kritik« reden, einer Kritik, die ihren Standpunkt aus der für gut und berechtigt erkannten Tradition gewinnt.

Für gut und richtig befindet Meister Kong die Werte der patriarchalischen Familie, die Verehrung der Ahnen und die Übertragung der familiären Werte auf den Staat. Er unterscheidet dabei, und das macht ihn ganz und gar »modern«, zwischen der Menschlichkeit, das heißt einem spontanen Mitgefühl, und den überkommenen Ritualen, ohne die eine Gesellschaft ebenfalls nicht

ASIATISCHER KOLLEKTIVISMUS?

Ein populäres Vorurteil im Westen ist es, im Konfuzianismus den Ausdruck einer uralten typisch ostasiatischen Neigung zum Kollektivismus zu sehen. Klaglos ordneten sich Chinesen oder Japaner dem Gemeinschaftsgeist oder dem Willen der Familie unter, wo der westliche Mensch ein Individualist sei, dem seine Freiheit über alles gehe. Natürlich gibt es erhebliche Mentalitätsunterschiede zwischen Ostasiaten und Europäern; diese sind zum großen Teil aber erst in der jüngeren Vergangenheit entstanden. Die chinesische Tradition kennt sehr wohl einen extremen Individualismus, und der moderne »westliche« Individualismus ist im Wesentlichen erst ein Produkt der Reformation und der Entwicklung des Kapitalismus.

auskommt. Offenkundig unsinnige rituelle Handlungen darf man unterlassen, diejenigen jedoch, die man lediglich nicht versteht, sollte man ausführen, denn nicht alles, was richtig ist, muss der Einzelne auch nachvollziehen können. Eine kluge Richtschnur für das Verhalten in einer Welt, in der sich die Traditionen und damit die mit diesen verbundenen Sicherheiten aufzulösen beginnen.

Wie bei Sokrates und Buddha kennen wir die Lehre des Konfuzius nicht durch von ihm verfasste Schriften, sondern nur durch von seinen Schülern überlieferte Gespräche. Die Aussagen des Meisters in diesen Gesprächen sind voller Weltweisheit, aber lassen, im Sinne der westlichen Tradition, einen »metaphysischen« Hintergrund vermissen. Es gibt bei Konfuzius keine Spekulationen über das, was die Welt im Innersten zusammenhält, sondern nur Überlegungen, wie die Menschen ihren Alltag geordnet und sinnvoll gestalten sollten.

Lun-yu (*Lun Yü*) heißt das Buch, in dem die Aussagen des Meisters versammelt sind. Es ist – neben dem *Daodejing* (*Taoteking*) des Laozi – zum Ausgangspunkt chinesischen Philosophierens geworden.

Großen Einfluss gewann Mengzi (Menzius, um 370 – um 280 v. Chr.), der die Lehre des Konfuzius erneuerte, ihr aber so etwas wie eine metaphysische Begründung gab, nämlich die angeborene Neigung der Menschen zum Guten, die zu entwickeln die Pflicht eines jeden sei. Neben der spontanen Menschlichkeit und der Beachtung ritualisierter Vorschriften, von denen Konfuzius gesprochen hatte, gibt es bei Mengzi auch noch so etwas wie ein verinnerlichtes Pflichtgefühl – eine gute Voraussetzung für die Schaffung eines stabilen Gemeinwesens, wie es in Form des chinesischen Kaiserreiches sechzig Jahre nach Mengzis Tod auch entstand. Es bestand immerhin bis 1911 und war auch bis zuletzt noch entscheidend durch die konfuzianische Tradition geprägt.

■ Als Geburts- und Begräbnisort des Konfuzius gilt Küfou in der Provinz Shantung. Gedächtnistempel des Konfuzius. Tang-Dynastie (618–906 n. Chr.)

KONFUZIUS

LEBEN UND WERK

Kong Fuzi oder Konfuzius, wie die latinisierte Form seines Namens lautet, der erste chinesische Philosoph, wurde 551 v. Chr. im kleinen Staat Lu im Süden der heutigen Provinz Schantung geboren. Der erste Bericht über das Leben des Konfuzius entstand um 100 v. Chr. Der Geschichtsschreiber Ssu-ma Ch'ien widmete dem Philosophen ein ganzes Kapitel in seinem umfangreichen Werk über das chinesische Altertum. Diese Biographie ist eine der wichtigsten Quellen, allerdings vermischen sich hier historische Wirklichkeit und Legenden nahezu unauflöslich. Als zuverlässigste Quelle für das Leben und Wirken des Konfuzius, der selbst keine Schriften verfasst hat, gelten die *Gespräche* (*Lun-yu*), eine Sammlung von seinen Aussprüchen, Gesprächen mit Schülern und Anekdoten, die zum wichtigsten Lehrtext konfuzianischer Philosophie wurde. Konfuzius, der einer verarmten Adelsfamilie entstammte, wuchs in bescheidenen Verhältnissen auf. Eine Zeit lang war er als einer der ersten freischaffenden Lehrer Chinas bei einem der Großwürdenträger in Lu tätig, dann arbeitete er auf untergeordneten Beamtenposten. Dass er in seinem späteren Leben hohe Ämter innegehabt habe, wie es in manchen Texten heißt, lässt sich anhand der historischen Überlieferung nicht belegen. Offensichtlich hat Konfuzius eine politische Karriere angestrebt und immer wieder in seinem Leben politische Ambitionen gehabt; welche Rolle er in der Politik tatsächlich spielte, ist jedoch nicht nachzuvollziehen. Noch in jungen Jahren richtete er in seinem Haus eine Schule ein und begann seine private Lehrtätigkeit. Neben den »sechs Künsten« Schreiben, Rechnen, Etikette, Musik, Bogenschießen und Wagenlenken galt das Hauptinteresse den sozialen Beziehungen, der Menschenkenntnis. Es heißt, er habe eine sehr große Zahl von Schülern um sich versammelt, eine der Quellen weiß von dreitausend Anhängern zu berichten. Im Jahre 517 folgte er dem Herzog Zhao, Herrscher von Lu, der aufgrund von Konflikten mit Adelsfamilien fliehen musste, in den Nachbarstaat Ch'i. Bald nach seiner Rückkehr erneut von der Politik enttäuscht, verließ Konfuzius seine Heimat wieder und begab sich, von seinen Schülern begleitet, auf eine langjährige Wanderschaft, die ihn mehrfach in Lebensgefahr gebracht haben soll. So ist er angeblich einem geplanten Mord entgangen, in kriegerische Auseinandersetzungen geraten und beinahe verhungert. Erst dreizehn Jahre später, 484, kam er nach Lu zurück und widmete sich der Herausgabe klassischer Texte. Konfuzius starb um 479 v. Chr. Dreihundert Jahre nach seinem Tod erhob die Han-Dynastie (206 v. Chr. – 220 n. Chr.) den Konfuzianismus zu einer Art Staatsreligion und ließ Konfuzius gottähnliche Verehrung zuteil werden.

EMPFEHLUNG

Lesenswert:
Konfuzius: *Die Lehren des Konfuzius*, chin.-dt., übersetzt und erläutert von Richard Wilhelm und mit einem Vorwort versehen von Hans van Ess, Frankfurt/Main 2008.

Konfuzius: *Gespräche* (Lun-yu), Stuttgart 1998.

Heiner Roetz: *Konfuzius*, München 1995.

Volker Zotz: *Konfuzius*, Reinbek 2000.

Das Leben des Konfuzius. Bilder zu den Taten des Weisen. Aus dem Chinesischen übertragen und mit einem Nachwort von Hans Stumpfeldt, Zürich 1991.

Karl Jaspers: *Die maßgebenden Menschen. Sokrates, Buddha, Konfuzius, Jesus*, München 1997.

Hörenswert:
Konfuzius: *Gespräche*. Gesprochen von Stefan Kurt und Stephan Schad. München 2007. Audio-CD.

Sehenswert:
Konfuzius-Darstellungen, vor allem Tuschzeichnungen auf Papier, finden sich vielfach in den ostasiatischen Sammlungen der großen europäischen Museen.

AUF DEN PUNKT GEBRACHT

Halte dich an die Weisheit der Tradition, prüfe diese aber stets von neuem, ob sie noch tragfähig und ob sie nicht durch egoistische Interessen verfälscht ist! – Dies ist die völlig diesseitige Lebensweisheit des Meisters Kong. Und sie hat ihren guten Sinn bis heute.

Distanz zu den Aufgeregtheiten der Welt

Buddha

5. oder 4. Jahrhundert v.Chr.

Die Lehre des Siddhartha Gautama oder Buddha, das heißt des Erleuchteten, gilt zumeist als ein asiatischer Weg zur Weisheit, der mit der europäischen Philosophie herzlich wenig zu tun hat. Dennoch gibt es bei näherem Hinsehen Gemeinsamkeiten zwischen der frühen Philosophie Griechenlands und dem Denken Buddhas, die manche Gelehrte zu der Vermutung geführt haben, dass Buddha die Philosophie der Vorsokratiker gekannt haben könnte, so wie es auch nicht unwahrscheinlich ist, dass diese etwas vom Denken Indiens gehört hatten. Dank der politischen Stabilität des riesigen Perserreichs gab es im 5. Jahrhundert v. Chr. mehr Möglichkeiten zum Austausch von Waren und Ideen zwischen Europa und dem indischen Subkontinent als etwa im Mittelalter. Wenn man, wie es üblich ist, den Tod Buddhas um 480 v. Chr. ansetzt, wird es ziemlich unwahrscheinlich, dass er schon von griechischer Philosophie gehört haben könnte. Wenn er aber, wie einige neuere Forscher annehmen, erst im 4. Jahrhundert v. Chr. gelebt hat, so wäre er ein Zeitgenosse von Sokrates, Platon oder Aristoteles gewesen und hätte wie diese auf den Gedanken der ersten Philosophen aufbauen können.

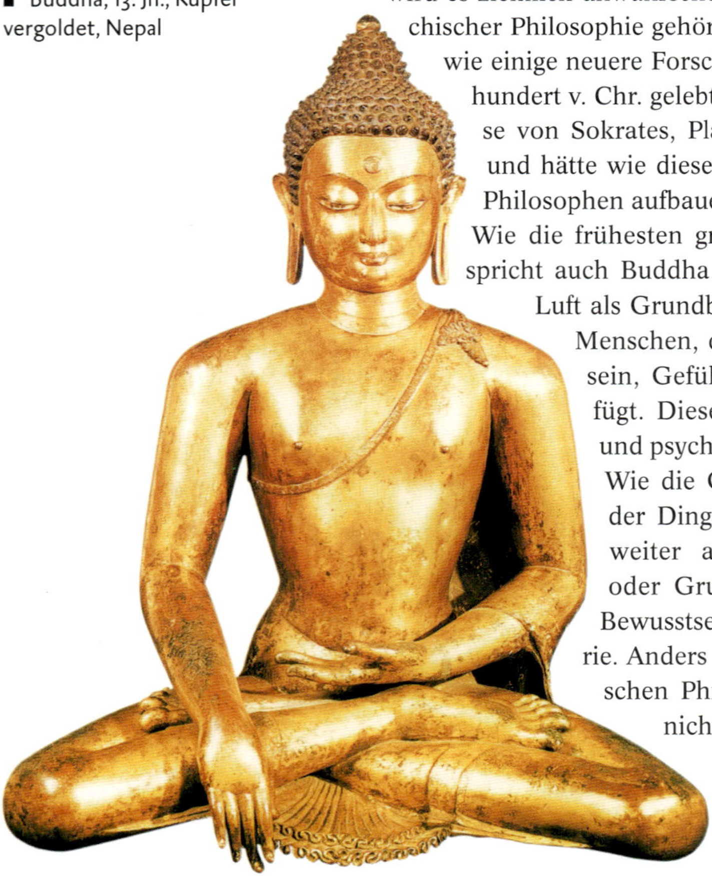

■ Buddha, 13. Jh., Kupfer vergoldet, Nepal

Wie die frühesten griechischen Naturphilosophen spricht auch Buddha von Feuer, Erde, Wasser und Luft als Grundbestandteilen der Welt und des Menschen, denen er weitere wie Bewusstsein, Gefühl oder Wahrnehmung hinzufügt. Diese Bestandteile der physischen und psychischen Welt nennt er Dharmas. Wie die Griechen führt er die Vielzahl der Dinge in der Welt auf einige nicht weiter analysierbare Grundtatsachen oder Grund-Dharmas zurück wie das Bewusstsein oder die Elemente der Materie. Anders als manche der frühen griechischen Philosophen unternimmt er aber nicht den Versuch, die Grundtatsachen der Welt auf ein einziges Grundprinzip wie »das Sein« zurückzuführen; vielmehr stellt er fest, dass kein Dharma ohne die anderen bestehen kann, etwa das menschliche Bewusstsein nicht ohne den Körper und der Körper nicht ohne Erde und Wasser. Kein Dharma ist in sich vollkommen. Vollkommen ist nur Atman, die Weltseele. Alles, was in der realen Welt ist, ist An-atman, Nicht-Atman. Und weil es unvollkommen ist, ist es auch unstabil. Für Buddha gilt dasselbe wie für den Griechen Heraklit: Alles fließt. Die Flüchtigkeit alles Seienden hat bei Buddha allerdings noch eine ganz besondere Bedeutung, die eine Besonderheit des indischen Denkens ist. Da alles fließt und ineinander übergeht, gehen auch die Seelen ineinander über. Der Tod eines Individuums ist kein Endpunkt, sondern nur die Zwischenstation in einer ununterbrochenen Folge von Wiedergeburten.

Die Lehre von der Wiedergeburt, die zu Buddhas Zeit schon eine lange Tradition im indischen Denken hatte, wird bei ihm zum Ausgangspunkt seiner eigenen Ethik: Versuche ein gutes Leben zu führen, dann wirst du mit der Einstellung, der menschlichen Reife, die du erworben hast, auch wiedergeboren werden. Du sollst nicht darauf hoffen, möglichst reich und mächtig wiedergeboren zu werden, sondern als jemand, der in sich ruht, weil er nicht mehr von Leidenschaften und Begierden hin- und hergeworfen ist. Wenn du aufhörst zu glauben, dass du dieses oder jenes unbedingt besitzen oder genießen musst, wird deine Angst vor dem Tod verschwinden, wirst du auch nicht mehr so am Leben kleben, dass die Wiedergeburt noch eine Rolle für dich spielt. Dieser Zustand des Nicht-mehr-haben-und-erleben-Wollens ist für Buddha das Nirwana, das Ziel eines jeden Weisen. Das heißt keineswegs, dass Buddha der asketischen Weltverleugnung das Wort redete oder auch nur dem Rückzug aus der Welt. Jeder, so lehrt er, solle so leben, wie es für seine innere Ausgeglichenheit am besten ist. In dieser Hinsicht hat Buddhas Lehre mehr mit der Weisheit west-

PLATON UND DIE LEHRE VON DER WIEDERGEBURT

Wie die Weisen Indiens und Buddha glaubte auch Platon an die Wiedergeburt, an die immer wieder neuerliche Fleischwerdung der unsterblichen Seele. Die Erlangung der Weisheit kommt einer Wiedererinnerung an das gleich, was die Seele schon einmal gewusst hat. Es ist oft vermutet worden, dass Platon die Vorstellung von der Seelenwanderung der indischen Philosophie verdankte.

■ Die Geburt des Buddha. Tibetisch, frühes 19. Jh. Bronze vergoldet, mit farbigen Steinen. Aus einer Serie mit Darstellungen aus dem Leben des Buddha. Paris, Guimet Museum

■ Prinz Siddhartha, der spätere Buddha, schneidet sich mit seinem Säbel die Haare ab. Rechts Brahma und am Himmel Indra. Thonburi (Thailand), Wat Ratchasitaram, 19. Jh.

SCHOPENHAUER UND DER BUDDHISMUS

Schopenhauer führte die Lehre Buddhas mit der Philosophie Kants zusammen. Da Kant zufolge das einzig Gewisse an der Welt unsere Wahrnehmung von ihr ist, konnte man zu dem Schluss kommen, die Welt sei so etwas wie eine Fiktion, eine Vorstellung des Subjekts, das sie wahrnimmt. Wenn man aufhört, sie sich vorstellen oder ernst nehmen zu wollen, meinte Schopenhauer deshalb, höre sie schlicht auf zu sein. In dieser Idee fand er sich durch Buddha und dessen Vorstellung vom Nirwana bestätigt.

licher Philosophen, etwa der Stoiker, gemein als mit der indischen Volksreligion mit ihren Yogis und Fakiren.

Dass der Buddhismus lange nach dem Tod Siddhartha Gautamas von einer Weisheitslehre zur Religion wurde, hängt unter anderem mit dem politischen Schicksal Indiens zusammen. Wie die griechische so verdankt auch die indische Philosophie Buddhas und seiner Zeit ihre Entstehung politisch-sozialen Umwälzungen, durch die jahrhundertealte Traditionen erschüttert und außer Kraft gesetzt wurden. Siddharthas Vater war ein hoher Würdenträger in einer Adelsrepublik am Fuße des Himalayas. Die herrschendeKriegerschicht bestand aus reichen Viehzüchtern. Doch die Tage solcher Kleinstaaten waren gezählt. Große Königreiche, deren Herrscher sich auf den von den Bauern der Ebene am Ganges und seinen Nebenflüssen erwirtschafteten Reichtum stützten, machten den Republiken freier Adliger nach und nach den Garaus. Die Söhne des Kriegeradels hatten daraufhin keine Funktion mehr, sondern wanderten als Mönche durchs Land, mit nichts im Gepäck als ihrer den Bauern überlegenen Bildung. Siddhartha war einer von ihnen, und er machte aus der Not des Entwurzeltseins eine Tugend, nämlich die, die Würde eines Menschen nicht nach seiner sozialen Stellung zu beurteilen. Seine Lehre war für alle offen und diente damit dem Abbau der Grenzen zwischen den alten »Kasten« von Kriegern, Priestern (Brahmanen), Händlern und Bauern. Er predigte nicht den Aufstand gegen die neuen Herren, die Beamten der Könige, wandte sich aber gegen Willkür und Machtmissbrauch. Kurz, seine Lehre eignete sich hervorragend als Staatsdoktrin der immer komplexer werdenden neuen Königtümer. So waren es vor allem die Könige des großen Reichs von Magadha südlich des Ganges, die Buddha und seine Anhänger förderten. In dem Maße, wie die Philosophie Buddhas auch das einfache Volk erreichte, verband sie sich mit dem traditionellen Götterglauben. Der Buddhismus wurde zur Religion, und Buddha selbst zu einem göttlichen Wesen, zur Inkarnation eines ewigen All-Buddha.

■ Parinirwana des Buddha (Liegender Buddha beim Eintritt in das Nirwana). 5.–6. Jh., Ajanta (Indien), Höhlentempel

BUDDHA

LEBEN UND WERK

Siddhartha Gautama, der Begründer des Buddhismus, wurde vermutlich um 560 v. Chr. geboren, neueren Forschungen zufolge vielleicht aber auch erst etwa hundert Jahre später. Er stammte aus dem Adelsgeschlecht der Shayka. Sein Vater, Fürst Suddhodana, regierte über das kleine Shayka-Reich im Vorgebirge des Himalaya im heutigen indisch-nepalesischen Grenzgebiet. Die Biographie des historischen Buddha, über die wir nur wenig wissen, ist überlagert von Legenden. Einem solchen Mythos zufolge träumte seine Mutter Maja von einem weißen Elefanten, der in ihre rechte Seite eindrang. Die zur Deutung des Traumes befragten Bramahnen verhießen ihr und ihrem Mann die Geburt eines Sohnes, der ein Weltherrscher oder, falls er der Welt entsage, ein Erleuchteter werden würde. Zehn Monate später gebar Maja ein Kind: Sie stand unter einem Baum im Lumbini-Park und griff nach einem Ast, als Buddha aus ihrer rechten Seite heraustrat. Kaum dass er geboren war, soll er sich auf einer gerade erblühenden Lotusblüte aufgerichtet, sieben Schritte in alle Himmelrichtungen getan und dabei verkündet haben, dass er Leiden und Tod ein Ende bereiten werde. Seine Mutter starb sieben Tage nach seiner Geburt. Siddhartha Gautama wurde von seiner Tante in wohlhabenden Verhältnissen aufgezogen. Mit sechzehn Jahren heiratete er Yashodhara. Kurz nach der Geburt ihres Sohnes Rahula – Buddha war neunundzwanzig Jahre alt – verließ er seine Familie, da ihn das luxuriöse Leben im Palast seiner Eltern zunehmend bedrückte. Die Vergänglichkeit seines Lebensumfelds erweckte in ihm die Vorstellung einer »Leichenstätte«. Er brach auf, um eine Wahrheit zu finden, die geeignet war, das Leid zu überwinden. Sechs Jahre lang zog er als wandernder Bettelmönch umher, schloss sich verschiedenen Yogalehrern an, fand dort aber nicht, was er suchte. Völlig entkräftet gab er sein asketisches Leben wieder auf und kam schließlich durch Meditation im Alter von fünfunddreißig Jahren unter einem Feigenbaum sitzend zu jenem »Erwachen«, das ihn zum Buddha (»der Erwachte«, »der Erleuchtete«) machte. Bodh Gaya im indischen Staat Bihar, der Ort seiner Erkenntnis, an dem nach Buddhas Tod ein Tempel errichtet wurde, ist der bedeutendste Pilgerort der Buddhisten. Was er bei seinem Erwachen erfahren hatte, begann Buddha nach Wochen des Schweigens als Lehre weiterzugeben. Fünfundvierzig Jahre zog er in Begleitung einer wachsenden Zahl von Anhängern durch Nordindien. Er starb im Alter von achtzig Jahren (um 480 v. Chr.) in Kusinara. Buddha selbst verfasste keine Schriften. Unsere Kenntnis seiner Lehren beruht auf den drei so genannten *Pitaka* (Körbe), das sind Sammlungen buddhistischer Schriften aus den folgenden Jahrhunderten, die den Umfang der Bibel übertreffen.

AUF DEN PUNKT GEBRACHT

Die Welt ist unvollkommen und ohne festgefügte Ordnung. Die Menschen mit ihren ungezügelten Leidenschaften tragen das Ihre dazu bei und leiden darunter. Sich frei machen von diesen Leidenschaften, von den Zufälligkeiten des Lebens, ist Weisheit, lehrt Gautama Buddha.

EMPFEHLUNG

Lesenswert:

Reden des Buddha. Aus dem Pali-Kanon; übersetzt von Ilse-Lore Gunsser, Stuttgart 1996.

Volker Zotz: *Buddha*, Reinbek 2001.

Michael Carrithers: *Der Buddha. Eine Einführung*, Stuttgart 1996.

Karl Jaspers: *Die maßgebenden Menschen. Sokrates, Buddha, Konfuzius, Jesus*, München 1997.

Buddhistische Märchen. Herausgegeben, aus dem Pali übertragen und kommentiert von Johannes Mehlig, Frankfurt/Main 1992.

Besuchenswert:

Der Bezirk des alten Palastes in Bangkok, Thailand, mit dem größten liegenden Buddha der Welt sowie einer riesigen Buddha-Statuen-Sammlung. Buddhastatuen finden sich an vielen Orten, außer in Thailand besonders in Nepal, Sri Lanka und Japan. Außerdem in den ostasiatischen Sammlungen der großen europäischen Museen, etwa im British Museum in London, im Louvre in Paris und auf der Museumsinsel in Berlin.

Denker und Dichter des Idealen

Platon

um 427–348 v. Chr.

Einer der bedeutendsten Philosophen des 20. Jahrhunderts, Ludwig Wittgenstein, hat den oft zitierten Satz geprägt: »Wovon man nicht sprechen kann, darüber muss man schweigen.« Das heißt: Philosophie hat uns zur exakten Wissenschaft zu führen, und damit hat sie ihre Schuldigkeit getan. Platon lehrt das Gegenteil: Philosophie soll beim exakten Denken der Mathematik beginnen und uns an etwas heranführen, das mit Begriffen nicht auszudrücken, in dichterischer Sprache allenfalls anzudeuten ist, nämlich die Wahrheit jenseits des sinnlich Erfahrbaren und begrifflich Denkbaren. Wir verdanken dem großen Schüler des Sokrates scharfsichtige Neuerungen hinsichtlich des begrifflichen »Handwerkszeugs« der Philosophie, aber auch eine mystische Vision der Welt, die er uns in dichterischer Sprache nahe bringt. Und erstaunlicherweise erweist sich gerade seine mystisch-dichterische Seite als besonders modern.

■ Platon, Porträtbüste. Römische Kopie nach einem griechischen Original. Paris, Louvre

Das schriftstellerische Talent Platons ist schon in den frühen »Dialogen« offenkundig, in denen er die Lehren des Sokrates im szenischen Frage- und Antwortspiel herausarbeitet. Das Thema dieser noch deutlich »sokratischen« frühen Dialoge Platons ist die Einsicht in das Gute. Es kann nicht wahr sein, betont Platons Sokrates immer wieder, dass das für den Einzelnen Gute mit seinem jeweiligen egoistischen Interesse zusammenfällt und ein öffentliches Gutes wie die Gerechtigkeit bloß die Tugend der Schwachen ist, wie die Sophisten lehren. Der Begriff des Guten ergäbe dann keinen Sinn, und es bestünde keine Grundlage für einen guten, von Respekt und Liebe getragenen Umgang der Menschen miteinander. Und spüren wir nicht in der spontanen Kraft der Liebe, im Eros (der bei Platon vor allem ein homoerotischer Eros ist), der uns zum Schönen hinzieht, den Wunsch, dem geliebten Wesen ganz selbstlos Gutes widerfahren zu lassen? Es gibt also, schließt Platon, das Gute nicht nur als Begriff für das, was Gerechtigkeit, Tapferkeit, Liebe und so weiter gemeinsam haben, sondern auch als etwas jenseits aller Zufälle der Welt real Existierendes, das unser Leben wirksam bestimmt.

Der Gedanke, das Gute als etwas Seiendes zu bestimmen statt als bloßes Wort, war geeignet, der sokratischen Ethik ein Fundament zu verleihen, denn wenn es gelang, diese Bestimmung eines Begriffs als etwas Seiendes zu erhärten, war er der subjektiven Willkür der Menschen enthoben; dann konnte nicht jeder einfach das zum Guten erklären, was ihm gerade passte. Aber der Gedanke, Begriffe zu etwas Seiendem zu erklären, bedurfte noch der Begründung.

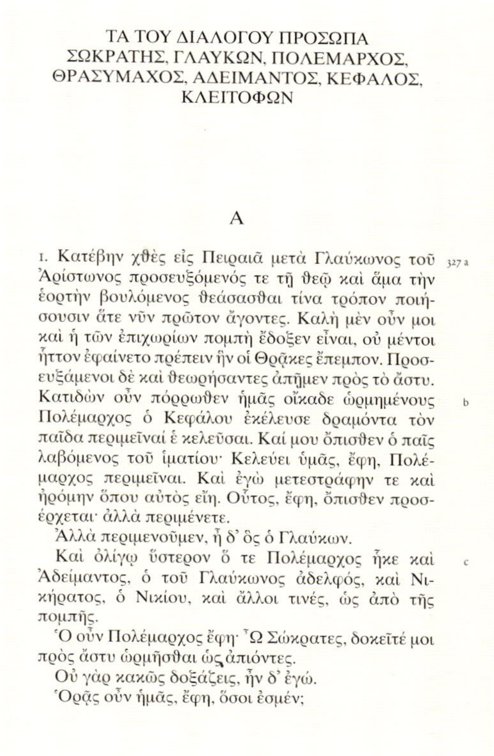
ΤΑ ΤΟΥ ΔΙΑΛΟΓΟΥ ΠΡΟΣΩΠΑ
ΣΩΚΡΑΤΗΣ, ΓΛΑΥΚΩΝ, ΠΟΛΕΜΑΡΧΟΣ,
ΘΡΑΣΥΜΑΧΟΣ, ΑΔΕΙΜΑΝΤΟΣ, ΚΕΦΑΛΟΣ,
ΚΛΕΙΤΟΦΩΝ

Α

I. Κατέβην χθὲς εἰς Πειραιᾶ μετὰ Γλαύκωνος τοῦ 327 a
Ἀρίστωνος προσευξόμενός τε τῇ θεῷ καὶ ἅμα τὴν
ἑορτὴν βουλόμενος θεάσασθαι τίνα τρόπον ποιή-
σουσιν ἅτε νῦν πρῶτον ἄγοντες. Καλὴ μὲν οὖν μοι
καὶ ἡ τῶν ἐπιχωρίων πομπὴ ἔδοξεν εἶναι, οὐ μέντοι
ἧττον ἐφαίνετο πρέπειν ἣν οἱ Θρᾷκες ἔπεμπον. Προσ-
ευξάμενοι δὲ καὶ θεωρήσαντες ἀπῇμεν πρὸς τὸ ἄστυ.
Κατιδὼν οὖν πόρρωθεν ἡμᾶς οἴκαδε ὡρμημένους b
Πολέμαρχος ὁ Κεφάλου ἐκέλευσε δραμόντα τὸν
παῖδα περιμεῖναί ἑ κελεῦσαι. Καί μου ὄπισθεν ὁ παῖς
λαβόμενος τοῦ ἱματίου· Κελεύει ὑμᾶς, ἔφη, Πολέ-
μαρχος περιμεῖναι. Καὶ ἐγὼ μετεστράφην τε καὶ
ἠρόμην ὅπου αὐτὸς εἴη. Οὗτος, ἔφη, ὄπισθεν προσ-
έρχεται· ἀλλὰ περιμένετε.
Ἀλλὰ περιμενοῦμεν, ἦ δ᾽ ὃς ὁ Γλαύκων.
Καὶ ὀλίγῳ ὕστερον ὅ τε Πολέμαρχος ἧκε καὶ c
Ἀδείμαντος, ὁ τοῦ Γλαύκωνος ἀδελφός, καὶ Νι-
κήρατος, ὁ Νικίου, καὶ ἄλλοι τινές, ὡς ἀπὸ τῆς
πομπῆς.
Ὁ οὖν Πολέμαρχος ἔφη· Ὦ Σώκρατες, δοκεῖτέ μοι
πρὸς ἄστυ ὡρμῆσθαι ὡς ἀπιόντες.
Οὐ γὰρ κακῶς δοξάζεις, ἦν δ᾽ ἐγώ.
Ὁρᾷς οὖν ἡμᾶς, ἔφη, ὅσοι ἐσμέν;

■ Einleitung einer modernen Ausgabe von Platons Dialogen.

Auf den langen Reisen, die Platon nach dem Tod seines Lehrers von seiner Heimatstadt Athen aus zunächst ins nahegelegene Megara, dann auch nach Nordafrika, Süditalien und Sizilien führten, versuchte er, zu dieser Begründung zu gelangen. In Megara arbeitete er mit einem älteren Sokratesschüler, Eukleides, zusammen, von dem er wahrscheinlich den Begriff der »Idee« übernahm.

Im afrikanischen Kyrene studierte Platon bei dem Mathematiker Theodoros, in Italien begegnete er bei den Vertretern der eleatischen Schule der Seinsphilosophie des Parmenides und der Schultradition der Pythagoreer; im sizilianischen Syrakus schließ-

IDEE

Wir gebrauchen heute das Wort »Idee« in unserer Alltagssprache gleichbedeutend mit »Gedanke«. Im Griechischen dagegen hatte der von dem Wort für »sehen« abgeleitete Begriff ursprünglich die Bedeutung »An-blick, An-sicht«, dann auch »charakteristischer, typischer Anblick« – ähnlich wie bei unserem Wort »Gesicht«. Daraus wird bei Platon etwa die Bedeutung »das hinter der äußeren Erscheinung steckende Wahre«. Im Laufe der Geschichte der Philosophie wurde die Idee zum schlechthin Geistigen und dadurch im allgemeinen Sprachgebrauch gleichbedeutend mit einem (guten) Gedanken.

■ Dion führt Platon bei dem Tyrannen Dionysios von Syrakus ein. Holzstich aus Hermann Göll »Die Weisen und Gelehrten des Altertums« (1876)

lich begegnete er einem jungen Mann, der vielleicht die Liebe seines Lebens wurde: Dion, der Schwager des in der Stadt herrschenden Tyrannen Dionysios I. Mit seiner Hilfe versuchte Platon, der aus einer alten athenischen Politikerfamilie stammte, auf die Organisation des mächtigen syrakusischen Staates praktischen Einfluss zu nehmen, um daraus ein Gemeinwesen zu machen, in dem im Sinne des Sokrates die Tugend herrschte. Dieser Ausflug in die praktische Politik führte zu einem Fiasko. Platon fiel den Intrigen am Hof des Dionysios zum Opfer und musste nach Athen zurückkehren. Hier gründete er, der Überlieferung nach im Jahr 387 v. Chr., im Hain des mythischen Helden Akademos seine eigene philosophische Schule, die Akademie. Platon war inzwischen vierzig Jahre alt und konnte, immer im Zusammenhang mit der Lehre an der Akademie, daran gehen, seine Erfahrungen zusammenzufassen und seine Gedanken zu systematisieren. In dieser Zeit muss *Der Staat* (*Politeia*) – der umfangreichste der Dialoge Platons – entstanden sein und andere Dialoge, die eindeutig die Gedanken Platons und nicht mehr die des Sokrates enthalten.

Diese Dialoge der mittleren Schaffenszeit sind nicht mehr so lebendige Wiedergaben von Gesprächen wie die früheren, sondern enthalten lange Antworten des Lehrers Sokrates, hinter dessen Gestalt sich Platon verbirgt, auf kurze Fragen der Schüler. Indem Platon einen einzigen Grundgedanken auf vielerlei verschiedene Weise darlegt, versucht er, bei seinen Schülern die »Wiedererinnerung« (Anamnesis) an etwas zu erreichen, was sie schon einmal gewusst haben – in einem früheren Leben. Platon glaubt nämlich ähnlich wie Buddha an die Wiedergeburt und damit an ein verschüttetes Wissen in jedem Menschen, das die Philosophie zutage fördern muss.

In seiner Lehre vollzieht Platon die Herausbildung seiner eigenen Philosophie nach, angefangen vom Gedanken, dass das Gute wirklich existieren muss, über die mathematische Einsicht, dass es in der Tat nachweisbar Seiendes gibt, das nicht der sinnlichen Erscheinungswelt angehört, wie Punkt, Linie, Kreis und Fläche, die keine räumliche Ausdehnung und physische Existenz haben, aber dennoch sehr wohl existieren, bis hin zur Auseinandersetzung mit der Lehre des Parmenides, dass das Sein wirklicher ist als alle im Wandel befindlichen und vom Zufall bestimmten sinnlichen Erscheinungen. Er schließt sich Parmenides einerseits an, sieht andererseits aber auch die entscheidende Schwäche in dessen Lehre, nämlich dass über die Welt der Erscheinungen – die doch eine Welt des Sinnentruges sein soll – viel, aber über das hinter ihr stehende eine Wahre, das Sein, so gut wie nichts gesagt werden kann. Dieser inhaltlichen Leere der Philosophie des Parmenides begegnet er mit seiner Lehre von den Ideen: den unbegrenzt vielen wahren Urbildern dessen, was die Erscheinungen in verzerrter Weise zeigen. Das Gute ist eine solche Idee, etwas nur andeutungsweise intuitiv erfahrbar Seiendes, dem man durch seine begriffliche Definition als ein Gemeinsames aus allen Tugenden nur hilfsweise näher kommt, da doch alle Tugenden nur daraus zu erklären sind, dass sie am Guten teilhaben; der Kreis existiert als mathematische Idee, die wahrer ist als jeder gezeichnete Kreis,

▪ Auch im Mittelalter und in der Renaissance wurde Platon als einer der großen Weisen verehrt. *Platon*, Gemälde, um 1477, von Pedro Berruguete (um 1450–1504). Aus der Serie der »Bildnisse berühmter Männer« aus dem Palazzo Ducale in Urbino. Paris, Louvre

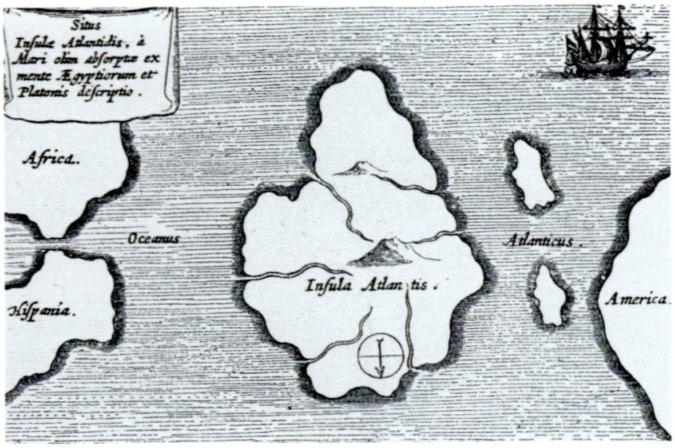

■ Seit Platons Erzählung von dem untergegangenen Atlantis hat dieses sagenhafte Land immer wieder die Phantasie der Menschen beschäftigt. *oben* Athanasius Kirchner (1601–1680), Lage der versunkenen Insel Atlantis, Kupferstich von 1664. *unten: Atlantis,* Gemälde von Carl Laubin

denn kein Sinnending ist vollkommen. Letztlich steckt hinter jedem Sinnending eine real existierende Idee: hinter einem Tisch (um ein bei Philosophen sehr beliebtes Beispiel zu nehmen) die Idee der Tischartigkeit schlechthin, das, was runde und eckige, vierbeinige und dreibeinige Tische gemeinsam haben und was uns jeden Tisch auf Anhieb als Tisch erkennen lässt, obwohl eine hundertprozentige Definition von »Tisch« so gut wie unmöglich ist. Nur bei der Beantwortung der etwas arglistigen Frage, ob es auch eine im reinen Sein beheimatete Idee des Hässlichen, des Schmutzigen und Verwerflichen gibt, tut sich Platon etwas schwer.

Man hat Platon immer wieder seinen »Dualismus« vorgeworfen, seine Lehre von zwei ganz unterschiedlichen Welten, die eine geistig-ideal und vollkommen, aber schwer zu begreifen, die andere materiell und unvollkommen, aber immerhin für die Sinne gegenwärtig. Dies ist nicht ganz richtig, denn Platon bemüht sich, eine Verbindung zwischen dem rein Gedanklichen (Noumenon) und der Welt des sinnlichen Scheins oder der Phänomene (Phainomena) herzustellen. Platon nennt diese Verbindung die »Teilhabe«

der Sinnenwelt an der Welt der Ideen. In dem berühmten »Höhlengleichnis« aus dem *Staat* versucht Platon zu verdeutlichen, wie wir uns diese Teilhabe vorstellen sollen: In einer Höhle sitzen Gefangene, die so gefesselt sind, dass sie nicht einmal den Kopf wenden können. Sie starren auf die Schatten, die sich auf der Höhlenwand vor ihnen bewegen. Sie sind alles, was sie wahrnehmen. Was die Gefangenen nicht wissen können, ist dies: Die Schatten sind die Projektionen von Gegenständen, die Menschen, die hinter einer Mauer im Rücken der Gefangenen hin und her gehen, auf dem Kopf balancieren. Ein Feuer, das hinter der Mauer brennt, wirft diese Schattenbilder an die Höhlenwand. Irgendwo auf der anderen Seite des Feuers hat die Höhle auch einen Ausgang, und jenseits dieses Ausgangs scheint die Sonne, befindet sich die lichte Welt des Tages.

Die Welt des wahrhaft Seienden, das heißt der Ideen – das will Platon mit diesem Gleichnis sagen –, verhält sich zu dem, was wir Menschen alltäglich wahrnehmen, wie die sonnenbeschienene Welt zu den Schattenbildern dessen, was sozusagen im Untergrund dieser wahrhaften Welt geschieht. Das heißt im Umkehrschluss: Das, was wir mit unseren Sinnen »wahr«-nehmen, ist eine verfälschte Version dessen, was die unterste Sphäre der Wirklichkeit ist. Aber immerhin, was wir wahrnehmen, ist nicht ausschließlich falsch, sondern hat eine schattenhafte Teilhabe an der Wahrheit.

Soweit dient das Höhlengleichnis bis heute als Erläuterung dessen, was die Ideen Platons bedeuten. Seltener wird erwähnt, dass die Gleichniserzählung noch weiter geht, nämlich so: Wenn einer der Gefangenen befreit wird und den Weg ans Licht der Sonne findet, so wird er zunächst verwirrt sein und eine Weile brauchen, um sich zu überzeugen, dass die im Licht der Sonne vor ihm aufscheinende Welt wirklicher ist als die Schatten, die er in der Höhle beobachtet hat; doch dann wird er voller Freude über die neuentdeckte Wahrheit zu seinen gefangenen Kameraden hinabsteigen wollen, um auch sie zu befreien und zum Licht empor zu führen. Die aber würden ihn auslachen und finden, dass er sich draußen die Augen verdorben habe.

DUALISMUS

Meist kritisch wird, in Bezug auf die Philosophie Platons und mancher seiner Nachfolger, von »Dualismus« gesprochen. Dualismus bedeutet, dass die Welt in eine materielle und eine geistige und der Mensch in Körper und Seele auseinander fällt. Die Position, die die Einheit von Körper und Seele, Geist und Materie betont, heißt Monismus. Ein extremer Dualismus findet sich in der Antike in der von Zarathustra begründeten persischen Religion, dem Mazdaismus, in dem die Prinzipien von Gut und Böse gleichberechtigt miteinander streiten. Platon hat den Mazdaismus mit Sicherheit gekannt. In der späteren Antike geht in der »Gnosis« die platonische mit der altorientalischen Tradition eine Verbindung ein; der extreme Dualismus der Gnostiker wurde von den orthodoxen christlichen Theologen erbittert bekämpft.

■ *Platon und seine Schüler im Garten der Akademie.* Holzstich aus Hermann Göll »Die Weisen und Gelehrten des Altertums« (1876)

Es liegt auf der Hand, dass der befreite Gefangene der Philosoph ist, der seine Mitmenschen zum Licht führen möchte. Er wird wie Sokrates verlacht werden, aber er wird es um der Wahrheit willen immer wieder versuchen.

Eins bleibt im zweiten Teil des Höhlengleichnisses unbefriedigend: Die Befreiung des einen Gefangenen, das heißt die Läuterung eines Menschen zum Philosophen, ist hier nicht erklärt, sondern bleibt ein wunderbarer Zufall. Doch Platon ist nicht Anhänger einer Lehre von plötzlichen Erleuchtungen, vielmehr macht er an anderen Stellen klar, dass auch der Philosoph, auch ein Sokrates, das Wissen von der Wahrheit nur durch eine Gedankenarbeit erreicht, die ihn Schritt für Schritt aus der Welt der falschen Sinneseindrücke führt. Dabei gibt es manches, das auf diesem Weg als Zwischenstation zwischen Erscheinungs- und Ideenwelt gelten kann. Da ist etwa die medizinische Erkenntnis des großen Arztes Hippokrates, dass unser Leib nur dann gesund ist, wenn seine Teile ein einziges harmonisches Ganzes bilden und dadurch zum Abbild der reinen Harmonie des Ideenreichs werden; da ist das Schöne der Kunst, das die Erfahrungswirklichkeit hinter sich lässt und zum Beispiel in »idealen« Darstellungen des menschlichen Körpers dessen reine Idee erahnen lässt; und da ist der Eros, der uns, wenn wir seine sinnlich-sexuelle Seite hinter uns lassen, nach dem Guten, Wahren und Schönen streben lässt.

Die vielseitige Lehre an der Akademie, die alle Wissensgebiete umspannte, sollte der Vorbereitung auf das Erfassen des Idealen dienen. Einmal noch unterbrach Platon seine Lehrtätigkeit, um erneut den Versuch zu unternehmen, seine Auffassung von einer richtig organisierten Menschenwelt in die politische Tat umzusetzen: in Syrakus, wohin ihn sein Freund Dion erneut berufen hatte. Doch wieder scheiterte er, und Dion, der einen Putsch gegen Dionysios II. unternommen hatte, verlor sein Leben in den politischen Wirren dieser Zeit.

Platon kehrte an die Akademie zurück. Um diese Zeit setzt man den Beginn seines Alterswerks an, in dem die Lehre von der Seele einen zentralen Platz einnimmt.

Dasjenige in uns, das nach dem Wahren und Guten strebt und so die Verbindung zwischen dem zufälligen körperlich-sinnlichen Leben und der geistigen Welt der Ideen herstellt, ist unsere Seele. Und sie strebte nicht nach Höherem, wenn sie nicht selbst teilhätte an den ewigen Ideen. Wegen dieser Teilhabe ist sie unsterblich; aber sie ist nicht vollkommen, denn sie ist im menschlichen Körper gleichsam gefangen und dadurch der Welt des Scheins und

■ In Raffaels *Schule von Athen* hat Platon (die linke Figur der Mittelgruppe) die Züge von Leonardo da Vinci. Rechts neben ihm Aristoteles und vorn Heraklit und Diogenes. Fresko, 1508–1511. Rom, Vatikan, Stanza della Segnatura

PLATONISCHE LIEBE

Heute pflegen wir denjenigen zu bedauern, der einer »platonischen Liebe«, huldigt, einer Liebe ohne sexuelle Erfüllung. Bei Platon aber ist die Liebe, die sich von der Sinnlichkeit befreit hat, die höchste und reinste.

der Vergänglichkeit verhaftet. In seinem Gleichnis vom »Seelengespann« im *Phaidros* deutet Platon an, wie wir uns diesen Zwittercharakter der Seele vorstellen sollen: Eines von den Flügelrossen des Gespanns zieht den Wagen mit seinem Lenker hinauf in die lichten Höhen des reinen Seins, das andere aber bockt und droht das Gespann mit in die Tiefe zu reißen, falls der Wagenlenker sich nicht rechtzeitig darauf besinnt, dass er dem Lichte entgegen fahren wollte, und die Zügel strafft.

Der Wagenlenker entspricht dem Seelenteil, den Platon »logistikon« nennt, ordnenden Verstand. Das gute Ross steht für den Teil der Seele, den er »thymos«, Mut, nennt, das heißt die seelische Kraft, die der Verstand braucht, um seine Gedanken in die Tat umzusetzen. Den dritten Seelenteil, in dem Trieb und Leidenschaft beheimatet sind, nennt Platon »epithymetikon«, das Begehrende. Die Kontrolle über diese »niederen« Seelenkräfte ist die wichtigste Aufgabe des Verstands. Dieser Hierarchie der Seelenkräfte entspricht auch die Ordnung des Gemeinwesens, für die Platon im

■ In seinem *Gastmahl* beschreibt Platon, wie der junge Alkibiades mitten in der Nacht zu Sokrates, Platon und den anderen Sokrates-Schülern stößt. Anselm Feuerbach (1829–1880), *Das Gastmahl des Platon*, 1869. Karlsruhe, Staatliche Kunsthalle

Staat eintritt und die er gern in der politischen Praxis verwirklicht hätte: Die Zügel halten die Denker, die Philosophen, in der Hand; ihr ausführendes Organ sind die Krieger. Zusammen beherrschen sie die Bauern und Arbeiter, die sie ernähren. Platon ist alles andere als ein Demokrat; vielmehr ist in seinem streng hierarchischen Idealstaat fast alles genau vorgeschrieben. Überall soll das Geistige herrschen, im Gemeinwesen wie im Menschen selbst. Der Mensch lebt nicht zum Vergnügen, sondern um nach Höherem zu streben oder doch wenigstens einigen Wenigen, den Philosophen, dieses Streben zu ermöglichen.

Was für die Seele des einzelnen Menschen gilt, gilt auch für die »Weltseele«, von der Platon in seinem späten Dialog *Timaios* spricht, der kaum weniger als die Evangelien die christliche Theologie geprägt hat. Der »Demiurg«, der Schöpfergott, von dem im *Timaios* die Rede ist, hat mit der Weltseele, modern gesprochen, die »Struktur« des Universums geschaffen, in der das eine ungeteilte Sein sich ausdifferenziert, zu einem Prozess wird und in diesem Prozess die Welt des Scheins, der Sinnlichkeit, des Materiellen entstehen lässt. Durch die Weltseele kommt so auch das Schlechte, das Falsche, das Hässliche in die Welt. Da die Weltseele

aber ihren Ursprung im Geistigen, im reinen Sein hat, wird sie mit allen Menschenseelen, die ein Teil von ihr sind, zum Sein zurückkehren, und zwar mit logischer Notwendigkeit, denn das Werden und Vergehen, das Hin und Her der empirischen Welt, ist Werden und nicht Sein. Und nur Sein – darin bleibt Platon ein Jünger des Parmenides – *ist*.

Es ist merkwürdig, dass Platon gerade im *Timaios*, der mit großer dichterischer Kraft einen Mythos beschwört, dem Weltbild der modernen Naturwissenschaft näher kommt als ein viel nüchterner Denker wie Aristoteles. Leben, Energie und Materie, alles, was unsere Sinne wahrnehmen, löst sich in der modernen Naturwissenschaft in die entschlüsselbaren Zahlencodes von Genomen und in Gleichungen auf, in denen die Grenzen von Raum und Zeit, Masse und Energie verschwimmen; es gibt nur noch mathematisch zu bestimmende Strukturen, und die Sinnenwelt erscheint dagegen als etwas Zufälliges. Man kann deshalb von einem »platonischen« Idealismus der Wissenschaft sprechen.

Völlig uneinig sind sich die Philosophen aber darüber, ob dies für die Modernität von Platons Philosophie spricht oder aber dafür, dass die Naturwissenschaften in einer platonischen Denkweise steckengeblieben sind.

■ Das Idealbild menschlicher Schönheit: der Hermes des Praxiteles, 4. Jh. v. Chr. Olympia, Museum

PLATON

LEBEN UND WERK

Platon – der eigentlich nach seinem Großvater Aristokles hieß – wurde um 427 v. Chr. in Athen als Sohn des Ariston und der Periktione geboren. Seine Eltern, hoch angesehene Adlige, spielten eine wichtige Rolle in der Athener Politik, und auch Platon wollte ursprünglich eine politische Laufbahn einschlagen, wie aus seinem am Lebensende verfassten autobiographischen *Siebten Brief* hervorgeht. Die Machtverhältnisse zur Zeit seiner Jugend machten es ihm jedoch schwer, politisch aktiv zu sein. Unter dem Schreckensregime der Tyrannis der Dreißig 404/03, dem auch Verwandte und Bekannte von ihm angehörten, zog sich Platon bald aus der Politik zurück und konzentrierte sich auf die Philosophie. Neue Hoffnung auf eine Wende zum Besseren setzte er nach dem Sturz des Tyrannenregimes in die Demokraten, wurde aber auch von ihnen tief enttäuscht, als sie Sokrates, den »Gerechtesten seiner Zeit«, zum Tode verurteilten. Acht Jahre lang, von seinem zwanzigsten Lebensjahr an, war Platon Sokrates' Schüler gewesen und hatte ihm sehr nahe gestanden. Er verfolgte den Prozess im Gerichtssaal und verfasste mit seiner *Apologia* eine Nachdichtung von Sokrates' Verteidigungsrede. Das Gedächtnis an seinen Lehrer bewahrte er in seinem Werk. Nach Sokrates' Tod unternahm Platon ausgedehnte Reisen. Er hielt sich eine Zeit lang in Megara bei Eukleides auf, einem der ältesten Schüler des Sokrates, war vermutlich in Ägypten und reiste mehrfach nach Süditalien, wo er mit Vertretern der pythagoreischen Schule zusammentraf. Um 387 gründete Platon in einem nordwestlich von Athen gelegenen Heiligtum des Heros Akademos eine eigene Schule, die Akademie, die zum Vorbild der späteren europäischen Universitäten wurde. Zusammen mit seinen Schülern betrieb er philosophische und naturwissenschaftliche Studien und verarbeitete seine bisherigen Erfahrungen in seinem umfang- und inhaltsreichsten Dialog *Der Staat* (*Politeia*). Platons Akademie bestand fast ein Jahrtausend; im Jahr 529 n. Chr. wurde sie von Kaiser Justinian als heidnische Einrichtung geschlossen. Mit über sechzig Jahren reiste Platon erneut nach Italien und versuchte in Syrakus vergeblich, den Tyrannen Dionysios II. für seine Vorstellungen vom idealen Staat zu gewinnen. Die letzten Jahre seines Lebens widmete er sich ganz der Lehr- und Forschungstätigkeit an der Akademie und schrieb sein großes Alterswerk *Die Gesetze* (*Nomoi*). Er starb 347 v. Chr., achtzig Jahre alt. Platon ist der erste griechische Philosoph, dessen Schriften unversehrt und nahezu vollständig erhalten sind. Sein Werk besteht fast ausschließlich aus Dialogen. Von den vierunddreißig unter seinem Namen überlieferten Dialogen gelten fünfundzwanzig als höchstwahrscheinlich echt.

AUF DEN PUNKT GEBRACHT

Die Welt der Erscheinungen ist wirr und entzieht sich der begrifflichen Klarheit. In den Gesetzen der Mathematik jedoch, im Schönen der Kunst, in der Liebe und in der Tugend deutet sich die Existenz einer wahreren Welt an: der der ewigen Ideen. Das ist der Kern des platonischen »Idealismus«.

EMPFEHLUNG

Lesenswert:
Platon: *Die großen Dialoge. Protagoras, Apologie, Kriton, Gorgias, Phaidon, Symposion, Phaidros*, München/Zürich 1991.

Gottfried Martin: *Platon. Mit Selbstzeugnissen und Bilddokumenten*, Reinbek 2001.

Michael Erler: *Platon*, Basel 2007.

Hörenswert:
Platon: *Das Symposion. Reden über den Eros.* Gesprochen von Martin Reinke und Anja Lais. Köln 2004. 2 Audio-CDs.

Sehenswert:
Das Theater des Euripides steht der Gedankenwelt Platons besonders nahe. Viel gespielt werden z. B. *Die Troerinnen*, verfilmt unter dem Titel: *The Trojan Women* (Die Trojanischen Frauen). Regie: Michael Cacoyannis; mit Katharine Hepburn, Vanessa Redgrave, Geneviève Bujold, Irene Papas. USA 1971.

Besuchenswert:
Nordwestlich von Athen hat man Reste der platonischen Akademie ausgegraben, wie sie sich in der römischen Kaiserzeit darstellte.

Der große Ordner des Wissens
Aristoteles
384–322 v. Chr.

■ Aristoteles, Ausschnitt aus Raffaels *Schule von Athen*. Fresko, 1508–1511. Rom, Vatikan, Stanza della Segnatura

Als Siebzehnjähriger kam Aristoteles nach Athen an die Akademie Platons. Zwanzig Jahre verbrachte er hier im Dunstkreis des großen Philosophen, zunächst als Student, bald aber schon als »akademischer« Lehrer. Aristoteles beteiligte sich solidarisch an der Verbreitung der Gedanken Platons, doch bereits an seinen frühen Schriften, die auf die Akademiezeit zurückgehen, lässt sich zeigen, dass er mit der Zweiteilung der Welt in eine gute, wahre, ewige Ideenwelt und eine falsche, unbeständige Erfahrungs- und Erscheinungswelt nicht ganz einverstanden war: Platon hatte zwar der Erfahrungswelt zugestanden, dass sie, ganz entfernt, an der Welt der ewigen und unwandelbaren Ideen teilhabe, gleichzeitig jedoch auch immer wieder betont, wie tief die Kluft zwischen der von unseren Sinnen wahrgenommenen und der wahren Welt sei; selbst die reinen Formen der Mathematik und die von den besten Künstlern geschaffenen Idealbilder waren für den späten Platon allenfalls Symbole der wahren, der jenseitigen (transzendenten) Welt. Wenn die sinnliche Erfahrung aber so abgewertet wurde wie bei Platon, wenn gleichzeitig kein sicheres Wissen über das ideale Jenseits möglich war, außer dass es perfektes Sein ist, auf welcher Grundlage sollte man da eigentlich Wissenschaft treiben? Als Aristoteles nach Platons Tod nicht an die Spitze der Akademie gewählt wurde, zog er sich an die Küste Kleinasiens und später auf die Insel Lesbos zurück, um im kleinen Kreise seiner besten Schüler sein eigenes Denken auszuarbeiten. Er sagte niemals etwas Schlechtes über seinen Lehrer, aber er fühlte sich jetzt frei, seine abweichenden Ansichten nicht mehr herunterzuspielen. »Platon ist ein Freund. Eine bessere Freundin ist die Wahrheit«, soll er gesagt haben. Und bald schon erfuhr er höchste Anerken-

■ Der Philosoph Aristoteles am Hofe Philipps II. von Makedonien als Erzieher des jungen Alexander. Französische Buchmalerei, frühes 15. Jh. London, British Library

nung, nämlich als ihn der makedonische Hof zum Hauslehrer des jungen Alexander bestellte. Als dieser König wurde und seinen Welteroberungszug begann, konnte Aristoteles im Triumph nach Athen zurückkehren, wo er als Konkurrenz zur platonischen Akademie seine eigene Schule im Tempelbezirk des Lykeion am Talrand des Ilissos eröffnete.

Aristoteles kritisierte Platon, weil er sich allzu schnell der Vorstellung der Eleaten angeschlossen hatte, dass das Sein, also das Wahre, unwandelbar sein müsse. Natürlich hatten diese alten Seinsphilosophen damit Recht, dass das bloß Materielle stetem Wandel unterliegt und für sich allein genommen nichts Ernstzunehmendes darstellt. Aber wo gibt es denn bloße Materie? Jedes materielle Ding hat eine Gestalt, und sobald man die Gestalt, die

AKADEMIE UND PERIPATOS

Wie der Name »Akademie« für eine wissenschaftliche Institution auf die Schule Platons zurückgeht, so ist die Bezeichnung »Lyzeum« für eine höhere Lehranstalt auf die konkurrierende Schule des Aristoteles, das Lykeion, zurückzuführen. Die Aristoteles-Schüler, die in den Säulenhallen (»peripatoi«) des Lykeion diskutierend auf- und abgingen, wurden bald »Peripatetiker«, das heißt »die Umherwandelnden«, genannt. Man spricht auch vom »Peripatos« als der aristotelischen Schultradition.

■ Nahe dem Parlamentsgebäude in Athen wurde in den 1990er Jahren ein Gebäudekomplex freigelegt, den die Archäologen für die Schule des Aristoteles halten.

■ *Die Schule des Aristoteles.* Fresko, 1883–1888, von Gustav Adolph (1828–1891), im Treppenhaus des Hauptgebäudes der Universität in Halle. Aus dem Zyklus »Die vier Fakultäten«

ein Ding angenommen hat, benennen kann, hat es eine bestimmte Form, der auch in unserer Wahrnehmung eine Idee entspricht, ein Tisch, ein Stuhl, ein Hund, ein Mensch etwa. Die Materie, der beliebig formbare Stoff, aus dem etwas besteht, ist nur die Voraussetzung, die Bedingung für die Möglichkeit, dass etwas Bestimmtes entsteht. Die Form aber ist das, was das materielle »Substrat« eines Dings zu etwas, zu *diesem* Ding macht, anders ausgedrückt: Sie ist das tätige Moment, das auf den formlosen Stoff einwirkt, um aus ihm etwas zu machen. In allem, was wir mit unseren Sinnen und unserem Verstand erfahren, sind Form (Idee) und Stoff ineinander verschränkt; sie scheinen überhaupt nicht ohne einander auskommen zu können.

Aristoteles bleibt allerdings Platoniker genug, um sich sicher zu sein, dass es auch reine Form, eine reine Ideenwelt vor jeder Materie gibt und dass diese reine Form etwas Ewiges, Göttliches sein muss. Es muss einen »ersten Beweger« gegeben haben, einen göttlichen Geist, der die formlose Materie in Bewegung gesetzt hat, wodurch sie sich aufgeteilt, neu zusammenfügt und Formen angenommen hat.

Der erste Beweger, den Aristoteles ähnlich wie Platon auch das »höchste Gut(e)« und »vollkommenes Sein« nennt, ist kein Schöpfergott wie der Demiurg in Platons *Timaios*, denn er findet die materielle Welt in sich selbst bereits vor: nämlich als Möglichkeit. Denn Sein ist mehr als bloße Möglichkeit, schließt diese also in sich ein. Da aber die Materie die pure Möglichkeit ist, Etwas zu werden, ist sie gleichursprünglich mit dem reinen geistigen Sein. Damit also die Möglichkeit (»Potenzialität«), die im Materiellen

enthalten ist, zu sich selbst werden kann, drängt sie ihrerseits zur Verwirklichung, zur geformten »Aktualität«. Form und Stoff, Geist und Materie, Gott und Welt verhalten sich, bildlich gesprochen, wie zwei Liebende. Der Bildhauer ist es, der aus dem ungeformten Marmorblock eine Statue macht, aber der Steinklotz, den er vor sich hat, signalisiert ihm gleichsam, dass dies seine Erfüllung wäre. Wie Liebende suchen Form und Materie einander, streben nach immer vollkommeneren Arten der Verwirklichung. Der Marmor hat das Zeug zu einer wunderbaren Plastik; von dem Augenblick an, da ihn der Bildhauer aus seinem zufälligen Dasein im Steinbruch erlöst und in seine Werkstatt gebracht hat, wohnt ihm mehr als bloße Potenzialität, nämlich eine bestimmte Zielgerichtetheit (»Entelechie«) inne.

Form und Materie verhalten sich zueinander wie der Marmorklotz und die Gestaltungsidee im Kopf des Bildhauers, wie das Baumaterial und der Bauplan eines Hauses; einzeln ergeben sie weder Statue noch Haus. Sie benötigen einander. Aristoteles würde präzisieren: Der Marmor oder das Baumaterial ist die »Materialursache« dafür, dass die Statue, das Haus entsteht. Die Tätigkeit des Bildhauers oder Baumeisters ist die »Wirkursache«. Der Baumeister oder der Bildhauer aber wäre ein schlechter Handwerker, wenn er nicht den Plan, also die Form des Hauses, die Gestalt der Statue, im Kopf hätte. Dieser Plan ist die »Formalursache«. Ursache Nummer vier aber ist die »Zweckursache«: der Wille des Bildhauers, etwas Schönes, oder der des Baumeisters, etwas Nützliches zu schaffen, dem die »Entelechie« des Marmorklotzes oder des Baumaterials entspricht. Die Zweckursache ist insofern besonders bedeutend, als der gesetzte Zweck immer etwas Höheres, Allgemeineres als das vorgefundene Material ist. Dies bedeutet zum Beispiel in der Zoologie oder Botanik, Wis-

DER ERSTE BEWEGER UND DAS ENDE EINES GOTTESBEWEISES

Die christlichen Philosophen des Mittelalters setzten Aristoteles' ersten Beweger mit dem christlichen Gott gleich und fanden in dem aristotelischen Argument, dass kein Ding ohne einen selbst nicht materiellen ersten Beweger hätte entstehen können, einen willkommenen, scheinbar unwiderlegbaren Gottesbeweis. Das erklärt den Widerstand der Kirche gegen die moderne Mechanik eines Galilei und seiner Nachfolger: Diese hatten nämlich in ihren Experimenten festfestellt, dass die Dinge von sich aus im Zustand gleichförmiger Bewegung verharren. Kräfte von außen sind nötig, um sie anzuhalten, nicht aber um Bewegung herbeizuführen. Damit fiel ein Grundpfeiler der mittelalterlichen Naturwissenschaft und Philosophie, aber auch des Aristotelismus.

■ Aristoteles zieht mit seinen treuesten Schülern 322 v.Chr in die Verbannung auf Euböa. Holzstich aus Hermann Göll »Die Weisen und Gelehrten des Altertums« (1876)

sensgebieten, auf denen Aristoteles bis ins 18. Jahrhundert eine unangefochtene Autorität war, dass alle Arten die Entwicklung zu Höherem beinhalten. Künstler und Baumeister ist hier die Natur selbst, die immer in Bewegung ist und deshalb stets neue Formen verwirklicht. Eine Eichel ist ein weich-holzartiges Stück Materie, das die Natur so gemacht hat, wie es aussieht, damit aus ihm – per Entelechie – eine mächtige Eiche wachsen kann; die Eiche ist in ihr »in nuce«, in Nussform, enthalten. Die ganze Entwicklung der Natur aber gipfelt im Menschen, dessen Eigenschaften in der übrigen belebten Natur schon angelegt sind.

Unsere Erkenntnis aber vollzieht die Bewegung der Natur zu höheren, allgemeineren Formen nach: Indem wir etwas mit unseren Sinnen wahrnehmen, halten wir es aus dem formlosen Strom des bloßen Möglichen fest; in unserer Erinnerung verfestigt sich diese Wahrnehmung zu einer klaren und bestimmten Form; in der Erfahrung, der »Empirie«, wird sie verallgemeinert, zur Erkenntnis des »Wesens« (der Substanz) einer Art; im Wissen schließlich wird diese Erkenntnis systematisiert, das heißt in ihrem Verhältnis zum Nächsthöheren oder Allgemeineren bestimmt. Auf diese Weise wird etwas zu etwas Bestimmtem, Definierten; wir haben dieses Etwas durch die Bestimmung dem form- und sinnlosen Fluss des Werdens abgerungen. Aristoteles behauptet nicht, dass

■ Raffaels *Schule von Athen*. Fresko, 1508–1511. Rom, Vatikan, Stanza della Segnatura. Aristoteles steht rechts neben Platon und bildet mit ihm den Mittelpunkt der Komposition.

das Zum-Sein-Werden der stofflichen Möglichkeiten erst durch uns, durch die menschliche Erkenntnis, geschieht, aber er macht keinen Unterschied zwischen einer »subjektiven« und einer »objektiven« Seite des Wirklichwerdens der stofflichen Möglichkeiten. Die Erkenntnis ist vielmehr ein Prozeß, der sich gleichzeitig in uns und um uns vollzieht. Deshalb kennt er auch keine Begriffe im Sinne von »nur Gedachtem«. Die Art, in der sich die Einzelwesen zusammenfassen lassen, existiert genauso real wie das Einzelwesen und die Gattung. Das heißt zum Beispiel: Nicht nur Sokrates *ist*, sondern auch das Volk der Athener und die Menschheit. Mit dieser aus moderner Sicht zumindest äußerst fraglichen Festlegung hat Aristoteles eine Reihe von Kontroversen in der Philosophiegeschichte ausgelöst, hat aber für sich das erkenntnistheoretische Problem erfolgreich umgangen, das sich dann ergibt, wenn Seiendes und Erkenntnis als grundsätzlich Verschiedenes und möglicherweise Unkompatibles aufgefasst werden. Dies hat sicher dazu beigetragen, dass er keinerlei Vorbehalte gegenüber empirischer Forschung hatte und dadurch einen gewaltigen Vorrat sachlichen Wissens über die Natur wie über die menschliche Zivilisation anhäufen konnte, von dem die Wissenschaft bis in die Neuzeit gezehrt hat.

■ Aristoteles. Mamorbüste, hellenistisch. Paris, Louvre

Das, was wir durch Beobachtung als Wirklichkeit »fest-gestellt« (im Sinne von: wo wir den Strom der Möglichkeiten gestoppt) haben, ist ein Doppeltes: eine Grundgestalt, ein Wesen (eine Substanz), die wir einem Stoff (Substrat) zuordnen. Dadurch, dass dieses ideale Wesen mit dem Stoff zusammengebracht ist, hat es bestimmte handfeste Eigenschaften, Qualitäten, eine bestimmbare Ausdehnung in Raum und Zeit, Quantität. Es befindet sich in bestimmten Verhältnissen zu anderen Dingen, es macht etwas, etwas wird mit ihm gemacht. Alles dies, wodurch etwas näher bestimmt werden kann, nennt Aristoteles »Kategorien«. Seine »Kategorientafel« ist so etwas wie eine Checkliste dessen, was man im Interesse der genauen Definition einer Sache von ihr sagen können sollte.

»Die Sonne ist hell« ist eine Aussage über die Sonne, ein »Prädikat«, und zwar ein Prädikat, das etwas Substantielles oder Wesentliches zum Begriff »Sonne« beiträgt. Ohne diese wesentliche Aussage wäre »Sonne« noch ein weitgehend leerer Begriff, dem

■ Aristoteles nimmt eine Sendung naturhistorischer Seltenheiten und anderer Geschenke von Alexander entgegen. Holzstich aus Hermann Göll »Die Weisen und Gelehrten des Altertums« (1876)

mehr Unbestimmt-Stoffliches zugeschrieben werden muss als Wesentliches, Substantialität. Eine solche noch zu bestimmende Substanz, die erst dabei ist, zu sich selbst zu kommen und zu sich selbst gebracht zu werden, nennt Aristoteles »Subjekt«. Durch die Zuschreibung von Eigenschaften, die »Prädizierung«, wird ein Begriff und damit zugleich eine Sache bestimmter, substantieller. Je mehr ich über die Sonne weiß, desto klarer, wirklichkeitsnäher wird ihr Begriff. Die Prädikate können mehr oder weniger substantiell sein. Die Aussage: »Gestern war die Sonne zeitweise von Wolken verdeckt« sagt sicher weniger Substantielles über die Sonne aus als »Die Sonne ist hell und wärmt« oder »Die Sonne geht, von der Erde aus betrachtet, auf und unter«. Auch die Aussage »Die Sonne ist ein heller Himmelskörper« trägt Wesentliches zur Erkenntnis bei, weil sie die Sonne in das Gefüge des Alls einordnet.

Die Ordnung des Alls ist für Aristoteles

ARISTOTELES UND DIE GRAMMATIK

»Subjekt« und »Prädikat« sind grammatische Begriffe, die jeder Schüler bis heute kennen muss. Sie gehen auf griechische Grammatiker der Antike zurück, die wiederum von den durch Aristoteles geprägten Begriffen ausgingen.

durch solche Aussagen nachzuvollziehen. »Alle Gestirne leuchten« – die Sonne leuchtet – also gehört die Sonne zu den Gestirnen. Die Eigenschaften, mit denen etwas an etwas Allgemeinerem teilhat, machen es zum Teil dieses Allgemeinen. Wenn der Gattung A die Eigenschaft B zukommt und B auch eine Eigenschaft von C ist, so gehört C zur Gattung A. Mit solchen »Syllogismen« oder Schlüssen erklärte Aristoteles in seiner Logik, die bis heute weitgehend Gültigkeit hat, was unabhängig vom konkret betrachteten Gegenstand zur immer geltenden geistigen Wirklichkeit gehört. Diese Unabhängigkeit der Logik von empirischen Gegenständen betont er, indem er statt Begriffen oder Wörtern bloße Buchstaben als Platzhalter lässt – ein Verfahren, das bis heute üblich ist. Die moderne formale und mathematische Logik ist ohne Aristoteles nicht denkbar.

Die Naturphilosophie oder »Physik« und das, was »dahinter steht«: die Metaphysik, die Lehre von dem großen Ganzen, in dem das Werden der Natur und das Denken zu einer einzigen Lehre vom Sein – der Ontologie – verbunden werden, sind bei Aristoteles mit der Lehre von den möglichen Aussagen, den Kategorien, und der Logik ein einziges untrennbares »System«, das heißt, eine Lehre, in der alles mit allem zusammenhängt und die deshalb erst als ganze wahr ist.

Dieses System entspricht dem, was Aristoteles »Theorie« nennt, das heißt Betrachtung, und zwar eine Betrachtung, in der empirische Anschauung und reines Denken untrennbar zusammengehören.

Nicht unmittelbar in den »theoretischen« Systemzusammenhang von Physik, Metaphysik und Logik gehört bei Aristoteles die »praktische« Philosophie oder Ethik. Und doch liegen die Gemeinsamkeiten mit seiner empirischen und logischen Ontologie auf der Hand. So wie ihn dort die Extreme der bloßen vergänglichen Stofflichkeit und der nur idealen Wesenhaftigkeit weit weniger interessieren als das Dazwischenliegende, die Bewegung, der Aufstieg vom Vorgefunden-Zufälligen zum Ideell-Notwendigen, so sucht er auch in der Ethik den Mittelweg zwischen prinzipienreiterischem Idealismus und egoistischem Materialismus. Stets ist er bemüht zu zeigen, dass das, was für

■ Alexander, Aristoteles' großer Schüler. Römische Kopie nach einem Werk des Euphranor (340–330 v. Chr.). München, Glyptothek

den Staat, die Gemeinschaft, gut ist, auch für den Einzelnen gut ist und umgekehrt. Der Mensch ist bei ihm von Natur aus ein »politisches Wesen«, und der Mittelweg zwischen Egoismus und Altruismus, zwischen Privatem und Öffentlichem ist für jeden das Beste. Aristoteles legt sich nicht fest, ob er eine in traditionelle Institutionen eingebettete Monarchie, eine vernünftig legitimierte Aristokratie oder eine verfassungsgemäße Demokratie für die beste Regierungsform hält, aber er hasst die Extreme: die Tyrannei eines Einzelnen, die Herrschaft von wenigen allein aufgrund des Reichtums und die Pöbelherrschaft.

Aristoteles hielt gewiss nichts von Platons hierarchischer Einteilung der idealen Gesellschaft in theoretisierende Philosophen, praktisch-effektive Krieger und dienende Bauern und Handwerker. Dennoch lassen sich in seinem Werk die Spuren Platons sehr wohl dingfest machen: Auf die theoretische Philosophie folgt die praktische und auf diese die der Handwerksregeln, eine »poietische« Philosophie. Aristoteles hat seine »Poetik«, das heißt Handwerkslehre, nur für die Dramenschreiber ausformuliert, die er offenbar für ganz besondere, da den Philosophen nahestehende Handwerker hielt. Seine Theorie des Dramas ist bis heute der Ausgangspunkt aller Kontroversen über das richtige Theater. Aristoteles hatte anscheinend die Absicht, in derselben Art wie über das Theater auch über andere, weniger spektakuläre Handwerke zu schreiben. Erst die französischen Enzyklopädisten des 18. Jahrhunderts haben diesen Plan verwirklicht und damit dem zweitausend Jahre Älteren Gerechtigkeit widerfahren lassen, der immer schon enzyklopädisch gedacht hatte.

■ Die sagenhafte Geschichte von Aristoteles und Phyllis war vor allem im Mittelalter sehr populär. Durch seine Darstellung als Pantoffelheld wurde der Meisterdenker etwas weniger Furcht einflößend. *Aristoteles erniedrigt sich aus Liebe zu Phyllis zum Reittier*, kolorierter Holzschnitt von Lucas van Leyden (1494–1533), aus der kleinen Serie der »Weiberlisten«

ARISTOTELES

LEBEN UND WERK

Aristoteles, neben Sokrates und Platon einer der drei großen Philosophen der klassischen Antike, wurde 384 v. Chr. in Stageira, einem kleinen Küstenort auf der Halbinsel Chalkidike, geboren. Sein Vater war Leibarzt des makedonischen Königs Amyntas II. Der unmittelbare Kontakt mit der Medizin als einer praktischen Wissenschaft, die ihre Erkenntnisse aus der Beobachtung der Natur gewinnt, hat Aristoteles' philosophische Entwicklung entscheidend geprägt. 367 ging er nach Athen, um Philosophie zu studieren. Er trat in Platons Akademie ein und blieb dort zwanzig Jahre, bis zu Platons Tod. Nachdem dessen Neffe Speusipp die Leitung der Akademie übernommen hatte, verließ Aristoteles die Stadt. Drei Jahre verbrachte er am Hofe seines früheren Mitschülers Hermias, der inzwischen über Atarneus und Assos in Kleinasien herrschte, und widmete sich seinen philosophischen und naturwissenschaftlichen Studien. Er heiratete Pythia, eine Verwandte des Hermias, und hatte mit ihr eine Tochter. Seine zweite Frau Herpyllis war die Mutter seines Sohnes Nikomachos. Nach einem Aufenthalt in Mytilene auf Lesbos 344/345 folgte Aristoteles dem Ruf König Philipps II. von Makedonien und übernahm die Erziehung von dessen dreizehnjährigem Sohn, dem späteren Alexander dem Großen. Im Alter von fünfzig Jahren kehrte Aristoteles nach Athen zurück und gründete im Nordosten der Stadt bei einem Heiligtum des Apollon seine eigene Schule. Ein Beiname des Apollon – Lykeios – gab der Unterrichtsstätte ihren Namen: Lykeion. Nach den prächtigen Wandelgängen (peripatoi), in denen Aristoteles lehrte, wurde die Schule auch »Peripatetische Schule« genannt. Zwölf Jahre lang leitete Aristoteles diese, forschte, hielt Vorlesungen und schrieb. Nach dem Tod Alexanders des Großen 323 geriet er politisch unter Druck; für manche Athener ist er immer ein Fremder, ein Freund des Feindes, der Makedonier, geblieben. Wie Sokrates wurde er der Gottlosigkeit angeklagt und floh nach Chalkis auf Euböa, um, wie er sagte, zu verhindern, dass die Athener sich ein weiteres Mal an der Philosophie vergingen. Kurze Zeit später, im Jahr 322, starb er. Aristoteles hinterließ ein umfangreiches Werk, das neben Schriften zur Logik und Erkenntnistheorie, zur Metaphysik, Naturphilosophie, Ethik, Poetik, Rhetorik und Politik auch Studien zur Naturwissenschaft umfasst, wie zur Meteorologie, Astronomie, Zoologie oder Botanik. Bei den Schriften handelt es sich um Vorlesungsmanuskripte und Aufzeichnungen für den Gebrauch in der Schule. Im 1. Jahrhundert v. Chr. stellte Andronikos von Rhodos, der zehnte Leiter des Lykeions nach Aristoteles, die Schriften in der uns heute vorliegenden Form zusammen.

AUF DEN PUNKT GEBRACHT

»Ideen« oder »Formen« sind es, die den formlos ewig fließenden »Stoff« zu Bestimmtem, zu »Dingen«, machen. Der Gedanke, dass das »Bestimmen« des bloß Materiellen erst das Sein ausmacht, dass nur das ist, was auch in eine Ordnung gebracht worden ist, hat sich in der Philosophiegeschichte bis heute als außerordentlich fruchtbar erwiesen.

EMPFEHLUNG

Lesenswert:

Otfried Höffe: *Aristoteles*, München 1999.

Christof Rapp: *Aristoteles zur Einführung*, Hamburg 2007.

Ernst Peter Fischer: *Aristoteles, Einstein und Co. Eine kleine Geschichte der Wissenschaft in Porträts*, München 2000.

Luciano De Crescenzo: *Geschichte der griechischen Philosophie. Von Sokrates bis Plotin*, Zürich 1990.

Hörenswert:

Denken und Leben II. Annäherung an die Philosophie in biographischen Skizzen. Aristoteles: Die Welt der Wissenschaften u.a. Gesprochen von Konrad Paul Liessmann, ORF 2001. 4 Audio-CDs.

Besuchenswert:

Die Schule des Aristoteles in Athen wurde, so behauptet jedenfalls das griechische Kulturministerium, 1997 bei Bauarbeiten in der Nähe des modernen Parlamentsgebäudes in Athen gefunden. Es handelt sich um einen großen Komplex mit Hof und Arena.

Eine materialistische Philosophie des guten Lebens

Epikur

341–270 v. Chr.

■ Epikur, hellenistische Skulptur. Paris, Louvre

Als Epikur in Athen sein Studium begann, lebte Aristoteles noch, und sowohl das aristotelische Lykeion, das jetzt von Theophrast, dem wichtigsten Schüler des Aristoteles, geleitet wurde, als auch die platonische Akademie waren gut besuchte und einflussreiche Lehrstätten. Doch Aristoteliker und Platoniker waren nicht die einzigen Philosophen in dieser Zeit, auch nicht die einzigen, die sich auf Sokrates beriefen; da gab es auch Leute wie Diogenes, der angeblich in einer Tonne, jedenfalls aber in selbst gewählter Armut lebte und damit seine Verachtung gegenüber den künstlichen Dingen der menschlichen Zivilisation demonstrierte. Neben den Mitgliedern dieser »Kyniker« (das heißt: »die wie die Hunde leben«) genannten philosophischen Sekte gab es andere, die die Sittenstrenge des Sokrates zum Vorbild erklärten, und wieder andere, die gerade die bekannte Freude des Sokrates an sinnlichen Genüssen wie gutem Essen und Trinken in der Gesellschaft von Freunden als vorbildlich hinstellten.

Die letzteren waren es offenbar, die der Lebenseinstellung Epikurs am meisten entgegenkamen. Die für ihn unwiderlegbare Tatsache, dass wir alle nach Lust, nach Sinnengenuss streben, wurde für Epikur der Ausgangspunkt seiner Philosophie, die er nach seinen Wanderjahren mit großem Erfolg in seiner schlicht »der Garten« genannten Schule lehrte.

Wenn für uns nur das wirklich zählt, was wir durch unsere Sinne aufnehmen, so ist die sinnliche Welt keine Welt des Scheins und der Unwahrheit, sondern die einzig wahre. Das, was »dazugedacht« ist, ist das Falsche. Wenn aber unsere sinnliche Erfahrung das einzige Gewisse ist, so stellt sich allerdings die Frage, was es ist, das uns die Welt erkennen lässt, und zwar als Welt von differenzierten Dingen. Dass wir Dinge nach Begriffen unterscheiden und benennen können, hatte Platon und Aristoteles ja zu der Überzeugung gebracht, dass ihnen etwas Unmaterielles, Geistiges anhafte oder gar zugrundeliege. Epikur greift gegen den platonischen und nachplatonischen Idealismus auf die Atomtheorie Demokrits zurück: Alle Materie besteht aus Atomen, also unteilbaren kleinsten Grundbestandteilen, die sich in fortwährender

Bewegung befinden. Diese fügen sich für längere oder kürzere Zeit zu mehr oder weniger fest umrissenen Gebilden, eben den Dingen, die wir wahrnehmen, zusammen. Da an diesen Dingen nichts Geistiges ist, muss auch die Wahrnehmung rein materiell sein: Epikur nimmt an, dass von den Dingen feinste (Licht-)Atome ausgesandt werden, die »Bildchen« der Dinge an unsere Wahrnehmung übermitteln.

Wenn wir statt von Atomen etwa von »Photonen« sprechen, durch die Bilder der Dinge auf unsere Netzhaut projiziert werden, ist Epikurs Theorie der Wahrnehmung nicht weit von der modernen Wahrnehmungsphysiologie entfernt. Auch die Art, wie er die Entstehung von allgemeinen Begriffen erklärt, ist durchaus modern, spricht er doch von der Verfestigung der Bilder in der Erinnerung und davon, dass die Erinnerung mit der Zeit weniger am Einzelnen haftet, sondern gestalthafte Erkenntnismuster ausbildet, mit deren Hilfe neue Wahrnehmungen eingeordnet werden, die aber auch ohne Einschaltung der Sinnesorgane abgerufen werden können, durch das bloße Wort. Auch hier muss Epikur nichts

■ Hendrick Terbrugghen (1588–1629), *Demokrit*, 1628. Amsterdam, Rijksmuseum. Demokrit, der mit seinem Materialismus der Vorläufer Epikurs war, galt in der Überlieferung als der »lachende Philosoph«.

DEMOKRIT

Demokrit aus Abdera (um 460 – um 370 v. Chr.) baute die Theorie des Leukippos, dass die Welt aus Atomen aufgebaut ist, systematisch aus. Mit dem Gedanken, dass im Strömen der Materie sich die Atome immer wieder zu neuen Gestalten, fest umrissenen Dingen, vereinigen, hatte er schon auf Aristoteles großen Einfluss ausgeübt. Epikur übernimmt die Atomtheorie, nicht aber die der Wahrnehmung von Demokrit. Dieser war nämlich skeptisch gegenüber unserer Fähigkeit, die Dinge stets in der richtigen Weise wahrzunehmen, und hatte dadurch seinen Materialismus verwässert, denn wenn Dingwelt und Wahrnehmung nicht zusammenfallen, muss es dazwischen etwas Nichtmaterielles geben.

Geistiges bemühen, sondern nur das Gedächtnis, das er wie wir für ein materielles Speichermedium hält. Wir wissen zum Beispiel, was ein Mensch ist, weil wir schon viele Menschen gesehen haben und uns dabei eine feste Vorstellung von den Menschen gemacht haben.

Erkenntnis ist jedoch, und das ist vielleicht der wichtigste neue Gedanke Epikurs, nicht allein ein Vorgang der Bildübertragung und Bildspeicherung; dieser Vorgang wird vielmehr gesteuert von unserer Empfindung, von unseren Lust- und Unlustgefühlen,

■ *nächste Seite* Mädchen mit Schreibtafel aus Pompeji. Neapel, Archäologisches Nationalmuseum

kurz, von unserem sinnlichen Erkenntnisinteresse. Wozu wollen wir überhaupt die Natur erkennen?, fragt Epikur. Die Antwort lautet: um aus dem Aberglauben resultierende Ängste abzubauen und dadurch Unlust zu vermeiden. Wenn wir wissen, dass es keinen Tod gibt, solange wir sind, und wir nicht mehr sind, wenn der Tod da ist, dann brauchen wir ihn nicht zu fürchten, weil wir ihn ja niemals »erleiden« werden. So beruhigt, können wir uns dem Leben in dieser Welt mit dem Ziel widmen, es zu genießen. Genuss (griechisch: hedone) ist für Epikur überhaupt nicht das, was strengere Philosophen immer als »Hedonismus« gegeißelt haben, nämlich rücksichtslose Ausschweifung. Richtig genießen heißt vielmehr klug genießen: so, dass man immer Freunde hat, so, dass man nicht vom Neid anderer gefährdet wird, so, dass man seinen Leib dabei schont. Richtig genießen heißt in Maßen genießen, still vergnügt, ohne zu großen Ehrgeiz nach Macht und Ruhm. »Lebe im Verborgenen«, rät der Philosoph und ist darin ein Kind seiner Epoche, des Hellenismus, in der die Politik nicht mehr die Sache des einfachen Bürgers, sondern das stets lebensgefährliche Geschäft der Fürsten und Könige ist.

Im klassischen Griechenland fiel das »Gute«, nach dem zu streben die philosophische Ethik aufrief, weitgehend mit der »Tugend« zusammen, der Entschlossenheit, im Krieg und in der Politik, auch im sportlichen und intellektuellen Wettstreit jederzeit das Beste zu geben. Diese Tugend eines aktiv am Gemeinwesen beteiligten Bürgers war an der Wende des 4. zum 3. Jahrhunderts v. Chr., als Epikur wirkte, nicht mehr gefragt. Es gab keine Stadtgemeinde mehr, mit deren Schicksal das Glück des Einzelnen für ihn selbstverständlich verknüpft war. Jetzt gab es erstmals im modernen Sinne »Privatheit«. Der Einzelne musste seine eigenen Maßstäbe für das Gute setzen, und zwar nicht wie bei den Sophisten, um durch Skrupellosigkeit zu Macht und Ruhm zu gelangen, sondern um ein gutes Leben zu führen – jeweils so lange, bis dieses vorbei war, und ohne Furcht vor seinem Ende.

EPIKURÄER

In der augustäischen Epoche der römischen Literatur bekannten sich Dichter wie Ovid oder Naturphilosophen wie Lukrez zu Epikur. Die Christen verabscheuten ihn, sowohl als Materialisten als auch als Hedonisten. Erst in der Aufklärung und bei den Materialisten des 19. Jahrhunderts wie Karl Marx kam Epikur wieder zu Ehren. Das Wort »Epikuräer«, Jahrhunderte lang als Schimpfwort gebraucht, wurde nun häufig wieder zum Ehrentitel.

EPIKUR

LEBEN UND WERK

Epikur wurde 341 v. Chr. auf Samos geboren und verbrachte dort auch seine Jugend. Seine Eltern Neokles und Chairestrate stammten aus Athen und lebten bereits seit 352 auf der Insel als Kolonisten. Epikur hatte drei Brüder, die später alle seiner philosophischen Schule angehörten. Von seiner wahrscheinlich ersten Berührung mit der Philosophie im Alter von vierzehn Jahren erzählt eine Anekdote. Epikur las in der Schule in Hesiods *Theogonie*, dass am Anfang der Welt das Chaos entstand. Da der Lehrer ihm auf die Frage, woraus es denn entstanden sei, keine Antwort geben konnte und ihn an die Philosophen verwies, beschäftigte sich Epikur von diesem Tag an mit Philosophie. Er erhielt Unterricht bei dem Platoniker Pamphilos und wurde in der kleinasiatischen Hafenstadt Teos von Nausiphanes, einem Anhänger Demokrits, in die Atomlehre, Ethik und Logik eingeführt. Mit achtzehn Jahren ging Epikur nach Athen, um den Wehrdienst abzuleisten. Nebenbei besuchte er die Platonische Akademie und hörte dort den damaligen Leiter der Schule Xenokrates. 321 folgte er seiner Familie nach Kolophon bei Ephesos, die sich dort niedergelassen hatte, nachdem es den Bewohnern von Samos gelungen war, die attischen Kolonisten zu vertreiben. Die nächsten zehn Jahre im Leben Epikurs liegen weitgehend im Dunkeln. Im Hinblick auf seine philosophische Entwicklung war diese Zeit jedoch sehr bedeutsam, denn 310 eröffnete er mit seinen Brüdern zunächst in Mytilene auf der Insel Lesbos eine eigene Schule, bald darauf in Lampsakos am Hellespont. An diesen Orten bildeten sich Freundschaften heraus, die ihn sein ganzes Leben lang begleiten sollten. Von vielen seiner Schüler gefolgt, ging Epikur 306 nach Athen, ins Zentrum der Philosophie. Er erwarb ein Haus mit dem berühmten Garten, nach dem die Schule die Bezeichnung »der Garten« (griech. kepos) erhielt, und lehrte dort dreieinhalb Jahrzehnte. Nach seinem Tod im Jahre 270 v. Chr. wurde Epikur durch seine Anhänger beinahe göttliche Verehrung zuteil. Von seinen zahlreichen Schriften, es waren etwa 300, ging der größte Teil verloren. Nur drei Lehrbriefe an Herodot, Pythokles und Menoikeus und eine Sammlung von vierzig Lehrsätzen sind erhalten. Seine Philosophie lässt sich aus dem Lehrgedicht *Von der Natur der Dinge* des römischen Dichters Lukrez (um 95 – 55 v. Chr.) erschließen, das möglicherweise auf einer von Epikur selbst verfassten Vorlage beruht, sowie aus den philosophischen Dialogen Ciceros (106 – 43 v. Chr.) und den antiepikureischen Arbeiten des griechischen Schriftstellers Plutarch (um 46 – um 120 n. Chr.). Darüber hinaus widmet der Schriftsteller Diogenes Laertios (3. Jahrhundert n. Chr.) Epikur einen ganzen Band seines zehnbändigen Werks *Leben und Lehre der Philosophen*.

AUF DEN PUNKT GEBRACHT

Uns Menschen geht es darum, in Frieden und ohne Angst unser Leben sinnlich zu genießen. Deshalb können wir die Natur nicht anders als sinnlich, das heißt, als Materie wahrnehmen und verstehen. Und deshalb auch werden wir uns mit den anderen Menschen so verständigen, dass wir in Frieden genießen können. Das ist das ganze Geheimnis des vielgescholtenen Epikuräismus.

EMPFEHLUNG

Lesenswert:

Epikur: *Philosophie der Freude. Briefe. Hauptlehrsätze. Spruchsammlung*, Frankfurt/Main 1999.

Diogenes Laertios: *Leben und Lehre der Philosophen*, Stuttgart 1998.

Malte Hossenfelder: *Epikur*, München 1998.

Martin Euringer: *Epikur. Antike Lebensfreude in der Gegenwart*, Stuttgart 2003.

Michael Hauskeller: *Geschichte der Ethik I. Antike. Platon, Aristoteles, Epikur, Stoa*, München 1997.

Malte Hossenfelder: *Antike Glückslehren*, Stuttgart 1996.

Besuchenswert:

Die gut erhaltenen hellenistischen und römischen Wohnhäuser in Ephesus in Kleinasien sowie in Pompeji und vor allem in Herculaneum bei Neapel geben einen Eindruck davon, was in der Blütezeit der Antike das »gute Leben« bedeutete.

Die Stoa – Philosophie der Selbstdisziplin

Zenon von Kition

um 334–263 v. Chr.

Die erfolgreichste philosophische Schule der Antike war die Stoa, die Zenon gründete, der aus der Griechenstadt Kition auf Zypern stammte. Zenon war gewiss nicht der größte Denker der Alten Welt, aber er kam mit seiner Lehre im richtigen Augenblick. Als er 305 in der »stoa poikile« – einer von Gemälden geschmückten Säulenhalle in Athen – seine Schule eröffnete, war die Stadt längst nicht mehr die kraftstrotzende Stadt stolzer Bürger wie noch zur Zeit des Sokrates; und nicht nur Athen, die ganze griechische Welt befand sich in diesen Jahren in einer Krise, als das Reich Alexanders sich im Verlauf endloser Kriege und Bürgerkriege auflöste. Die besser gestellten Bürger Griechenlands, die ihre Söhne nach Athen zu einem Philosophen in die Schule schickten, waren angesichts dieser Umstände nicht daran interessiert, dass die jungen Männer in einem lebenslangen Studium ein enzyklopädisches Wissen anhäuften, sondern daran, dass ihnen klare Grundsätze dafür auf den Weg gegeben wurden, wie sie sich in einer unsicher und unberechenbar gewordenen Welt orientieren sollten.

■ Zenon. Mamorbüste, hellenistisch. Paris, Louvre

Und diese klaren Grundsätze vermittelte der strenge Zenon seinen Schülern. Bei den Aristotelikern entlehnte er das Grundgerüst des Wissens und der logischen Argumentation und bei den Kynikern die Überzeugung, dass Anspruchslosigkeit die Lebenshaltung ist, die den Philosophen unabhängig macht; dem skeptischen Zeitgeist, der zur selben Zeit auch bei der Philosophie Epikurs Pate stand, entsprang seine Überzeugung, dass sich keine Philosophie allein auf begrifflicher Spekulation aufbauen lasse, dass es »nichts im Geist gibt, was nicht zuvor in den Sinnen war«.

Der Sensualismus der Stoiker, also die Überzeugung, dass alle Erkenntnis auf die sinnliche Erfahrung zurückgehe, war jedoch gegenüber dem der Epikuräer erheblich verwässert. Ist für Epikur das – modern, mit Freud, gesprochen – »Lustprinzip« dasjenige, was die sinnliche Weltwahrnehmung steuert, so ist es für die Stoa

SKEPSIS

Unter »Skepsis« verstehen wir die Haltung, nichts Unbewiesenes zu glauben. In diesem Sinne gilt Skepsis heute als Voraussetzung wissenschaftlichen Denkens. Als philosophische Doktrin wurde die Skepsis von Pyrrhon (um 365–270 v. Chr.) begründet, der Alexander auf seinen Zügen begleitet und dabei festgestellt hatte, dass die Menschen in vielen Ländern ihre eigenen Denkgebäude besitzen, die jeweils in sich nicht unlogisch sind, aber von ganz anderen Voraussetzungen – Prämissen – ausgehen. Da aber keine dieser Prämissen beweisbar ist, gibt es kein sicheres inhaltliches Wissen. Dieser Grundgedanke der Skepsis hat in der Antike eine Wendung zum Sensualismus, zum Primat der sinnlichen Erfahrung bei den Epikuräern und Stoikern mit bewirkt; er konnte aber auch für eine Rückwendung zum »Glauben« an bestimmte Prämissen angeführt werden, auf denen dann streng logisch ein ganzes Gebäude von Folgerungen aufgebaut werden konnte. In der von Platon gegründeten Akademie wurde die Skepsis in dem Sinne, dass man bestimmte Prämissen annehmen und danach »deduktiv«, also schlussfolgernd, philosophieren konnte, zur herrschenden Lehre. In der Aufklärung, etwa bei Hume und Kant, standen die Grundideen der Skepsis Pate bei der Ausformung des modernen wissenschaftlichen Denkens.

die spontane Ergriffenheit oder Begeisterung für eine Erscheinung und damit ein viel weniger klares Prinzip, denn was einen Menschen ergreift, geht nicht von seinem sinnlich-körperlichen Selbstgefühl aus, sondern »packt« ihn von außen. Es ist eine nicht beeinflussbare äußere Macht, der man ausgeliefert ist. Auf diese Weise tritt die alte Gegensätzlichkeit von Sinnenwelt und einer anderen, nicht-sinnlichen Macht durch die Hintertür wieder in das Weltbild der Stoa ein, das eigentlich »monistisch« sein, nur von der Sinnenerfahrung ausgehen wollte.

Dieser heimliche Dualismus zeigt sich auch in der stoischen Kosmologie: Die Welt wird zunächst als einheitlich materielle Welt be-

■ Die »Begeisterung«, die Ergriffenheit von einer Sache, spielt nicht nur in der stoischen Philosophie, sondern auch in der antiken Medizin eine große Rolle. Ruhebank für die Heilung Suchenden aus dem Amphiareion (4. Jh. v. Chr.) in Attika, einer antiken Heilstätte.

HYLOZOISMUS

»Hylozoismus« nennt man die Lehre von der Belebtheit der Materie, wie die Stoiker sie vertraten. Zurückgeführt wird diese Vorstellung auf die Lehre des »dunklen« Heraklit, der mit seiner Beobachtung, dass »alles fließt«, die Belebtheit aller Dinge unterstellt haben soll. Das Leben in der Materie wird bei den Stoikern zu einer alles umfassenden göttlichen »Kraft«, die sie mit Gott, Zeus, gleichsetzten. Vom Hylozoismus zum Pantheismus, für den die Gesamtheit des Seienden, also die Welt, Gott ist, ist es nur ein kleiner Schritt.

griffen. An die Stelle der ewigen Bewegung der sich dadurch zu immer neuen Gestalten formierenden Atome, von denen Demokrit und Epikur gesprochen hatten, setzen die Stoiker jedoch die »hylozoistische« Auffassung, dass nämlich alle Materie von Anfang an durch eine göttliche Weltseele belebt sei.

Da die Stoiker um der Einheitlichkeit ihrer Lehre willen zumindest »pro forma« an einem Monismus der Materie festhielten, musste auch die Lebensseele der Materie etwas Materielles sein. Sie wurde als äußerst feine Materie, als Lufthauch, betrachtet.

Ihr heimlicher Dualismus hatte für die Stoiker einen wichtigen Vorteil: Einerseits konnten sie eine sensualistisch-empiristische, das heißt für die Erfahrung und wissenschaftliche Analyse der Welt offene Erkenntnistheorie ausbauen. Dies gelang Chrysippos von Soloi (um 281 – um 208 v. Chr.), dem wichtigsten Nachfolger Zenons als Schulhaupt der Stoa, vor allem dank zahlreicher Anleihen bei Epikur. Andererseits konnten sie eine Ethik ausbilden, die nicht von den materiellen Bedürfnissen des Leibes ausging, sondern von der Pflicht, sich über eben diese Bedürfnisse zu erheben, ja, sie abzutöten. Es geht den Stoikern um die Tugend, die von der göttlichen und deshalb unendlich guten Weltseele verlangt wird. Sie wird durch Mut, Entsagung, Einsicht und Gerechtigkeit erlangt. Tugend ist ein Selbstzweck, sie wird nicht etwa durch ein glücklicheres Leben nach dem Tode belohnt. Der einzige Trost, der demjenigen, der im Sinne der stoischen Philosophie lebt und stirbt, zuteil wird, ist der Stolz, sich von den Ängsten, die aus der Leib-

■ Der griechische Philosoph Chrysippos aus Soloi (um 281 – um 205 v. Chr.) war der bedeutenste Stoiker nach Zenon. Mamorstatue, 3. Jh. v. Chr. Paris, Louvre

LUFT UND GEIST

»Lufthauch« heißt auf Griechisch »pneuma« (von diesem Wort stammt auch die Bezeichnung »Pneu« für Luftreifen), auf Lateinisch »spiritus«. Beides wird mit »Geist« übersetzt. Der »Heilige Geist« der Christen ist wörtlich ein heiliger Lufthauch. Auch das lateinische Wort für Seele, »anima«, bedeutet soviel wie »Windhauch«. Dank den Stoikern hat also unser Vokabular für das »Geistige«, das dem materiellen entgegengesetzt wird, einen durchaus »materialistischen« Ursprung.

■ Der stoische Philosoph Seneca (um 4 v. Chr. – 65 n. Chr), der Lehrer Neros, ging freiwillig in den Tod, nachdem er bei seinem Schüler in Ungnade gefallen war. Die würdige Art und Weise, wie er starb, wurde zu einem Symbol des »Stoizismus«. Jacob van Oost d.Ä. (1601–1671) zugeschrieben, *Der Tod des Seneca*, um 1640. Wien, Kunsthistorisches Museum

lichkeit des Menschen herrühren, befreit zu haben und sich aus eigener freier Einsicht in das Unausweichliche zu schicken. Vorbild für diese Haltung war Zenon selbst, der sich, als er bemerkte, dass er altersschwach wurde, aus eigenem Entschluss zu Tode hungerte.

Die stoische Entsagungsethik kam der militärisch geprägten Lebensauffassung der Römer entgegen, und so wurde die Stoa zur prägenden Philosophie des römischen Weltreichs. Cicero (106 – 43 v. Chr.), der große Schriftsteller und Staatsmann der späten römischen Republik, stand den Lehren der Stoa nahe; der jüngere Seneca (4 v. Chr. – 65 n. Chr.), der den Freitod wählte, als sein

■ Mark Aurel (121–180), römischer Kaiser von 161 bis 180, galt als »Philosoph auf dem Kaiserthron«. Er war ein Anhänger der stoischen Lehre. Sein Reiterstandbild blieb erhalten, weil die Christen es für eine Darstellung des christlichen Kaisers Konstantin hielten. Rom, Kapitol

SENECA FÜR MANAGER

Stoische Pflichterfüllung war in der Neuzeit vor allem das Leitbild der Soldaten, aber auch der nach dem Vorbild des Militärs organisierten Beamtenschaft – etwa in Preußen. Neuerdings sind dieselben stoischen Tugenden auch für die Manager entdeckt worden, die offenbar dann am erfolgreichsten sind, wenn sie sich ebenso selbstlos in den Dienst der Firma stellen, wie die Soldaten und Beamten anderer Epochen sich in den Dienst des Staats gestellt haben. Gerade die Maximen Senecas sind so als Manager-Lektüre populär geworden.

Schüler, der Kaiser Nero, sich gegen ihn wandte, verbreitete in oft pathetischen Schriften das stoische Gedankengut, und der Kaiser Mark Aurel (er regierte von 161 bis 180 n. Chr.), der »Philosoph auf dem Kaiserthron«, ermahnte sich selbst mithilfe der Philosophie, sich der Mühe des Regierens zu unterziehen, statt seinen schöngeistigen Neigungen zu folgen.

Der stoische Begriff der Pflicht, also das zu tun, was das Geschick einem aufgetragen hat, hatte erheblichen Einfluss etwa auf die Ethik Kants und seiner Nachfolger. »Stoizismus« wurde in der Neuzeit zum populären Begriff für die soldatische Tugend, sich durch nichts von der Pflichterfüllung abbringen zu lassen und bei allen Schmerzen die Zähne zusammenzubeißen.

ZENON VON KITION

LEBEN UND WERK

Zenon, auch Zenon der Jüngere genannt, wurde um 334 v. Chr. in Kition auf Zypern geboren. Ab 312/311 lebte er in Athen, studierte unter anderem die Philosophie der Kyniker und Platoniker und begründete um 300 eine eigene Philosophenschule, die Stoa. Benannt wurde die Stoa nach der »stoa poikile«, einer bunt ausgemalten Wandelhalle an der Agora Athens, in der Zenon seine Schüler versammelte. Er lehrte fast vierzig Jahre, bis zu seinem Tod um 263. Wie auch manche andere Stoiker nach ihm setzte er selbst seinem Leben ein Ende. Von den zahlreichen Schriften, die Zenon verfasste, sind nur Fragmente erhalten. Die Stoa bestand bis zur Mitte des 3. Jahrhunderts n. Chr. Sie wird eingeteilt in die ältere, die frühe bzw. mittlere und die jüngere Stoa. Die bedeutendsten Vertreter der älteren Stoa waren nach Zenon Kleanthes von Assos (331 – 233) – er wurde berühmt durch seinen *Zeushymnus* – und Chrysippos (um 280 – um 205), der die Lehren der Stoa in über siebenhundert Schriften in eine systematische Form brachte. Er erweiterte die Lehren und verteidigte sie gegen die skeptischen Einwände von Seiten der Akademie. Chrysippos wird als der zweite Begründer der Stoa bezeichnet. Als besonders wichtig gelten seine Arbeiten auf den Gebieten der Sprachtheorie und Logik. Für die mittlere Stoa stehen vor allem die Philosophen Panaitios von Rhodos (um 185 – 109) und sein Schüler Poseidonios aus Apameia in Syrien (um 135 – 51). Durch Panaitios' Beziehungen zu führenden Persönlichkeiten in Rom wird die Philosophie in dieser Stadt hoffähig. Panaitios wurde somit zum Begründer des römischen Stoizismus. Sein Schüler Poseidonios gründete später eine eigene Schule auf Rhodos, wo ihn unter anderem der römische Politiker und Philosoph Cicero (106 – 43 v. Chr.) hörte, der seinerseits die stoische Lehre in seiner Ethik und Theologie vertrat. Die bekanntesten Vertreter des Stoizismus finden sich unter den Anhängern der jüngeren Stoa in Rom. Es sind der römische Philosoph Lucius Annaeus Seneca (4 v. Chr. – 65 n. Chr.), der in Rom als Sklave geborene Epiktet (um 50–138 n. Chr.), ein griechischer Philosoph, und der römische Kaiser Mark Aurel (121 – 180 n. Chr.). In der Kaiserzeit wurde die Stoa zu einer Art ethischer Religion des römischen Volkes. Mark Aurel, der bereits als Zwölfjähriger sein Philosophiestudium begann und früh mit den Lehren der Stoa bekannt wurde, war der letzte große Autor des Stoizismus. Berühmt wurden seine in griechischer Sprache verfassten *Selbstbetrachtungen*, autobiographisch-philosophische Reflexionen von stoischer Geistesprägung, die er in seinen letzten Lebensjahren überwiegend im Feldlager niederschrieb. Seine Lebenspraxis stand in höchstem Maße in Übereinstimmung mit den stoischen Idealen.

EMPFEHLUNG

Lesenswert:

Diogenes Laertios: *Leben und Lehre der Philosophen*, Stuttgart 1998.

Epiktet: *Wege zum glücklichen Handeln*, Frankfurt/Main 1997.

Mark Aurel: *Selbstbetrachtungen*, Frankfurt/Main 1997.

Wolfgang Weinkauf: *Die Philosophie der Stoa. Ausgewählte Texte*, Stuttgart 2001.

Christoph Horn: *Antike Lebenskunst*, München 1998.

Malte Hossenfelder: *Antike Glückslehren*, Stuttgart 1996.

Michael Hauskeller: *Geschichte der Ethik I. Antike. Platon, Aristoteles, Epikur, Stoa*, München 1997.

Besuchenswert:

Wie die Säulenhalle aussah, nach der Zenons Schule, die Stoa benannt wurde, zeigt am besten die auf der Agora von Athen rekonstruierte Stoa des Attalos.

AUF DEN PUNKT GEBRACHT

Das Weltbild der von Zenon gegründeten Stoa ist von einem heimlichen Dualismus geprägt: Auf der einen Seite ist es völlig materialistisch, auf der anderen Seite aber lässt es zu, dass unerklärliche Mächte sich der Seele bemächtigen. Selbstdisziplin und Pflichterfüllung sind es, die die Seele zur Ruhe kommen lassen.

Neuplatonismus – Philosophie und Erlösungsmystik

Plotin

um 205 – 270 n. Chr.

■ Zur Zeit Plotins hatten Erlösungskulte im Römischen Reich großen Einfluss. Hier ein Mitras-Heiligtum über dem die Kirche San Clemente in Rom erbaut wurde.

Im zweiten Jahrhundert n.Chr. geriet das römische Reich mehr und mehr in die Krise: Der Wohlstand nahm ab, die einst festgefügte politische Organisation wich mehr und mehr chaotischen Verhältnissen, die innere und äußere Sicherheit des Reichs ließ nach. Wie oft in solchen Krisenzeiten wuchs das Bedürfnis vieler Menschen nach Erlösung: nach einem besseren Leben im Jenseits und – im Vorgriff darauf – nach einer Macht, die auch auf Erden Ordnung und Wohlstand wiederherstellte. Mysterien, Okkultismus und halbphilosophische Weisheitslehren hatten Konjunktur, und religiöse Kulte, die die Erlösung des Einzelnen verhießen, verbreiteten sich über das ganze Reich – so etwa der ägyptische Isis-und-Osiris-Kult und der iranische Mithras-Kult. Die erfolgreichste dieser neuen Religionen aber war das Christentum, das aus dem Judentum hervorgegangen war, in dem die Erwartung eines Erlösers – des Messias – eine zunehmend größere Rolle gespielt hatte.

Jüdische Gelehrte in Alexandria, das zum intellektuellen Zentrum der Griechisch sprechenden Welt geworden war, nutzten als erste die von Platon und Aristoteles geprägte philosophische Tradition, um der überlieferten Religion einen neuen, auch intellektuell ansprechenden Sinn zu verleihen. Der Jude Philon von Alexandria war es, der die »Logoslehre« schuf: Der Logos ist Gottes »Wort« und zugleich der »Geist«, der wie Platons Ideen oder Aristoteles' ideale Formen die Welt erst entstehen lässt und ordnet. Von dieser Logosphilosophie ist auch das Johannesevangelium der Christen geprägt, dessen Autor die ältere Überlieferung der übrigen Evangelien mit dem philosophischen Zeitgeist verband.

JOHANNESEVANGELIUM

Das Johannesevangelium, das gewiss nicht mehr von einem unmittelbaren Jünger des Jesus von Nazareth geschrieben wurde, verbindet die früheste Überlieferung der christlichen Gemeinde mit dem Denken der hellenisierten Juden. Die ersten Sätze des Evangeliums sind perfekter (Neu-)Platonismus: »Am Anfang war das Wort. Und das Wort war bei Gott. Und Gott war das Wort. Und das Wort ist Fleisch geworden.«

Der philosophischste Ansatz, das Erlösungsdenken der römischen Spätzeit begrifflich zu ordnen, ist zweifellos der Neuplatonismus, die Erneuerung Platons aus der Sicht der reli-

giös gestimmten Spätantike, dessen wichtigster Vertreter der Ägypter Plotin war. Nach seiner Studienzeit in Alexandria ging Plotin nach Rom und erwarb sich dort große Anerkennung. Nicht zuletzt durch den großen Einfluss dieses »Heiden«, unter anderem auf den großen Kirchenlehrer Augustinus, konnte der Neuplatonismus das entstehende Christentum entscheidend mitprägen.

■ *Tod der Hypatia.* Die neuplatonische Philosophin Hypatia von Alexandria wurde 415 n. Chr. ermordet. Holzstich aus Hermann Göll »Die Weisen und Gelehrten des Altertums« (1876)

Plotin geht von dem allursprünglichen »Einen« der von Parmenides geschaffenen und von Platon ausgeführten Seinsphilosophie aus. Für ihn ist das Eine, das er mit dem Göttlichen gleichsetzt, aber nicht die Gesamtheit des Seienden; es ist vielmehr ein »Mehr-als-Seiendes«. Damit verbegrifflicht er den von Platon nur im mythischen Bild angedeuteten Gedanken, dass das Sein mehr sein müsse auch als die Summe der ewigen Ideen. Aus diesem Ewigen »fließt« für Plotin alles Seiende, ohne dass es sich dadurch verändert, eben weil es keine quantitativ fassbare Summe von Seiendem ist. Anders gesagt: Alles Seiende ist eine »Emanation«, ein »Ausfluss« des göttlichen Ewig-Einen.

Auch in seiner übrigen Philosophie versucht Plotin die philosophische Mythologie Platons zu systematisieren. Das Erste, was aus dem Göttlichen »fließt«, ist der Geist, der sich einerseits schon von diesem All-Einen entfremdet hat insofern, als er in eine Vielzahl von Ideen und damit auch von diesen Ideen (als Begriffen) bezeichneten Gegenständen zerfällt, der andererseits aber als einziger die Vielheit zu einer einsehbaren Ordnung macht.

Eine weitere Emanation ist die »Weltseele«, die zwischen Geist und Materie, die an sich nichts ist, vermittelt. Erst durch diese Herstellung der Verbindung von Geist und Nichts (oder Materie) entsteht die chaotische Fülle der unbeständigen Welt. Durch die Suche nach der Heimkehr zum rein Geistigen aber kann die Seele (die Weltseele ebenso wie die Einzelseele jedes Menschen) wieder

■ Tänzer des Isiskultes, darunter eine Reihe von Ibissen. Römische Skulptur. Neapel, Archäologisches Nationalmuseum

■ Die Sainte-Chapelle in Paris ist der perfekte Ausdruck der gotischen Lichtmystik, die Abt Suger von Saint-Denis im Anschluss an die neuplatonische Mystik des Dionysios Areopagita formulierte.

zu ihrem Ursprung zurückkehren. Dieser von Plotin beschriebene Kreislauf hat in der Geschichte der Philosophie wie der christlichen Theologie eine ungeheure Bedeutung gehabt. Zunächst für die christliche Lehre von der Dreieinigkeit (Trinität) Gottes, die vor allem von Augustinus geprägt worden ist, der hier Plotin folgt. Danach ist das mehr als Seiende Göttliche Plotins mit dem Schöpfergott (Gottvater) gleichzusetzen, der Geist (Nous bei Plotin, sonst Logos) mit Christus (Gottsohn) und die Weltseele mit dem Heiligen Geist. Aber auch die Geschichtsphilosophie sollte sich immer wieder des Dreischritts Einheit/Ganzheit des Anfangs, Entfremdung in die Welt der Vielheit, Rückkehr zur Einheit bedienen.

Der schon sehr weitgehend mystisch-theologischen Kosmologie Plotins entspricht eine Ethik, in der irdische Belange kaum noch eine Rolle spielen. Ziel jedes im philosophischen Sinne guten Menschen muss es sein, die Verstrickung seines Geistes in die Materie, also das Nichtseiende, so weit wie möglich zu lösen, um zur Erlösung zu gelangen. Bei all diesem ist die menschliche Seele frei in ihrer Entscheidung: Sie kann den Weg des Fleisches, der weiteren Verstrickung in das Ungöttliche, Materielle, Nichtige wählen – oder aber den Weg des Geistes empor zum Geistigen, Ewigen, Göttlichen.

Der vielleicht bedeutendste unter den christlichen Neuplatonikern war Synesios (um 370–413) aus dem nordafrikanischen Kyrene, dessen Lehrerin in Alexandria Hypatia (um 370–415) war, eine heidnische Neuplatonikerin, die er wie eine Mutter verehrte. Sie, die bekannteste unter den Philosophinnen der Antike, wurde von einem christlichen Mob gelyncht, weil sie nicht Christin werden wollte. Noch war das Christentum weitgehend eine Sache von Fanatikern, die fakirartig lebende Mönche verehrten und systematisch die Kulturdenkmäler der antiken Vergangenheit zerstörten. Bald aber verschoben sich die Fronten: Das Christentum wurde zur letzten Bastion der antiken Kultur gegen die Barbaren, die im Begriff waren, die Grenzen des römischen Reichs zu überrennen.

NEUPLATONISMUS UND GOTIK

Wohl um 500 n. Chr. lebte ein neuplatonischer Mystiker, der sich in seinen Schriften als ein Athener ausgab, der noch den heiligen Paulus auf dem Areopag in Athen hatte predigen hören. Er war im Mittelalter außerordentlich populär, vor allem in Paris, wo man ihn mit einem lokalen Märtyrer Dionysius (Saint-Denis) in eins setzte. Dem Einfluss der Schriften des Dionysios auf den großen Abt Suger von Saint-Denis, einer wichtigen Abtei bei Paris, wird die Entstehung der gotischen Baukunst zugeschrieben. In Saint-Denis entstand zur Zeit Sugers die früheste gotische Architektur. Die Auflösung der Wände zugunsten riesiger bunter Fenster könnte ein Ausdruck der Lichtmystik des Dionysios sein, demzufolge die Seelen sich danach sehnen, aus der Finsternis an das Licht, das Symbol des geistigen All-Einen, zu gelangen.

PLOTIN

LEBEN UND WERK

Den Weg zur Philosophie schlug der um 205 n. Chr. im ägyptischen Lykopolis geborene Plotin im Alter von achtundzwanzig Jahren ein. Er besuchte in Alexandria die Vorlesungen namhafter Philosophen, bis er schließlich ein begeisterter Anhänger des Ammonios Sakkas (um 175– um 242 n. Chr) wurde, des legendären Begründers des Neuplatonismus, der wie Sokrates keine Schriften verfasst hat. Elf Jahre lang blieb Plotin sein Schüler, bis in das Jahr 242, in dem sein Lehrer vermutlich starb. Geleitet von dem Wunsch, auch die Philosophien fremder Kulturen kennenzulernen, nahm Plotin 243 an dem Persienfeldzug Kaiser Gordians III. teil. Nach dem Scheitern dieser militärischen Aktion floh er zunächst nach Antiocheia am Orontes und ging dann nach Rom. Dort eröffnete er noch im selben Jahr eine Schule, die er fünfundzwanzig Jahre leitete. Plotin, der den Neoplatonismus systematisierte und daher allgemein als der eigentliche Begründer dieser philosophischen Lehre gilt, hatte einen großen Kreis von Anhängern, zu der auch Kaiser Gallien und seine Frau Salonina zählten. Sie unterstützten Plotins Idee, eine »Philosophenstadt« in Kampanien zu gründen. Durch Intrigen am Hofe des Kaisers wurde die Verwirklichung dieses Plans jedoch verhindert. Plotin starb 270 auf dem Landgut eines Schülers in Minturnae, auf das er sich wegen fortschreitender Krankheit zurückgezogen hatte. Wie sein Lehrer Ammonios Sakkas hatte sich Plotin jahrelang allein auf die mündliche Vermittlung seiner Lehre beschränkt. Erst im Alter von etwa fünfzig Jahren begann er, seine Philosophie auch schriftlich festzuhalten. Mit der Edition seiner Schriften beauftragte er seinen wichtigsten Schüler, Porphyrios aus Tyros (um 232–304 n. Chr.), der sie in eine systematische Ordnung brachte und posthum herausgab. Porphyrios fasste die Schriften in sechs Büchern mit je neun Kapiteln zusammen. Sie wurden später unter dem Titel *Enneanden* (»Neunheiten«) bekannt. Durch seine Plotin-Biographie *Über das Leben Plotins und die Ordnung seiner Schriften*, um die er das Werk seines Lehrers ergänzte, lässt sich die Entstehungszeit der einzelnen Schriften nachvollziehen. Marsilius Ficinus gab in der Renaissance, im Jahre 1492, die Werke Plotins in lateinischer Sprache heraus. Die Bewegung des Neuplatonismus umfasst einen Zeitraum von gut vier Jahrhunderten. Nach Plotins Tod bildeten sich drei Schulen heraus, die nach ihren geographischen Zentren benannt werden: die syrische, die alexandrinische und die athenische Schule. Ihre bedeutendsten Vertreter waren Iamblichos (um 283–330 n. Chr.), Synesios (um 370–413 n. Chr.) und Proklos (410–485 n. Chr.), der »große Scholastiker der Spätantike«, unter dem der Neuplatonismus seinen letzten Höhepunkt erreichte.

EMPFEHLUNG

Lesenswert:
Plotin: *Ausgewählte Schriften*, übersetzt, kommentiert und herausgegeben von Christian Tornau, Stuttgart 2001.

Luciano De Crescenzo: *Geschichte der griechischen Philosophie. Von Sokrates bis Plotin*, Zürich 1990.

Susanne Möbuß: *Plotin zur Einführung*, Hamburg 2000.

Jens Halfwassen: *Plotin und der Neuplatonimus*, München 2004.

Sehenswert:
Mitras- oder Isis-Heiligtümer in Rom oder auch in Köln und an vielen anderen Orten erinnern an die Mysterienkulte der römischen Kaiserzeit, die zur selben Zeit wie das frühe Christentum dem Erlösungsbedürfnis der spätantiken Menschen Ausdruck gaben, das sich in der Philosophie Plotins wiederfindet.

AUF DEN PUNKT GEBRACHT

Der Neuplatonismus Plotins ist Ausdruck einer in der Spätantike anwachsenden Erlösungssehnsucht der Menschen: Die Welt ist »Emanation« des göttlichen All-Einen und sucht nach Wegen, zu ihrem göttlichen Ursprung zurückzukehren.

Zeitphilosophie und Zeitenwende

Augustinus

354–430

■ Der Heilige Augustinus in der Initiale einer Handschrift des *Gottesstaats* aus dem frühen 15. Jh.

■ Ary Scheffer (1795–1858), *Augustinus und seine Mutter Monnica*, 1755. Paris, Louvre

Es gibt keinen Philosophen der Antike, über dessen Leben wir besser Bescheid wissen als über das des letzten großen Denkers dieser Kulturepoche, Augustinus. Dies liegt daran, dass er sein eigenes Leben zum Dreh- und Angelpunkt seines Denkens gemacht hat. Leben, das hat er mehr als jeder andere Philosoph herausgearbeitet, bedeutet Existieren in der Zeit, in der eigenen Lebenszeit und in einer geschichtlichen Zeit.

Die Zeit, in der Augustinus lebte, entspricht buchstäblich den letzten Jahrzehnten eines einigermaßen intakten römischen Reichs: Als er 430 starb, belagerten bereits germanische Barbaren, die Vandalen, seine Heimatstadt Hippo an der nordafrikanischen Küste.

Nicht weit von Hippo entfernt war er sechsundsiebzig Jahre zuvor in dem römischen Landstädtchen Thagaste in einfachen Verhältnissen geboren. Er studierte Rhetorik in Karthago, der größten Stadt des westlichen Nordafrika, und war dort bald schon selbst als Rhetoriklehrer tätig. Ehrgeizig wie er war, ging er bald nach Rom und dann nach Mailand, wo damals der Kaiser residierte. Er war für jemanden, der nicht aus den Kreisen des Adels stammte, außerordentlich erfolgreich; doch dies allein reichte ihm nicht aus: Er brannte, wie er in seiner spannenden Autobiographie, den *Bekenntnissen*, schreibt, nach Wahrheit. Er schwankte zwischen dem Christentum, das seine geliebte Mutter Monnica ihm nahe zu bringen suchte, der in der platonischen Akademie herrschenden kühlen Skepsis und der fanatischen Religiosität der Manichäer, die nichts als das radikal Gute und das radikal Böse kannten und beides für gleichrangige Mächte hielten.

Zur selben Zeit lernte er, nach der Lektüre Ciceros, die Philosophie lieben und beschäftigte sich mit den Lehren der Neuplatoniker. Hier fand er eine befriedigende Antwort auf das Problem, über das sich Christen und Manichäer auseinandersetzten, nämlich wie die Existenz eines allmächtigen Gottes mit der des Bösen vereinbar ist. Das Böse, so las er, ist überhaupt nicht; es

■ In den Ruinen von Karthago, wo Augstinus ausgebildet wurde.

stellt vielmehr das Nichtseiende dar, in das hinein Gott ausströmt und so die Welt schafft, die dort besonders unvollkommen ist, wo sie am meisten Stoff und am wenigsten Geist ist. Nachdem er auch in anderen Fragen festgestellt hatte, dass das Christentum keineswegs eine so naive Religion sein musste, wie die wörtliche Lektüre der Bibel nahe legte, war er reif für seine Konversion und Taufe. In den *Bekenntnissen* wird die Bekehrung zum Angelpunkt der Autobiographie. Erst aufgrund der Bekehrung erweist sich die philosophische Wahrheitssuche langer Jahre als Ausdruck einer unstillbaren Liebe zu Gott. Diese Liebe kommt der Sehnsucht nach einer Heimkehr gleich, denn im tiefsten Grunde erinnert sich die Seele ihrer Herkunft aus dem ewigen Göttlichen. Augustinus nimmt Platons Lehre von der Anamnesis, der Erinnerung der Seele an frühere Existenzen, auf und wendet sie auf das Vorleben seiner Seele in der eigenen Biographie an: Aus der Perspektive des Bekehrungserlebnisses erweist sich, dass das Göttliche in diesem Menschenleben schon immer wirksam war: als Gnade, die dem liebenden Streben der Seele entgegenkam. Dass Augustinus in Wohlstand lebte, war eine Gnade, denn so hatte er Muße zum Nachdenken; dass er die heidnische Philosophie kennen lernte, war eine Gnade, denn sie brachte ihn dem Christentum nahe; die Ermahnungen

MANICHÄISMUS

Der iranische Prophet Mani hatte im 3. Jahrhundert die Lehre der Gnosis, in der sich bereits altiranisches Gedankengut und Platonismus mischten, radikalisiert: Es gibt nur Gut und Böse, Licht und Finsternis, Geist und Fleisch, und jeder muss sich zwischen diesen entscheiden. Nur der entschieden Gute kann durch Askese der sinnlich-materiellen Welt, die die der Finsternis ist, entsagen. Die Christen – nicht zuletzt Augustinus – haben den Manichäismus entschieden bekämpft, weil er das Böse und den Fürsten der Finsternis als ebenso mächtig darstellt wie den Gott des Guten; dennoch entsprachen die Radikalität und die Leibfeindlichkeit Manis dem Lebensgefühl vieler spätantiker Christen.

GNADE

Der Gedanke der Errettung des Menschen durch die Gnade Gottes spielt im Werk des Augustinus eine große und zunehmende Rolle. Die Bedeutung der Gnade, das heißt der Erwähltheit durch einen dem Individuum gnädig gesinnten Gott, steigert sich bis zu einem Grade, wo die freie Willensentscheidung nur noch eine geringe Rolle spielt: Wen Gott erwählt hat, der ist gerettet, die anderen, und das sind die meisten, gehen den Weg der Verdammnis. Dieser Gnadenbegriff entspringt der Lebenserfahrung des spätantiken Menschen. Dieser lebt in einem Klientelsystem, in dem nur der eine Chance auf ein gutes Leben hat, der sich unter den Schutz eines reichen und mächtigen Herrn, eines »Patrons«, begibt und von diesem »gnädig« als Mitglied seiner »Familie« anerkannt wird. Während der Reformation Luthers und Calvins erlangte der Gnadenbegriff erneut große Bedeutung.

seiner Mutter waren eine Gnade, denn sie bereiteten seine Bekehrung vor.

Die fleischliche Liebe aber und die anderen Freuden der Welt erscheinen aus der Perspektive der Bekehrung als nichtig und damit schlecht, als Sünden, deren Augustinus sich nunmehr schämt.

Als Bekehrter erfährt Augustinus die innere Gewissheit, dass er einer ist, der schon immer nach der Erkenntnis Gottes gestrebt hat, so wie er jetzt auch danach strebt. Im Erlebnis des Bekehrtseins wird der Wille nach der Erkenntnis Gottes, oder, wie Augustinus auch sagt, die Liebe zu Gott, eins mit dieser Erkenntnis. Die, modern gesprochen, »existentielle« Erfahrung seines Gottsuchens schließt nämlich mit ein, dass er eine Seele besitzt, die nach ihrem Ursprung, zu Gott, strebt. Glauben ist Gewissheit, die Sätze »Glaube, um zu erkennen!« und »Erkenne, um zu glauben!« sagen dasselbe aus, Religion und Philosophie fallen zusammen.

■ Illustration zu Augustinus' *Gottesstaat*: »Die Höllenstrafen«, französische Buchmalerei, 15. Jh.

Im Bekehrungserlebnis des glaubenden Erkennens ist in einem Augenblick die ganze von der Erinnerung festgehaltene Geschichte des Strebens nach der Wahrheit zusammengefasst; die Zeit eines halben Lebens zieht sich zu einem Augenblick der Erkenntnis zusammen. Und was hinsichtlich des Verhältnisses von Zeitdauer und Augenblick für die Einzelseele gilt, gilt auch für die Welt als ganze. Dies ist die Erklärung dafür, dass Augustinus der Schilderung seines Lebens in den *Bekenntnissen* seine philosophische Interpretation der biblischen Schöpfungsgeschichte

folgen lässt: Denn wie das Leben des Einzelnen in der Erinnerung zu einem einzigen Augenblick zusammengefasst wird, so wird auch die Geschichte der Schöpfung in einen einzigen ewigen Augenblick münden, denn die Welt ist nichts als die notwendigerweise endliche, vorübergehende Entäußerung Gottes in die Zeit. Der Plan der gesamten Schöpfung ist seit jeher da, wie ein Lied da ist, bevor es gesungen wird. Er vollendet sich aber erst mit seiner Ausführung in der Zeit, nach der es wieder als Ganzes in der Erinnerung ruht, so wie die Schöpfung als zeitliches Werden ein Ende haben wird, ohne vergangen zu sein. Diese kosmologische Philosophie der Zeit passt auch zu der Lehre von der göttlichen Trinität, deren Grundgedanken Augustinus von Plotin übernimmt: Gottvater, der Schöpfergott, ist, um in dem Bild des Liedes zu bleiben, der Sänger, der es anstimmt, Gottsohn die von jeher bestehende reine Form des Liedes, die sich nun in die Zeit entäußert, der Heilige Geist der Gesang, der wie die Seele des Menschen durch die Zeit geht, um das Lied (die Schöpfung) zu vollenden.

▪ Der Teufel hält dem Heiligen Augustinus das Buch der Laster vor. Michael Pacher (um 1435–1498), Kirchenväteraltar, 1483. München, Alte Pinakothek

Im *Gottesstaat*, seiner neben den *Bekenntnissen* wichtigsten Schrift, wendet Augustinus seine Philosophie der Zeit auf die Weltgeschichte an. Der »Gottesstaat«, das heißt die Kirche, ist die Gemeinschaft der Gläubigen, die das irdische Leben würdig und in liebevoller Verbundenheit leben, weil es ihnen aufgegeben ist, nicht aber um des irdischen Lebens selbst willen. Der Gottesstaat ist die irdische – zeitliche – Vorwegnahme der Einheit der Seelen mit Gott. Der weltliche Staat dagegen bleibt dem Diesseits verhaftet und ist deshalb vergänglich. Als der *Gottesstaat* entstand, hatten die Ostgoten bereits Rom geplündert und damit gezeigt, dass das römische

WAS IST ZEIT?

Augustinus' Philosophie der Zeit ist eigentlich erst im 20. Jahrhundert wieder ins Zentrum der Aufmerksamkeit gerückt, nachdem die am Vorbild der mechanischen Uhr geschulte Auffassung von einer ewig kontinuierlichen Zeit erschüttert worden war, und zwar sowohl von der Einsteinschen Relativitätstheorie, in der Zeit, Raum, Materie und Energie zu voneinander abhängigen Variablen werden, als auch von der Psychologie, die die erlebte Zeit von der mechanisch messbaren Zeit unterscheidet.

■ Sandro Botticelli (1445–1510), *Der Heilige Augustinus in seinem Studierzimmer*, um 1495. Florenz, Uffizien

STAAT UND KIRCHE

Die Unterscheidung, die Augustinus zwischen Gottesstaat und weltlichem Staat trifft, war für die Geschichte des westlichen Europa von entscheidender Bedeutung. Kirche und Staat waren hier seitdem zweierlei, die weltliche Kultur konnte sich hier bis zu einem gewissen Grade unabhängig von der Kirche entfalten und die geistliche unabhängig von der weltlichen. In der Ostkirche, also dort, wo das römische Reich Augustinus um mehr als tausend Jahre überdauerte, hat es diese Unterscheidung von Kirche und Staat im Grundsatz nie gegeben, mit Konsequenzen, die noch am sowjetischen Kommunismus zu studieren sind, der so etwas wie Staats- und Kirchendoktrin in einem war.

Reich ebenso endlich ist, wie es das Reich von Babylon gewesen war. Der Staat ist vergänglich, lehrt Augustinus, die Kirche aber nicht – bis zum Ende der Geschichte.

In seiner Zeit als Bischof von Hippo (dem heutigen Annaba in Algerien) konnte sich Augustinus als Gouverneur einer bedeutenden Provinz des Gottesstaats fühlen. Er, der in kleinen Verhältnissen groß geworden war, hatte es nun zum bedeutendsten Würdenträger seiner Heimatregion gebracht, und er nutzte seine Amtsbefugnisse, um mithilfe der weltlichen Macht Heiden und Ketzer zu bekämpfen und zu verfolgen. Die Gewissheit seines Glaubens ließ keine Toleranz gegenüber der heidnischen Tradition und abweichenden Interpretationen des Christentums zu. Er hieß es gut, dass die Christen, systematischer als die germanischen Barbaren, die Zeugnisse der heidnischen antiken Kultur – Tempel, Bildnisse, Schriften – zerstörten. Augustinus war ein Kind der antiken Gelehrsamkeit und wandte sich doch ohne Skrupel gegen die Kultur, der er entstammte und der er alles zu verdanken hatte, was ihn als Philosophen ausmachte. Augustinus stand damit an der Grenze der Antike zum Mittelalter. Die Antike hatte als letzte Leistung eine Form des Christentums hervorgebracht, die intellektuell auf der Höhe der philosophischen Tradition stand. Das Mittelalter aber verstand nicht einmal mehr die philosophischen Implikationen seines eigenen kirchlichen Dogmas – bevor es das, was von der Antike übrig geblieben war, wiederentdeckte.

AUGUSTINUS

LEBEN UND WERK

Augustinus, am 13. November 354 in Thagaste in Nordafrika als römischer Bürger geboren, war der Sohn eines einfachen Beamten, der dem spätrömischen Götterglauben anhing, und einer begeisterten Christin. Seine Mutter, die immer wieder versuchte ihn zum christlichen Glauben zu bekehren, spielte in Augustinus' Leben eine wichtige Rolle. Nach der Schulzeit entzog er sich jedoch ihrem unmittelbaren Einfluss und studierte von 370 bis 373 in Karthago Rhetorik. In dieser Zeit lernte Augustinus seine Lebensgefährtin der nächsten fünfzehn Jahre kennen, deren Namen er jedoch nicht erwähnte. Sie war die Mutter seines Sohnes Adeodatus (d. h. der von Gott Geschenkte). Besonders fasziniert von den Schriften Ciceros, wandte er sich der Philosophie zu und hielt die Bibel im Vergleich dazu für intellektuell anspruchslos. Er schloss sich der religiösen Gemeinschaft der Manichäer an, deren radikal dualistisches Weltbild sein Denken neun Jahre lang prägte. Gleichzeitig machte er eine Karriere als Rhetoriker. Vorübergehend unterrichtete er in Thagaste, sieben Jahre lang in Kathargo und ab 383 in Rom. Dort kehrte er sich vom Manichäismus ab und sympathisierte kurzzeitig mit den Skeptikern der Neuen Akademie. 384 wurde er als Rhetorikdozent an den kaiserlichen Hof in Mailand berufen. Er hörte die Predigten des Mailänder Bischofs Ambrosius, die ihn sowohl in ihrer philosophischen als auch ihrer rhetorischen Qualität beeindruckten, und lernte die allegorische Bibelinterpretation kennen. Darüber hinaus setzte er sich mit den Schriften der Neuplatoniker auseinander. Im Sommer 386 schließlich vollzog Augustinus eine Hinwendung zum christlichen Glauben, der, wie er in seinen *Bekenntnissen* beschreibt, ein dramatisches Bekehrungserlebnis vorausging. Er gab seinen Beruf auf und zog sich, von seiner Mutter und Freunden begleitet, nach Cassiciacum in Norditalien zurück, um dort ein christlich-asketisches, von philosophischen Gesprächen geprägtes Leben zu führen. 387 ließ er sich von Ambrosius taufen. Nach dem Tod seiner Mutter lebte Augustinus von einer kleinen Gemeinde umgeben zurückgezogen in Thagaste, bis er auf einer Reise 391 in der nordafrikanischen Hafenstadt Hippo Regius zum Priester und wenige Jahre später zum Bischof geweiht wurde. Mehr als drei Jahrzehnte, bis zu seinem Tod am 28. August 430, wirkte er an diesem Ort. Augustinus hinterließ über hundert Schriften. Die ersten uns erhaltenen Texte stammen aus seiner Zeit in Cassiciacum. Neben seinen berühmten *Bekenntnissen* (397/98, *Confessiones*) zählen zu seinen wichtigsten Werken die Schriften *Über den freien Willen* (388 – 395, *De libero arbitrio*), *Über die Dreieinigkeit* (zwischen 400 und 417, *De trinitate*) und besonders *Über den Gottesstaat* (413 – 26, *De civitate dei*).

AUF DEN PUNKT GEBRACHT

Das Erlebnis seiner Bekehrung zum Christentum wird für Augustinus zum Ausgangspunkt seines Denkens. Das Leben in der Zeit wird an diesem einen Punkt zusammengezogen, in dem es von der Gnade Gottes erreicht wird. So wird auch die ganze Weltzeit wieder in sich zusammengezogen werden können zu einem ewigen Augenblick, wenn Gott es will. Die Zeitenwende von der Antike zum christlichen Mittelalter wird bei Augustinus zur Philosophie der Zeit.

EMPFEHLUNG

Lesenswert:

Aurelius Augustinus: *Bekenntnisse*, München 1997.

Kurt Flasch: *Augustin. Einführung in sein Denken*, 3. Aufl., Stuttgart 2003.

Uwe Neumann: *Augustinus. Mit Selbstzeugnissen und Bilddokumenten*, Reinbek 1998.

Hörenswert:

Denken und Leben I. Annäherung an die Philosophie in biographischen Skizzen. Augustinus: Der Stachel des Fleisches u.a. Gesprochen von Konrad Paul Liessmann, ORF 2001. 5 Audio-CDs.

Besuchenswert:

In den Ruinen von Karthago bei Tunis, die hauptsächlich aus der römischen Kaiserzeit stammen, kann man sich eine Vorstellung von der Umgebung machen, in der Augustinus als junger Student die Freuden des Lebens genoss, bevor er sich zum Christentum bekehrte. In Mailand erinnert die von Augustinus' Lehrer Ambrosius gegründete Kirche S. Ambrogio auch an Augustinus.

Ein Aufklärer im Mittelalter

Abaelard

1079–1142

■ Grabmahl von Heloïse und Abaelard auf dem Friedhof Père-Lachaise in Paris.

Das Wort »Aufklärung« lässt sich auf jene »Erleuchtung« zurückführen, von der Augustinus sprach, um deutlich zu machen, dass es allein die Gnade Gottes ist, die das Licht der Erkenntnis im Dunkel der Menschenseele entzündet. Der moderne Begriff der Aufklärung bezieht sich ebenfalls auf die menschliche Erkenntnis, bedeutet allerdings ansonsten das gerade Gegenteil von Augustins »Erleuchtung«, nämlich das aktive Abwerfen selbstverschuldeter Unmündigkeit, um es mit Kant auszudrücken. Und genau in diesem Sinn war Abaelard ein Aufklärer – einer, der sich von seinem eigenen Verstand, seiner eigenen Erfahrung und seinem eigenen Gewissen leiten ließ, statt sich der Autorität der anerkannten Denker und dem Dogma der Kirche zu unterwerfen.

»Dialektik« wurde in Abaelards Jugend die nach Jahrhunderten düsterer Bildungslosigkeit neuentdeckte Kunst der Argumentation genannt, und mancher Gebildete zog in dieser Zeit, dem frühen 12. Jahrhundert, als Dialektiker durch Nordfrankreich, Norditalien, Südengland oder das Rheinland, um in öffentlichen Diskussionen mit Denkkunststücken zu glänzen, wie es die Sophisten vor Sokrates in Athen getan hatten. Ihr Wissen erworben hatten diese Leute an den Domschulen der neuerdings wieder wachsenden Städte, die den Klöstern ihren Rang als wichtigste Stätten der Gelehrsamkeit abgelaufen hatten. Sie wurden nach diesen Schulen (lateinisch: schola) auch »Scholastiker« genannt.

Die herrschende Philosophie, mit der sich der junge Abaelard auseinandersetzte, war eine dogmatisch verfestigte und vereinfachte Form der Lehre des Augustinus. Ihr Hauptvertreter war Anselm von Canterbury (1033–1109), der auch der »Vater der Scholastik« genannt wird. Noch eindeutiger als Augustinus vertrat Anselm die Meinung, dass der Glaube der philosophischen

SCHOLASTIK

In den Schulen der Bischofsstädte wurden außer der Theologie auch die sieben »freien Künste« gelehrt. Diese bestanden nach einer von den antiken Aristotelikern begründeten Tradition aus dem »Trivium« von Grammatik, Rhetorik und Dialektik (die die Logik umfasste) sowie aus dem mathematischen »Quadrivium« von Arithmetik, Geometrie, Musik und Astronomie. Abaelards Philosophie stellt den Höhepunkt der Frühscholastik dar, während die Hochscholastik des 13. Jahrhunderts in der Philosophie des Thomas von Aquin gipfelt. War das Zentrum der Früh- und Hochscholastik Paris, so blühte die Spätscholastik des 14. und 15. Jahrhunderts, in der sich bereits ein moderner Geist empirischer Wissenschaftlichkeit andeutete, in Oxford.

UNIVERSALIENSTREIT

Die ganze scholastische Philosophie des Mittelalters ist von dem Streit zwischen mehr oder weniger radikal »realistischen« oder »nominalistischen« Positionen hinsichtlich des Charakters der Allgemeinbegriffe, der Universalien, durchzogen. Ist, um ein Beispiel zu nehmen, die Menschheit realer als der einzelne Mensch, der ja nur dadurch er selbst ist, dass er an der Menschheit teilhat, oder ist vielmehr nur der einzelne Mensch realer als »die Menschheit«, die eine bloße begriffliche Abstraktion, ein »Name« ist? – Dies ist keine ganz einfach zu beantwortende Frage, und sie hat die Philosophie in verschiedener Gestalt bis heute beschäftigt.

Erkenntnis vorausgehen müsse; die Wahrheit ist für ihn, wie schon Platon gelehrt hatte, Teilhabe am wahren ewigen Sein Gottes und damit mehr als bloße Erkenntnis. Das, was an der einen Wahrheit Anteil hat, sind für Anselm die Allgemeinbegriffe, die Universalien. Sie sind, wie Platons Ideen, ewig – im Unterschied zu den Einzeldingen, denen nur insofern Realität zukommt, als sie an Universalien Anteil haben. Dieser Standpunkt, der den Universalien und nur ihnen Realität zubilligt, wird in Bezug auf die Scholastik »Realismus« genannt. Der Standpunkt aber, der weit eher dem entspricht, was wir heute unter Realismus verstehen, nämlich das Ausgehen von der handfesten sinnlichen Erfahrung, heißt »Nominalismus«, weil für ihn die Allgemeinbegriffe nur »Namen«, also bloße Bezeichnungen, waren, für extreme Nominalisten jeweils nur ein »flatus vocis«, ein Lufthauch der Stimme. Der Realismus Anselms hatte in der Argumentation seine Vorteile, denn mit seiner Hilfe ließ sich zum Beispiel die Existenz Gottes beweisen: Wenn das Allgemeine umso wahrer und realer ist, je umfassender es ist, Gott aber das vollkommenste Allgemeine ist, so ist in dieser seiner Allumfassendheit seine Existenz logisch inbegriffen. Natürlich blieb nicht lange verborgen, dass dieser »ontologische Gottesbeweis« ein Zirkelschluss ist, weil

■ Abaelard, Stahlstich um 1840

■ Angelika Kauffmann (1741–1807), *Die Trennung Abaelards von Heloïse*, um 1778. St. Petersburg, Eremitage

in ihm eigentlich dasselbe nur mehrfach mit verschiedenen Worten gesagt wird; doch vom Standpunkt des Glaubens war die Argumentation sinnvoll, nämlich als ein mystischer, den Glauben vertiefender Gedanke. Der »ontologische Gottesbeweis« erinnert an die Gedankenwelt des damals populären christlichen Plotin-Nachfolgers Dionysios Areopagita, in der das ewige Licht der göttlichen Wahrheit die Welt durchdringt und die in die Finsternis einer sinnlichen Welt von Einzeldingen verstrickte Seele zu sich hinaufzieht. Der Universalienrealismus hatte auch die Funktion, die menschliche Seele als an Gott teilhabend und damit unsterblich auszuzeichnen.

Abaelard erntete helle Empörung, als er darauf verwies, dass Dionysios Areopagita wohl kaum mit dem in Paris besonders verehrten Märtyrer Dionysius (Saint-Denis) identisch sein könne. Dennoch fand er in der nach diesem Heiligen benannten Abtei 1118 Zuflucht, nachdem er wegen seiner außerehelichen Affäre mit der ebenso klugen wie schönen Heloïse in Ungnade gefallen war. Heloïses einflussreicher Onkel Fulbert hatte ihn sogar entmannen lassen, wodurch ihm auch die Aussicht auf ein Priesteramt entzogen war. Ein Priester, so wollte und will es das Kirchenrecht, muss ein ganzer Mann sein.

Abaelard setzte dem Universalienrealismus nicht den extremen Nominalismus entgegen, den sein erster Lehrer, Roscelin von

ABAELARD UND HELOÏSE

Abaelard und Heloïse sind eines der berühmtesten Liebespaare der Welt geworden, nicht zuletzt dank ihres überlieferten Briefwechsels. Heloïse nahm nach der erzwungenen Trennung von ihrem Geliebten den Schleier, doch blieb sie als geistige Gefährtin Abaelard verbunden. Rousseau inspirierte der Briefwechsel von Heloïse und Abaelard zu seinem Briefroman *Die neue Heloïse*, in dem er die Grundgedanken seiner Philosophie von zwei Liebenden entwickeln lässt.

Compiègne, vertreten hatte. Roscelin hatte seine Theorie feierlich widerrufen müssen, weil er in Konflikt mit der kirchlichen Lehre von der Dreifaltigkeit Gottes geraten war. Da für ihn alles Benennen ein Verallgemeinern durch den Benennenden war, konnte er keinen grundsätzlichen Unterschied mehr zwischen einem Einzelding und seinen Teilen sehen, die ja auch wieder als Einzeldinge aufgefasst werden können. Eine Zerlegung des einen Gottes in drei einzelne konnte die Kirche aber unmöglich dulden.

Abaelard wog die Argumente der Philosophen und Kirchenlehrer gegeneinander ab – sein einflussreichstes Werk wurde *Sic et non,* »Ja und Nein«, die Gegenüberstellung voneinander abweichender Lehren anerkannter Autoritäten – und kam zu dem Ergebnis, dass die Universalien schon vor der Schöpfung bei Gott vorhanden gewesen sein müssen, innerhalb der Welt aber nur als verallgemeinerbare Eigenschaften (Wesen) der Einzeldinge weiterexistieren. Damit entfernte er sich vom herrschenden (Neo-)Platonismus, nach dem die Dinge nur insofern wirklich sind, als sie am geistigen Sein Anteil haben, und näherte sich dem Standpunkt des Aristoteles, demzufolge das, was an den Dingen begrifflich erkennbar ist, ihre Form, an ihr zufällig-einzelnes materielles Substrat gebunden bleibt. So nahm er wesentliche Gedanken der Hochscholastik vorweg, ohne wie diese auf den vollständigen Aristoteles zurückgreifen zu können, denn zu seiner Zeit lag nur die Logik des Aristoteles in lateinischer Übersetzung vor.

Nicht nur das Ergebnis, zu dem Abaelard gelangte, war wichtig; mehr noch war es seine Methode des »Ja und Nein«: Lehrmeinungen und Argumente gegeneinander kritisch abzuwägen. Dadurch wurde er, der einzelne Denker, in seiner Freiheit gegenüber den Autoritäten aufgewertet, das Denken gegenüber dem Glauben. Die Einsicht folgt nicht aus dem Glauben, sondern der Glauben folgt der kritischen Einsicht.

Diese Freiheit des Individuums nimmt Abaelard nicht nur als Denker, sondern auch als Handelnder für sich in Anspruch. In seiner Ethik geht es darum, dass der Einzelne das Gute zu erkennen und zu tun versucht. Es kommt nicht auf das Ergebnis an, sondern auf die Absicht! Das ist neu in einer Zeit, in der das Recht nicht nach subjektiven Beweggründen fragte und in der das Gute weniger durch die guten Absichten der Menschen als durch die Gnade Gottes erreichbar galt. Anselm von Canterbury hatte im Sinne des Augustinus das Gute als

■ Victor Hugo hat in seinem Roman *Der Glöckner von Notre Dame* das Leben an der mittelalterlichen Pariser Universität mit großer Anschaulichkeit beschrieben. Titelseite der französischen Originalausgabe *Notre-Dame de Paris* aus dem Jahre 1831.

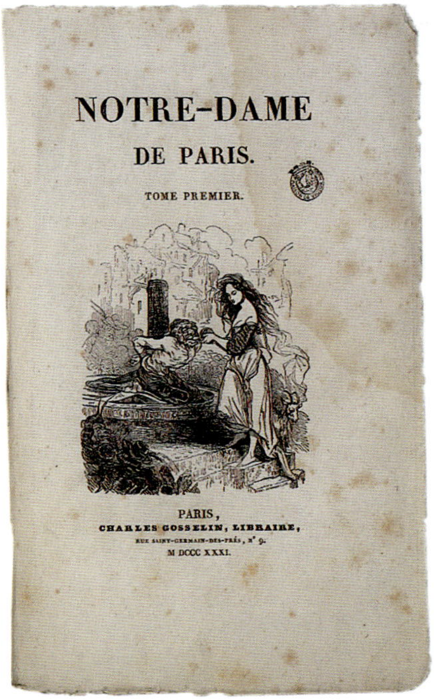

■ Heloïse, die große Liebe Abaelards. Stich, um 1820, von Friedrich Wilhelm Bollinger (1777–1825)

Ergebnis der Erlösung durch Christus beschrieben: Gutes kann nur insofern in der Welt sein, als Gott, das ewig wahre Sein, sich zu ihr herablässt. Für Abaelard dagegen ist es der einzelne Mensch, der sich selbst erlöst, indem er dem die Menschen liebenden Christus nacheifert.

Mit diesen Auffassungen machte sich Abaelard den einflussreichsten Theologen seiner Zeit zum Feind, den heiligen Bernhard von Clairvaux. Bernhard war ein Mystiker, der die Liebe der Seele zu Gott und das Sich-Hingeben der Seele an den Glauben, und das hieß: an die Autorität der Kirche, predigte. Bernhard war ein Fanatiker des Glaubens; er war es, der den Papst veranlasste, zum (zweiten) Kreuzzug aufzurufen. Ihm war Abaelard, dieser kritische, aufklärerische Geist, der einen Christen, einen Juden und einen philosophischen Freidenker als gleichberechtigte Diskussionspartner auftreten lassen konnte, ein Dorn im Auge. Bernhard setzte durch, dass Abaelard 1141 exkommuniziert wurde; seine Schriften sollten verbrannt werden. Ein Jahr später starb Abaelard. Heloïse erreichte, dass ihr sein Leichnam anvertraut wurde. Sie lebte noch einundzwanzig Jahre an der Stätte, wo sie ihn beigesetzt hatte.

ABAELARD

LEBEN UND WERK

Abaelard, 1079 in Le Pallet bei Nantes geboren, stammte aus einer Ritterfamilie. Bereits im Alter von etwa fünfzehn Jahren schlug er die wissenschaftliche Laufbahn ein. Er besuchte zunächst die philosophische Schule des berühmten Nominalisten Roscelin von Compiègne, bis er um 1100 nach Paris zu dessen philosophischem Gegner, dem Realisten Wilhelm von Champeaux, wechselte. Abaelards scharfe Kritik an der Position seines Lehrers führte dazu, dass er die Schule verließ und selbst unterrichtete, zunächst in Melun, dann in Corbeil. Mit knapp dreißig Jahren kehrte er wieder nach Paris zurück und eröffnete auf dem Hügel Sainte-Geneviève, dem heutigen Universitätsviertel, seine eigene philosophische Schule. 1115 wurde Abaelard Leiter der Kathedralschule von Notre-Dame und hatte als berühmter Lehrer großen Zulauf. Zu dieser Zeit begann das tragische Liebesverhältnis zwischen ihm und seiner Schülerin Heloïse, der Nichte des Kanonikus Fulbert. Sie bekamen einen Sohn und heirateten, Abaelard jedoch hielt die Ehe geheim, um seine theologische Laufbahn nicht zu gefährden. Aus Rache ließ Heloïses Onkel Abaelard im Schlaf überfallen und kastrieren. Heloïse folgte Abaelards Wunsch und trat in das Kloster Argenteuil ein, Abaelard selbst wurde Mönch in St. Denis bei Paris. Durch seine Autobiographie *Geschichte meiner Leiden* (1135, *Historia calamitatum mearum*) und den Briefwechsel der beiden wurden sie zu einem der berühmtesten Liebespaare der Weltliteratur. Ihre Geschichte regte in den folgenden Jahrhunderten zahlreiche literarische Bearbeitungen an. Im Kloster führte Abaelard seine wissenschaftliche Tätigkeit fort. Mit dem Versuch, in seiner Theologie Glauben und Wissen in Einklang zu bringen, stieß er mehrfach auf erbitterten Widerstand seitens kirchentreuer Theologen, allen voran des einflussreichen Abtes Bernhard von Clairvaux (1091 – 1153), der die Reinheit der katholischen Lehre betonte. Bernhard erreichte 1121 in Soissons eine erste Verurteilung Abaelards wegen Ketzerei. Ob im Kloster oder bei dem wiederholten Versuch, in Paris als Lehrer der Theologie und Philosophie erneut Fuß zu fassen, immer wieder sah sich Abaelard mit seinen Gegnern konfrontiert. Ein Prozess im Jahre 1140 in Sens endete für ihn mit einer Niederlage. Er wurde dazu verurteilt, seine Schriften eigenhändig zu verbrennen. Kurz vor seinem Tod am 21. April 1142 nahm ihn der Abt Petrus Venerabilis in seinem Kloster in Cluny auf. Neben seinem Hauptwerk *Ja und Nein* (zwischen 1121 und 1140, *Sic et non*), das ihn zum Mitbegründer und Hauptvertreter der scholastischen Methode machte, sind vor allem seine Äußerungen zur Ethik und Logik von philosophiegeschichtlicher Bedeutung.

EMPFEHLUNG

Lesenswert:

Petrus Abaelardus: *Der Briefwechsel mit Heloisa*, Stuttgart 1989.

Kurt Flasch: *Kampfplätze der Philosophie. Große Kontroversen von Augustin bis Voltaire*, Frankfurt/Main 2008.

Regine Pernoud: *Heloise und Abaelard. Ein Frauenschicksal im Mittelalter*, München 1993.

Hörenswert:

Denken und Leben II. Annäherung an die Philosophie in biographischen Skizzen. Abaelard: Kastrierte Leidenschaft u.a. Gesprochen von Konrad Paul Liessmann, ORF 2001. 4 Audio-CDs.

Besuchenswert:

Das Grab von Abaelard und Heloïse ist heute noch auf dem auf dem Friedhof Père-Lachaise in Paris zu sehen und Wallfahrtsort der Verliebten. Im Studentenviertel Quartier Latin rund um die heute vom Pantheon bekrönte »Butte« Ste.-Geneviève erinnern manche Stätten an Abaelard.

AUF DEN PUNKT GEBRACHT

Das dialektische Abwägen des »Ja und Nein« gegeneinander führt zum eigenen freien Urteil und ersetzt das blinde Vertrauen in die Autoritäten. Selbstständig denken lernen bedeutet Aufklärung. Somit fängt Aufklärung im Mittelalter, bei Abaelard, an.

Arabischer Aristotelismus

Averroes

1126–1198

■ Maimonides, der große jüdische Arzt und Gelehrte, ein Zeitgenosse des Averroes, in seiner Heimatstadt Cordoba.

Der Höhepunkt der europäischen Philosophie und Wissenschaft des Mittelalters in der Hochscholastik war nicht zuletzt einer Renaissance des Aristotelismus zu verdanken, sowohl hinsichtlich der Methode des Denkens als auch hinsichtlich der Weitung des Wissenshorizonts. Alles aber, was die scholastischen Gelehrten über Aristoteles neu lernten, verdankten sie arabischen Philosophen, allen voran Averroes (Ibn Ruschd), der im 12. Jahrhundert im spanischen Córdoba wirkte.

Wie das Christentum in Europa, so hatte der Islam in der von den Arabern beherrschten Welt das Erbe der antiken Kultur angetreten. Seit der Gründung des Kalifats von Damaskus im 7. Jahrhundert bemühten sich die Muslime um das Studium der griechischen Wissenschaft; sie nahmen dabei nicht selten die Hilfe christlicher Gelehrter in Anspruch, wie die des Johannes von Damaskus, eines bedeutenden griechischen Kirchenlehrers, der zugleich eine wichtige Stellung in der Verwaltung des Kalifats innehatte. Die griechischen Texte der Philosophen wurden ins Arabische übersetzt, das dabei auch Worte wie »falsafa« (philosophia) entlehnte. Einen ersten Höhepunkt erlebte die arabische Philosophie in der Blütezeit des Kalifats von Bagdad mit der Lehre des Arztes und Philosophen Avicenna (Ibn Sina, um 975–1037).

Avicenna kennt nicht nur die Logik und Metaphysik, sondern auch die naturwissenschaftlichen Schriften des Aristoteles, auf deren Grundlage er selbstständig weiterforscht. Wie die meisten spätantiken Philosophen sieht er Aristoteles durch eine neuplatonische Brille, sodass er auch mystische Spekulationen anstellt über die Entfaltung der Welt aus dem absolut vollkommenen Göttlichen und den Wunsch, aus der Welt zum göttlichen Ursprung zurückzukehren. Dennoch zweifelt er als Aristoteliker nicht an der Wirklichkeit und Eigengesetzlichkeit der materiellen Welt, obwohl er der Schöpfungslehre zuliebe in Bezug auf Gott verneint, dass er eine Substanz habe, also ein Wesen, in dem Form und Stoff, Geist und Materie vereinigt sind. So kann Gott als reiner Geist die Materie aus dem Nichts schaffen.

Indem er so die platonische und die aristotelische Metaphysik kombinierte, gelangte Avicenna zu einer Formel hinsichtlich des

■ *Avicenna* (Ibn Sina). Der arabische Arzt und Philosoph war der wichtigste Vorläufer des Averroes in der arabischen Philosophie. Kupferstich, 16. Jh.

Charakters der allgemeinen Begriffe (Universalien), die so ausgewogen war, dass sie der arabischen Philosophie einen Universalienstreit, wie er in der europäischen Scholastik stattfand, ersparte. Sie ähnelt derjenigen, zu der Abaelard etwa hundert Jahre später gelangte: Die Universalien existieren als rein geistige Wesenheiten in Gott schon ewig, »vor den Dingen«. »In den Dingen« existieren sie ebenfalls real, aber nicht abtrennbar vom stofflichen Substrat. Unser Verstand aber kann sie in den Dingen erkennen, indem er abstrahiert. In unserer Erkenntis existieren die Universalien also »nach den Dingen«.

Natürlich wurde Avicenna von der islamischen Orthodoxie angefeindet, weil seine philosophische Religion eigentlich keiner Offenbarung aus dem Mund der Propheten bedurfte. Der Perser Algasel (Al-Ghazali), der vielleicht bedeutendste Theologe des Islam, schrieb eine Generation nach Avicenna ein Buch, dessen Titel in der bald erfolgenden lateinischen Übersetzung *Destructio philosophorum* (etwa: »Die Philosophen auseinandernehmen«) hieß. Darin bezweifelt er grundlegend, dass die Philosophie irgendetwas aus sich selbst heraus erkennen kann; die Wahrheit ist nur in der Religion, allerdings kann philosophisches Argumentieren in den Dienst der geoffenbarten Religion gestellt werden.

Gegen Al Ghazali nun wendet sich energisch Averroes in seinem Buch *Destructio destructionis* (»Auseinandernehmen des Auseinandernehmens»). Hier und in seiner *Metaphysik* leistet er nicht nur eine Ehrenrettung des Avicenna, sondern kehrt noch weit deutlicher zu Aristoteles zurück, den er als den durch die Vorsehung gesandten Künder des menschenmöglichen Wissens preist. Er reinigt die aristotelische Lehre weitgehend von religiösen und platonischen Zutaten; so stellt er den einheitlichen Substanzbegriff des Aristoteles wieder her, der auch bei Gott als dem »ersten Beweger« keine Ausnahme kennt, und hält damit fest, dass die Materie gleich ewig ist wie der Geist. Vergänglich sind aber die Einzelwesen, wie die menschliche Seele, die an den Körper gebunden ist. Es gibt keine individuelle Unsterblichkeit; nur der Geist ist unsterb-

JÜDISCHER ARISTOTELISMUS

Angeregt durch die arabische, entstand, vor allem in Spanien, auch eine jüdische Philosophie, die sich der hebräischen Sprache bediente. Sie setzte sich von der neuplatonisch beeinflussten Mystik der Kabbala ab und wandte sich der antiken Philosophie des Aristoteles zu. Maimonides (Mose ben Maimon, 1135–1204), ein Zeitgenosse des Averroes, der ebenfalls in Córdoba zu Hause war, vertrat ähnliche Standpunkte wie Avicenna, indem auch er darauf achtete, dass er Konflikten zwischen geoffenbarter Religion und Philosophie aus dem Weg ging. Einen radikaleren Aristotelismus, ähnlich dem des Averroes, vertrat Levi Gersonides (Levi ben Gerson, 1288–1344). Da die jüdischen Gemeinden im islamischen Spanien mit denen des christlichen Spaniens und Südfrankreichs in engem Kontakt standen, konnten sie viel zur Vermittlung des arabischen Wissens im christlichen Europa beitragen.

■ Innenansicht der Moschee von Cordoba (erbaut 785–990). Hier hat sich Averroes mit Sicherheit häufig aufgehalten.

lich, aber er ist nicht individuell. Und dennoch – oder gerade deshalb – strebt die Welt zu immer geistigeren Wesenheiten. Im Sinne einer rein philosophischen Religion betont Averroes das Entwicklungsmoment, das in der Entelechielehre des Aristoteles enthalten war: Die Form, die keimhaft allenthalben in der Materie enthalten ist, gelangt unter der Einwirkung höherer Formen zu immer klarerer Entfaltung; anders gesagt: Die Erforschung der Welt durch den Menschen macht diese zu etwas immer Durchgeformterem, Geistigerem. Und der Mensch wirkte nicht in dieser Weise auf die niederen Formen ein, wenn nicht auch die vollkommenste Form, die höchste Intelligenz, nämlich Gott, seine Erkenntnis förderte.

Der denkende und forschende Mensch, der Philosoph, spielt also in der Welt eine ganz besondere Rolle. Er steht über der Masse, die die Wahrheit nur in den einfachen Bildern der Volksreligion begreift. Diese ist nicht falsch, aber unvollkommen. Dabei ist die philosophische zugleich auch die natürliche Religion.

Averroes spielte am Kalifenhof von Córdoba als Arzt, Rechtsgelehrter und Philosoph eine große Rolle. Doch er hatte sich allzu weit von der islamischen Orthodoxie entfernt; er musste Córdoba zeitweise verlassen und starb 1198 in Marokko.

Schon gut zehn Jahre nach seinem Tod war der gesamte heute verfügbare Aristotelestext, von dem in Europa bis dahin nur Bruchstücke bekannt waren, samt seinen Kommentaren aus dem Arabischen ins Lateinische übersetzt. Dazu kamen die Schriften des Avicenna und die zahlreicher anderer arabischer Gelehrter und Naturforscher. Die Studenten in Paris machten sich dieses neue Wissen mit Begeisterung zu eigen, und die Kirche musste große Anstrengungen unternehmen, um den Sprengstoff, der für ihr Dogma darin enthalten war, zu entschärfen. Die Ausbreitung des Aristotelismus und die offizielle Gegenbewegung führten zur Ausbildung des hochscholastischen Denkens.

NATÜRLICHE RELIGION

Abubacer (Ibn Tufail), der Lehrer des Averroes, hatte das Konzept der natürlichen Religion in einem Roman, einer philosophischen Robinsonade, erläutert: *Der Lebende, Sohn des Wachenden* (das heißt: Gottes). Ein Kind wächst ganz allein auf einer einsamen Insel zum Mann heran und gelangt durch pures Beobachten und Denken zur wahren, natürlichen Religion. Als »der Lebende« entdeckt wird und unter Menschen kommt, muss er enttäuscht feststellen, wie roh das religiöse Denken der meisten ist. Abubacers Roman wurde im Zeitalter der Aufklärung in Europa viel gelesen, denn die Idee der »natürlichen Religion« war damals sehr populär.

AVERROES

LEBEN UND WERK

Averroes, dessen arabischer vollständiger Name Abdul Walid Mohammed Ibn Ahmed Ibn Mohammed Ibn Ruschd war, wurde 1126 in Córdoba in Spanien geboren. In diesem Ort, der damals ein Zentrum der islamischen Kultur war und sich unter anderem durch ungewöhnlich reich ausgestattete Bibliotheken auszeichnete, verbrachte Averroes auch seine Kindheit und Jugend. Sein Vater und Großvater waren angesehene Richter in der Stadt. Averroes studierte islamische Theologie, Rechtswissenschaft und Medizin. Daneben galt sein Interesse der Mathematik, Astronomie und besonders der Philosophie. Mit achtzehn Jahren ging er nach Marrakesch. Er machte dort die Bekanntschaft mit dem Kalifen Abu Yusuf, auf dessen Wunsch hin er die ersten seiner berühmten Kommentare zu Aristoteles' Schriften verfasste – einer Anekdote aus der Zeit um 1168 zufolge forderte ihn der Kalif auf, Aristoteles' Werk so zu erläutern, dass er dieses besser verstehen könne. 1169 wurde Averroes Richter in Sevilla, zwei Jahre darauf in seiner Heimatstadt Córdoba. Abu Yusuf rief ihn 1182 als Arzt an seinen Hof nach Marrakesch und ernannte ihn später zum Großrichter von Córdoba. Auch bei dessen Nachfolger Jakub Al-Mansur stand Averroes jahrelang in hohem Ansehen, bis dieser seine Schriften 1195 mit dem Vorwurf der Religionsfeindlichkeit verbot und Averroes nach Luecena bei Córdoba in die Verbannung schickte. Seine Schriften wurden zusammen mit anderen Logik- und Philosophiebüchern verbrannt. In der Beschäftigung mit der Logik und im Philosophieren sahen seine Gegner die Gefahr der Verherrlichung der Vernunft und damit der Verachtung des religiösen Gesetzes und der Offenbarung. 1197 holte Jakub Al-Mansur Averroes nach Marrakesch zurück, wo er bald darauf, am 11. Dezember 1198, starb. Seine Aristoteles-Kommentare, die bald nach seinem Tod zunächst ins Lateinische übersetzt wurden, waren von großem Einfluss auf die Entwicklung des christlichen und jüdischen Denkens. Die tiefe Wirkung von Averroes' Philosophie beschränkte sich nicht nur auf das Mittelalter, sondern reichte bis in die Renaissance hinein. Zahlreiche Übersetzungen, besonders ins Lateinische und Hebräische, zeugen aber auch in den folgenden Jahrhunderten von einem anhaltenden Interesse an seiner Lehre. Neben den Kommentaren gilt als Averroes' wichtigste Arbeit seine Kampfschrift gegen den persischen Theologen Al-Ghazali (1005–1111). Auf dessen Philosophiekritik, ausgeführt vor allem in dem Werk *Destructio philosophorum*, antwortete Averroes mit der Schrift *Destructio destructionis*. Averroes verfasste außerdem zahlreiche juristische, theologische und medizinische Schriften, darunter ein großes Handbuch der Medizin.

AUF DEN PUNKT GEBRACHT

Der Muslim Averroes vollendete die von Avicenna begonnene Arbeit, die antike Gelehrsamkeit des Aristoteles für das Mittelalter wieder zugänglich zu machen. Dafür musste er zeigen, dass das antike Denken nicht den religiösen Vorstellungen des mittelalterlichen Islam (und Christentums) wiedersprechen muss, sondern vielmehr Ausdruck einer »natürlichen« Religion ist.

EMPFEHLUNG

Lesenswert:
Averroes: *Über den Intellekt. Auszüge aus seinen drei Kommentaren zu Aristoteles' De anima*, arab.-lat.-dt., herausgegeben von David Wirmer, Freiburg/Br. 2008.

Kurt Flasch: *Kampfplätze der Philosophie. Große Kontroversen von Augustin bis Voltaire*, Frankfurt/Main 2008.

Klassiker der Religionsphilosophie. Von Platon bis Kierkegaard, herausgegeben von Friedrich Niewöhner, München 1995.

Besuchenswert:
Im andalusischen Cordoba, das zur Zeit des Averroes eines der wichtigsten Zentren der islamischen Welt war, steht die heute als christliche Kathedrale genutzte eindrucksvolle Mesquita, die ehemalige Zentralmoschee der mittelalterlichen Stadt. Aber auch die Altstadt von Cordoba hat sich seit der islamischen Zeit kaum verändert.

Die Philosophie als Magd der Kirche

Thomas von Aquin

um 1225–1274

Als »Magd der Theologie« hat Thomas die philosophische Wissenschaft bezeichnet. Er hat sie aber nicht nur in den Dienst der Religion gestellt, sondern ganz bewusst auch in den der Kirche als der großen Ordnungsmacht seiner Zeit. Diese hat es ihm gedankt, indem sie ihn schon fünf Jahrzehnte nach seinem Tod heilig sprach.

Die Kirche hatte sich mit dem Beginn des Hochmittelalters radikal gewandelt; sie war von einer fast ausschließlich vom europäischen Adel kontrollierten Institution zu einer Volkskirche geworden, deren Priester durch volkssprachliche Predigten die einfachen Bewohner der Städte in den Gottesdienst mit einbezogen. Religiöse und dann auch weltliche Bildung erreichte immer mehr Menschen. Diesen Wandel hatten vor allem die Bettelmönchsorden der Franziskaner und Dominikaner bewirkt, die nun weithin die scholastischen Bildungsinstitutionen, aus denen in Paris und Oxford, Padua, Salamanca und Cambridge »Universitäten« hervorgingen, übernahmen, mit dem Anspruch, das Wissen der Zeit umfassend zu lehren.

■ Thomas von Aquin. Gemälde, um 1476, von Justus van Gent (tätig zwischen 1476 und 1480). Aus der Serie der »Bildnisse berühmter Männer«, aus dem Palazzo Ducale in Urbino. Paris, Louvre

Die Bettelmönchsorden waren international organisiert, und so kam es, dass der süditalienische Dominikaner Thomas vor allem in Köln und Paris studierte und in diesen Städten, aber auch in Italien, lehrte. Sein wichtigster Lehrer war der aus dem Schwäbischen stammende Albertus Magnus (um 1193–1280). Albert hatte es sich zur Aufgabe gemacht, die enorme Wissensmenge, die seit ein paar Jahrzehnten aus der islamischen Welt ins christliche Europa gelangte, zu ordnen, nicht mit dem christlichen Glauben – und das hieß in philosophischen Fragen: mit der augustinisch-platonischen Tradition – zu vereinbarende Ideen zu verwerfen und andere in die überkommene philosophisch-theologische Ordnung zu integrieren. Dies war eine gewaltige Aufgabe, und Thomas übernahm es, sie zu vollenden. Dabei setzte er auch die Akzente neu, und zwar durchaus im Interesse der Kirche. Als Albert seine Arbeit begann, galt es aus Sicht der Kirche und des französischen Königs, des hei-

ligen Ludwig, die »heidnischen« Ideen des arabischen Aristotelismus, vor allem die dem Offenbarungsglauben widersprechenden Lehren des Averroes, zu bekämpfen und aus den Schulen und Universitäten zurückzudrängen. Allerdings entdeckte man schon bald, dass die Naturlehre der »Heiden« durchaus nützlich war und der christlichen Theologie nicht zwangsläufig widersprach. Deshalb bemühte sich Albert um die Vereinbarung der aristotelischen »Physik« mit der augustinischen Theologie. Thomas ging noch weiter, indem er den Aristotelismus als ganzen gegenüber der augustinischen Tradition hervorhob. Denn die augustinische Religiosität mit ihrem mystisch-neuplatonischen Hintergrund war immer auch der Ausgangspunkt weltfeindlicher schwärmerisch-ketzerischer Bewegungen gewesen. Die Kirche aber war nicht mehr die kämpferische Institution der Kreuzzugszeit, als die sie, gut hundert Jahre zuvor, dem Schwärmer Bernhard von Clairvaux den Vorzug vor dem rationalistischen Aufklärer Abaelard gegeben

■ Der Heilige inmitten der von ihm beschriebenen Ordnung der Welt. *Triumph des Heiligen Thomas von Aquin.* Fresko, um 1365, von Andrea da Firenze. Florenz, S. Maria Novella

EIN ANDERER WEG: ROGER BACON

Der englische Franziskanermönch Roger Bacon (um 1214 – um 1292) ging einen ganz anderen Weg als Albert und Thomas. Er macht sich über beide lustig, weil sie langatmig den Aristoteles kommentierten, ohne auch nur ein Wort Griechisch zu können, und über die Natur redeten, als wüssten sie genug von ihr. Grundlage der wahren Philosophie ist für Roger die Mathematik, in der reine Vernunftbeweise möglich sind, ihre Vollendung aber die experimentelle Wissenschaft. Roger selbst stellte physikalische und chemische Experimente an und sagte sogar die Erfindung des Automobils voraus. Doch war er damit seiner Zeit vorausgeeilt; er wurde als Zauberer denunziert und von seinem Orden diszipliniert.

hatte. Die Zeiten waren besser als je zuvor seit der Antike, und die Menschen, einschließlich des Klerus, interessierten sich zunehmend mehr für das Diesseits als für das Jenseits. Und bei der Verteidigung der zivilisatorischen Errungenschaften des Hochmittelalters konnte Aristoteles der Kirche mit seiner ganz diesseitigen Natur- und Gesellschaftslehre mehr nützen als Augustinus. Wenn Aristoteles, für den sich die Gebildeten jetzt so begeisterten, mit den Grundwahrheiten des Glaubens in Einklang gebracht war, konnte er als wichtigste wissenschaftliche Autorität Augustinus ersetzen. Dafür waren »nur ein paar kleine« Modifikationen am Werk des Aristoteles vorzunehmen, die Thomas konsequent anging. Es ging darum klarzustellen, dass die Welt nicht wie bei Aristoteles ewig, sondern von Gott erschaffen ist, und dass die Einzelseele nicht wie die Einzeldinge vergänglich, sondern unsterblich ist. Der Kunstgriff, den Thomas dabei anwendet, ist als »Realdistinktion« in die Philosophiegeschichte eingegangen, das heißt, er macht einen Unterschied zwischen der »Washeit« und der »Das(s)heit«, zwischen dem qualitativen Wesen und der Existenz einer, »dieser« Sache. Das Sein ist also so etwas wie eine ganz besondere Qualität, die zu den übrigen Eigenschaften einer Sache hinzutritt. Gott als das Vollkommene schlechthin ist reines Sein, das in sich nicht noch ein von diesem Sein unterschiedenes Wesen haben kann; er ist der Schöpfer, der die potenziell seienden Dinge ins »aktuelle« Dasein ruft, indem er ihnen Form und Sein und damit Substanz verleiht. Er ist auch der Schöpfer reiner »abgesonderter« Formen oder »Intelligenzen« wie der menschlichen Seele. Diese sind völlig immaterielle, rein geistige seiende Einzelwesen, und doch Substanzen. Ein individuelles Sein, das rein geistiger Natur ist! Das war nicht mehr Aristoteles, denn dieser kannte ein bestimmtes (substantielles) Seiendes nur als Einheit von geistiger Form und stofflichem Substrat. Es war auch keine Rückkehr zu Platons völlig unterschiedenen Welten der Ideen und der materiellen Dinge. Es war die Begründung einer spezifisch mittelalterlichen Weltauffassung im Gewand eines nicht ganz konse-

■ Die Dominikaner, zu denen auch Thomas gehörte, galten als der »Predigerorden«. Ihre Kirchen, wie hier S. Maria Novella in Florenz, waren licht und weiträumig gebaut, damit das Volk den Predigten der Mönche lauschen konnte.

quenten Aristotelismus, die man als die Lehre von der endlosen Kette des Seienden bezeichnen kann. Indem Thomas dem alten Dualismus von Form und Materie einen zweiten von Wesen (Substanz, Essenz) und Dasein (Existenz) hinzufügte, konnte er die Welt hierarchisch in eine endlose Hierarchie des Seienden ordnen, vom puren stofflichen Vorhandensein über die einfachen (»vegetativen« und »sensitiven«) Seelen der Pflanzen und Tiere zur »rationalen« Seele des Menschen und weiter zum geistigen Sein der Engel bis hin zum absoluten Sein Gottes. Thomas setzt an die Stelle der Unterscheidung von Form, Substanz und materiellem Substrat eine Abstufung von mehr oder weniger substantiellem Sein ein; die Differenz von Geistigem und Materiellem verschwindet bei ihm tendenziell zugunsten der Einteilung der Dinge nach mehr oder weniger Seiendheit. Die hierarische Ordnung der Natur und der menschlichen Dinge ist gottgewollt und daher gut. Aus ihr lässt sich für Thomas sogar die Existenz Gottes beweisen: Es gibt mehr oder weniger vollkommene, »vornehme« Dinge auf der Welt. In ihrer Ordnung verweisen sie auf ein vollkommenstes Wesen, das allein als Maßstab ihrer Ordnung dienen kann, nämlich Gott. Oder ein anderer Gottesbeweis: Es gibt Dinge in der Natur, die kein Bewusstsein haben, aber doch fast immer sich in der richtigen Bewegung bewegen oder so entfalten, dass höhere Formen entstehen können. Es muss also eine Instanz in der Natur geben, die diese richtig leitet, und das kann nur Gott sein.

■ Initiale D mit dem Heiligen Thomas von Aquin als Kirchenlehrer. Italienische Buchmalerei, 2. Hälfte 14. Jh., Maestro dei Saltieri. Florenz, Museo San Marco

Indem Thomas die Natur für von Gott gut verwaltet erklärt, bejaht er ihre Erforschung im Sinne der aristotelischen Tradition. Die Bejahung der Natur bedeutet auch eine Abkehr von der tra-

THOMAS' SCHREIBTISCH

Thomas war den Genüssen des Leibes durchaus zugetan, und da er als Ordensmann sich auf die Freuden der Tafel beschränken musste, frönte er diesen umso mehr. Er war schließlich so dick, dass aus seinem Schreibtisch ein Halbrund herausgesägt werden musste, damit er arbeiten konnte. Welch ein Gegensatz zu den asketischen Heiligen anderer Epochen, in denen die Menschen viel mehr aufs Jenseits fixiert waren!

■ Madonna mit acht Heiligen, die so genannte Madonna delle ombre, *links* Domenikus, Cosmas, Damian und Markus; *rechts* Johannes, Thomas von Aquin, Laurentius und Petrus Matyr. Fresko, zwischen 1437 und 1445, von Fra Angelico (um 1400–1455). Florenz, S. Marco

ditionellen Leibfeindlichkeit der Kirche. Die Seele strebt zwar zur Erfüllung in Gott, aber auch der Leib ist von Gott gegeben. Gottgewollt und damit »natürlich« sind für Thomas auch Gesellschaft, Recht und Staat. Er schreibt dem Staat zwar eine dienende Rolle gegenüber der Kirche zu, aber von der augustinischen Verachtung für den »Weltstaat« aus der Sicht des »Gottesstaats« ist nichts mehr zu spüren. Natürlich ist für ihn die Einteilung der Gesellschaft in Oben und Unten, Herrschende und Dienende, nicht aber die Willkür der Herrschenden oder der Aufruhr der Dienenden. Wie Aristoteles rät er in allen Dingen des weltlichen Lebens zum guten Mittelweg.

Die Philosophie des »Aquinaten« und seiner Nachfolger, der »Thomisten«, war im Mittelalter von ungeheurem Einfluss. Auch in der Neuzeit wurde sie durch die katholische Kirche weiter gelehrt. Am Ende des 19. Jahrhunderts bekräftigte Papst Leo XIII. noch einmal die Bedeutung von Thomas' Lehre und rief damit die philosophische Richtung des »Neuthomismus« ins Leben, der versucht, die aus dem Mittelalter stammende Lehre mit der neuzeitlichen Wissenschaft in Einklang zu bringen. Die Philosophie des Thomas von Aquin steht also bis heute als »Magd« im Dienst der Kirche.

NATURRECHT

Die thomistische Auffassung von einem natürlichen Recht, das nicht von Menschen gemacht ist, hat bis heute eine große Rolle gespielt. Die aufklärerischen Ideen von »Menschenwürde« und »Menschenrecht« haben hier ihren Ursprung. »Rechtspositivisten«, die davon ausgehen, dass die Menschen je nach Machtverhältnissen willkürlich Recht setzen, halten diese Ideen für metaphysisch und unbegründbar.

THOMAS VON AQUIN

LEBEN UND WERK

Um 1225 wurde Thomas auf dem Schloss Roccasecca bei Neapel im damaligen Königreich Sizilien als Sohn des Grafen Landulf von Aquino und seiner Frau Theodora geboren. Für die Laufbahn eines Geistlichen bestimmt, besuchte er bereits mit fünf Jahren die Schule des nahegelegenen berühmten Benediktinerklosters Monte Cassino, bis er 1239 zum Studium der sieben freien Künste nach Neapel geschickt wurde. Besondere Schwerpunkte bildeten für ihn die Fächer Logik und Naturphilosophie. Hier wurde er mit Aristoteles' Metaphysik bekannt, zu dessen Hauptschriften er später umfassende Kommentare schrieb. Mit etwa achtzehn Jahren trat er in den Dominikanerorden ein und geriet dadurch in einen schweren Konflikt mit seiner Familie, die in diesem Entschluss den Verzicht auf eine kirchliche Karriere sah. 1245 ging Thomas zur Fortsetzung seines Studiums nach Paris, drei Jahre später nach Köln. Er war jahrelang Schüler des bedeutenden Philosophen und Theologen Albertus Magnus (um 1200–1280). 1252 bis 1259 unterrichtete er in Paris, zunächst als Baccalaureus am Dominikanerkonvent St. Jacques, später als Magister der Theologie an der Universität. Das nächste Jahrzehnt verbrachte er in Italien. Er lehrte am päpstlichen Hof in Orvieto und Viterbo und leitete zwei Jahre lang die Ordenshochschule Santa Sabina in Rom. In dieser Zeit arbeitete er an seinen beiden berühmtesten Schriften, der *Summe gegen die Heiden* (1261–1264, *Summa contra gentiles*), auch die »philosophische Summe« genannt, und an der *Summe der Theologie* (1266–1273, *Summa theologiae*), zwei für seine Studenten geschriebenen Lehrbüchern. Aufgrund der an Schärfe zunehmenden theologischen Auseinandersetzungen an der Pariser Universität begab sich Thomas 1269 erneut nach Frankreich. Noch einmal unterrichtete er drei Jahre lang in Paris, bis er wieder nach Italien zurückgerufen wurde, um in Neapel eine neue Schule aufzubauen und dort zu lehren. Hier schrieb er am dritten Teil seiner *Summe der Theologie*, legte ihn aber unvollendet beiseite. Nach einem Zusammenbruch gesundheitlich geschwächt, starb er am 7. März 1274 auf dem Weg zum Konzil von Lyon in der Zisterzienserabtei Fossanuova bei Terracina. Sein Leichnam wurde am Hauptaltar des Klosters bestattet. Hundert Jahre später, 1369, wurde er auf Anordnung des Papstes Urban V. in die Kirche St. Jakobus von Toulouse überführt. Knapp fünfzig Jahre nach seinem Tod, kurz vor seiner Heiligsprechung 1323, entstand die erste Biographie Thomas von Aquins. Der Verfasser, der Ordensbruder Wilhelm von Tocco, der Thomas aus seiner Jugend kannte, war vom Provinzkapitel von Sizilien beauftragt worden, Untersuchungen über die Thomas' zugesprochenen Wunder anzustellen.

EMPFEHLUNG

Lesenswert:

Marie-Dominique Chenu: *Thomas von Aquin. Mit Selbstzeugnissen und Bilddokumenten*, Reinbek 2001.

Maximilian Forschner: *Thomas von Aquin*, München 2006.

Kurt Flasch: *Das philosophische Denken im Mittelalter. Von Augustin bis Machiavelli*, Stuttgart 2001.

Besuchenswert:

Die Dominikanerkirche S. Maria Novella in Florenz beherbergt das Fresko des Triumphs des Heiligen Thomas von Andrea da Firenze. Die Kirche ist ein gutes Beispiel für die Gotteshäuser des Predigerordens, zu dem Thomas gehörte. Auch die Sorbonne in Paris erinnert an Thomas, und die alten Kirchen Kölns sind gewiss von ihm besucht worden.

AUF DEN PUNKT GEBRACHT

Thomas ist der große Lehrer des Mittelalters, das die Welt als unendlich gestaffelte Hierarchie vom niedrigsten Wesen bis hinauf zu Gott versteht. Kriterium dafür, welches Seiende in dieser Hierarchie höher oder tiefer steht, ist der Grad der »Wesenhaftigkeit« seines Seins.

Harmonischer Ausklang des Mittelalters

Nicolaus Cusanus

1401–1464

■ Das Geburtshaus des Nicolaus Cusanus (Nikolaus von Kues) in Bernkastel-Kues an der Mosel.

■ Das St.-Nikolaus-Hospital in Bernkastel-Kues, erbaut 1450–1458.

Im Unterschied zu Italien, wo sich das Denken und die Kunst der Renaissance zuweilen schroff von der »gotischen« Tradition des Mittelalters absetzte, erlebte die mittelalterliche Kultur in Nordeuropa, vor allem in den Niederlanden und in Süddeutschland, eine Spätblüte in jener ebenso spätfeudalen wie frühbürgerlichen Epoche, für die der niederländische Historiker Johan Huizinga den Begriff »Herbst des Mittelalters« geprägt hat. Nichts charakterisiert diese Kultur besser als die altniederländische Malerei etwa eines Roger van der Weyden, die den besten Werken der italienischen Frührenaissance in nichts nachsteht. Diese Kunst suchte die Ordnung der Welt nicht in monumentalen Kathedralbauten darzustellen wie das Hochmittelalter, sondern in der genauen, detailreichen Naturbeobachtung wiederzufinden, die mit einer frommen, aber nicht weltfeindlichen religiösen Mystik einherging.

Ein Bild des »Malers Roger«, das er im Palast des Statthalters in Brüssel gesehen hatte, erwähnt Cusanus in der Abhandlung *Über das Bild* oder *Vom Sehen Gottes*, die er 1453 für die Mönche der Abtei Tegernsee zur Erläuterung seiner Philosophie schrieb, als Beispiel für die »vortrefflichen« Bilder der Zeit. Ein vortreffliches Bild besaßen auch die Brüder am Tegernsee; ihm wurde die Eigenschaft zugeschrieben, dass das auf ihm dargestellte Antlitz Gottes dem Betrachter überall hin nachblickte, gleichviel, wie sehr er seinen Blickwinkel veränderte. Dieses Bild nahm Nicolaus als Gleichnis (»Symbol«) für seine Grundidee, die »coincidentia oppositorum«, das Zusammenfallen der Gegensätze. Gott, der Eine, sieht uns, die vielen Einzelnen, und wir betrachten Gott, den Einen. Vielheit und Einheit schließen sich nicht aus, sondern gehören zusammen. Im »Sehen Gottes«, das sowohl den von Gott als auch den von uns ausgehenden Blick bedeutet, sind Subjekt und Objekt eins, und doch sind sie unterschieden und selbstständig, denn das Bild Gottes ist da, auch wenn wir es nicht betrachten, und wir sind da, wenn es nicht auf uns heruntersieht. Gott ist immer gegenwärtig, aber es ist unserer Freiheit überlassen, diese Gegenwart zu realisieren. Wir sind aktiv in unserem Schauen, und wir empfangen zugleich passiv das Bild des Geschauten. Wohin Gott nicht blickt, da ist auch nichts zu schauen, da ist Nichts, aber das Nichts *ist* zugleich, denn Gottes Blick könnte, wenn er wollte, auch dorthin gehen. Alles, was scheinbar gegensätzlich ist, ist in Wahrheit eines, und doch bleibt es gegensätzlich.

Cusanus zieht vor allem die Mathematik heran, um das Zusammenfallen der Gegensätze zu erläutern. Eine Gerade und die Kurve, die der Umfang eines Kreises beschreibt, fallen im Unendlichen zusammen, ebenso der Mittelpunkt und der Umfang einer unendlich kleinen Kugel; und in der einen Zahl eins ist das Prinzip aller Zahlen und damit auch die Zahl Unendlich enthalten. Eins ist alles, alles ist eins; und doch bestehen sie nebeneinander als Gegensätze.

Mit seinem Konzept von der Einheit der Gegensätze gelang es dem in Kues an der Mosel als Nicolaus Krebs geborenen Cusanus, die unterschiedlichen Strömungen der spätmittelalterlichen Philosophie noch einmal unter dem Dach eines einheitlichen Denkens zusammenzufassen. Nicolaus war bei den »Brüdern vom gemeinsamen Leben« im niederländischen Deventer im Sinne der neuplatonisch inspirierten mittelalterlichen Mystik erzogen worden, die auf Denker wie den Albertus-Magnus-Schüler Meister Eckehard (um 1260–1327) zurückging, hatte später an der nach Pariser Vorbild errichteten Universität von Heidelberg studiert und dort nicht nur die hochscholastische Philosophie, sondern auch

■ Stifterbildnis des Nicolaus Cusanus. Ausschnitt aus dem Kreuzigungsbild, vermutlich vom Meister des Marienlebens (um 1463–1480), in der Kapelle des St.-Nikolaus-Hospitals. Das von Cusanus gestiftete Hospital dient bis heute als Altenheim. Es wird von den Erträgen der ebenfalls von Cusanus gestifteten Weinberge unterhalten.

WILHELM VON OCKHAM UND DER ANFANG DER SÄKULAREN WISSENSCHAFT

Bei dem englischen Spätscholastiker Wilhelm von Ockham (um 1290–1349), einem Franziskaner, setzt sich eine Entwicklung fort, die sich bereits bei dem Visionär der Technik Roger Bacon, dem Zeitgenossen des Thomas von Aquin, ankündigt: die Trennung des Glaubens vom Wissen. Wilhelm hält nichts von einer alles, von der Naturwissenschaft bis zur Theologie, umfassenden Wissenschaft, vor allem nichts von einer wissenschaftlichen Theologie. Er glaubt, was ihm die Kirche zu glauben aufgibt, und widmet sich ansonsten einer völlig empirischen Naturerforschung. Die Natur besteht für ihn aus Einzeldingen, Allgemeines (Universalien) gibt es real nur im menschlichen Verstand. Insofern kehrt Wilhelm zum Nominalismus zurück, denn für ihn sind es allein wir, die Menschen, die aus uns heraus die Terminologie für die Welt, die wir beobachten, schaffen.

die Lehren und den naturwissenschaftlichen Forschergeist der englischen Spätscholastik kennengelernt.

Cusanus interessiert sich sehr für die Naturforschung der englischen Franziskaner, speziell für die Optik, die am Anfang einer technisch verwertbaren Naturforschung in nachantiker Zeit steht, und die Grundoperation des Messens, des Abwägens. Messen aber heißt vergleichen, Messen nimmt die mathematische Gestalt von Gleichungen an. Wie Wilhelm von Ockham sieht Cusanus, dass die quantitativ-endliche Welt der Natur von der des Glaubens, der er sich in den Begriffen der Mystik zu nähern versucht, völlig verschieden ist. In dieser mystischen Spekulation ist Gott das unendliche und unergründliche Eine, von dem alles Einzelne, dem wir nominalistisch unsere Begriffe zuordnen, ausgeht und zu dem alles zurückkehrt. Trotz des Gegensatzes von Endlichem und Unendlichem, Naturerforschung und Mystik, gibt es auch Gemeinsamkeiten, »Analogien«, zwischen der endlichen Menschenwelt, dem »Mikrokosmos«, dem gewaltigen »Makrokosmos« des Himmels und der Unendlichkeit Gottes, die die Idee von der Einheit der Gegensätze stützen. Denn in den messbaren Verhältnissen, den Proportionen der endlichen Welt spüren wir eine Harmonie, die auf die Vollkommenheit des unendlichen Ganzen verweist.

Dank seines Prinzips der Einheit der Gegensätze kann Cusanus

■ Privatpalais der im Brauereiwesen zu Reichtum gelangten Familie Gruuthuse in Brügge. Die verfeinerte stadtbürgerliche Kultur im »Herbst des Mittelalters«, die sich in dieser Architektur zeigt, ist die Welt des Cusanus.

mystischen Glauben und Wissenschaft in einem einzigen Denksystem nach Art der Hochscholastik zusammenbringen. Es ist dies kein System, das mithilfe der Logik bewiesen werden könnte, sondern eher eine Gedankenwelt des Ahnens, in der der Philosoph mit seiner »gelehrten Unwissenheit« (so ein Buchtitel des Cusanus) allenfalls einen Zipfel der ganzen Wahrheit erhaschen kann und die er immer nur in Gleichnissen oder Sinnbildern, Symbolen, darzustellen versucht – so, wie es auch Platon schon getan hatte, den Nicolaus als einer der ersten in Westeuropa im Originaltext studierte.

■ Petrus zwischen Nicolaus Cusanus und einem Engel. Skulptur vom Grabmal des Cusanus in San Pietro in Vincoli in Rom, 1464, von Andrea Brego.

Versöhnung der Gegensätze war das Ziel des Kusaners, der in Italien auch Kirchenrecht studiert hatte, und zwar Versöhnung nicht nur in der Physik und Metaphysik, sondern auch in Kirche und Gesellschaft.

Zum erstenmal trat er 1434 auf einem in Basel abgehaltenen Konzil hervor, als er angesichts des allenthalben herrschenden Glaubensstreits eine Schrift mit dem Titel *De concordantia catholica* veröffentlichte, was ebenso gut mit »Allgemeine Versöhnung« wie mit »Was mit der katholischen Lehre übereinstimmt« übersetzt werden kann. Es ging ihm darum zu zeigen, dass die streitenden Parteien letztlich doch alle dasselbe, das im Sinne Gottes Gute, wollten. Und zum Guten führen unterschiedliche, ja gegensätzli-

■ Christus als Weltrichter und der Erzengel Michael als Seelenwäger. Mitteltafel des Altars mit dem »Jüngsten Gericht«. Beaune, Hôtel Dieu. Auf dieses Bild des »Malers Roger« könnte Cusanus in seiner Abhandlung *Über das Bild* Bezug genommen haben.

che Wege. In diesem Sinne suchte Cusanus auch zur Vereinigung der römischen Kirche mit der Ostkirche beizutragen, die kurz vor der Eroberung von Byzanz durch die Türken den Schulterschluss mit der römischen Kirche suchte. Später ging Nicolaus so weit, dass er sogar die Gegensätze der Religionen für gottgewollt erklärte, da die Größe der wahren Religion erst durch die Spannweite der Gegensätze, die sie enthält, sichtbar wird.

Im praktischen Leben scheiterte Cusanus mit seiner Versöhnung der Gegensätze: Die Delegation nach Byzanz, an der er teilnahm, führte nicht zur Aufhebung des »Schismas« (der Spaltung) zwischen Ostkirche und lateinischer Christenheit, und als Bischof von Brixen in Tirol schaffte er es nicht, gegen den Widerstand der von alters her Privilegierten die notwendigsten kirchlichen Reformen durchzusetzen.

Auch weil Versöhner wie Cusanus kein Gehör fanden, kam es zur Reformation und in der Folge zu den Glaubenskriegen des 16. und 17. Jahrhunderts, die die Entwicklung der europäischen Zivilisation einschließlich der Philosophie und der Wissenschaften zumindest um Jahrzehnte zurückwarfen. Als die moderne Wissenschaft im 17. Jahrhundert entstand, tat sie dies auf der Grundlage einer strengen Trennung von Metaphysik und Naturwissenschaften; der von Cusanus verfolgte Ansatz, beide zusammenzudenken, geriet bis zur Romantik in Vergessenheit.

NICOLAUS CUSANUS

LEBEN UND WERK

Nikolaus Krebs oder Chryfftz, mit lateinischem Namen Nicolaus Cusanus, wurde 1401 in Kues an der Mosel geboren. Seine erste Ausbildung erhielt er im niederländischen Deventer bei den »Brüdern vom gemeinsamen Leben«, einem Kreis von Klerikern und Laien, die sich ohne Gelübde einem mönchischen Leben verpflichtet hatten. 1416/17 studierte er an der Heidelberger Universität die »freien Künste«, anschließend in Padua Kirchenrecht, Mathematik und Philosophie. Nach seinem sechsjährigen Italienaufenthalt ging er nach Köln, studierte Theologie und beschäftigte sich insbesondere mit der platonischen Scholastik des Albertus Magnus (um 1200–1280) und dem zugleich logisch wie mystisch ausgerichteten Denken des spanischen Philosophen Raimundus Lullus (um 1235 –1315). Nebenher war er als Rechtswissenschaftler tätig. Seine rechtsgeschichtlichen Arbeiten fanden viel Beachtung, und vor allem sein Nachweis, dass es sich bei der Konstantinischen Schenkung um eine Fälschung handele, brachte ihm großes Ansehen. Ab 1432 nahm Nicolaus Cusanus als Bevollmächtigter des Trierer Erzbischofs am Baseler Reformkonzil teil, wo er 1434 mit seiner Schrift *De concordantia catholica* hervortrat, in der er Stellung zu den kirchenpolitischen Auseinandersetzungen nahm. 1437 reiste er im Auftrag von Papst Eugen IV. nach Byzanz, um die Vereinigung mit der Ostkirche zu erreichen, scheiterte jedoch mit diesem Vorhaben. Auf der Rückreise kam ihm die wegweisende Idee für seine philosophischen Überlegungen, die er kurz darauf erstmals in seinem Hauptwerk *Von der wissenden Unwissenheit* (*De docta ignorantia*) entwickelte. Noch im selben Jahr, 1440, verfasste er sein zweites philosophisches Werk *Über die Vermutungen* (*De coniecturis*). 1448 wurde Nicolaus Cusanus zum Kardinal, 1450 zum Bischof von Brixen ernannt und war als päpstlicher Gesandter in Angelegenheiten der Kirchenreform immer wieder auf Reisen. In dieser Zeit entstanden die beiden Schriften *Von der Schau Gottes* (*De visione Dei*) und *Der Laie über die Weisheit, den Geist, die Versuche mit der Waage* (*Idiota de sapientia, de mente, de staticis experimentis*). Aufgrund jahrelanger heftiger Konflikte mit dem Herzog Sigismund von Tirol verließ er Brixen 1458 und folgte einem Ruf von Papst Pius II. nach Rom. Dort wurden ihm hohe Ämter übertragen, unter anderem war er Generalvikar. Weiterhin mit Reformversuchen beschäftigt, erstellte er ein umfangreiches Gutachten zur Reform des römischen Klerus. Nicolaus Cusanus starb am 11. August 1464 in Todi in Umbrien. Er wurde in der Kirche San Pietro in Vincoli beerdigt. In Kues besteht bis heute das von ihm gestiftete St.-Nikolaus-Hospital, dem er auch seine bedeutende Bibliothek hinterließ.

AUF DEN PUNKT GEBRACHT

Der einzige Weg, der Wahrheit über die Seele oder Gott näher zu kommen, ist es, die Gegensätze von Einheit und Vielheit, Subjekt und Objekt, als Einheit zu denken. Dieser Gedanke des Kusaners hat die Mystik der frühen Neuzeit, aber auch die Philosophie der romantischen Periode, immer wieder beschäftigt.

EMPFEHLUNG

Lesenswert:

Kurt Flasch: *Nicolaus Cusanus*, München 2001.

Thomas Leinkauf: *Nicolaus Cusanus. Eine Einführung*, Münster 2006.

Norbert Winkler: *Nikolaus von Kues zur Einführung*, Hamburg 2001.

Kurt Flasch: *Kampfplätze der Philosophie. Große Kontroversen von Augustin bis Voltaire*, Frankfurt/Main 2008.

Besuchenswert:

In Bernkastel-Kues an der Mosel ist das Geburtshaus des Cusanus zu sehen sowie das von ihm gestiftete St.-Nikolaus-Hospital. Hier kann man auch Wein von Weinbergen kaufen, die ihm einmal gehört haben und dadurch sein Hospital unterstützen. An Cusanus erinnern auch die Kathedrale in Brixen in Südtirol, wo er Bischof war, und die Gemälde des »Malers Roger«, das ist Rogier van der Weyden, etwa in Brügge oder in Beaune im Burgund.

Zweckrationalismus oder das Ende metaphysischen Denkens in der Politik

Niccolò Machiavelli

1469–1527

■ Santi di Tito (1536–1606), Porträt des Niccolò Machiavelli. Florenz, Palazzo Vecchio

»Machiavellismus« wird heute das rücksichtslose Verfolgen von Machtzielen genannt, bei dem dem jedes Mittel recht ist. Voraussetzung für ein solches Machtdenken ist, dass jemand weiß, was er will, und nach rationalen Maßstäben die Mittel auswählt, die dem Zweck seines Handelns am besten dienen. Machiavelli war der erste, der eine Theorie eines solchen »zweckrationalen Handelns« aufstellte und damit das mittelalterliche Denken hinter sich ließ, in dem der Zweck des irdischen Handelns immer schon vorgegeben war: als göttlicher Wille, als platonisches Streben der Seele nach der Vereinigung mit dem gnädigen Gott oder als aristotelische »Entelechie«, das heißt den toten und lebendigen Dingen wie den Menschen innewohnendes Streben, höhere Entwicklungsformen zu erreichen. Während im mittelalterlichen Weltbild für die freie Willensentscheidung des Einzelnen nur wenig Platz war – er konnte sich gerade einmal gegen die Schöpfungsordnung und damit gegen sein eigenes Heil entscheiden –, ist der Renaissancemensch von dem Lebensgefühl durchdrungen, selbst als Individuum entscheiden zu können und zu müssen, was für ihn gut und richtig ist.

Das Denken der italienischen Renaissance war geprägt durch einen Bruch mit der aristotelisch-scholastischen Tradition, der in Florenz, dem intellektuellen Zentrum Italiens, geradezu Züge einer Jugendrevolte annahm. Schon bei Leon Battista Alberti (1404–1472), dem ersten »Universalgenie« der Renaissance – Architekt, Kunsttheoretiker, Gesellschaftstheoretiker, Erfinder der wissenschaftlichen Perspektive und bewunderter Sportler (angeblich konnte er aus dem Stand über ein Pferd springen) – treten zwei Begriffe in den Vordergrund, die wie keine anderen die Renaissance charakterisieren: »virtù«, das heißt Tugend im Sinne sowohl von kaufmännischer und handwerklicher Tüchtigkeit als

■ Ansicht von Florenz um 1490. Aquarell, unbekannter Meister nach einem Kupferstich von Francesco Rosselli. Florenz, Museo »Firenze com'era«

auch von männlichem Zupacken-Können; und »fortuna«, Glück und Schicksal zugleich. Wer in der ersten Hälfte des 15. Jahrhunderts in Florenz jung war, der fragte sich nicht lange, ob im Schöpfungsplan auch für ihn ein angenehmes Plätzchen vorgesehen war, sondern packte energisch – dank seiner »virtù« – das Schicksal, »fortuna« beim Schopf, um sein Glück zu machen.

Eine ganze Reihe von neuen Erfahrungen hatte in Florenz zum Entstehen dieses Selbstbewusstseins geführt. Die großen Familien der Stadt, voran die Medici, waren dank Tuchindustrie und Handel zu erstaunlichem Reichtum gelangt und scharten nun Künstler und Intellektuelle um sich, die ihnen dabei behilflich waren, ihren eigenen Reichtum und den der Stadt in dauerhaften Ruhm umzumünzen. Dank Filippo Brunelleschi (1377–1446), der die gewaltige Domkuppel errichtete, wussten die Florentiner, dass sie dieselben technischen Leistungen wie die Antike zu vollbringen in der Lage waren, und das 1439 in der Stadt tagende Konzil, das die Vereinigung der griechischen mit der lateinischen Kirche herbeiführen sollte, trug zur schlagartigen Verbreitung der antiken griechischen Wissenschaft bei.

Cosimo de' Medici, der mächtigste Mann in

■ Machiavellis Schreibtisch in Sant' Andrea, Percussino, seinem Aufenthaltsort während seines Exils 1513–1527

■ Der Humanist, Philologe und Kirchenkritiker Erasmus von Rotterdam. Porträt, Goldmedaille, 1519, von Quentin Massys (1466–1530). Paris, Bibliothèque Nationale

der Florentiner Republik, gründete 1459 die Akademie von Florenz, die sich der Erneuerung der antiken Philosophie im Geiste Platons verschrieb, tatsächlich aber eine Philosophenreligion im Sinne des Neuplatonismus Plotins schuf, die mit der christlichen Lehre vereinbar war, aber auch intellektuell befriedigen konnte. In das neuplatonische Denken eingebettet war die Naturforschung, die durchaus praktischen Zwecken dienen sollte. Angeregt durch die Lehre des Cusanus von den zwischen Makrokosmos und Mikrokosmos herrschenden Analogien versuchten die Renaissancephilosophen, die »Sympathie« des Erdhaften mit dem Himmlischen in alchimistisch-magischer Weise für die qualitative Umgestaltung der Materie nutzbar zu machen, etwa für die Produktion von Gold. Solche Spekulationen bargen die Gefahr astrologischer Schicksalsgläubigkeit in sich, und dagegen erhob Pico della Mirandola (1463–1494), der bedeutendste Vertreter der Florentiner Akademie, seine Stimme: Zur Menschenwürde gehört es, dass jeder völlig frei sein Handeln bestimmen kann. Nicht die Rangordnung in der Kette des Seins bestimmt das Handeln des Menschen, wie es die Scholastik gelehrt hatte, sondern seine Taten, seine Leistungen machen aus ihm, was er ist.

Das neue Selbstbewusstsein des Renaissancemenschen war jedoch noch keineswegs fest begründet; nicht wenige Menschen, gerade aus den einfachen Schichten des Volks, empfanden ein Denken, in dessen Mittelpunkt der einzelne Mensch stand, als bedrohlich und gotteslästerlich. Und so gelang es dem fanatischen Mönch Savonarola in einer Situation, in der Florenz von äußeren Mächten bedroht und die Medici vertrieben waren, ein christlich-fundamentalistisches Regime, einen Gottesstaat, zu errichten. Bezeichnend für die Aufgewühltheit der Menschen in dieser Zeit ist es, dass der Maler Sandro Botticelli (1445–1510), der in seinen von der platonischen Akademie inspirierten Gemälden die heidnische Mythologie zum Thema gemacht und eine nackte Venus zu malen gewagt hatte, seine Werke auf einem Scheiterhaufen freiwillig verbrannte, soweit sie in seinem Besitz waren. Auf Betreiben des Papstes wurde Savonarola 1498 öffentlich hingerichtet, weil sein religiöser Kollektivismus

HUMANISMUS

Von der Neuentdeckung der antiken Schriften im Italien des frühen 15. Jahrhunderts nahm die europäische Bewegung des Humanismus ihren Ausgang, die im Werk des Erasmus von Rotterdam (1466–1536) gipfelte, der unter anderem den hebräischen Bibeltext kritisch neu übersetzte. Die moderne Philologie, die kritische Auseinandersetzung mit der Gestalt der überlieferten Texte, entstand, und ihre Resultate wurden dank des von Gutenberg erfundenen Buchdrucks schnell verbreitet. Der selbstbewusst-kritische Geist des Humanismus bemächtigte sich der durch das Dogma und die Tradition geheiligten Texte und führte zur »Laienexegese«, zur persönlichen Auseinandersetzung des Einzelnen mit den heiligen Schriften, die mit der Reformation Hand in Hand ging.

REFORMATION

Die Reformation Luthers, Zwinglis und Calvins in Nordeuropa, die zwanzig Jahre nach der Hinrichtung Savonarolas begann, hatte mit der religiösen Erweckungsbewegung des Florentiner Mönchs einiges gemeinsam: die Wendung gegen allzu weltliche Ideen und gegen die Selbstherrlichkeit des Renaissancemenschen sowie die fromme absolute Unterwerfung unter den »gnädigen« Ratschluss Gottes. Die Reformatoren waren aber erfolgreicher, weil sie weniger radikal waren und einen Großteil der humanistischen Intellektuellen sowie eine Reihe wichtiger weltlicher Herrscher auf ihre Seite zu bringen vermochten.

ebenso den Individualismus der Renaissancekultur als auch die Herrschaft der Fürsten bedrohte.

Das sich bis in die Kosmologie hinein erstreckende neue Selbstbewusstsein des Renaissancemenschen, aber auch die Gefahr des Rückfalls in chaotische politische Zustände, überhaupt die Wechselfälle des Schicksals, die er am eigenen Leib erfahren hatte, als er, der Florentiner Staatsmann, bei den Medici in Ungnade fiel – dies alles ist der Hintergrund für Machiavellis erstaunlich moderne politische Philosophie, die er vor allem in seinem Hauptwerk *Il principe* (*Der Fürst*) 1513 niederlegte. Vorbild für den »Fürsten« war Cesare Borgia, der Sohn des Papstes Alexander VI., dem es dank seiner Tatkraft, durch Ausnutzung günstiger Gelegenheiten (durch »virtú« und »fortuna«) und kluge Vorwegnahme des Unausweichlichen gelungen war, die Herrschaft über die italienische Region der Romagna an sich zu reißen und zu festigen. Machiavelli stört sich nicht daran, wenn ein Fürst, wie Cesare Borgia, ein Usurpator ist. Die Geheiligtheit eines Herrschers von Gottes Gnaden interessiert ihn nicht, eine Verbindung zwischen Theologie und Politik erkennt er nicht an. Wir können davon ausgehen, dass Machiavelli den klugen Sachwalter einer Republik einem selbsternannten Renaissancefürsten vorgezogen hätte, doch macht dies für ihn in der Art der Herrschaftsausübung keinen entscheidenden Unterschied. Der Staat, gleichviel ob Republik oder Gewaltherrschaft eines Einzelnen, hat nur ein Ziel, nämlich seine Selbst-

■ Martin Luthers Thesenanschlag an der Schlosskirche zu Wittenberg am 31. Oktober 1517. Gemälde von Ferdinand Pauwels (1830–1904). Eisenach, Wartburg

■ Der Florentiner Stadtherr Cosimo de'Medici (1389–1464). Gemälde von Jacopo Pontormo (1494–1557). Florenz, Uffizien

»DER ZWECK HEILIGT DIE MITTEL«
... ist ein Ausspruch, der Ignatius von Loyola (1491–1556), dem Begünder des Jesuitenordens, zugeschrieben wird. Der Zweck war für die Jesuiten allemal das Interesse des Papstes, dem die Jesuiten »Kadavergehorsam« gelobten. Seinen Willen suchten sie ganz im Sinne des Machiavellismus in die Tat umzusetzen. Die Jesuiten wurden zur entscheidenden Waffe des Papstums in der Gegenreformation und zum Vorbild für die modernen Beamtenapparate in den seit dem 16. Jahrhundert sich herausbildenden absolutistischen Staaten.

erhaltung, die Aufrechterhaltung der einmal etablierten Macht. Und dieses Ziel ist legitim, denn die Menschen sind an sich schlecht, weil jeder Einzelne von Natur aus mehr will, als er bekommen kann. Es darf nicht zugelassen werden, dass sämtliche Individuen, die ja frei entscheiden können, gegeneinander ihre egoistischen Zwecke verfolgen. Sie durch die Stärkung der Staatsmacht daran zu hindern, ist ein Ziel, das sogar Gewalt, Lüge und Verrat rechtfertigt. Politik hat mit Moral nichts zu tun.

Die gerade erst erworbene Freiheit des Renaissancemenschen wird zur Freiheit allein dessen, der die Macht hat. Diese Freiheit ist aber umfassend: Die seit Plato überlieferten und von Cicero mit der stoischen Ethik verbundenen weltlichen Kardinaltugenden von Klugheit, Gerechtigkeit, Tapferkeit und Mäßigung werden von Machiavelli allen metaphysisch-ethischen Gehalts entkleidet und gelten nun nur noch als Wege, Macht zu erringen und zu erhalten.

In der politischen Theorie führten Machiavellis Überlegungen bei dem Franzosen Jean Bodin (1530–1596) zur Ausformulierung der Lehre vom »Souverän« als der Verkörperung des Staatswillens, die der modernen Staatsauffassung bis heute zugrundeliegt, und zum aufgeklärten Konzept der »Staatsräson«.

Für die Geschichte der Philosophie aber ist Machiavelli als der erste Denker der Neuzeit von Bedeutung, der ein Gebiet praktischen Wissens – die Politik – aus dem Zusammenhang von Theologie und Metaphysik herauslöste. Erst später sollten ihm darin die Naturforscher folgen.

■ Das Grabmal Machiavellis in der Kirche Santa Croce in Florenz. Die Skulptur aus dem 18. Jh. ist eine Allegorie der Diplomatie.

NICCOLÒ MACHIAVELLI

LEBEN UND WERK

Niccolò Machiavelli wurde am 3. Mai 1469 in Florenz als Sohn eines Juristen geboren. Über seine Jugend und Ausbildung ist kaum etwas bekannt. Er war eingehend vertraut mit Werken der meisten römischen wie auch griechischen Dichter, Philosophen und Geschichtsschreiber und hat wahrscheinlich Rechtswissenschaft studiert. Die souveräne Beherrschung der Politik und die in seinem Werk anschaulich beschriebenen verwickelten politischen Vorgänge seiner Zeit lassen darauf schließen, dass Machiavelli schon als Jugendlicher intensiven Anteil an den Ereignissen in seiner Stadt nahm. 1498 wurde er Sekretär des Rates der Zehn, der sich mit den auswärtigen und militärischen Angelegenheiten der Republik Florenz befasste. Zahlreiche Gesandtschaften führten ihn in den folgenden Jahren in die damaligen Zentren der Macht im In- und Ausland. 1512, nach dem Sturz der Republik, verlor Machiavelli wegen angeblicher Beteiligung an einer Verschwörung gegen die Medici sein Amt, 1513 wurde er verhaftet und gefoltert. Er musste die Stadt verlassen und zog sich auf sein Landgut bei San Casciano in der Nähe von Florenz zurück. Im selben Jahr noch verfasste er dort sein bekanntestes Werk *Der Fürst* (*Il principe*, erschienen 1532) und schrieb an den *Betrachtungen über die erste Dekade des Titus Livius* (*Discorsi sopra la prima deca di Tito Livio*, erschienen 1531). Während der sechs Jahre, die er auf dem Land verbrachte, entstanden die meisten seiner Schriften, darunter auch Lehrgedichte nach antikem Vorbild und Lustspiele wie die Komödie *Die Springwurz* (*La Mandragola*, erschienen 1524). 1518 schloss sich Machiavelli dem politisch-literarischen Kreis der »Orti Oricellari« in Florenz an und stellte dort Teile seiner Werke vor. Durch die Vermittlung der neuen Bekannten wurde er bei den Medici eingeführt, um deren Gunst Machiavelli sich immer wieder bemüht hatte. Ab 1519 übertrugen sie ihm verschiedene, jedoch unbedeutende und überwiegend unpolitische Aufgaben. Im Auftrag des Kardinals Giulio de Medici verfasste er seine berühmte *Geschichte von Florenz* (*Istorie fiorentine*, erschienen 1532). Schließlich wurde Machiavelli als Bürger von Florenz rehabilitiert und war damit für alle Staatsämter wieder wählbar. 1526, als die Truppen Karls V. Florenz bedrohten, wurde er auf Veranlassung von Papst Clemens VII. Kanzler der städtischen Verteidigungsbehörde. Als die Medici nach der Eroberung und Plünderung Roms durch Karl V. 1527 Florenz vorübergehend verlassen mussten, verlor auch Machiavelli erneut seine Ämter. Er starb am 22. Juni desselben Jahres im Alter von achtundfünfzig Jahren und wurde in der Kirche Santa Croce, der größten Franziskanerkirche Italiens, beerdigt.

EMPFEHLUNG

Lesenswert:

Niccolò Machiavelli: *Der Fürst*, Frankfurt/Main 1997.

Niccolò Machiavelli: *Geschichte von Florenz*, Zürich 1993.

Edmund Barincon: *Niccolò Machiavelli. Mit Selbstzeugnissen und Bilddokumenten*, Reinbek 1993.

Wolfgang Kersting: *Niccolò Machiavelli*, 3. Aufl., München 2006.

Herfried Münkler: *Machiavelli. Die Begründung des politischen Denkens der Neuzeit aus der Krise der Republik Florenz*, Frankfurt 2004.

Bernhard H. F. Taureck: *Macchiavelli-ABC*, Leipzig 2002.

W. Somerset Maugham: *Damals und heute. Ein Machiavelli-Roman*, Zürich 1999.

Hörenswert:

Niccolò Machiavelli: *Der Fürst*. Gesprochen von Anja Buczkowski und Achim Höppner. Grünwald 2005. 4 Audio-CDs.

Besuchenswert:

Das Florenz der Renaissance ist die Stadt Machiavellis. In Sant' Andrea in Percussino bei Florenz ist sein Landhaus mit seinem Arbeitszimmer zu besichtigen.

AUF DEN PUNKT GEBRACHT

Machiavelli löste das politische Denken aus dem Zusammenhang eines metaphysisch-religiösen Weltbilds und machte es zur zweckrationalen Wissenschaft. Damit zeichnete er auch den Weg des naturwissenschaftlichen Denkens vor.

Wissen ist Macht
Francis Bacon
1561–1626

»Der Mensch … wirkt und weiß nur so viel, wie er von der Ordnung der Natur durch die Sache oder den Geist beobachtet hat; mehr weiß oder vermag er nicht«, beginnt Bacon seine *Aphorismen von der Auslegung der Natur und der Herrschaft des Menschen*. Wenn der Mensch also »wirken«, etwas zustande bringen will, muss er zuvor die Natur beobachten, und zwar auch mit dem Verstand. Gegen die Natur vermag er nichts; nur wenn er die ihr innewohnenden Gesetze kennt, vermag er sie zu beherrschen. Er muss sich ein geistiges Handwerkszeug der Naturbeherrschung schaffen, so, wie er auch an der Verbesserung seiner mechanischen Instrumente arbeitet. Und dies wird ihm gelingen, wenn er die Naturbeobachtung systematisiert, wenn er Beobachtung und ordnenden Verstand zusammenbringt. Wer genug empirische Daten gesammelt und geordnet hat, wird aus ihnen Gesetze ablesen können, zumal wenn er gezielt Experimente anstellt, die seine Beobachtungen bestätigen oder widerlegen. Das ist der Weg der »Induktion«. Hat sich einmal ein solches Gesetz bestätigt, werden sich auf dem Weg der »Deduktion« daraus zahlreiche nützliche Anwendungen ziehen lassen.

■ Francis Bacon, Porträt von Paul van Somer (1576–1621).

Die *Aphorismen*, in deren geschliffenen Sätzen Bacon diese Grundlagen seines Verständnisses von einer für den Menschen nützlichen Wissenschaft formuliert, bilden zusammengenommen das *Neue Organon*, den ausgeführten Teil seiner Fragment gebliebenen *Instauratio Magna* («große Erneuerung«). Das alte »Organon« war die Physik und Metaphysik des Aristoteles, und das *Neue Organon* sollte sie im Sinne einer umfassenden »Erneue-

■ Elisabeth I., Königin von England, die der Epoche, in der Bacon lebte, ihren Namen gab. Gemälde, 1588, von Marcus Geeraerts d.J. Bedfordshire, Woburn Abbey

rung« der Wissenschaft ersetzen. Die Aristoteliker, schreibt Bacon, arbeiten wie die Spinne, die zwar ein wunderbares vielseitiges Netz spinnt, aber aus ihrem eigenen Leibe, also ohne dass etwas wirklich Neues entsteht. Einseitige Empiriker bringen aber auch nicht mehr zustande; wie die Ameisen tragen sie einen großen Haufen an Material zusammen, wissen es aber nicht zu ordnen. Künftige Wissenschaftler dagegen werden es mit den Bienen halten, die ihre Vorräte auf zuvor sinnvoll konstruierte Waben verteilen.

Schon heute, argumentiert Bacon, wissen wir mehr als die Wissenschaftler der Antike, an deren Gedanken zwar die meisten Buchgelehrten kleben, die aber weder Buchdruckerkunst noch Schießpulver noch Kompass kannten. Die Wunder einer künftigen wissenschaftlich-technischen Zivilisation malt Bacon in seinem utopischen Roman *Nova Atlantis* aus, in dem die Bürger des

BACON UND BEBEL

Es war der deutsche Sozialdemokrat August Bebel (1840–1913), der Bacons Maxime, dass Wissen Macht sei, zur Parole der Arbeiterbewegung machte: Die Teilhabe am Wissen ihrer Zeit sollte die Arbeiter in den Stand versetzen, an der Macht im Staat teilzuhaben.

■ *Instauratio Magna*, Titelseite der Londoner Ausgabe, London, 1620, mit einem Kupferstich von Simon de Passe.

■ William Shakespeare (1564–1616), der berühmteste Zeitgenosse Bacons. Nicht totzukriegen ist das Gerücht, die Schriften Shakespeares stammten eigentlich von Bacon. Titelblatt der ersten Folioausgabe der Bühnenwerke Shakespeares mit Porträtkupferstich von Martin Droeshout.

Zukunftsstaats glücklich und zufrieden leben, dank ihrer hochentwickelten Industrie und wissenschaftlichen Landwirtschaft, mit Dampfwagen, Luftschiffen und Telefon.

Die Kühnheit, mit der Bacon alle Wissenschaft vor ihm beiseite wischt, entspricht einer wissenschaftlichen, technischen, künstlerischen, literarischen und philosophischen Aufbruchsstimmung, die in der Spätrenaissance ganz Europa ergriffen hatte und im England von Königin Elisabeth I., dem England Shakespeares, auf besonders fruchtbaren Boden fiel. Sinn und Ziel des wissenschaftlichen Denkens hatten sich seit dem Ausgang des Mittelalters vollkommen gewandelt. Es ging nicht mehr darum, die Stellung des Menschen im gottgeschaffenen Kosmos zu ergründen und festzuhalten, damit alles in der Ordnung blieb; der neuen Generation von Theoretikern und Praktikern war es vielmehr darum zu tun, die vom Menschen gesetzten Zwecke mithilfe der Wissenschaft zu erreichen, das wissenschaftliche Denken als Mittel zum glücklichen Leben zu nutzen. Machiavelli hatte diese neue Zweckrationalität als Erster, aber nur für das politische Denken formuliert, Bacon machte sie zur universalen Grundlage des wissenschaftlichen Denkens überhaupt. Wissen ist Macht – Macht, so weit wie möglich irdische Glückseligkeit zu erreichen. Die Zweckgerichtetheit seines Denkens lässt die alten Grundsatzfragen der Philosophie wie die nach der Realität oder Nichtrealität allgemeiner Begriffe als überflüssig erscheinen; wahr und real ist der Nutzen, den das Wissen hat: »The proof of the pudding is in the eating« – dieser sprichwörtliche Wahrheitsbegriff des angelsächsischen Pragmatismus gilt schon bei ihm. Entsprechend fundamental skeptisch ist Bacon gegenüber allen Scheinwahrheiten, die nichts zur Lösung praktischer Fragen beitragen. Er nennt sie »Idole«, wir würden heute sagen: »ideologische Fallen«.

Bacon musste aufpassen, mit seinen kühn-modernen, auf das irdische individuelle Glück abzielenden Ideen Kirche und Staat nicht allzu sehr herauszufordern, denn ein Übermaß an neuem Denken war lebensgefährlich. In Italien war Giordano Bruno im Jahr 1600 öffentlicht verbrannt worden, weil er aus der Entdeckung des Kopernikus, dass die Erde wohl kaum der Mittel-

»UND SIE BEWEGT SICH DOCH«

... soll Galileo zur Seite geflüstert haben, als er die kopernikanische Auffassung widerrufen musste, dass die Erde sich, statt in der Mitte des Universums zu ruhen, um ihre eigene Achse und um die Sonne drehe. Trotz dieses Widerrufs hatte die von Galileo entwickelte experimentell-mathematische Methode eine ungeheure Wirkung. Mit Galileo wandte sich die Naturwissenschaft von der Untersuchung der qualitativ-substantiellen Beschaffenheit der Dinge, ihrem wesentlichen So-Sein, also von der aristotelischen Naturauffassung ab und beschäftigte sich nur noch mit den mathematisch ausdrückbaren Verhältnissen von Messdaten. Was an einem Ding nicht messbar war, interessierte nicht mehr. Galileo schuf mit seinen Untersuchungen zur Mechanik fester Körper die Grundlagen des von Isaac Newton (1642–1727) vollendeten mechanistischen Weltbilds der neuzeitlichen Naturwissenschaft.

punkt des Sonnensystems sei, folgerte, dass es unbegrenzt viele Sonnensysteme ohne einen räumlichen Mittelpunkt gebe: eine unendliche Welt, in der alles göttlich und kein Platz für einen persönlichen Schöpfergott war. Ebenfalls wegen seiner Verteidigung der Lehre des Kopernikus wurde noch Bacons großer Zeitgenosse Galileo Galilei (1564–1642) von der päpstlichen Inquisition in Haft genommen und zum Widerruf gezwungen. Nicht wegen religiöser, sondern wegen politischer Ketzerei wurde Bacons großer Förderer Essex, ein Günstling Elisabeths, der allzu sehr seine persönli-

■ »Und sie bewegt sich doch«: Galilei 1633 vor der Inquisition in Rom. Gemälde von Joseph Nicolas Robert Fleury (1797–1890). Paris, Louvre

chen Interessen verfolgt hatte, hingerichtet. Um den eigenen Kopf und die eigene hervorragende Stellung am Hof zu retten, sah sich Bacon gezwungen, selbst an der Anklage für seinen väterlichen Freund Essex mitzuwirken. Er hütete sich auch, sich in die Belange der Kirche einzumischen oder gar die Wahrheit der offenbarten Religion in Zweifel zu ziehen; sogar die Lehre des Kopernikus verwarf er. Allerdings hielt er daran fest, dass der vernunftswidrige Aberglauben noch weit mehr zu verachten sei als Unglaube.
Bacon stieg am Hof Jakobs I. zum Lordkanzler auf und wurde zum Baron von Verulam ernannt, doch konnte er trotz aller politischer Vorsicht nicht verhindern, dass gegen ihn – wohl kaum ganz zu Unrecht – Anklage wegen Bestechlichkeit erhoben wurde. Nach seiner Verurteilung wurde er zwar vom König begnadigt, musste sich jedoch für die letzten Jahre seines Lebens auf sein Landgut zurückziehen, wo er seine vielgelesenen *Essays* schrieb. Bacon starb 1626 im Dienst seiner Überzeugung von der Nützlichkeit der Forschung: an den Folgen einer Erkältung, die er sich bei Experimenten mit der Konservierung von Lebensmitteln durch Kälte zugezogen hatte.

■ Francis Bacon, Kupferstich, 1640, von William Marshall.

FRANCIS BACON

LEBEN UND WERK

Francis Bacon wurde am 22. Januar 1561 in London geboren. Sein Vater, Sir Nicholas Bacon, war in der Position des Großsiegelbewahrers unter Elisabeth I. einer der höchsten Beamten des Landes. Nach dem Studium in Cambrigde, das er noch als Jugendlicher abschloss, hielt sich Francis Bacon als Begleiter des englischen Gesandten zwei Jahre in Paris auf. Zurück in London, schlug er die juristische Laufbahn ein. Von 1579 an war er als Rechtsanwalt tätig und wurde im Alter von dreiundzwanzig Jahren Mitglied des Parlaments. Seine eigentliche politische Karriere machte er unter der Herrschaft Jakobs I. 1604 wurde er Kronanwalt, 1617 Großsiegelbewahrer, wie sein Vater, bis er 1618 schließlich zum Lordkanzler aufstieg und der König ihn bald darauf zum Baron von Verulam und Viscount St. Albans ernannte. Im selben Jahr noch wurde Francis Bacon wegen Bestechlichkeit verurteilt und kam ins Gefängnis. Zwar wurde er nach wenigen Tagen aus der Haft entlassen, verlor aber alle seine Ämter und Würden. Die letzten Jahre seines Lebens widmete er sich ganz seinen philosophischen Schriften und naturwissenschaftlichen Forschungen. Francis Bacon starb am 9. April 1626 in Highgate bei London. 1597 erschienen die ersten zehn seiner berühmten *Essays*, die er für eine Neuausgabe fünfzehn Jahre später völlig überarbeitete und um neunundzwanzig neue erweiterte. Kurz vor seinem Tod nahm er erneut Änderungen an dieser Sammlung vor und ergänzte sie noch einmal durch weitere Texte. Die Ausgabe letzter Hand erschien unter dem Titel *Essays oder praktische und moralische Ratschläge* (1625, *The Essays or Counsels, Civill and Morall*). Sein Hauptwerk *Die große Erneuerung der menschlichen Herrschaft über die Natur* (*Magna instauratio imperii humani in naturam*) war als Enzyklopädie der Wissenschaften in sechs Bänden geplant. Francis Bacon stellte nur zwei Teile dieses Projekts fertig, nämlich die Schriften *Über die Würde und den Fortgang der Wissenschaften* (1605, *De dignitate et augmentis scientiarum*) und das *Neue Organon* (1620, *Novum organum*). Ein dritter Teil erschien posthum im Jahr 1626. Sein utopischer Roman *Neu-Atlantis* (*Nova Atlantis*), der vermutlich um 1624 entstand und als Anhang der *Instauratio magna* gedacht war, blieb Fragment. Neben Thomas Morus' *Utopia* aus dem Jahr 1516 und Tommaso Campanellas *Der Sonnenstaat* (*La Città del sole*), erschienen 1623, gilt diese Schrift als eine der bekanntesten Utopien des 16. und 17. Jahrhunderts. Dieser ursprünglich als Entwurf eines Idealstaates gedachte Roman veranschaulicht Francis Bacons Überzeugung, dass das durch Erfahrung erlangte Wissen über die Natur die Voraussetzung für das Wohl der Menschheit sei.

EMPFEHLUNG

Lesenswert:

Francis Bacon: *Essays oder praktische und moralische Ratschläge*, Stuttgart 1993.

Francis Bacon: *Neu-Atlantis*, Stuttgart 1995.

Wolfgang Krohn: *Francis Bacon*, München 1987.

Wolfgang Röd: *Die Philosophie der Neuzeit 1. Von Francis Bacon bis Spinoza*, München 1999.

Sehenswert:

Das Gebäude der Royal Society in London, der ersten naturwissenschaftlichen Gesellschaft der Welt, wurde von Christopher Wren, dem Erbauer der ebenfalls sehenswerten St. Paul's-Kathedrale geplant. Es erinnert an Bacon, auf dessen Ideen die Royal Society zurückgeht.

AUF DEN PUNKT GEBRACHT

Wissen ist dafür da, uns Menschen von der Natur unabhängig zu machen, Wissen ist Macht. Mit diesem Glaubensbekenntnis, das dem der scholastischen Tradition der christlichen Philosophie entgegengesetzt wird, macht Bacon den Weg für die neuzeitliche Naturwissenschaft frei.

Der Mensch – des Menschen Wolf

Thomas Hobbes

1588–1679

Zwei Erfahrungen beschäftigten um die Mitte des 17. Jahrhunderts mehr als alles andere das Denken der intellektuellen Elite in Europa: auf der einen Seite das schreckliche Erlebnis der Religionskriege im Gefolge der Reformation, die 1562 bis 1598 Frankreich, 1642 bis 1646 England und 1618 bis 1648 im Dreißigjährigen Krieg Mitteleuropa verwüstet hatten; auf der anderen Seite die ungeheuren Fortschritte, die die mit mathematischen Methoden arbeitende empirische Naturwissenschaft allenthalben erzielte. Beide Erfahrungen fließen im Werk von Hobbes in einem mechanistischen System zusammen, das die Naturerkenntnis ebenso wie die menschliche Natur, vor allem aber den Staat, umfasst.

Es mag sein, dass Hobbes' Begeisterung für das neue Denken in der Naturwissenschaft von Francis Bacon angeregt wurde, für den er in jungen Jahren als Sekretär arbeitete. Seine Art zu denken wurde jedoch weit mehr von der Begegnung mit Galilei in Italien geprägt und von der Diskussion mit den modernen Philosophen in Paris, wo er über zehn Jahre seines Lebens zubrachte. Den wichtigsten Einfluss auf ihn nahmen hier Pierre Gassendi (1592–1655), der den atomistischen Materialismus Epikurs wiederentdeckt hatte, und der Franziskanermönch Marin Mersenne (1588–1648), durch den der Engländer mit den Ideen seines jüngeren, aber schon früh berühmten Zeitgenossen Descartes bekannt wurde.

■ Thomas Hobbes, Crayonstich von Jean Charles François nach einem Gemälde von Jean-Baptiste Pierre (1713–1789).

Durch die Begegnung mit Galileo wurde Hobbes' Überzeugung begründet, dass die Natur aus Körpern besteht, die sich durch wechselseitige Anziehung und Abstoßung auf berechenbare Weise in Bewegung halten; vom antiken Atomismus übernahm er die Vorstellung, dass auch die menschliche Wahrnehmung materieller Natur sei, und vom Cartesianismus übernahm er die »geometrische Methode«, aus unmittelbar einsichtigen Wahrheiten, denen eine ähnliche Geltung wie mathematischen Axiomen zugeschrieben wird, logisch zwingende Schlüsse zu ziehen. In drei Schriften, *Vom Körper*, *Vom Menschen* und *Vom Staatsbürger*, breitete er sein materialistisches System aus.

MATERIALISMUS UND POSITIVISMUS

Hobbes' materialistische Erkenntnistheorie, die von der Einwirkung bewegter Körper auf die Sinnesorgane ausgeht, wurde zum Vorbild des modernen »Positivismus«, der von den positiven, das heißt »gegebenen« Wahrnehmungsdaten spricht und sich nicht mit der Überlegung belastet, wieweit diese Daten mit den Dingen »an sich«, auf die sie sich beziehen, übereinstimmen, solange sie für uns einen Sinn ergeben. So berief sich auch der Positivismus des 19. Jahrhunderts, dessen wichtigster Vertreter Auguste Comte (1798–1857) war, auf Hobbes.

Wie die materielle Welt, die sich wie ein kompliziertes mechanisches Räderwerk, wie eine komplizierte Uhr, bewegt, so ist auch der Mensch nichts grundsätzlich Anderes als eine Maschine. Das hatte Hobbes' älterer Freund, der Mediziner William Harvey (1578–1657), am Beispiel des Blutkreislaufs glänzend nachgewiesen. Deshalb lassen sich für Hobbes auch die psychologischen Triebkräfte, die Affekte wie Lust und Schmerz, Liebe und Hass, Begehren und Furcht, auf den physischen Trieb der Selbsterhaltung zurückführen. Dieser Trieb gehorcht der Notwendigkeit, folglich kann von einem freien Willen des Menschen keine Rede sein.

Diese materialistische Lehre vom Menschen (Anthropologie) ist der Ausgangspunkt für Hobbes' Lehre vom Staat, den wichtigsten und bleibendsten Teil seiner Philosophie: Bevor er zum Staatsbürger wird, von Natur aus ist der Mensch ein Wesen, das sich selbst erhalten und darüber hinaus noch seine Existenz genießen will. Er will möglichst viel für sich haben und nimmt auf seinen Nächsten keine Rücksicht. Er ist kein von Natur aus nach Gemeinschaft suchendes Wesen wie das »Zoon politikón«, das politische Tier Mensch bei Aristoteles, sondern ein moderner, stets in

■ Sieg der Engländer unter dem Herzog von York über die Holländer unter Admiral Tromp in der Seeschlacht bei Lowestoft am 13. Juni 1665, Radierung von Jan Luyken (1649–1712). Der souveräne Staat, der im Inneren den Frieden erzwingt, hat nach Hobbes' Lehre das Recht, Kriege gegen andere Staaten zu führen.

■ Symbolische Darstellung des Umsturzes von Thron und Altar durch Cromwell im englischen Bürgerkrieg von 1642–1646, zeitgenössischer Kupferstich.

Konkurrenz zu seinesgleichen stehender Besitzbürger, ein früher Kapitalist. Der Mensch, das ist Hobbes' Erfahrung aus seiner von Bürgerkriegen zerrissenen Welt, verhält sich gegenüber seinen Mitmenschen wie ein Wolf: *Homo homini lupus*. Das ist für Hobbes kein moralisches Urteil, sondern einfach die Beschreibung des Naturzustands. Die Menschen würden einander endlos zerfleischen, wenn sie nicht ihren Verstand hätten, der ihnen sagte, dass es eines gibt, das in ihrer aller Interesse liegt: Frieden. Sie werden also einen Vertrag machen, in dem sie von ihrem natürlichen Recht, für sich allein das Beste herauszuholen, zugunsten einer zentralen Instanz, dem Souverän, Abstriche machen. Der Souverän muss durchsetzen können, dass jeder sich an die Bedingungen des Gesellschaftsvertrags hält; er muss deshalb die militärische Macht innehaben und das Recht besitzen, Steuern zu erheben (denn wie sonst sollte er eine Armee unterhalten können). Ebenfalls muss er das geistige und religiöse Leben des Staates kontrollieren, um gegen ihn gerichtete Umtriebe im Keim ersticken zu können. Der Souverän, die Staatsmacht, kann ein Usurpator sein – wie der englische Revolutionsführer Oliver Cromwell, in dessen Herrschaftsbereich Hobbes' ausgeführte Staatslehre, der nach einem alttestamentarischen Ungeheuer, das die Macht des Staats symbolisieren sollte, benannte *Leviathan*, 1651 zuerst erschien –, er kann auch ein erblicher Herrscher sein wie Hobbes' Schüler Karl II.; aber in jedem Falle sollte der Souverän absolut, ohne die Kontrolle durch andere Instanzen herrschen können, denn jede Beschneidung seiner Macht würde die Gefahr uneindeutiger Machtverhältnisse und damit des Bürgerkriegs wieder heraufbeschwören.

Hobbes vollendete mit seiner Staatslehre die Gedanken, die Machiavelli zu Beginn der Ära der europäischen Bürger- und Religionskriege formuliert hatte, und machte das moderne Staatsdenken zum integrativen Teil des neuzeitlichen Rationalismus. Er wurde so zum Wegbereiter des politischen Absolutismus und damit einer geschichtlichen Epoche, die als Friedenszeit die philosophische Bewegung der Aufklärung ermöglichte.

CARL SCHMITT UND HOBBES

Der umstrittene deutsche Staatsrechtslehrer Carl Schmitt (1888–1985) berief sich auch auf Hobbes, als er aus dem Fehlen einer starken Zentralmacht während der Weimarer Republik, das mehrfach zu bürgerkriegsähnlichen Zuständen führte, den Schluss zog, dass allein ein starker Führer wie Hitler den Staat stabilisieren könne. Was er nicht bedachte, und was Hobbes zu seiner Zeit nicht bewusst sein konnte, ist die Tatsache, dass ein solcher uneingeschränkter Führer unter Umständen noch mehr Unheil anrichtet als das Chaos bürgerkriegsartiger Verhältnisse.

THOMAS HOBBES

LEBEN UND WERK

Thomas Hobbes wurde am 5. April 1588 als Sohn eines Landpfarrers und einer Bauerntochter in einem kleinen Dorf bei Malmesbury im Südwesten Englands geboren. Nachdem er zunächst in seinem Geburtsort die Schule besucht hatte, erhielt er an einer Privatschule in Malmesbury Unterricht in den klassischen Sprachen. Die Unterstützung eines Verwandten ermöglichte ihm ein Studium in Oxford, das er 1607 mit dem Grad eines Baccalaureus abschloss. Von 1608 an war Hobbes Lehrer im Haus des Barons Cavendish, des späteren Grafen von Devonshire, und unternahm mit dessen Sohn seine ersten Bildungsreisen ins Ausland. Von kurzen Unterbrechungen abgesehen, blieb er über Jahrzehnte im Dienst dieser Familie. Zeitweilig arbeitete er als Privatsekretär Francis Bacons. 1629 veröffentlichte Hobbes eine Übersetzung der *Geschichte des Peloponnesischen Krieges* des athenischen Geschichtsschreibers Thukydides (um 460– nach 400 v. Chr.) Auf ausgedehnten Reisen in den Jahren zwischen 1629 und 1634 schloss er Bekanntschaft mit herausragenden Persönlichkeiten der Wissenschaft, die für seine naturwissenschaftliche und philosophische Laufbahn von entscheidender Bedeutung waren. Er begegnete in Italien Galileo Galilei (1564–1642) und lernte in Frankreich René Descartes (1596–1650), den Mathematiker Marin Mersenne (1588–1648) und den Philosophen und Naturforscher Petrus Gassendi (1592–1655) kennen. Richtungweisend wurde für ihn zu dieser Zeit die Lektüre der *Elemente* des Euklid aus Alexandria (um 300 v. Chr.). 1640 floh Hobbes, der als Befürworter der Souveränität des Königs das Missfallen des Parlaments auf sich gezogen hatte, vor den politischen Auseinandersetzungen nach Paris, wo er die nächsten elf Jahre verbrachte. Zwei Jahre unterrichtete er dort den zukünftigen König Karl II. in Mathematik. 1642 veröffentlichte er seine Schrift *Über den Bürger* (*De cive*), den dritten, staatstheoretischen Teil seines geplanten dreibändigen philosophischen Hauptwerks *Elemente der Philosophie* (*Elementorum philosophiae*). Kurz vor seiner Rückkehr nach England erschien sein berühmtes Buch *Leviathan* (1651), das allgemein als das bedeutendste Werk der politischen Philosophie in englischer Sprache gilt. In den folgenden Jahren schrieb Hobbes den ersten und zweiten Teil seines Hauptwerkes: *Vom Körper* (1655, *De corpore*) und Vom Menschen (1658, *De homine*). Für die Veröffentlichung seines 1668 abgeschlossenen Werks *Behemoth*, einer analysierenden Geschichtsdarstellung seiner Zeit, wurde ihm die Druckerlaubnis verweigert. Es erschien erst 1889. Kurz vor seinem Tod übersetzte Hobbes Homers (um 700 v. Chr.) *Ilias* und *Odyssee* in Englische. Er starb am 4. Dezember 1679 in Hardwick.

AUF DEN PUNKT GEBRACHT

Der Mensch ist für den Materialisten Hobbes eine Maschine, deren Zweck ihre eigene Selbsterhaltung ist. Im Interesse ihrer Selbsterhaltung unterwerfen sich die Menschen im Gesellschaftsvertrag einem absoluten Souverän, der sie davon abhält, sich gegenseitig zu zerstören.

EMPFEHLUNG

Lesenswert:

Thomas Hobbes: *Leviathan*, Stuttgart 1998.

Wolfgang Kersting: *Thomas Hobbes zur Einführung*, Hamburg 1992.

Hans Maier / Horst Denzer: *Klassiker des politischen Denkens. Von Platon bis Hobbes*, München 2001.

Thomas Schölderle: *Das Prinzip der Macht. Neuzeitliches Politik- und Staatsdenken bei Thomas Hobbes und Niccolò Machiavelli*, Berlin 2002.

Hörenswert:

Denken und Leben I. Annäherung an die Philosophie in biographischen Skizzen. Hobbes: Herrschaft und Krieg u.a. Gesprochen von Konrad Paul Liessmann, ORF 2001. 5 Audio-CDs.

Besuchenswert:

Der vielleicht beste Ort, um sich die Schrecken der Religionskriege in England zu vergegenwärtigen, auf die Hobbes mit seiner absolutistischen Staatstheorie antwortete, ist Madame Tussaud's berühmtes Wachsfigurenkabinett in London.

Ich denke, also bin ich
René Descartes
1596–1650

■ Descartes in Amsterdam. Holzstich nach einer Zeichnung von Felix Philippoteaux (1815–1884).

Wenige Sätze eines Philosophen sind so bekannt geworden wie das »cogito ergo sum« – »Ich denke, also bin ich«, das der Franzose René Descartes (latinisiert: Cartesius) in seinen 1644 erschienenen *Prinzipien der Philosophie (Principia philosophica)* formulierte. Keine Sinneswahrnehmung ist gewiss, nimmt Descartes hier die Argumente der skeptischen Tradition auf, ich weiß nicht einmal, ob nicht ein böser Geist mir die Welt bloß vorgaukelt – und woher will ich wissen, ob ich nicht alles, was ich wahrnehme, bloß träume? Das Einzige, dessen ich gewiss bin, ist, dass ich denke, dass ich in mir bewusst und gewollt geistige Akte vollziehe, deren Existenz ich mir sicherer bin als der materiellen Welt, meinen Körper eingeschlossen. Selbst wenn ich nur träumte, so wäre mein Denken im Traum etwas. Ich bin ein denkendes Ding. Mich gibt es. Aus der allerersten Gewissheit, nämlich, dass ich denke, ist zwangsläufig eine zweite hervorgegangen, nämlich die, dass ich bin und damit, dass es etwas Seiendes gibt.
In den *Meditationen* führt Descartes den Gedanken zu Ende, den er bereits 1637 in seinem *Discours de la méthode* (»Abhandlung über die [wahre] Methode«) begonnen hatte, nämlich dass wissenschaftlich denken und argumentieren heißt, nichts zu behaupten, was nicht als vollkommen sicher und einleuchtend erscheint,

DAS LEBEN EIN TRAUM

... heißt ein Theaterstück des großen spanischen Dramatikers Calderón, das in der Zeit, als Descartes seine Philosophie ausarbeitete, entstanden ist. Einem Prinzen, der um sein Erbe betrogen werden soll, wird vorgegaukelt, er träume bloß, was er erlebt. Was ihm hilft, ist allein die philosophische Weisheit, dass er tugendhaft zu handeln hat, gleichviel ob er träumt oder wach ist. Das Ich versichert sich seiner selbst, indem es sich über die trügerische Außenwelt und über die Leidenschaften und Schwächen des eigenen Körpers erhebt. Das entspricht voll und ganz der ethischen Seite von Descartes' Ich-denke-also-bin-ich-Philosophie, in der es um die Herrschaft des denkenden Ich über den Körper und die physische Welt geht.

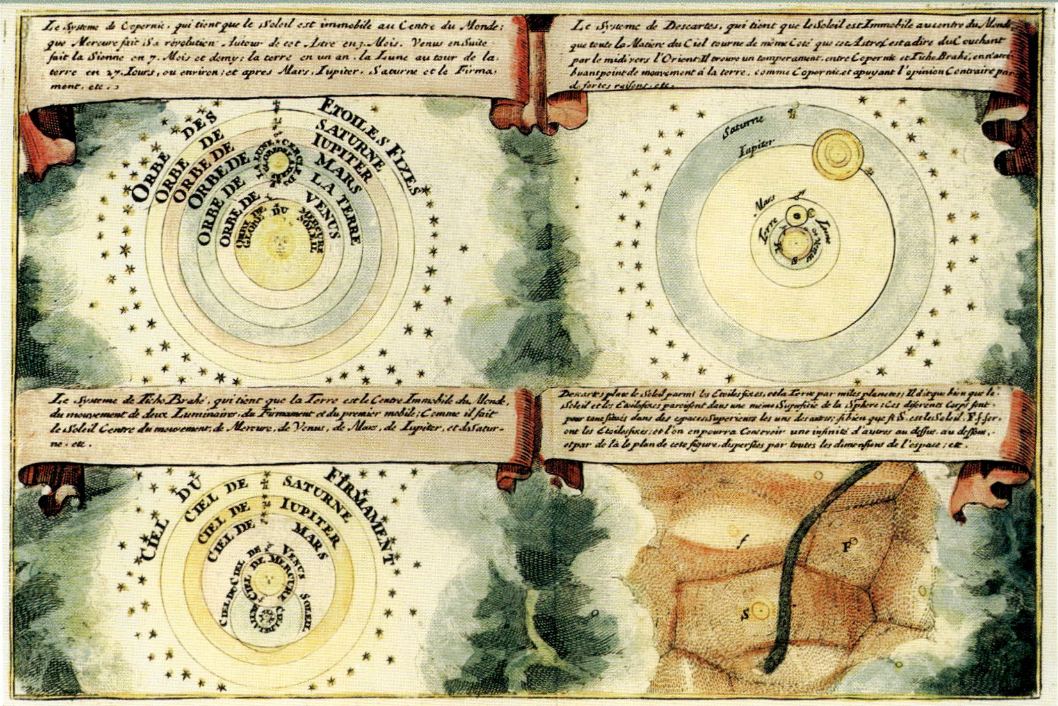

■ Vergleichende Darstellung der Weltsysteme nach Kopernikus, Tycho Brahe und nach Descartes. Kupferstich, Frankreich 17. Jh.

und Probleme so lange zu zerlegen, bis man auf Bestandteile trifft, von denen sich etwas mit Gewissheit sagen lässt; aus klaren und einfachen Aussagen lassen sich dann die kompliziertesten Dinge konstruieren. Zum Beweis der Effizienz seiner vor allem auf die Konstruktionsverfahren der Geometrie zurückgreifenden Methode hatte Descartes dem *Discours* drei wissenschaftliche Abhandlungen beigefügt, eine über die Lichtbrechung, eine über die Meteorologie und eine dritte, in der er die von ihm erfundene und bis heute gültige analytische Geometrie entwickelt, in der sich dank des »cartesischen« Koordinatensystems algebraische Gleichungen in anschaulichen geometrischen Figuren – Kurven und Flächen – darstellen lassen und umgekehrt.

Nachdem Descartes mit dem »cogito ergo sum« eine einzige einfache und festumrissene metaphysische Wahrheit gefunden hat, muss er allerdings einen Umweg über die Theologie nehmen, um hieraus auch die Gewissheit mathematischer Axiome und die Gewissheit der Wirklichkeit des eigenen Körpers und der Außenwelt entwickeln zu können: In meinen Gedanken finde ich auch die Vorstellung eines vollkommenen Wesens, also Gottes. Diese gedachte Vorstellung *ist*, weil ich sie denke, aber sie kann nicht von mir kommen, weil ich unvollkommen bin; und Vollkommenes – das ist ein Axiom der von Descartes ansonsten verachteten antiken und scholastischen Tradition – kann nicht aus Unvoll-

■ Titelseite der Erstausgabe des *Discours de la Méthode*, Leyden 1637.

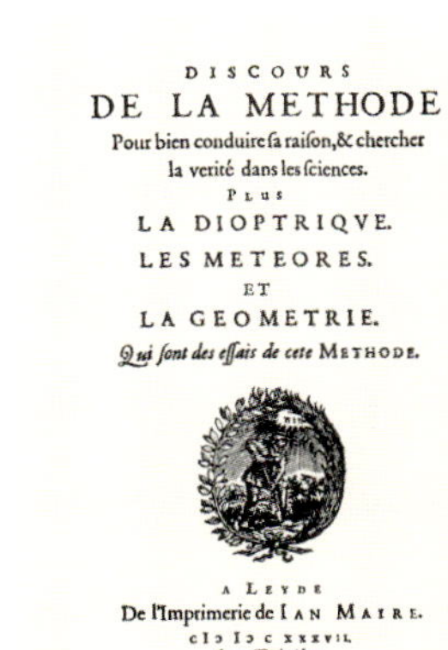
DISCOURS
DE LA METHODE
Pour bien conduire sa raison, & chercher
la verité dans les sciences.
PLUS
LA DIOPTRIQVE.
LES METEORES.
ET
LA GEOMETRIE.
Qui sont des essais de cete METHODE.

A LEYDE
De l'Imprimerie de IAN MAIRE.
CIↃ IↃ C XXXVII.
Auec Priuilege.

DER »ONTOLOGISCHE GOTTESBEWEIS«

Gott ist, weil ich Vollkommenheit nicht denken könnte, wenn es ihn nicht gäbe, dies ist der Grundgedanke des so genannten »ontologischen Gottesbeweises«, den Anselm von Canterbury (1033–1109) zuerst formulierte. Schon Thomas von Aquin konnte mit ihm nicht mehr viel anfangen, weil er die Ebenen von Denken und Sein vermischte. Nachdem Descartes aber die Tatsache, dass es Sein gibt, aus dem Denken abgeleitet hatte, konnte auch der ontologische Gottesbeweis wieder als brauchbar erscheinen.

■ »Ich sehe mich, also bin ich«, könnte man die Selbsterforschung Rembrandts (1606–1669), Descartes' Zeitgenossen, in seinen vielen Selbstporträts überschreiben. Selbstbildnis 1652. Wien, Kunsthistorisches Museum

kommenem hervorgehen. Also muss es Gott außerhalb von mir geben. Und weil Gott in seiner Vollkommenheit mich nicht betrügen kann, sondern mir gewiss die Möglichkeit zur Erkenntnis geben wird, kann es keine Täuschung sein, dass ich einen Körper habe, dass es eine Natur um mich herum gibt und dass zwei und zwei vier sind.

Nachdem er die Naturforschung auf ein seiner Meinung nach unumstößliches metaphysisches Fundament gestellt und seine Forschungs-»Methode« somit abgesichert hatte, konnte Descartes seine mechanistische Physik entfalten: Wie das Denken aus Erkennen und Wollen, so besteht die materielle Welt für ihn aus ausgedehnten Körpern und der Bewegung dieser Körper. Der ganze Weltraum ist mit unendlich weiter teilbaren, verschieden großen und verschiedengestaltigen Korpuskeln erfüllt, und da es kein Vakuum gibt, kein Nichts, teilen diese Körper einander ihre Bewegungen fortwährend mit, so wie bei einer Uhr ein Zahnrad ins andere greift. Gott selbst ist so etwas wie die Feder, die dies Uhrwerk des Weltalls in Bewegung hält. Nicht nur das Uhrwerk stand im 17. Jahrhundert Pate bei der Erklärung der Natur, sondern auch die kunstvollen Wasserspiele in den Parks der großen Herren. Wie eine Relais- und Verteilerstation dieser Wasserspiele stellt Descartes sich die Zirbeldrüse im Gehirn vor, die für ihn das Zentrum des Nervensystems ist. Hier laufen als feine Druckwellen die Sinneseindrücke zusammen, und von hier werden über die Nervenstränge als einer Art hydraulischen Systems Drücke an die Muskeln des Körpers weitergegeben, die dort in Muskelbewe-

■ Descartes stellt sich die Sinneswahrnehmungen rein mechanisch wie ein hydraulisches System vor. Hier wird eine Hitzempfindung von den Zehen bis zur Zirbeldrüse weitergeleitet, wo sie als Druck registriert wird. Holzschnitt aus: René Descartes *De homine*, Paris, 1677

gung umgesetzt werden. Wie das Weltall, so ist auch der Körper eine Maschine.

Herr dieser Maschine aber ist für Descartes der Geist, die Seele des Menschen. In seinen Ausführungen zur Ethik zeigt er, wie der Geist auf geschickte Weise die Leidenschaften des Körpers zu beherrschen lernen, wie der menschliche Willen über den Körper triumphieren kann. Die denkende und durch ihren Willen Ziele setzende Seele bleibt für ihn etwas von der materiellen Welt Getrenntes – anders als für seinen materialistischen Konkurrenten Thomas Hobbes. Er erneuert damit den alten Leib-Seele-Dualismus Platons, und zwar auf eine Weise, die die neuzeitliche Philosophie prägen sollte: Der Geist ist das Subjekt der Erkenntnis (Descartes verwendet freilich den Subjektbegriff noch nicht in diesem Sinne), dem die materielle Welt als Objektwelt gegenübersteht. Zur Objektwelt gehört auch der menschliche Körper. Ein Problem, das Descartes dabei nicht lösen kann und das er deshalb einfach als gegeben hinzunehmen empfiehlt, ist das Ineinandergreifen von materiellem Leib und immaterieller Seele; es wird sich als »Leib-Seele-Problem« durch die neuzeitliche Metaphysik ziehen.

■ Eine der frühen Verehrerinnen von Descartes: Elisabeth von der Pfalz (1618–1680), die »philosophische Prinzessin«. Gemälde, um 1640, von Willem van Honthorst (1594–1666). Bad Homburg, Staatliche Schlösser und Gärten

Das Denken (der Geist, die Seele) ist für Descartes stets etwas Individuelles. *Ich* denke (und will) ist der Ausgangspunkt seiner Metaphysik. Dieses Ich, das über den Körper herrscht und das auch nach der Herrschaft über die äußere Natur mittels Maschinen greift, ist etwas ganz Neues in der Geschichte des Denkens. Es unterscheidet sich radikal vom mittelalterlichen Ich, das einerseits in stabile Traditionen eingebettet war, andererseits aber auch Spielball der natürlichen Bedürfnisse und Leidenschaften war. Es unterscheidet sich auch noch vom Ich der italienischen Renaissance, das gerade Anspruch auf das Ausleben seiner körperlichen Leidenschaften erhob. Das 17. Jahrhundert stellt demgegenüber eine wichtige Etappe in der Entwicklung dar, die der Sozialphilosoph Norbert Elias (1897–1990) »Prozess der Zivilisation« genannt hat. Die Adligen Frankreichs nehmen die Disziplin des Hoflebens auf sich; die Kaufleute in Holland und England lernen, die Bedürfnisse des Augenblicks hintanzustellen, um Kapital für künftiges

■ René Descartes, Porträt, um 1640, von Frans Hals (1581/85–1666). Paris, Louvre

Handeln ansammeln zu können. Sie müssen sich auch ohne Drohung direkter Gewalt selbst disziplinieren, kurz, sie müssen ihr Ich von ihren leiblichen Bedürfnissen und Leidenschaften trennen. Dieses moderne Ich tritt uns in der Philosophie Descartes' ebenso wie in den Dramen eines Calderón oder in den Selbstbildnissen Rembrandts entgegen.

Sieht man vom ungelösten Leib-Seele-Problem ab, so war Descartes' System klarer »durchkonstruiert« als das seines Widersachers Hobbes – deshalb aber auch weniger offen für neue Erfahrungen. Die Konkurrenz zwischen dem französischen, »cartesischen« Rationalismus und dem pragmatischeren Empirismus der Angelsachsen hat sich bis heute erhalten, obwohl beide ihren gemeinsamen Ursprung in der Gegnerschaft zur von den Kirchen immer noch hochgehaltenen aristotelisch geprägten scholastischen Tradition hatten. Hobbes wie Descartes hofften, durch eine rationalere und wirklichkeitsnähere Methode der Erforschung der äußeren wie der menschlichen Natur die eifersüchtigen Querelen der geistlichen Autoritäten zu beenden, die in ihren Augen die Ursache der schrecklichen Religionskriege ihrer Zeit waren – nicht ohne Erfolg, denn seit ihrer Zeit wurde in weltlichen Dingen »die Wissenschaft« zur wichtigsten Autorität, während theologische Streitigkeiten zunehmend nur noch innerkirchliche Bedeutung hatten.

Descartes zahlte den Preis für seinen Kampf gegen die alten geistigen Autoritäten damit, dass er die beste Zeit seines Lebens im Exil im calvinistischen Holland verbringen musste, dem damals modernsten und liberalsten Land Europas. Trotzdem blieb er der katholischen Kirche treu, selbst noch auf seiner letzten Lebensstation im lutherischen Schweden. Auch die Religion war Teil seines »ich denke«, und sein Denken ließ er sich von keiner Autorität vorschreiben.

RENÉ DESCARTES

LEBEN UND WERK

René Descartes, am 31. März 1596 in La Haye in der Nähe von Tours geboren, war das dritte Kind des Juristen Joachim Descartes und seiner Frau Jeanne, die im Jahr nach der Geburt ihres Sohnes starb. Im Alter von etwa zehn Jahren wurde Descartes auf das Jesuitenkolleg von La Flèche im Anjou geschickt, wo er unter anderem Unterricht in Physik, Mathematik und Philosophie erhielt. Nach der achtjährigen Schulzeit studierte er kurze Zeit in Poitiers und machte einen juristischen Abschluss. In den folgenden Jahren unternahm er viele Reisen durch Europa. Während eines Aufenthalts in den Niederlanden trat er zunächst in die Armee des Prinzen Moritz von Nassau ein, im Jahr darauf wechselte er zu den Truppen Maximilians von Bayern. Eine Begegnung mit dem Mediziner und Naturforscher Isaac Beckmann regte ihn zur Beschäftigung mit wissenschaftlichen Fragen an. Im Winter 1619 hielt er sich mehrere Monate in der Nähe von Ulm auf und hatte eines Nachts drei Träume, die, wie er selbst zum Ausdruck brachte, seinen Lebensweg entscheidend beeinflussten, denn sie bedeuteten ihm, dass er zum Wissenschaftler berufen sei. Descartes gab sein Soldatenleben auf, setzte seine Reisen fort und kam durch Deutschland, die Niederlande und Italien. Von 1625 bis 1628 lebte er in Paris und hatte dort Kontakt zu dem Mathematiker Marin Mersenne (1588–1648) und seinem Kreis. In dieser Zeit beschäftigte er sich intensiv mit Optik, Algebra und Wahrnehmungstheorie. Ende 1628 emigrierte er in die Niederlande, wo er die nächsten zwanzig Jahre an verschiedenen Orten, meist in ländlicher Umgebung, zurückgezogen lebte und an seinen mathematischen, physikalischen, medizinischen, vor allem anatomischen, und philosophischen Schriften arbeitete. Sein erstes veröffentlichtes Werk, die 1637 zunächst anonym erschienene *Abhandlung über die Methode des richtigen Vernunftgebrauchs und der wissenschaftlichen Wahrheitsforschung* (*Discours de la méthode pour bien conduire sa raison et chercher la vérité*), fand schnell eine große Leserschaft. 1641 folgte mit den *Meditationen über die Grundlagen der Philosophie* (*Meditationes de prima philosophia*) sein Hauptwerk. Drei Jahre später veröffentlichte er die *Prinzipien der Philosophie* (*Principia philosophiae*), eine Art Lehrbuch, in dem er in vier Teilen die Grundlagen seines bisherigen Denkens und Forschens zusammenfasste. Das in lateinischer Sprache geschriebene Werk erschien 1647 in französischer Übersetzung. Nach längerem Zögern nahm Descartes im Sommer 1649 eine Einladung von Königin Christina von Schweden an und zog nach Stockholm, um sie in Philosophie zu unterrichten. Bald darauf erkrankte er an einer Lungenentzündung und starb im Winter 1650 im Alter von vierundfünfzig Jahren.

AUF DEN PUNKT GEBRACHT

Keine der flüchtigen Wahrnehmungen kann Gewissheit bringen. Gewiss ist einzig und allein, dass ich bin und denke. Daraus lassen sich mit Hilfe der Mathematik aber weitere Gewissheiten entwickeln, mit deren Hilfe wir Ordnung in die Erscheinungswelt bringen können. So könnte man den Cartesianismus bündig zusammenfassen.

EMPFEHLUNG

Lesenswert:

Rainer Specht: *René Descartes. Mit Selbstzeugnissen und Bilddokumenten*, Reinbek 1995.

Hans Poser: *René Descartes. Eine Einführung*, Stuttgart 2003.

Wolfgang Röd: *Descartes. Die Genese des Cartesianischen Rationalismus*, München 1995.

Hörenswert:

Ich denke, also bin ich. Basistexte europäischer Philosophie. Descartes, Voltaire, Rousseau und Kant. Gesprochen von Peter Matic, Friedhelm Ptok, Hans Paetsch, Hans-Peter Bögel, Hamburg 2000. 2 Audio-CDs.

Sehenswert:

Calderóns Theaterstück *Das Leben ein Traum*, das heute noch oft gespielt wird, macht Grundgedanken Descartes' sinnfällig. Rembrandts Selbstporträts, die nicht nur in Amsterdam, sondern auch in Wien, München, Paris, London und St. Petersburg hängen, sind ebenfalls eine hervorragende Illustration zu Descartes' Selbstvergewisserungsstrategie.

Liberaler »common sense« und Empirismus

John Locke

1632–1704

John Locke nahm Zeit seines Lebens intensiven Anteil an der englischen Politik. Schon früh gehörte er zur Umgebung von Anthony Ashley Cooper, dem späteren ersten Earl of Shaftesbury, der die Opposition gegen die absolutistischen Pläne der Stuart-Könige anführte. Nachdem die Stuart-Herrschaft in der »Glorious Revolution« von 1688 gestürzt worden war, kehrte Locke im Triumph aus Holland, wo er die letzten Jahre im Exil verbracht hatte, nach England zurück. Er entfaltete nun eine breite politische und wissenschaftliche Tätigkeit und konnte seine beiden Hauptwerke, die *Zwei Traktate über die Regierung* und *Ein Essay über den menschlichen Verstand*, veröffentlichen. Seine prominente Stellung im öffentlichen Leben trug dazu bei, dass beide Werke bis weit ins 18. Jahrhundert hinein in der internationalen Gelehrtenrepublik wie in der englischen Politik außerordentlich einflussreich blieben und zu Grundtexten der Aufklärung wurden.

■ John Locke, zeitgenössische Kopie nach einem Gemälde von Godfrey Kneller (1646–1723).

In seinen politischen Schriften, deren wichtigste die *Zwei Traktate* waren, ging es Locke darum, die Ziele zu begründen, die seine politischen Freunde verfolgten: eine konstitutionelle, vom Parlament kontrollierte Monarchie und wirtschaftliche Freiheit und Sicherheit der Staatsbürger. Dabei griff er auf die von Thomas Hobbes so zuerst formulierte Theorie des Gesellschaftsvertrags zurück – allerdings ohne sich auf den Vorgänger zu berufen, der als Materialist und angeblicher Atheist geächtet war: Im Naturzustand nehmen die Menschen das natürliche Recht auf ihre Selbsterhaltung wahr; um der Verbesserung ihrer Überlebenschancen willen aber treten sie durch einen Vertrag Rechte an den staatlichen Souverän ab und damit in einen politischen Gesellschaftszustand ein. Locke geht bei der Formulierung dessen, was das Naturrecht sei, weiter als Hobbes, der den Menschen nur als sich selbst reproduzierende Maschine gesehen hatte: Alle Menschen sind von Natur aus gleich und frei, und sie haben das Recht, ihr Leben, ihre Gesundheit, ihre Freiheit und ihr Eigentum zu verteidigen, nicht aber das Recht, anderen ihre gleichen Rechte zu nehmen oder zu schmälern. Der Mensch ist für Locke nicht mehr ein von Natur aus egoistisches und brutales Wesen, sondern ein ethisches Subjekt, das bei der Verfolgung seiner »Glückseligkeit« auch die Glückseligkeit im Jenseits in Betracht ziehen und deshalb moralisch handeln wird. Sein Recht als moralischer Mensch darf er auch mit Gewalt durchsetzen.

Anders als bei Hobbes gibt das freie Individuum im Gesellschaftsvertrag auch niemals alle seine Rechte an den Staat ab. Wenn der Staat ihre natürlichen Rechte nicht hinreichend schützt, hat eine Person sogar ein Recht auf einen Widerstand gegen die Staatsgewalt, der bis zur Umwälzung der staatlichen Machtverhältnisse, bis zur Revolution gehen kann. Dabei verlangt Locke keinen kapitalistischen Laissez-faire-Staat im Sinne des Liberalismus des 19. Jahrhunderts; vielmehr gesteht er dem Staat auch das Recht auf Eingriffe ins Eigentum zu, das er doch erstmals ausdrücklich als Menschenrecht bezeichnet: Das Recht auf Eigentum ist Recht auf die Früchte der eigenen Arbeit, doch um die Produkte der Arbeit besser verteilen zu können, haben die Menschen das Geld erfunden, in dem ihre Arbeitsleistung gleichsam konserviert ist. Geldbesitz geht deshalb nicht immer unmittelbar auf die Arbeit eines Individuums zurück und kann daher vom Staat besteuert oder auf andere Weise eingeschränkt werden. In seinen Überlegungen zum Verhältnis von Eigentum, Arbeit und Geld erweist sich Locke als Vorläufer der modernen Volkswirtschaftslehre etwa eines Adam Smith.

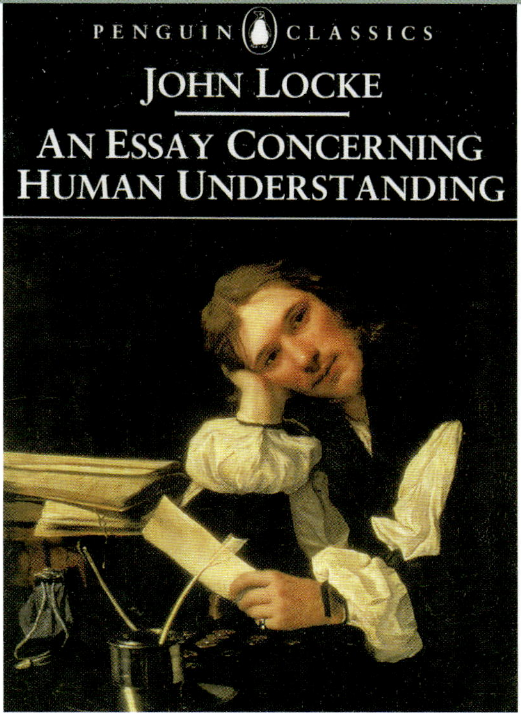

■ John Locke in einer modernen Taschenbuchausgabe.

JOHN LOCKE, DIE MENSCHENRECHTE UND DER WESTERN

Die von Locke gefundenen Formulierungen für die naturgegebenen Menschenrechte haben im 18. Jahrhundert sowohl in die amerikanische Verfassung als auch in die Menschenrechtserklärung der Französischen Revolution Eingang gefunden. Die Pioniergesellschaft des amerikanischen Westens wurde im 20. Jahrhundert zum gängigsten Beispiel für eine noch nicht von staatlichen Institutionen beherrschte Gesellschaft, in der gleichwohl das natürliche Recht gilt, das nicht einfach das des Stärkeren ist. In unzähligen Western-Filmen wird diese Auffassung bis heute propagiert.

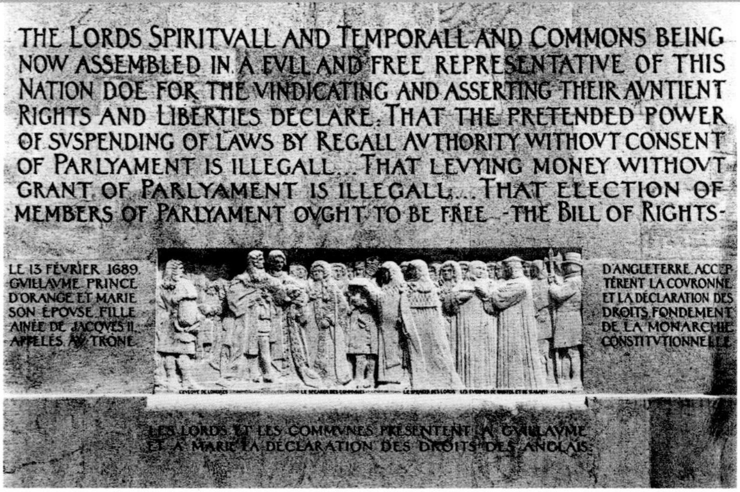

■ Vertreter von Ober- und Unterhaus verlesen am 13. Februar 1689 die Deklaration der Rechte der Engländer, die »Bill of Rights«. Von hier aus beginnt die Entwicklung der modernen Demokratie in England, deren Theorie John Locke als erster formuliert hat. Quarzrelief von Paul Landowski, um 1916. Genf, Denkmal der Genfer Reformation

Zum friedlichen Zusammenleben in einem liberalen Staat, der durch die Gewaltenteilung zwischen Legislative – Parlament – und Exekutive – König – Raum für die Freiheit des Einzelnen lässt, gehört vor allem religiöse Toleranz. Dies war in der Zeit nach den Religionskriegen ein zentrales Thema: Niemand darf im Namen einer subjektiven Glaubensgewissheit den Frieden infrage stellen. Locke hat in mehreren Schriften versucht, Grundlagen für die religiöse Toleranz zu schaffen, indem er eine Plattform der Verständigung zwischen den verschiedenen christlichen Bekenntnissen formulierte, eine Art Minimalchristentum, dem alle Engländer zustimmen können sollten. Ausgeschlossen aus der staatlich garantierten Freiheit der Religionsausübung sollten nur Atheisten sein – weil sie die Grundlagen der natürlichen Moral nicht teilten –, Katholiken – weil sie einen ausländischen Souverän anerkannten, nämlich den Papst – und Fanatiker, die ihre Überzeugungen einer vernünftigen Diskussion entzogen.

Eine Gesellschaft braucht eine Plattform der Verständigung, in der das formuliert ist, was alle ihre Mitglieder als Gewissheit teilen. Eine solche Plattform wollte Locke auch für die Gemeinde der Wissenschaftler schaffen, und das ist das Ziel seines *Versuchs über den menschlichen Verstand.*

Locke war mit den hervorragendsten Naturwissenschaftlern seiner Zeit befreundet, wie mit Robert Boyle, der mit seinem Begriff des »Elements« die Grundlage für die moderne Chemie

LOCKE UND DIE ANALYTISCHE PHILOSOPHIE

Die moderne »analytische Philosophie«, die sich vor allem mit der Frage beschäftigt, inwieweit unsere Sprache – die des Alltags wie die der Wissenschaft – zur Verständigung und zur Schaffung gemeinsamer Überzeugungen der Menschheit taugt, hat Locke als »ihren« Philosophen wiederentdeckt. Wie Locke interessiert sich etwa Jürgen Habermas für die sprachlich-begrifflichen Mittel, die helfen, einen wissenschaftlichen wie einen politischen Konsens möglich zu machen.

schuf, und später mit Isaac Newton; und er hatte den Rationalismus Descartes' genauso studiert wie den atomistischen Materialismus Gassendis und Hobbes'. Als Mann des Ausgleichs untersuchte er diese unterschiedlichen Ansätze auf ihre Gemeinsamkeiten und versuchte aus diesen eine allgemeingültige Grundlage der Wissenschaft zu machen, ohne sich in die einzelnen Gebiete der Fachgelehrten einzumischen. Von Descartes übernahm er den Ausgang vom einzelnen Subjekt – was kann eine einzelne »Person« wissen? –, ohne aber zu akzeptieren, dass die Wirklichkeit auf der Grundlage einzelner Gewissheiten des einzelnen Ich wie in der Geometrie konstruiert werden könne. Es gibt keine Gewissheiten, die uns von vornherein »angeboren sind«, hebt er hervor und wendet sich damit gegen das platonische Konzept der Teilhabe an ewigen Ideen durch »Wiedererinnerung« an das in einem früheren Leben Gewusste. Gewiss ist für Locke nur die Einsicht, die wir uns selbst verschaffen, indem wir die Wahrnehmung unserer Sinne auf uns einwirken lassen. Durch sie allein wird unser Bewusstsein mit Inhalten, »Ideen«, gefüllt, ohne sie wäre es ein unbeschriebenes Blatt. Mit diesen Grundsatzerwägungen ist Locke ein radikaler Empirist, und er gilt als erster Vertreter eines modernen aufgeklärten Empirismus. Doch dieser Empirismus hat auch eine »rationalistische«, cartesische Seite. Denn wenn uns auch kein Bewusstseinsinhalt angeboren ist, so besitzen wir doch von Natur aus das Vermögen, die Ideen, die wir mithilfe unserer Sinne aufnehmen, zu »reflektieren«, das heißt, auf ihre Qualität zu prüfen. Durch Reflexion lernen wir zwischen »Substanzideen«, Vorstellungen selbstständiger Einzeldinge, und »Relationsideen«, die sich auf das Verhältnis zwischen solchen Vorstellungen beziehen, zu unterscheiden. Wir können durch Reflexion auch »Modi«

■ Wilhelm III. (1650–1702) von Oranien, konstitutioneller König von England, Schottland und Irland (1689–1702), ab 1674 Erbstatthalter der Niederlande. Gemälde von Friedrich Pecht (1814–1903). München, Maximilianeum Kollektion

■ Krönung Wilhelms III. und seiner Gemalin Maria in der Westminster-Abtei in London am 21. April 1689. Zeitgenössischer Kupferstich

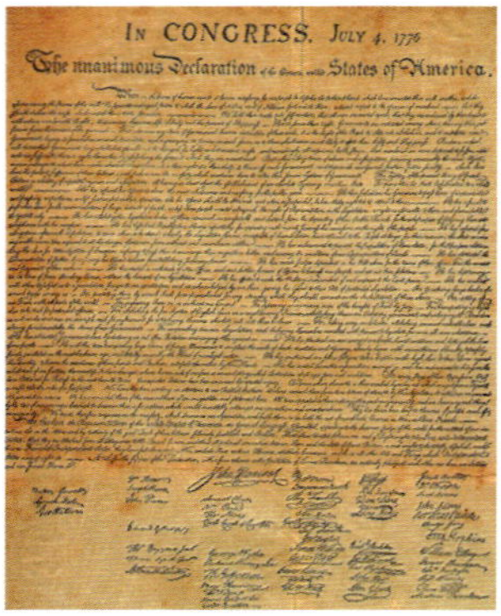

■ Die Unabhängigkeitserklärung der Vereinigten Staaten von Nordamerika vom 4. Juli 1776 verdankt Locke die Ideen der Menschenwürde sowie der Freiheit des Individuums und seines Eigentums.
John Locke, nach dem Gemälde von Godfrey Kneller

von Vorstellungen bilden, die sich gar nicht mehr unmittelbar auf empirisch erfahrene Substanzen beziehen, wie etwa »Dreieck« oder »Dankbarkeit«, abstrakte Begriffe der Mathematik oder der Moral. Weiterhin besitzen wir die spontane (»intuitive«) Fähigkeit, Klassen von Gegenständen (etwa »Dreiecke« und »Kreise«) voneinander zu unterscheiden. Dadurch erst können wir die durch sinnliche Wahrnehmung und Reflexion entstandenen Bewusstseinsinhalte miteinander vergleichen und Urteile über sie fällen, die zur Gewissheit werden, wenn sie widerspruchsfrei zueinander passen. Solche Gewissheit gibt es freilich nicht in der sinnlichen Erkenntnis äußerer Dinge, denn wir können das wirkliche Wesen einer Substanz nie erkennen; wir können nur die »nominale Essenz«, den von uns selbst geprägten abstrakten Begriff eines Dinges, mit Erfahrungen füllen. (Kant wird dies in dem Begriff des »Dings an sich« ausdrücken, das für die Wissenschaft niemals greifbar ist.)
Die Naturwissenschaft trägt der Tatsache, dass komplexe Sinneseindrücke nicht exakt beschreibbar sind, dadurch Rechnung, dass sie »primäre«, rational-mathematisch fassbare Eigenschaften von Dingen wie Ausdehnung, Gestalt und Bewegung, von »sekundären«, nur subjektiv fassbaren wie Farbe oder Geschmack, unterscheidet und ihre Urteile auf die primären Eigenschaften beschränkt, um so zu sicheren Aussagen zu gelangen.
Indem Locke Schritt für Schritt »Ursprung, Gewissheit und Umfang der menschlichen Erkenntnis« prüft, indem er herauszufinden sucht, was für alle Menschen gewiss sein kann, was sie nur ungefähr und was sie niemals erkennen können, begründet er die moderne Erkenntnistheorie, die immer auch Theorie der Grenzen der Erkenntnis ist. Indem er wissenschaftliche Exaktheit mit »common sense« kombiniert, räumt er, wie er bescheiden vermerkt, die »Baustelle« auf, damit dort das Gebäude der modernen Wissenschaft errichtet werden kann.

JOHN LOCKE

LEBEN UND WERK

John Locke wurde am 29. August 1632 in Wrington in der Nähe von Bristol geboren. Nachdem er die klassisch-philologische Ausbildung an der Westminster School in London durchlaufen hatte, studierte er in Oxford unter anderem Philosophie und Naturwissenschaften, später Medizin, und machte 1658 seinen Abschluss als Bachelor of Arts. Ab 1662 war er als Dozent für Philosophie, Rhetorik und Griechisch tätig. Er beschäftigte sich intensiv mit der modernen Philosophie von René Descartes und, angeregt durch den Chemiker Robert Boyle (1627–1691) und den Mediziner Thomas Sydenham (1624–1669), mit der neuen experimentellen Naturwissenschaft. 1667 zog Locke nach London in das Exeter House und blieb dort acht Jahre als Arzt und Sekretär von Anthony Ashley Cooper, dem späteren Earl of Shaftesbury (1621–1683), mit dessen Familie ihn eine enge Freundschaft verband. Unter dessen Einfluss und aufgrund seiner eigenen Erfahrungen mit der praktischen Politik gab Locke seine ursprünglich konservativ-royalistische Haltung auf und entwickelte sich zum Verfechter eines Verfassungsstaats. Von 1675 bis 1679 lebte er in Frankreich, verbrachte die folgenden vier Jahre wieder in London, bis er dem Earl of Shaftesbury nach dessen Sturz ins Exil nach Holland folgte. Dort widmete er sich der Arbeit an seinen philosophischen Schriften. Erst 1689, mit dem Regierungsantritt Wilhelms III. von Oranien nach der »Glorious Revolution«, kehrte Locke nach England zurück. Unmittelbar danach erschienen drei seiner wichtigsten Werke, als erstes der *Brief über die Toleranz* (1689, *Epistola de tolerantia*), in dem er für die Freiheit aller Glaubensbekenntnisse eintrat, solange sie den liberalen Staat nicht bedrohen. 1690 veröffentlichte er sein vierbändiges erkenntnistheoretisches Hauptwerk *Versuch über den menschlichen Verstand* (*Essay Concerning Human Understanding*), an dem er mit Unterbrechungen über fünfzehn Jahre lang gearbeitet hatte. Noch zu Lebzeiten Lockes wurde dieses Werk mehrmals neu aufgelegt und sowohl in französischer wie lateinischer Übersetzung herausgegeben. Im selben Jahr erschien auch die Schrift *Zwei Abhandlungen über die Regierung* (*Two Treatises of Government*). 1693 veröffentlichte Locke sein Werk *Einige Gedanken über die Erziehung* (*Some Thoughts Concerning Education*), das Jean Jacques Rousseau beeinflusste. Nach seiner Rückkehr nach England bot Wilhelm III. ihm wiederholt ein Regierungsamt an, Locke lehnte jedoch aus gesundheitlichen Gründen ab. 1696 übernahm er schließlich einen hohen Posten im Handelsministerium. Locke starb am 28. Oktober 1704 in einem Landhaus in Oates nahe London, wo er seine letzten Jahre verbracht hatte.

AUF DEN PUNKT GEBRACHT

Indem er sorgsam unterscheidet, was wir wissen können und was ungewiss, nur subjektiv erfahrbar ist, versucht Locke, eine Plattform zu schaffen, auf der ein Konsens möglich ist – sowohl in der Wissenschaft als auch in der Gesellschaft. Er schafft dabei Grundlagen für die moderne Erkenntnistheorie, die moderne Naturwissenschaft und die moderne Theorie der Politik.

EMPFEHLUNG

Lesenswert:

John Locke: *Essay über den menschlichen Verstand*, 2., bearb. Aufl., herausgegeben von Udo Thiel, Berlin 2008.

Udo Thiel: *John Locke. Mit Selbstzeugnissen und Bilddokumenten*, Reinbek 1990.

Rainer Specht: *John Locke*, München 1989.

Walter Euchner: *John Locke zur Einführung*, Hamburg 2004.

Hörenswert:

Die Opern Georg Friedrich Händels (1685–1759) lassen die Zeit Lockes musikalisch lebendig werden.

Sehenswert:

Das Christ Church College in Oxford erinnert auf romantische Weise nicht nur an Locke, sondern auch an zahlreiche andere englische Geistesgrößen. Das ehrwürdige Parlament in Westminster ist die Wiege einer Demokratie, der Locke erst philosophische Weihen gab.

Göttliche Natur und menschliche Freiheit

Baruch Spinoza

1632–1677

Spinoza ist der Philosoph des goldenen Zeitalters Hollands – der »Generalstaaten« der nördlichen Niederlande, wie sich das Bündnis freier Städte und Landschaften selbst nannte – in der Mitte des 17. Jahrhunderts. Er stand in engen Beziehungen zu den »Regenten«, den reichen städtischen Oligarchen, die das Land regierten und Holland zum Zentrum der Künste und der jungen Naturwissenschaften gemacht hatten. In keinem anderen Land Europas wäre es zu dieser Zeit denkbar gewesen, dass über die Schriften eines Nichtchristen jüdischer Herkunft (aus der jüdischen Gemeinde Amsterdams war Spinoza mit dreiundzwanzig Jahren wegen Unglaubens ausgestoßen worden) öffentlich diskutiert wurde und dass ihr Verfasser die Förderung der Mächtigen im Staat genoss. Die Debatte, an der sich Spinoza beteiligte und deren Gegenstand er selbst am Ende wurde, kreiste um die Philosophie von Descartes und Hobbes, um das Verhältnis von Denken und Natur und schließlich darum, was darüber gedacht werden *durfte* – und

■ Amsterdam, die 1675 eingeweihte Portugiesische Synagoge. Zeitgenössischer Kupferstich

damit über das Verhältnis von Staat, Kirche und Gesellschaft.
Die Lehre Descartes' hatte einige Schwachpunkte, die den Zeitgenossen nicht entgangen waren, am wenigsten den Naturforschern. Seine Lehre von der Welt der physischen, ausgedehnten Körper, die einander durch Stoß und Druck fortwährend ihre Bewegung mitteilen, setzte einen Gott voraus, der außerhalb dieser »Weltmaschine« angesiedelt war und sie durch seinen permanenten Eingriff in Bewegung hielt. Das war unbefriedigend, denn so war die göttliche Schöpfung nicht für sich vollkommen. Außerdem hatte Descartes das Verhältnis von »Denken« und »Ausdehnung«, von geistiger und physischer Welt ungeklärt gelassen; folglich war auch das Verhältnis dieser beiden Substanzen zu der dritten, Gott, nicht recht deutlich, denn Gott als der Schöpfer musste die Ursache der beiden anderen Substanzen sein, die jedoch in sich jeweils die letzte Ursache aller »Modi«, aller Erscheinungen, der materiellen beziehungsweise der geistigen Welt, sein sollten. Schließlich – auch dies konnte Unbehagen auslösen – haftete dem Cartesianismus, in dem auch die Lebewesen – also sogar die Menschen –, die dem erkennenden Ich gegenübertraten, nur Maschinen waren, etwas Kaltes an.

■ Baruch Spinoza, Ausschnitt aus einem Gemälde des 17. Jh.s

Schon in jungen Jahren entwickelte Spinoza seine Gegenposition zu Descartes, die nur wenig am cartesischen rationalistischen Denkgebäude änderte, aber ihm eine völlig andere Einfärbung gab: Es gibt nur eine Substanz, auf die alles zurückgeht und die alles ist, die Denken, Gott und Natur gleichermaßen ist. Es ist dies die eine Natur, die unendlich, in sich vollkommen und daher göttlich ist; eine Natur, die sich stets selbst hervorbringt (»natura naturans«) und deren aus ihr erwachsene Teile (»natura naturata«) alle Einzeldinge, wir selbst eingeschlossen, sind; eine Natur, die in sich unendlich weise ist und die sich in unserem Denken selbst erkennt. Alles ist Natur, alles ist Gott, und wir sind ein Teil davon. Wir erkennen diese Natur, indem wir sie zunächst erahnen, sie dann begrifflich präzise erfassen und schließlich in ihrer Unendlichkeit und Ewigkeit (»sub specie aeternitatis«) betrachten und

SPINOZA UND DIE ROMANTIK
Die deutsche Romantik entdeckte die Naturauffassung Spinozas wieder. Das mystische Einssein des Menschen mit der Natur, von der Friedrich Heinrich Jacobi (1743–1819) und Johann Gottfried Herder (1744–1803) schwärmten, kommt nirgends besser – sinnlicher – zum Ausdruck als in Gemälden wie denen Caspar David Friedrichs.

uns intuitiv unserer Teilhabe an ihr vergewissern. Dann können wir nicht umhin, sie als das ewige Göttliche, an dem wir Anteil haben, auch zu lieben. Indem wir die Gegenstände der Welt mit unserem Denken wie mit unserer physischen Sinnlichkeit gleichermaßen umfassen, erfahren wir uns selbst als ebenso geistige wie leiblich-sinnliche Wesen mit Gefühlen, erfahren wir, dass Denken und die Gegenstände unserer Sinne zusammengehören, dass sie Kehrseiten derselben Medaille sind – zwei »Attribute« derselben »Substanz«, wie Spinoza es ausdrückt.

In diesem System, in dem Gott mit einer ewigen Natur gleichgesetzt wird, gibt es keinen menschenähnlichen Schöpfer mehr und keine ewig lebenden Einzelseelen. Spinozas kirchengläubige Gegner, die ihn als Atheisten bezeichneten, hatten nicht Unrecht, denn der unpersönliche Gott eines solchen »pantheistischen« Denkens ist kaum das, was man allgemein unter »Gott« versteht.

Spinoza musste daran gelegen sein, Argumente für die Stärkung der toleranten, liberalen Kräfte in der niederländischen Gesellschaft zu sammeln, die ihm ein Denken ermöglichten, das das übliche Christentum weit hinter sich ließ. Er fand sie vor allem in der Auseinandersetzung mit Thomas Hobbes, der als erster eine im Sinne der herrschenden mechanistischen Wissenschaft völlig rationalistische Staatstheorie formuliert hatte: Der Mensch handelt als Naturwesen egoistisch und eigennützig, um seiner physischen Selbsterhaltung willen; er muss allerdings aus Eigennutz einsehen, dass er sein Naturrecht auf rücksichtslose Aneignung der seine

■ Amsterdam war zur Zeit Spinozas die wahrscheinlich lebendigste Stadt der Welt. Stadtansicht in einem Kupferstich von Matthäus Merian d.Ä. (1593–1650)

■ Der jüdisch-portugiesisch-niederländische Religionsphilosoph Uriel Acosta (Gabriel da Costa) mit dem kleinen Spinoza. Holzstich nach einem Gemälde von Samuel Hirszenberg (1865–1908)

Überlebenschancen verbessernden Dinge vertraglich an einen Souverän abtritt, damit er nicht von seinen Mitbewerbern um die Ressourcen der Natur zerfleischt wird. Spinoza folgt Hobbes zunächst in seiner mechanistischen Auffassung vom Menschen als Selbsterhaltungsmaschine und den sich daraus ergebenden Konsequenzen. Bei der Bestimmung der idealen Staatsform – die für Hobbes die absolute Monarchie war – unterscheidet er sich jedoch von seinem Vorgänger: Niemand kann auf Dauer so viel Rechte an einen Souverän abgeben, »dass er aufhört, Mensch zu sein«. Und Menschsein bedeutet, sich als Teil der einen lebendigen Natur zu betrachten, zu der auch die Mitmenschen gehören. Der Mensch ist Maschine, aber auch mehr als das, nämlich Teil des Ewig-Göttlichen. Er besitzt damit eine Würde, die ihn Widerstand leisten lässt gegen jede Gewaltherrschaft. Eine monarchische oder

■ Das Studierzimmer in Spinozas Wohnhaus in Rijnsburg bei Leiden.

aristokratische Herrschaft wird nur in dem Maße Bestand haben, wie sie die Bedürfnisse und Hoffnungen der einzelnen Menschen berücksichtigt; am besten aber wäre eine institutionell vernünftig gesicherte Demokratie.

Mit seinem optimistischen Menschenbild, das sich auf der Überzeugung vom Einssein des Menschen mit der göttlichen Natur gründete, war Spinoza seiner Zeit voraus. Sein Hauptwerk, die *Ethik*, konnte zu seinen Lebzeiten nicht publiziert werden, und vielleicht hatte er es nur seinem frühen Tod zu verdanken, dass er nicht mehr wegen Gottesleugnung vor Gericht gezerrt wurde. Seine politische Philosophie blieb in der Geschichte ohne Einfluss, gehört aber zu den schönsten Zeugnissen des goldenen Zeitalters Hollands; seine Idee der Einheit von Denken und Sinnlichkeit, Geist und Natur aber nahm, nachdem sie fast schon vergessen war, entscheidenden Einfluss auf die »Identitätsphilosophie« des nachkantischen deutschen Idealismus und noch auf den modernen Materialismus von Feuerbach, Marx und Engels.

BARUCH SPINOZA

LEBEN UND WERK

Baruch (lat. Benedictus) de Spinoza wurde am 24. November 1632 in Amsterdam als Sohn eines jüdischen Kaufmanns geboren. Seine Vorfahren gehörten dem Kreis der sogenannten »Marranen« an, einer Gruppe von portugiesischen Juden, die zwangsgetauft worden waren, sich im Verborgenen jedoch dem Judentum weiterhin verbunden fühlten und Ende des 16. Jahrhunderts wegen der religiösen Verfolgungen aus Portugal in die Niederlande geflohen waren. Spinoza besuchte eine von portugiesischen Emigranten neugegründete jüdische Schule, wo er unter anderem in die mittelalterliche jüdische Philosophie eingeführt wurde. Außer Hebräisch und Niederländisch lernte er auch Latein, Griechisch und Spanisch. Mit Mitte zwanzig übernahm er das Geschäft seines Vaters und befasste sich nebenher weiter mit Philosophie sowie mit Theologie, Mathematik und Naturwissenschaft. Er lernte die Schriften von René Descartes kennen, die für die Entwicklung seiner eigenen Philosophie von entscheidender Bedeutung waren. Mit der Zeit entfernte er sich vom jüdischen Glauben. Wegen »schrecklicher Irrlehren« wurde er 1657 aus der jüdischen Gemeinde ausgeschlossen und mit dem Bannfluch belegt. Daraufhin verließ Spinoza Amsterdam und wechselte in den nächsten Jahren mehrfach den Wohnort. Seinen Lebensunterhalt verdiente er sich von da an bis zu seinem Tod durch das Schleifen optischer Gläser. 1660 zog er nach Rijnsburg bei Leiden – dort gibt es heute ein Spinoza-Museum –, 1663 nach Voorburg. Im selben Jahr erschien das erste seiner beiden noch zu Lebzeiten herausgekommenen Werke: *Die Prinzipien der cartesischen Philosophie* (*Renati des Cartes principiorum philosophiae*). In Voorburg begann er mit der Arbeit an seinem Hauptwerk *Ethik, nach der geometrischen Methode dargestellt* (*Ethica ordine geometrico demonstrata*). Ab 1670 lebte er in Den Haag, wo er dem liberalen Kreis um den führenden Politiker Johan de Witt (1625–1672) nahe stand. Außerdem hatte er Verbindungen zu herausragenden Persönlichkeiten der Naturwissenschaft und Philosophie, wie dem Physiker Christiaan Huygens (1629–1695) und Gottfried Wilhelm Leibniz (1646–1716). 1670 erschien anonym sein *Theologisch-politisches Traktat* (*Tractatus theologico-politicus*). Karl Ludwig, der pfälzische Kurfürst, machte ihm 1673 das Angebot, den Lehrstuhl für Philosophie an der Universität Heidelberg zu übernehmen; Spinoza schlug es jedoch aus, da er um seine Freiheit des Philosophierens fürchtete. Er starb am 21. Februar 1677 im Alter von vierundvierzig Jahren an Lungentuberkulose. Seine *Ethik* erschien posthum im Jahr 1677. Im Jahr 1927 wurde sein Wohnhaus in Den Haag als Spinoza-Institut eingerichtet.

AUF DEN PUNKT GEBRACHT

Der Dualismus von Geist und Natur, Idealismus und Materialismus, ist dann aufgehoben, wenn wir davon ausgehen, dass die Natur selbst geistig, beseelt und in ihrer Gesamtheit mit Gott gleichzusetzen ist. Dieser Pantheismus Spinozas wurde von der Romantik mit Begeisterung wieder aufgenommen.

EMPFEHLUNG

Lesenswert:

Baruch de Spinoza: *Werke in 3 Bänden*, herausgegeben von Wolfgang Bartuschat, München 2006.

Theun de Vries: *Baruch de Spinoza. Mit Selbstzeugnissen und Bilddokumenten*, Reinbek 1994.

Manfred Walther / Michael Czelinski (Hg.): *Die Lebensgeschichte Spinozas*, 2 Bde., Stuttgart 2006.

Helmut Seidel: *Spinoza zur Einführung*, Hamburg 1994.

Martin Bollacher / Thomas Kisser / Manfred Walther (Hg.): *Ein neuer Blick auf die Welt. Spinoza in Literatur, Kunst und Ästhetik*, Würzburg 2009.

Hörenswert:

Denken und Leben I. Annäherung an die Philosophie in biographischen Skizzen. Spinoza: Geometrie der Gefühle u.a. Gesprochen von Konrad Paul Liessmann, ORF 2001. 5 Audio-CDs.

Besuchenswert:

Das Spinoza-Haus in Rijnsberg bei Leiden (Spinozalaan 29) ist zu besichtigen. Amsterdam ist im Kern noch weitgehend so erhalten, wie es zur Zeit des Philosophen aussah. Die Stadt verfügt auch über ein hervorragendes Stadtmuseum.

Prästabilierte Harmonie, oder: die beste aller möglichen Welten

Gottfried Wilhelm Leibniz

1646–1716

Unsere Welt voller Naturkatastrophen, Kriege und scheußlicher Verbrechen soll, wie Leibniz behauptet, die beste aller möglichen Welten sein? Dass jemand auf eine solche Idee kommen kann, darüber macht sich schon Voltaire in seinem 1759 erschienenen Roman *Candide* gründlich lustig, in dem der naive Leibnizianer Pangloss selbst angesichts des schlimmsten Unglücks unverdrossen seine Formel wiederholt, dass die Welt aufs Beste eingerichtet sei.

Und doch ist die Annahme, dass unsere Welt die beste aller möglichen ist, innerhalb des Leibnizschen »Systems der prästabilierten Harmonie« zwingend begründet. Dieser auf allen Wissensgebieten seiner Zeit bewundernswert gebildete Gelehrte und Weltmann hatte sich nichts Geringeres vorgenommen, als »Platon mit Demokrit, Aristoteles mit Descartes, die Scholastiker mit der modernen Naturforschung, die Theologie mit der Vernunft zu alliieren«, wie er in seinen der Auseinandersetzung mit Locke gewidmeten *Neun Essays über die menschliche Erkenntnis* verkündet – ein gewaltiges Programm, doch es versprach eine Neubegründung der Wissenschaft auf breiterer Grundlage als der von Locke formulierten. Für Locke hatte es nur Weniges gegeben, über das gesichertes Wissen möglich ist, ansonsten empfahl er vernünftige Spielregeln der Forschung und appellierte an den gesunden Menschenverstand. Descartes hatte da mehr versprochen: die Konstitution der Wirklichkeit allein aus dem »Ich denke« heraus, durch die Analyse der Inhalte des Denkens bis auf seine kleinsten Teile und die Konstruktion der Wirklichkeit aus diesen »Bausteinen« des Denkens. Schon in jungen Jahren hatte Leibniz, der wie Des-

■ Gottfried Wilhelm Leibniz, Porträt von unbekannter Hand. Hannover, Historisches Museum

■ Leibniz erläutert Prinz Eugen 1713 in Wien seine Philosophie, Holzstich aus dem 19. Jh.

cartes ein äußerst begabter Mathematiker war, mit der Arbeit an einem logischen Universalsystem des Denkens (»Mathesis universalis«) begonnen, in dem wie in der Mathematik in einer formalisierten Zeichensprache die Gegenstände des Denkens und ihre Verknüpfungsregeln festgehalten werden sollten.

In der Auseinandersetzung mit Descartes stieß er aber auf das Problem des Dualismus von Denken und materieller, und das hieß für Descartes »ausgedehnter« Welt. Das Denken war die eine Substanz, und sie konnte nach aristotelischer Weise analysiert werden, weil ihr Begriff alle ihre Eigenschaften benennenden »Prädikate« schon enthielt: Ich denke, also bin meiner als Seienden gewiss, und so weiter. Die andere Substanz aber, die Welt der Körper, blieb dem Denken äußerlich und konnte durch den Verstand nie ganz erfasst werden. Zwischen Denken und Körperwelt gab es keine erkennbare Brücke. Wie Spinoza – den Leibniz kurz

FORMALISIERTE WISSENSCHAFTSSPRACHE

Leibniz stellte sich eine universelle Zeichensprache für »Vernunftwörter« vor, die nach einheitlichen Regeln gebildet werden und dadurch jederzeit leicht analysierbar sein sollten. Dieses Programm, an dem er zeitlebens arbeitete und das trotzdem über Anfänge nicht hinauskam, wurde im 20. Jahrhundert vom logischen Positivismus und logischen Empirismus wieder aufgenommen. Bertrand Russell und Alfred North Whitehead gelang immerhin die Ausarbeitung einer formalen, nach dem Vorbild der Mathematik dargestellten Logik, die nun ihrerseits als Fundament der Mathematik gelten konnte.

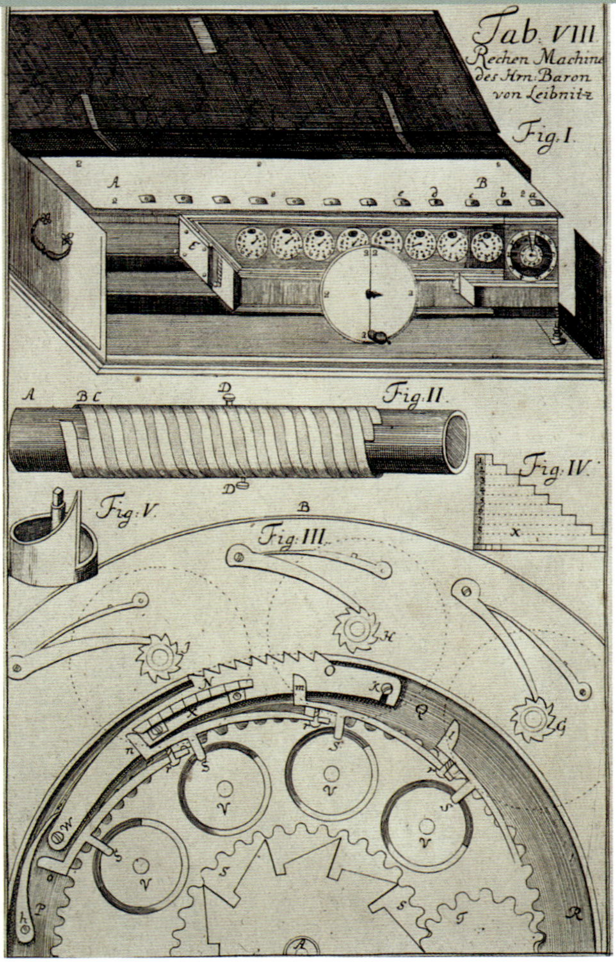

■ *Rechen Machine des Herrn Baron von Leibniz.* Die von Leibniz 1671–1694 erfundene Rechenmaschine für Multiplikatoren. Kupferstich von 1727

vor seinem Tode in Holland besuchte – suchte Leibniz eine Lösung des Substanzenproblems. Er fand sie nicht, indem er wie Spinoza die Existenz nur noch einer einzigen Substanz annahm, sondern indem er von unbegrenzt vielen Substanzen ausging: Nur Dinge, die nicht weiter in andere Dinge zerlegbar sind, argumentiert er, enthalten in ihrer einzelnen Dingheit zwangsläufig auch alle ihre Eigenschaften. Nur was in seiner Art die kleinste Einheit ist, ist einzigartig, besitzt eine Substanz – wie das Blatt eines Baumes, das keinem anderen gleicht. Zerlegbar ist nun alles, was Ausdehnung hat, selbst die Atome. Unzerlegbar ist nur etwas, was einem Punkt in der Geometrie entspricht. Also müssen wir uns die Einzelsubstanzen als ausdehnungslose und damit geistige Wesenheiten vorstellen. Zugleich sollen sie, dem Begriff des Geistigen entsprechend, lebendig und aktiv sein, was Leibniz mit dem – hier in einem weiteren Sinn als in der Physik benutzten – Begriff der »Kraft« ausdrückt. Solcherart begriffene Substanzen sind so etwas wie energiegeladene ausdehnungslose (geistige) Atome. Leibniz verwendet zu ihrer Benennung einen Ausdruck, den schon Giordano Bruno gebraucht hatte, »Monaden«.

Im Begriff der Monade ist also tatsächlich der platonische Idealismus mit der materialistischen Atomlehre Demokrits – auch Epikurs und Gassendis – vereint. Der aristotelische Substanzbegriff ist ebenfalls gewahrt, ohne dass Descartes' Gedanke vom denkenden Ich als Substanz verlorengegangen wäre, denn das denkende Ich, die menschliche Seele, ist eine Monade. Genauer gesagt ist es eine »Zentralmonade«, denn die Monaden, die unseren Leib ausmachen, und die, die unsere Außenwelt darstellen, sind gleichsam um uns herum angeordnet, sind für uns da, Gegenstände und Inhalt unseres Denkens.

Als Zentralmonaden besitzen wir den ganzen Kosmos für uns und

MONADEN UND ELEMENTARTEILCHEN

Leibniz' Begriff der Monade weist erstaunliche Parallelen zur modernen Physik der Elementarteilchen auf. Auch bei diesen spielt räumliche Ausdehnung keine Rolle (allenfalls die ihres Kraftfeldes), sondern nur die Tatsache, dass sie energiegeladen sind und sich spontan in bestimmte (auch räumliche) Verhältnisse zu anderen Teilchen setzen.

betrachten ihn aus unserer jeweiligen menschlichen Perspektive. Andere mögen die Welt anders und deshalb nicht falsch betrachten, so, wie es auch nur eine Frage des Standpunkts ist, ob es die Sonne ist, die sich um die Erde, oder die Erde, die sich um die Sonne dreht. (Mit dieser Argumentation, die mit dem Hinweis garniert war, dass die kopernikanische Position mathematisch eleganter ist, konnte Leibniz übrigens der Kurie in Rom die Zulassung des Kopernikanismus schmackhaft machen.)

Wir kennen nur unseren eigenen, in uns beschlossenen Kosmos, da jede einzelne Substanz in sich abgeschlossen ist. Unsere Welt ist, was *wir* jeweils denken, und wir sind nicht von fremden Substanzen zu beeinflussen, genauso wenig, wie wir sie beeinflussen können. Monaden sind »fensterlos«. Dies wird leichter verständlich, wenn wir uns selbst nicht nur als denkende und betrachtend-erkennende Monaden, sondern auch als tätige Kraftzentren betrachten, die etwas wollen und bewegen. Die Zwecke, die wir setzen, können nur aus uns selbst kommen, sie sind Ausdruck unseres selbst in Entwicklung begriffenen Seins, unserer »Entelechie«, wie Leibniz mit Aristoteles sagt. Alles, was sich in dem Kosmos befindet, dessen Zentralmonade wir sind, gehorcht unserem

■ Detail der von Leibniz erfundenen Rechenmaschine; Zählwerk mit aufgesteckten Stellrädchen und aufgesetztem Schaltwerkrahmen.

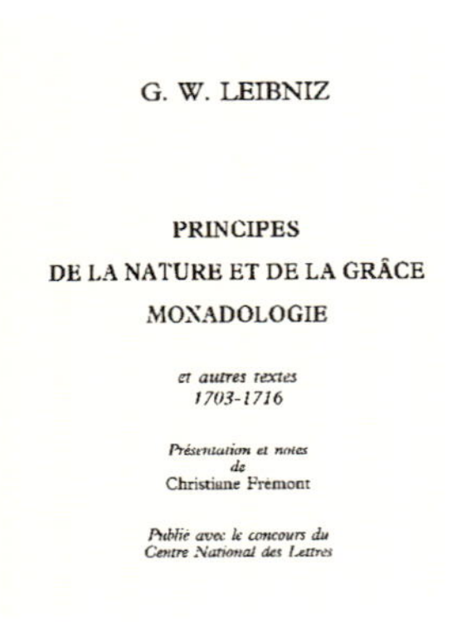
G. W. LEIBNIZ

PRINCIPES
DE LA NATURE ET DE LA GRÂCE
MONADOLOGIE

et autres textes
1703-1716

Présentation et notes
de
Christiane Frémont

Publié avec le concours du
Centre National des Lettres

inneren Entwicklungsgesetz. Was bei der Betrachtung der Natur als Kette von Kausalverhältnissen erscheint, als Reihe von zureichenden Gründen und ihren Folgen, ist zugleich, aus der Perspektive der Entelechie, eine Kette von nacheinander erreichten Entwicklungszielen (»Zweckursachen«).

Wir können nicht wissen, welche Gedanken andere Monaden, zum Beispiel unsere Mitmenschen, haben, aber wir stellen sie uns als denkende (die Menschen), empfindende (die Tiere) oder doch wenigstens auf physische Einwirkungen reagierende (tote Gegenstände) vor. Alle haben in sich ihre eigene Welt, alle haben ihre ihnen innewohnende Kraft, und alle haben die Fähigkeit der »Perzeption«, das heißt, etwas wahrzunehmen, modern gesprochen: Informationen aufzunehmen. Kraft und Perzeption sind dabei wie zwei Seiten einer Medaille. Ein Stein etwa, der angestoßen wird, reagiert auf diese »Information« mit einer Aktivierung der ihm innewohnenden Kraft: mit Bewegung. Der Unterschied zwischen dem physischen und dem ideellen (Informations-)Vorgang wird vollends aufgehoben, wenn wir mit Leibniz annehmen, dass Raum und Zeit keine Substanzen sind, sondern gleichsam eine strukturelle Sehschwäche menschlicher Monaden. Wie wir die Speichen eines schnell bewegten Rades nur noch als Fläche wahrnehmen, bis der raum-zeitliche Vorgang seiner Drehung zu Ende ist, so würden wir auch die wirkliche Welt der unausgedehnten Monaden besser erkennen, wenn wir von Raum, Zeit und Körperlichkeit abstrahieren könnten.

Wir Menschen-Monaden besitzen mehr als die Fähigkeit der »Perzeption«, nämlich, als besondere »Gnade«, auch die der »Apperzeption«, das heißt, der Verbindung von Perzeption und selbstbewusster Reflexion. Dadurch können wir uns selbst als Monaden erkennen, können durch unser Denken darauf schließen, dass es ungezählte andere Monaden gibt, denn was mit Notwendigkeit gedacht wird, muss auch existieren. Und wir können mit Sicherheit darauf schließen, dass es eine höchste Monade, Gott, gibt. Die Welt der Mo-

■ *Leibniz behauptet, dass nicht zwei Blätter einander völlig ähnlich seien*: Ein solches Blatt ist etwas Einzigartiges, eine Monade. Leibniz am Hof der Kurfürstin Sophie von Hannover im Park von Herrenhausen. Zeitgenössischer Kupferstich

naden ist eine Hierarchie der Schöpfung mit zahllosen Zwischenstufen, die von der unbelebten Materie bis zu Gott reichen. Damit greift Leibniz einen Lieblingsgedanken der Scholastik auf und verleiht ihm eine neue Gestalt: So versöhnt er »die Scholastiker mit der modernen Naturforschung«.
Wenn die Monadenlehre stimmt, ist der Begriff Gottes gesichert, seine Existenz bewiesen. Denn da alle Monaden »fensterlos« sind und jede für sich ihr eigenes »entelechetisches« Entwicklungsprogramm durchlaufen, muss es eine Monade geben, die die »Programme« (wie wir sagen würden) aller Monaden aufeinander abgestellt, »miteinander kompatibel« gemacht hat. Gott ist der große Uhrmacher (das für uns heute einleuchtendere Bild vom »Programmierer« stand Leibniz nicht zur Verfügung), der die Harmonie der Welt von Anfang an »prästabiliert« hat. Er ist die Zentralmonade aller Zentralmonaden, die sich in der Perspektive jeder Einzelmonade selbst betrachtet und sich an ihrem reibungslosen Zusammenspiel freut. Er ist sebstbewusste Vernunft und kann nicht anders sein. Die Schöpfung aber ist die beste aller Welten, denn vernünftige Wesen zeichnen sich auch dadurch aus, dass sie prinzipiell unter allen Möglichkeiten die beste wählen.
Es ist gesagt worden, dass Leibniz das Christentum, indem er es

■ Das »Leibnizhaus« in Hannover war Leibniz' Wohnhaus.

INFINITESIMAL-RECHNUNG

Der Gedanke der Welt als eines Kontinuums, wie Leibniz ihn als Hierarchie der Monaden darstellt, findet sich – ohne dass der Zusammenhang zwingend wäre – ähnlich in der von ihm (parallel zu Newton) erfundenen Infinitesimalrechnung. Zahlenreihen, die sich den Grenzwerten »0« und »∞« nähern, »endlose« Kontinuen, werden hier selbst zu Rechengrößen.

UHRMACHER UND PROGRAMMIERER

Leibniz' Bild von Gott als Uhrmacher erscheint besonders modern, wenn wir uns vor Augen halten, dass er die zu seiner Zeit beste Rechenmaschine konstruierte (dies brachte ihm die Aufnahme in die berühmte Londoner Royal Society ein), in der die Rechenfunktionen mechanisch programmiert waren. Gedanklich hat er sogar eine Rechenmaschine vorweggenommen, die sich wie unsere modernen Computer des von ihm »Dyadik« genannten binären Zahlensystems bedienen sollte.

unternahm, »die Theologie mit der Vernunft zu alliieren«, zum Triumph geführt habe; das kann man auch andersherum sehen, denn er hat die Vernunft, indem er sie mit Gott gleichsetzt, über die traditionelle Religion triumphieren lassen. Seine »Vernunftreligion«, die tatsächlich keinem zentralen Dogma des Christentums widersprach, sollte sich als Schutzschild der Aufklärung gegen die kirchliche Tradition bewähren. Sie schränkte allerdings das Menschenbild ebenso wie die Gottesvorstellung auf das ein, was in seinem Sinne »vernünftig« ist: Unser Streben nach »Glückseligkeit« kann für ihn nur darin bestehen, die vernünftige Einrichtung der Welt in der Entdeckung von Naturgesetzen und in der reflexiven Selbsterkenntnis immer weiter gehend zu erkennen und damit Gott näher zu kommen. Etwas Unvernünftiges und deshalb Kritisierbares kann es in der Welt strenggenommen nicht geben, und mit unserer Freiheit kann es auch nicht sehr weit her sein, wenn alles vorprogrammiert ist; das ist es, was Voltaire an Leibniz so störte.

■ Leibniz, Stich aus der »Historie der Leibnizschen Philosophie« von Carl Günther Ludovici, 1737

GOTTFRIED WILHELM LEIBNIZ

LEBEN UND WERK

Gottfried Wilhelm Leibniz wurde am 1. Juli 1646 in Leipzig als Sohn eines Rechtsanwalts und Professors für Moralphilosophie geboren. Bereits als Kind fiel er durch seine Begabung auf. Im Alter von acht Jahren beherrschte er Lesen und Schreiben sowie die lateinische Sprache und las die griechischen und römischen Philosophen. In der Folgezeit bildete er sich auf den verschiedensten Wissensgebieten. Mit fünfzehn Jahren begann er an der Leipziger Universität sein philosophisches und juristisches Studium, setzte es 1663 in Jena fort und promovierte 1666 zum Doktor der Rechte. Eine Zeit lang war er als juristischer und diplomatischer Berater beim Kurfürsten Johann Philipp von Schönborn in Mainz tätig und wurde 1672 zum Rat am kurfürstlichen Revisionsgericht ernannt. Im selben Jahr reiste er als Diplomat nach Paris. Sein vierjähriger Aufenthalt in der französischen Hauptstadt wurde für ihn zum Höhepunkt seiner mathematischen und naturwissenschaftlichen Studien. Er lernte unter anderen Christiaan Huygens (1629–1695) kennen, der ihn in die höhere Mathematik einführte und ihm Zeit seines Lebens eng verbunden blieb. Auf einer Reise nach London 1673 traf Leibniz mit führenden Naturwissenschaftlern Englands zusammen und wurde Mitglied der Royal Society. In der Pariser Zeit entwickelte er eine Rechenmaschine, die er 1675 in der Académie des Sciences vorstellte, und entdeckte die Grundzüge seiner Infinitesimalrechnung. 1676 wurde er als Hofrat und Bibliothekar nach Hannover berufen, wo er den Rest seines Lebens blieb. Auf der Rückreise von Paris kam er noch einmal nach London, nahm Einblicke in mathematische Manuskripte Issac Newtons (1643–1727) und traf in Den Haag mit Baruch de Spinoza zusammen. In Hannover war Leibniz unter anderem als technischer Berater im Zusammenhang mit dem Bergbau im Harz tätig und erhielt den Auftrag, die Geschichte des Welfenhauses zu schreiben. Er unternahm zahlreiche Reisen, die ihn auch nach Berlin, Dresden, Wien und Italien führten. 1691 kam er an die herzogliche Bibliothek in Wolfenbüttel. 1700 wurde er der erste Präsident der von ihm konzipierten Preußischen Akademie der Wissenschaften in Berlin. Erst in den letzten zwei Jahrzehnten veröffentlichte er die philosophischen Werke, die seinen Ruhm begründeten: Das *Neue System der Natur und der Gemeinschaft der Substanzen* (1695, *Système nouveau de la nature et de la communication des substances*), die *Theodizee* (1710, *Essais de theodicée sur la bonté de Dieu, la liberté, de l'homme et l'origine du mal*), die *Monadologie* (1714, *La monadologie*) und *Die Vernunftprinzipien der Natur und der Gnade* (1718 posthum erschienen). Leibniz starb am 14. November 1716 in Hannover. Er hinterließ einen umfangreichen Briefwechsel.

AUF DEN PUNKT GEBRACHT

Die Welt besteht aus ungezählten Einzelseelen oder Monaden. Jede Monade enthält für sich ihre ganze eigene Wahrnehmungswelt. Subjekt und Objekt fallen in ihr zusammen, sie ist autark. Damit diese Monaden aber wie viele selbstständige Orchesterstimmen zusammenklingen können, muss Gott ihr Zusammenspiel von Beginn der Schöpfung an in eine Harmonie gebracht haben.

EMPFEHLUNG

Lesenswert:

Leibniz. Ausgewählt und vorgestellt von Thomas Leinkauf, München 2000.

Eike Christian Hirsch: *Der berühmte Herr Leibniz. Eine Biografie*, München 2000.

Reinhard Finster / Gerd van den Heuvel: *Gottfried Wilhelm Leibniz. Mit Selbstzeugnissen und Bilddokumenten*, Reinbek 1990.

Hans Poser: *Gottfried Wilhelm Leibniz zur Einführung*, Hamburg 2005.

Kurt Flasch: *Kampfplätze der Philosophie. Große Kontroversen von Augustin bis Voltaire*, Frankfurt/Main 2008.

Besuchenswert:

In Hannover erinnern das Historische Museum am Hohen Ufer, die Herrenhäuser Gärten mit dem Leibniz-Tempel im Georgengarten und das Leibniz-Haus am Holzmarkt an den prominenten Bewohner der Stadt. Die Herzog-August-Bibliothek im nahegelegenen Wolfenbüttel erinnert an ihren, neben Gotthold Ephraim Lessing, berühmtesten Bibliothekar, Leibniz.

Alles, was es gibt, ist unsere Wahrnehmung

George Berkeley

1685–1753

■ Titelblätter »How Charming Is Divine Philosophy« von John Milton und »A New Theory of Vision and other Select Philosophical Writings« von George Berkeley.

Sind wir eigentlich sicher, dass die Dinge, die wir betrachten, auch noch da sind, wenn wir wegschauen? Beweisbar ist das nicht. Bündel von Einzelwahrnehmungen unserer Sinnesorgane fassen wir zu etwas zusammen, das wir »Ding« nennen. Aber gibt es solche »Dinge« wirklich? Wenn wir einen gewissen Duft, einen bestimmten Geschmack, eine spezielle Farbe und Form zusammen wahrnehmen, fassen wir sie für uns etwa zu dem Begriff »Apfel« zusammen. Aber ob es diesen Apfel wirklich gibt, das können wir überhaupt nicht sagen. Was es mit Gewissheit gibt, sind nur unsere einzelnen Wahrnehmungen und unser Ich, das wahrnimmt und Wahrnehmungen von sich aus aktiv ordnet.

Mit solchen Überlegungen knüpft Berkeley an Descartes' Rationalismus an, für den nur gewiss war, was mit dem denkenden Ich gegeben ist, und an den Empirismus Lockes, für den es nichts im Denken gab, was nicht zuvor von den Sinnen wahrgenommen worden war. Und er treibt den Empirismus auf die Spitze, indem

ILLUSIONISMUS?

Spätere Philosophen wie Kant haben Berkeley vorgeworfen, seine Philosophie laufe darauf hinaus, dass alles Denken und alle Wahrnehmung Illusion ist. In der Tat kann man Berkeleys Philosophie so interpretieren, als sei für ihn die ganze Welt nur die Einbildung des Subjekts. Doch das ist sehr einseitig, denn Berkeley behauptet nicht, dass es die Welt nicht gibt, sondern nur, dass es sie nicht außerhalb des menschlichen Geistes gibt. Mit dieser Behauptung hat er wichtige andere Philosophen an seiner Seite, wie seinen älteren Zeitgenossen Leibniz, dessen Monaden ebenfalls jeweils die ganze Welt in sich enthalten, und später Fichte mit seiner Lehre von der Weltkonstitution durch das aktive Ich oder Schopenhauer, für den die Welt nichts als »Wille und Vorstellung« ist.

er behauptet, dass außerhalb der empirischen Wahrnehmung schlichtweg nichts existiert. Schon Locke hatte eingeräumt, dass diejenigen Eigenschaften der Dinge, die sich dem Messen und Berechnen entziehen, wie Farben und Gerüche, unbestimmt und vage bleiben. Berkeley geht noch einen Schritt weiter und sagt: Was wir messen und berechnen, sind rationale Vorgänge, die sich ausschließlich in unserem Denken abspielen, und nicht anders sind auch die weniger genauen Empfindungen, die wir haben, allein in unserer Seele erzeugte Bilder und nicht etwa Abbilder von etwas uns Fremdem. Es gibt keine Welt von Dingen außerhalb von uns. Was es gibt, ist allein Wahrgenommenwerden oder, anders ausgedrückt, unser Wahrnehmen. Und weil Sein somit ausschließlich unserem Geist, unserer Seele, zukommt, gibt es nur geistiges Sein; alle materielle Dinghaftigkeit aber ist Illusion.

■ Die Bibliothek des Trinity College in Dublin, wo Berkeley studierte.

Dass Materie eine Illusion ist, ergibt sich für Berkeley auch aus der Untersuchung des Begriffs der Materie auf der Grundlage eines konsequenten Empirismus. Es gibt nämlich keine Wahrnehmungen, die Wahrnehmungen von »der« Materie sind und die man zu diesem abstrakten Begriff zusammenfassen könnte. Der Begriff »Apfel« fasst sinnliche Wahrnehmungen zusammen; man könnte auch von der großen Fülle der sinnlichen Eindrücke, die wir unter dem Begriff »Apfel« zusammenfassen, für eine leichtere Begriffsbestimmung einige weglassen und den Apfel als annähernd kugelförmiges Obst einer bestimmten Größe im Gegensatz zu anderen Obstsorten bestimmen. Das wäre eine sinnvolle Abstraktion. Materie hingegen ist keine vereinfachte Zusammenfassung komplexer Wahrnehmungen; der Begriff hat also keinen Wahrnehmungsinhalt, er ist leer und deshalb unsinnig. Ergo: Es gibt keine Dinge hinter der Wahrnehmung, es gibt keine Materie.

Mit dieser nicht jeden überzeugenden Argumentation gelangt der fromme Kirchenmann Berkeley zu dem Punkt, auf den es ihm ankommt: Wenn es keine Materie gibt, ist der Materialismus eines Hobbes, Gassendi oder Spinoza widerlegt, der von der Ewigkeit der materiellen Natur ausgeht und damit mehr oder weniger offen den Schöpfergott leugnet. Vor allem aber ist der Empirismus Lockes und der auf seinen Ge-

■ George Berkeley. Gemälde aus dem frühen 18. Jh.

■ In seinem Versuch über eine neue Theorie des Sehens von 1709 erläutert Berkeley am Beispiel der Farbwahrnehmung, dass das Sehen etwas rein Subjektives ist. Färber beim Färben von Tuchen. Französische Buchmalerei, um 1500

danken aufbauenden »Deisten« und »Freidenker« mit seinen eigenen Mitteln geschlagen. Diese Empiristen suchten nach den Gesetzen der Natur, um zu zeigen, dass die ganze materielle Welt wohlgeordnet ist, obwohl Gott, der »große Uhrmacher«, sich schon längst aus der Welt zurückgezogen und sie so der menschlichen Vernunft überlassen hat. Diesen allzu modernen Menschen konnte er, Berkeley, nun aufgrund ihrer eigenen Prämissen beweisen, dass die Natur und ihre Gesetze nur in ihren eigenen Köpfen, oder besser: Seelen, existierten. Was aber in den Seelen der einzelnen Menschen vor sich geht, ist, so Berkeley, keine Sache objektiver Gesetze der materiellen Natur, sondern jeder dieser Seelen überlassen. Die Seele, das Ich, aber kann nicht umhin, die Existenz eines Wesens anzuerkennen, das wahrnimmt, was ich und du wahrnehmen, das sieht, begreift und will, dass alle Wahrnehmung weiter existiert, auch wenn ich in diesem Augenblick etwas nicht wahrnehme. Diese Instanz, die alles wahrnimmt und mir dadurch allein die Gewähr gibt, dass die Beschränktheit meiner Wahrnehmung keine endgültige Grenze darstellt, ist Gott.

Berkeley versucht also den Empirismus, der gemeinhin die Auffassung der Gegner der positiven (so gegebenen) Religion war, geradezu zum Programm einer durch und durch religiösen Philosophie zu machen. Dies ist ihm trotz des Erfolges seiner sehr leicht verständlichen Schriften auf die Dauer nicht gelungen, denn mit seinem Gottesbegriff verlässt er wieder seinen sonst so strikt durchgehaltenen Empirismus.

Berkeley ist ein radikaler Empirist, weil er nichts als die Erfahrung gelten lässt. Und indem er nichts als die Erfahrung gelten lässt, unabhängig von einer Wirklichkeit, die sich möglicherweise hinter dieser verbirgt, ist er ein »Erfahrungspositivist«. Der Positivismus des 19. Jahrhunderts hielt von seinem »Immaterialismus« (als »Idealismus« hat Berkeley seine Lehre nie bezeichnet) fest, dass die Existenz der Materie sich nicht beweisen lässt, fand aber die Existenz des Geistes ebenso unbeweisbar. Es ist eine Ironie der Philosophiegeschichte, dass im 19. Jahrhundert der Positivismus, dem Berkeley den Weg bereitet hat, zur bevorzugten Philosophie der Atheisten wurde.

GEORGE BERKELEY

LEBEN UND WERK

George Berkeley wurde am 12. März 1685 in Kilkenny im Südwesten Irlands als Sohn eines Gutsbesitzers geboren. Mit fünfzehn Jahren begann er am Trinity College in Dublin, der ältesten Universität Irlands, Theologie, Philosophie, Logik, Mathematik und Sprachen zu studieren. Seine intensive Auseinandersetzung mit der Philosophie dokumentiert sein *Philosophisches Tagebuch*, das er in den letzten beiden Studienjahren führte und das aus fast neunhundert Notizen und Anmerkungen besteht. 1707 wurde ihm der Grad eines Magister Artium verliehen, kurze Zeit später wurde er Priester. In den Jahren bis 1713 unterrichtete er als Dozent am Trinity College. Berkeley war noch keine dreißig Jahre alt, als er alle seine berühmten philosophischen Schriften veröffentlicht hatte. Bereits sein erstes Werk *Versuch über eine neue Theorie des Sehens* (*An Essay towards a New Theory of Vision*), erschienen 1709, enthält die zentralen Gedanken seiner Wahrnehmungstheorie. Im Jahr darauf kam mit der *Abhandlung über die Prinzipien der menschlichen Erkenntnis* (*Treatise Concerning the Principles of Human Knowledge*) sein Hauptwerk heraus. 1713 folgte seine dritte wichtige Schrift: *Drei Dialoge zwischen Hylas und Philonous* (*Three Dialogues between Hylas and Philonous*), eine populäre Darstellung seiner zuvor bereits formulierten Thesen. In den Jahren 1713 bis 1720 reiste Berkeley durch Italien und Frankreich; in Paris begegnete er dem französischen Philosophen Nicole Malebranche (1638–1715). 1724 wurde er zum Dekan von Derry befördert. Jahrelang trug er die Idee mit sich herum, auf den Bermuda-Inseln ein College zu errichten, mit dem Ziel, Söhne englischer Siedler zusammen mit Indianern und Schwarzen zu Missionaren auszubilden. Im Jahr 1729 brach er nach Nordamerika auf, wartete auf Rhode Island jedoch drei Jahre lang vergeblich auf die vom englischen Parlament in Aussicht gestellten Zuschüsse für die Umsetzung seiner Idee. In dieser Zeit war er als Missionar tätig und gründete eine philosophische Gesellschaft. Seine Bibliothek und seine Farm auf Rhode Island vermachte er der im Jahr 1701 in New Haven gegründeten Yale Universität, dem drittältesten College der Vereinigten Staaten, das heute eine der größten Bibliotheken der USA besitzt. Nach Irland zurückgekehrt, verfasste er seine umfangreichste Schrift *Alciphron oder Der kleine Philosoph* (1732, *Alciphron, or the Minute Philosopher*), eine aus sieben Dialogen bestehende polemisch-satirische Auseinandersetzung mit dem damaligen Freidenkertum. 1734 wurde ihm das Amt des Bischofs von Cloyne in Südirland übertragen, das er bis zu seinem Tod innehatte. Berkeley starb am 14. Januar 1753 in Oxford. Er wurde in der Christ-Church-Kathedrale begraben.

EMPFEHLUNG

Lesenswert:

George Berkeley: *Eine Abhandlung über die Prinzipien der menschlichen Erkenntnis*, Stuttgart 2005.

George Berkeley: *Drei Dialoge zwischen Hylas und Philonous*, herausgegeben von Arend Kulenkampff, Hamburg 2005.

Arend Kulenkampff: *George Berkeley*, München 1987.

Besuchenswert:

Das Trinity College in Dublin, vor allem seine gewaltige Bibliothek, erinnert an Berkeley, aber auch an andere irische Geistesgrößen.

AUF DEN PUNKT GEBRACHT

Konsequenter Empirismus bedeutet: Es gibt nichts außer Wahrnehmung. Eine hinter der Wahrnehmung existierende Materie ist Fiktion. Wahrnehmung ist geistig. Es gibt nur Geistiges, nur unsere Seelen. Das Einzige aber, was unserer Wahrnehmung Sicherheit geben kann, ist Gott. So versucht Berkeley im Dienst der Religion, den Empirismus gegen seinen alten Verbündeten, den Materialismus, auszuspielen.

Der Philosoph als Publizist
Voltaire
1694–1778

■ Zeitgenössisches Gemälde des jungen Voltaire von Nicolas de Largillière (1656–1746). Genf, Musée Voltaire

Was wir unter einem »Philosophen« zu verstehen haben, dazu gibt es von Land zu Land unterschiedliche Ansichten. Während in den angelsächsischen Ländern und in Deutschland unter einem Philosophen ein Universitätsprofessor mit dem Fach »Philosophie« verstanden wird, ist in Frankreich »Philosoph« auch ein Ehrenname für Publizisten, die durch Buchveröffentlichungen und Zeitungsartikel kritisch in die öffentliche Debatte über politische und moralische Fragen eingreifen und die öffentliche Meinung immer wieder zu prägen verstehen.

Das Urbild eines solchen Philosophen ist François Marie Arouet, der sich selbst Voltaire oder lieber noch, um keine Unterlegenheit seines bürgerlichen Standes zugeben zu müssen, mit dem Adelsprädikat *de* Voltaire nannte. In Paris, wo er aufgewachsen war, wurde Voltaire schon in jungen Jahren als Theaterschriftsteller, Artikelschreiber und Verfasser von in Abschriften kursierenden Spottversen auf wichtige Persönlichkeiten des Hofes bekannt. Er bezahlte diesen frühen Ruhm mit einer zweijährigen Haft im französischen Staatsgefängnis, der Bastille. Die Zeit dort nutzte er, um die Niederschrift eines Epos auf Heinrich IV. zu beginnen, den König, der 1598 durch ein Toleranzedikt die Religionskriege in Frankreich beendet hatte. Den toleranten König zu feiern war gewagt, denn der gerade gestorbene Ludwig XIV. hatte das Toleranzedikt widerrufen und damit den Katholizismus wieder zur unein-

DEISMUS

Die Deisten erkennen die Existenz eines Schöpfergottes an, glauben aber nicht, dass er außerhalb der mit der Schöpfung eingerichteten Naturgesetze in den Lauf der Welt eingreift. Als Manifest des Deismus gilt das 1696 erschienene Buch *Christianity Not Mysterious* von John Toland. Im 18. Jahrhundert war der Deismus unter den europäischen Intellektuellen weit verbreitet, nicht zuletzt dank Voltaire.

geschränkten Staatsreligion gemacht. Der Kampf für die Toleranz blieb sein Leben lang Voltaires Thema, nicht zuletzt, weil es ihn ganz persönlich betraf, denn Toleranz ist die Voraussetzung der Meinungsfreiheit, die er als Schriftsteller in Anspruch nahm. Damit war auch sein lebenslanger Hauptgegner ausgemacht: die katholische Kirche, die ihr Monopol auf die Auslegung der Welt mit Zähnen und Klauen verteidigte – meistens, indem sie die Bücher ihrer Feinde, notfalls aber auch, indem sie diese selbst verbrennen ließ, wie im unvergessenen Fall des 1548 auf dem Scheiterhaufen hingerichteten italienischen Philosophen Giordano Bruno geschehen. »Écrasez l'infâme«, »zermalmt die Infame (die Kirche)«, wurde zum lebenslangen Schlachtruf Voltaires.
Meinungsfreiheit hat nur Sinn, wenn es eine Öffentlichkeit gibt, wenn Menschen sich offen über Meinungen streiten, ohne diese mit Gewalt durchsetzen zu können. Voltaire stellte Öffentlichkeit nicht nur mit seinen Publikationen her, sondern auch mit seiner gewaltigen Korrespondenz, die in der jüngsten Ausgabe seiner Werke allein 107 Bände füllt. Mit seinen Briefen konnte er gezielt auf die wichtigste Gruppe in der französischen Öffentlichkeit Einfluss nehmen, nämlich den aufklärerischem Gedankengut oft durchaus aufgeschlossenen Adel. Eine bürgerliche Öffentlichkeit, in der das Ideal herrschte, dass jede Meinung nur nach dem Gewicht der Argumente, nicht aber nach dem Rang der Person, die sie vertrat, zu gelten hatte, gab es in Frankreich zu Voltaires Zeiten noch nicht. In England jedoch, wo die Staatsraison angesichts der religiösen Zersplitterung des Landes Toleranz verlangte und wo ein unternehmerisch orientierter Adel und das Bürgertum sich zu vermischen begannen, war die Entstehung einer bürgerlichen Öffentlichkeit, die eine sehr weitgehende Meinungsfreiheit mit sich brachte, schon weit fortgeschritten.
Voltaire lernte England kennen, nachdem er ein zweites Mal in die Bastille gebracht und vor die Alternative gestellt worden war, dort zu bleiben oder auszuwandern. In London lernte er das Newtonsche universale System einer mechanistischen Naturwissenschaft und die Philosophie Lockes kennen, die, was das Verhältnis von wissenschaftlicher Vernunft und Religion betraf, von Lockes Schülern zum

■ Brief von Benjamin Franklin, 1776–1785 amerikanischer Gesandter in Frankreich, an Mme. Helvétius, die Witwe des Aufklärers Claude Adrien Helvétius (1715–1771), betreffend die Aufnahme Voltaires in die Freimaurerloge »Aux Neuf Soeurs«.

■ Adolph Menzel (1815–1905), *König Friedrichs II. Tafelrunde in Sanssouci.* (3. von links Voltaire, 5. von links Friedrich II.).

■ Voltaire diktiert seinem Sekretär. Um seine Zeit bestmöglich zu nutzen, diktiert Voltaire selbst beim Ankleiden. Gemälde von Jean Huber (1721–1786). Ferney-Voltaire, Schloss

Deismus weiterentwickelt worden war. Voltaire erkannte den theoretischen und praktischen Vorsprung der Engländer in puncto Aufklärung an und beeilte sich, in seinen *Lettres sur les Anglais* (*Briefe über die Engländer*, 1728) den Franzosen ihre Rückständigkeit mitzuteilen. Er spürte, dass es in Frankreich nicht darauf ankam, neue philosophische Systeme zu entwickeln, sondern den vor allem in England erreichten Stand der Aufklärung zu popularisieren. Und sein sprachliches Talent befähigte ihn mehr als jeden anderen, diese aufklärerischen Ideen zu verbreiten.

Nach seiner Rückkehr nach Frankreich ging Voltaire 1729 daran, die newtonsche Naturwissenschaft und das deistische Weltbild zu propagieren, in dem die Existenz eines Gottes nicht bezweifelt wird, alle anderen religiösen Vorstellungen jedoch für naiv erklärt werden. »Vorurteile« nennt Voltaire alle traditionellen metaphysischen, naturkundlichen oder moralischen Vorstellungen, für die es keine vernünftigen Gründe gibt, und prägt damit einen Kampfbegriff der französischen Aufklärung. Vorurteile beherrschen die traditionelle Naturlehre, nicht zuletzt die Medizin, Vorurteile liegen der gesellschaftlichen Ungleichheit zugrunde, und Vorurteile prägen die herkömmliche Religion, deren Priesterkaste davon lebt, dass die Menschen, die man nicht an die Vernunft heranführt, die abstrusesten Dinge glauben.

Es ging Voltaire immer auch um die Würde und Freiheit des Einzelnen, nicht zuletzt seiner selbst: In seinem spannungsvollen Verhältnis zu dem Preußenkönig Friedrich II. hat er bewiesen, dass ein Philosoph auch mit einem König von Gleich zu Gleich sprechen und korrespondieren kann; in seinem weit spannungsvolleren Verhältnis zur Kirche hat er erzwungen, dass ein Mensch nicht des Segens der Priester bedarf, um als verdienstvoll anerkannt zu werden: 1791 wurden Voltaires sterbliche Überreste, die nur außerhalb von Paris hatten begraben werden dürfen, feierlich ins Pantheon, die Begräbnisstätte der »großen Männer« Frankreichs, überführt.

MONTESQUIEU

Um dieselbe Zeit wie Voltaire (1729) hielt sich auch der Rechtsphilosoph Montesquieu (1689–1755) länger in England auf. Entscheidend von Locke beeinflusst, aber auch beeindruckt von der englischen Verfassungswirklichkeit, formulierte er die Naturrechtslehre neu und arbeitete die Lehre von der Gewaltenteilung zwischen Legislative, Exekutive und Judikative (Rechtsprechung) aus. Montesquieus antiabsolutistische Lehre gewann in ganz Europa großen Einfluss.

VOLTAIRE

LEBEN UND WERK

François Marie Arouet, der sich später Voltaire nannte, wurde am 21. November 1694 als Sohn eines Notars in Paris geboren. Ab 1704 war er Schüler des Jesuitenkollegs Louis-le-Grand und schrieb bereits mit zwölf Jahren Verse und seine erste – nicht erhaltene – Tragödie. Als er 1711 die Schule abschloss, war sein Berufsziel Schriftsteller. Auf Druck seines Vaters hin begann er ein Rechtsstudium, gab es aber auf. Satiren auf den Regenten Philipp II. von Orleans, die ihm zugeschrieben wurden, brachten Voltaire 1717 für elf Monate ins Gefängnis. Ein halbes Jahr nach seiner Entlassung fand die Uraufführung seiner Tragödie *Oedipus* (*Oedipe*) statt, die ein großer Erfolg wurde und seinen Ruhm als Theaterdichter begründete. Nur wenige Jahre später, 1723, machte ihn das während der Haft konzipierte Epos *Henriade*, ein *Heldengesang auf Heinrich IV., König von Frankreich* (*La Ligue, ou Henri le Grand*) über Frankreich hinaus berühmt. 1727 drohte ihm erneut eine Gefängnisstrafe, die jedoch auf seinen Wunsch hin in Verbannung umgewandelt wurde. Voltaire reiste nach England, wo er bis 1729 blieb. Diese Zeit, in der er sich mit der neuen Naturwissenschaft Isaac Newtons (1643–1727) und der Philosophie John Lockes befasste und mit Freidenkern und Deisten zusammentraf, war von entscheidender Bedeutung für sein weiteres Leben und Werk. Seine im englischen Exil verfassten *Philosophischen Briefe* (*Lettres philosophiques*), die in Frankreich 1734 erschienen, wurden sofort nach der Veröffentlichung vom Pariser Parlament als staats- und religionsfeindlich beschlagnahmt und öffentlich verbrannt. Um einer Verhaftung zu entgehen, floh Voltaire auf das Schloss der Marquise du Châtelet nach Cirey in Lothringen und widmete sich dort seinen philosophischen, naturwissenschaftlichen und historischen Studien. Mit der »göttlichen Emilie«, der Marquise du Châtelet, verband ihn anderthalb Jahrzehnte lang eine glückliche, inspirierende Beziehung. Gemeinsam mit ihr verfasste er unter anderem Kommentare zu Schriften von Newton und Leibniz. Über ihren Tod im Jahr 1749 kam Voltaire schwer hinweg und nahm, um sich abzulenken, eine Einladung nach Potsdam von Friedrich dem Großen an, mit dem er seit 1736 in Briefkontakt stand. Als es 1753 zu einem Bruch zwischen beiden kam, begab sich Voltaire auf Reisen, bis er sich schließlich in Genf niederließ, wo er um den Jahreswechsel 1758/59 in wenigen Wochen seinen berühmten philosophischen Roman *Candide oder Der Optimismus* (*Candide ou l'optimisme*) niederschrieb. 1758 erwarb er Dorf und Schloss Ferney in der Nähe des Genfer Sees als Wohnsitz und setzte sich für eine Erleichterung der Lebensbedingungen der Dorfbewohner ein. Voltaire starb am 30. Mai 1778 in Paris.

AUF DEN PUNKT GEBRACHT

Aufklärung ist für Voltaire keine Sache, die man der forschenden Naturwissenschaft allein überlassen darf. Aufklärung bedeutet auch Propaganda für die Freiheit des Geistes und Kampf gegen die Dunkelmänner der Kirche, die mit allen Mitteln die Verbreitung des neuen Weltbilds zu verhindern suchen.

EMPFEHLUNG

Lesenswert:

Voltaire: *Candide oder Der Optimismus*, Frankfurt/Main 1994.

Horst Günther: *Voltaire. Leben und Werk in Texten und Bildern*, Frankfurt/Main 1994.

Georg Holmsten: *Voltaire. Mit Selbstzeugnissen und Bilddokumenten*, Reinbek 1999.

David Bodanis: *Émilie und Voltaire. Eine Liebe in Zeiten der Aufklärung*, Reinbek 2007.

Hörenswert:

Voltaire / Friedrich der Große: *Wo es um Freundschaft geht. Aus dem Briefwechsel Friedrich der Große – Voltaire*. Gesprochen von Loriot und Walter Jens. Hamburg 1994. 2 Audio-CDs.

Sehenswert:

Voltaire. Regie: John Adolfi, mit George Arliss, Doris Kenyon, Margaret Lindsay. USA, 1933.

Besuchenswert:

In Genf befindet sich ein Voltaire-Museum. Im Musée Carnavalet in Paris ist der Lehnstuhl Voltaires mit einem Buchhalter auf der einen Seite und einem Tablett für die Kaffeetasse, die ihm nie fehlen durfte, auf der anderen Seite zu betrachten. Im Schloss Sanssouci bei Potsdam finden sich neben Erinnerungen an Friedrich II. auch solche an Voltaire.

Der menschenfreundliche Skeptiker

David Hume

1711–1776

■ David Hume, 1766 von Allan Ramsey (1713–1784) porträtiert. Edinburgh, Scottish National Portrait Gallery

In seiner *Untersuchung über die Prinzipien der Moral* von 1751, die ihm besonders am Herzen lag, führt Hume den Begriff des Wohlwollens (»benevolence«) ein, der auch in der schottischen Moralphilosophie des Kreises um seinen Freund Adam Smith eine große Rolle spielen sollte: Die Entwicklung der menschlichen Zivilisation hat dazu geführt, dass wir nicht nur für die uns unmittelbar nahestehenden Menschen »Sympathie« empfinden, sondern uns für das Wohlergehen auch ganz fremder Menschen interessieren, sodass »der bloße Anblick von Glück, Freude und Wohlstand Vergnügen bereitet«. Der Mensch verhält sich also ganz ohne Androhung eines himmlischen Strafgerichts als »sittliches Wesen«, das nicht nur intellektuell für richtig erachtet, was dem Gemeinwohl dient, sondern dies auch als gut *empfindet*.

Wenn der Mensch von Natur aus nicht nur egoistisch, sondern seinem Nächsten freundlich zugewandt ist, und wenn er gelernt hat, *allen* Mitmenschen wohlwollend zu begegnen, dann hat er auch das Recht, frei seinen Gefühlen zu folgen. Die Befreiung des moralischen Gefühls von seiner Gängelung durch eine anmaßende, im Bündnis mit dem religiösen Dogma auftretende »Vernunft«

HUME UND SCHOTTLAND

Der Schotte Hume lebte lange Zeit in England und in Frankreich, kehrte aber immer wieder nach Schottland zurück. In Edinburgh verbrachte er auch das letzte Jahrzehnt seines Lebens. Durch die Förderung von Freunden wie Adam Smith, auch durch den Kampf gegen den engstirnigen Calvinismus der schottischen Staatskirche, trug er dazu bei, dass von dem auch wirtschaftlich aufblühenden Schottland im dritten Viertel des 18. Jahrhunderts entscheidende Impulse für das ganze europäische Geistesleben ausgehen konnten.

setzt aber die Zerstörung aller metaphysischen, das heißt, nicht auf Wahrnehmungen und Empfindungen beruhenden Scheingewissheiten voraus.

Mit vierundzwanzig Jahren begann Hume in Frankreich (wohin er sich wegen der dort im Vergleich zum heimatlichen Schottland oder England geringeren Lebenshaltungskosten zurückgezogen hatte) mit der Arbeit an seinem *Traktat über die menschliche Natur* (*A Treatise of Human Nature*). Die drei Bände erschienen 1739 und 1740. Dieses Jugendwerk, dessen wichtigste Gedanken er später in einer leichter verständlichen Sprache in seiner *Untersuchung über den menschlichen Verstand* und in der erwähnten *Untersuchung über die Prinzipien der Moral* neu formulierte, bleibt seine wichtigste Leistung.

Als Grundlage der Erkenntnis kann sich Hume nichts anderes als Erfahrungen vorstellen. Er geht vom Empirismus Lockes aus und unterscheidet ähnlich wie dieser zwischen den unmittelbaren »Eindrücken« und den »Ideen«, die sämtlich aus festgehaltenen Eindrücken hervorgegangen sein müssen. Er radikalisiert den

■ »Die Vernunft ist die Sklavin der Sinne«, stellt Hume fest, und er meint damit nicht nur den Primat der Empirie, sondern auch den der menschlichen Sinnlichkeit gegenüber moralischen Vorschriften. Die Befreiung der Sinnlichkeit war ein Thema der Zeit, wie das Gemälde *Der Riegel* von Jean-Honoré Fragonard (1732–1806) zeigt. Paris, Louvre

■ Edinburgh, die mittelalterliche Altstadt von der im Geiste der Aufklärung neuangelegten Princess Street aus gesehen. Kolorierte Radierung, um 1810

■ Titelblatt des *Traktats über die menschliche Natur* von 1739.

DAVID HUME

A Treatise of
Human Nature

DAVID FATE NORTON
MARY J. NORTON

DAVID FATE NORTON

OXFORD

Lockeschen Empirismus mit Berkeley, für den sich alle dinglichen Substanzen in »Bündel« von Wahrnehmungen aufgelöst hatten. Nur das wahrnehmende Ich hatte Berkeley als Substanz erhalten. Auch das lässt Hume nicht gelten, denn wenn der Inhalt dieses Ich nur die wechselnden Sinneswahrnehmungen sind, so ist auch das Ich nichts als eine Folge von Wahrnehmungen. Es gibt überhaupt keine Substanz – der Begriff ist nichts als eine, freilich gut brauchbare, Hilfskonstruktion des Denkens. Ebenso verfährt Hume mit der Idee der Kausalität: Wir wissen empirisch überhaupt nicht, ob ein Ereignis A die Ursache eines Ereignisses B ist, wir wissen nur, dass B nach A eingetreten ist. Wenn wir die Erfahrung machen, dass Wasser siedet, sobald wir es auf hundert Grad erhitzen, so ist dies ebenso wenig der Beweis für ein Kausalverhältnis, wie wenn ich behaupte, dass die Sonne aufgeht, *weil* sie gestern untergegangen ist. Mit der Idee der Kausalverknüpfung verfällt auch der Induktionsbeweis der skeptischen Kritik, weil er aus einer wiederholt aufgetretenen Folge von Ereignissen einen notwendigen Zusammenhang konstruiert. Es gibt aber keine absolute Gewähr dafür, dass die Sonne morgen aufgeht, nur *weil* sie bisher jeden Morgen aufgegangen ist. Es gibt daher auch keine beweisbare Ordnung in der Schöpfung, in der alles mit schöner Notwendigkeit auseinander hervorgeht. Und so gibt es auch keinen Beweis für die Existenz eines Urhebers dieser Ordnung: Der in der Aufklärung so beliebte »physiko-theologische Gottesbeweis«, in dem von der wunderbaren gesetzmäßigen Einrichtung der Welt auf einen vollkommenen Schöpfer geschlossen wird, ist vielleicht eine sinnvolle Annahme, aber alles andere als ein Beweis.

Da sich außer der Tatsache, dass es Wahrnehmungen gibt, keinerlei sichere Aussagen über die Welt machen lassen, wird die psychologische Untersuchung der Regeln – Hume spricht sogar von »Gesetzen« –, nach denen wir Wahrnehmungen verarbeiten, umso wichtiger: wie wir Wahrnehmungen nach raum-zeitlicher Nähe und nach Ähnlichkeit, auch nach der Vorstellung von Kausalität, zusammenfassen und miteinander verknüpfen. Wenn diese Regeln auf beschreibbare Weise intersubjektiv gültig sind, dann bleibt es möglich, über Dinge miteinander zu reden, von denen wir nichts Substantielles wissen können, über die Natur und ihre (scheinbaren) Gesetze ebenso wie über die Moral. Durch die Entzauberung der Naturwissenschaft, die als Reich sicheren Wissens gegolten hatte, wertet Hume dabei die Moralphilosophie auf, und insgesamt stuft er die Realwissenschaften gegenüber der Philosophie, insofern sie Metaphysik ist, höher ein. Seine größten Erfolge erzielte er mit historischen, politischen und volkswirtschaftli-

HUME UND FRANKREICH

Die französischen Aufklärer vermochten sich weit mehr für Hume als den großen Skeptiker (und Religionskritiker) zu begeistern als die Briten. Als er 1763 zum zweiten Mal zu einem längeren Aufenthalt nach Frankreich kam, wurde er regelrecht gefeiert. Mit Diderot und d'Alembert entwickelten sich freundschaftliche Beziehungen, mit Voltaire eine Brieffreundschaft. Mit der Comtesse de Boufflers aber, einer Grande Dame der Aufklärung und großen Schönheit, erlebte der über Fünzigjährige eine große Liebe – wohl die wichtigste in seinem Leben. Madame de Boufflers war es auch, die den wieder einmal von den Zensurbehörden gehetzten Rousseau Humes Schutz anvertraute. Rousseau, der in seinen späteren Jahren immer wieder unter paranoiden Zuständen litt, erwies sich in England als ausgesprochen undankbarer Gast, indem er Hume beschuldigte, ihn seiner Freiheit berauben zu wollen. Die peinliche Affäre war ein beliebtes Klatschthema in den Salons der damaligen Zeit.

■ Hume distanzierte sich von der unbezweifelten Geltung der Naturphilosophie Isaac Newtons, die seine Zeit beherrschte und, wie dieses Sammelbildchen Compagnie Liebigs Fleisch-Extrakt zeigt, auch im 20. Jh. noch als Evangelium galt.

■ *Ein Billardspiel*, Gemälde, von Jean Baptiste Simeon Chardin (1699–1779). Paris, Musée Carnavalet. Für Hume steht lediglich fest, dass eine Kugel sich nach der Berührung mit einer anderen bewegt. Dass das eine Folge des anderen sei, ist für ihn keine Beobachtung, sondern eine Vermutung unseres Verstandes.

chen Veröffentlichungen. Eigentlich hat die Philosophie für Hume mit dem Nachweis, dass niemand außerhalb der Mathematik etwas dogmatisch für gewiss erklären kann, ihre Schuldigkeit getan.

Als entscheidendes Verdienst aber rechnet sich Hume an, dass er gleichsam das herrschende Machtverhältnis zwischen Vernunft und Sinnlichkeit umgekehrt hat. Wenn er die Vernunft zur »Sklavin der Sinne« gemacht hat, so ist das zunächst erkenntnistheoretisch im Sinne eines radikalen Empirismus gemeint, dann aber auch in der Bedeutung einer Befreiung der Sinnlichkeit von angeblich »vernünftigen« Moralvorschriften. Mit dem Primat einer menschen- und leibfreundlichen Sinnlichkeit ist Hume ganz Epikuräer – nicht auf der Basis des Materialismus wie Epikur, sondern auf der eines Positivismus der Sinnlichkeit.

Wegen seiner hilfsbereiten Menschenfreundlichkeit war der wohlwollende Hume bei seinen Zeitgenossen sehr beliebt, außer, wie er bemerkt, bei den politischen Parteien, den Whigs und den Tories, die er mit seinen auf Ausgleich bedachten Ansichten beide gegen sich aufgebracht hatte, und, natürlich, bei der Kirche, für die er ein übler Atheist blieb.

DAVID HUME

LEBEN UND WERK

David Hume, am 26. April 1711 in Edinburgh geboren, war der Sohn eines schottischen Landadligen. Seinen Vater verlor Hume mit zwei Jahren. Als Zwölfjähriger kam er auf das College in Edinburgh, 1726 begann er an der dortigen Universität das Studium der Rechte, gab es aber nach drei Jahren auf, um sich der Philosophie zuzuwenden. Diese Entscheidung, die sich für ihn nicht mit seiner streng calvinistischen Erziehung vereinbaren ließ, war begleitet von schweren, monatelang anhaltenden Depressionen. Nachdem er vorübergehend seinen Lebensunterhalt als Schreibgehilfe eines Kaufmanns in Bristol verdient hatte, reiste er nach Frankreich. Er hielt sich in Reims und Paris auf, bis er sich in La Flèche niederließ, wo er anderthalb Jahre zurückgezogen lebte. Dort arbeitete er hauptsächlich an seinem *Traktat über den menschlichen Verstand* (*A Treatise on Human Understanding*). Das dreiteilige Werk, sein Hauptwerk, das in den Jahren 1739/40 erschien, blieb ohne Erfolg. Dagegen kamen seine *Essays moral, political and literary*, die er kurze Zeit später veröffentlichte, sehr gut bei den Lesern an. Nachdem er sich erfolglos um eine Professur für Ethik an der Universität Edinburgh beworben hatte – die Berufung scheiterte, da man Hume des Atheismus verdächtigte –, wurde er Privatsekretär von General Sinclair, den er bei Gesandtschaftsreisen unter anderem nach Wien und Turin begleitete. In dieser Zeit gab Hume mit seiner *Untersuchung über den menschlichen Verstand* (1748, *Philosophical Essays Concerning Human Understanding*; seit der zweiten Auflage 1758 mit dem Titel *An Enquiry Concerning Human Understanding*) eine Neufassung des ersten Buches seines *Traktats* heraus. Auch den dritten Teil seines Jugendwerks bearbeitete er neu, woraus die *Untersuchung über die Prinzipien der Moral* (1751, *An Enquiry concerning the Principles of Moral*) hervorging. Erfolg brachten ihm aber erst seine *Politischen Versuche* (1752, *Political Discourses*) sowie seine mehrbändige *Geschichte Englands* (1754–62, *History of England*), die ihn zum bestbezahlten Autor Großbritanniens machte und lange Zeit als Standardwerk galt. Hume, der von 1752 bis 1757 als Bibliothekar am Juristenkollegium in Edinburgh tätig war, ging 1763 als Privatsekretär des britischen Botschafters nach Paris, wo er in engem Kontakt mit den literarisch-philosophischen Kreisen stand. Zurück in England, wurde er 1767 für ein knappes Jahr Unterstaatssekretär im Auswärtigen Amt in London. Danach zog er sich nach Schottland zurück und widmete sich unter anderem der Fertigstellung seiner *Dialoge über natürliche Religion* (*Dialogues Concerning Natural Religion*), die posthum 1779 erschienen. Hume starb am 25. August 1776 in Edinburgh.

AUF DEN PUNKT GEBRACHT

Gegenüber den Gewissheiten des Empirismus, lehrt Hume, ist Skepsis angebracht. Nicht einmal das einfachste Verhältnis von Ursache und Wirkung ist beobachtbar, sondern nur zeitliches Nacheinander. Das mechanische Denken der Naturwissenschaft ist also auch nicht prinzipiell fester begründet als ethische Überlegungen, die mindestens ebenso wichtig sind.

EMPFEHLUNG

Lesenswert:

Gilles Deleuze: *David Hume*, Frankfurt/Main 1996.

Gerhard Streminger: *David Hume. Mit Selbstzeugnissen und Bilddokumenten*, Reinbek 2003.

Otfried Höffe (Hg.): *Klassiker der Philosophie 1. Von den Vorsokratikern bis David Hume*, München 2008.

David Edmonds / John Eidinow: *Rousseaus Hund. Zwei Philosophen, ein Streit und das Ende aller Vernunft*, München 2008.

Besuchenswert:

In Edinburgh steht noch das klassizistische Wohnhaus, das Hume am Ende seines Lebens bezog. Das ganze zu dieser Zeit neu erbaute Viertel atmet den Geist der Spätaufklärung.

Hörenswert:

Denken und Leben II. Annäherung an die Philosophie in biographischen Skizzen. David Hume: Logik der Erfahrung u.a. Gesprochen von Konrad Paul Liessmann, ORF 2001. 4 Audio-CDs.

Zurück zur Natur
Jean-Jacques Rousseau
1712–1778

Wenn man Rousseau glauben will, so kam er während der Fußwanderung von Paris nach Vincennes, wo er den wegen atheistischer Äußerungen inhaftierten Diderot besuchen wollte, auf den Gedanken, wie er die von der Akademie zu Dijon gestellte Preisfrage beantworten sollte, nämlich »ob der Fortschritt der Wissenschaften und Künste zur Läuterung der Sitten beigetragen hat«. Wahrscheinlich aber ist die Erinnerung Diderots nicht falsch, dass er, der Erfahrenere, der Rousseau für die musikwissenschaftlichen Artikel der *Enzyklopädie* engagiert hatte, dem Kollegen zumindest noch einige wichtige Hinweise dafür gab, wie er eine möglichst Aufsehen erregende Antwort auf die Akademiefrage abfassen konnte. Und Aufsehen erregte Rousseaus 1750 unter dem Titel *Discours über die Wissenschaften und Künste* veröffentlichter Artikel; er trug ihm den Preis der Akademie ein und machte ihn mit einem Schlag berühmt.

■ Jean-Jacques Rousseau. Porträt in armenischer Tracht. Gemälde, 1766, von Allan Ramsey (1713–1784). Edinburgh, Scottish National Portrait Gallery

Der allgemeine Fortschritt hat die Menschen keinesfalls besser gemacht, argumentiert Rousseau; das Gegenteil ist der Fall: Luxus und Müßiggang sind mit Knechtschaft erkauft, Zügellosigkeit ist an die Stelle der einfachen Moral des Volkes getreten, und die Gebildeten lächeln mokant über diejenigen, denen überhaupt noch etwas heilig ist. Anders ausgedrückt: Die gesellschaftlichen Verhältnisse sind unnatürlich geworden, weil sie nicht mehr dem natürlichen Recht und der natürlichen Moral entsprechen; die ganze Zivilisation ist ein Irrweg.

Das leidenschaftliche Eintreten für Natürlichkeit, für das offene Bekennen von Gefühlen, die Ablehnung jeder heuchlerischen Moral ist zu dieser Zeit geradezu eine intellektuelle Mode, die auf die englische Aufklärung, letzten Endes auf Lockes Naturrechtslehre, zurückgeht. Neu aber ist an Rousseaus Ansatz, dass er Natur und aufklärerische Vernunft

■ Rousseau wurde für die Französische Revolution zu ihrem größten Heros: Für Rousseau im Jardin des Tuileries in der Nacht vom 10. zum 11. Oktober 1794 anlässlich der Überführung seiner Leiche in das Pantheon errichtetes Denkmal. Zeitgenössisches Gemälde von Hubert Robert (1733–1808)

in ein geschichtliches Verhältnis bringt. Im Vorgriff auf seine späteren Schriften kann man diese Geschichtsphilosophie so zusammenfassen: Der Zustand einer natürlichen Moralität ist im geschichtlichen Zivilisationsprozess verlorengegangen. Das einzige Gute, das mit dem Zivilisationsprozess entstanden ist, ist die Vernunft, mit deren Hilfe wir versuchen können, den Verlust der Natürlichkeit wieder rückgängig zu machen. In dem Maße, wie die missbrauchte Natur – sowohl die des Menschen als auch die äußere Natur – mit Hilfe der Vernunft dazu gebracht wird, wieder sie selbst sein zu können, wird auch die Vernunft wieder natürlich werden können. Der Dualismus von Natur und Vernunft oder Geist, der die moderne Zivilisation und die mechanistische Aufklärung prägt, würde auf diese Weise beseitigt. Dies ist ein Grundgedanke der gesamten Spätaufklärung, und er ist wesentlich durch Rousseau geprägt.

In einem zweiten *Discours*, der der Beantwortung der Akade-

■ Mme. de Warens' Landhaus »Les Charmettes« bei Annecy, wo Rousseau in seiner Jugend mehrere Jahre verbrachte sowie sein Schlafzimmer. Der Schlafplatz des Dieners befand sich direkt über Rousseaus Bett.

DIE BEKENNTNISSE
Rousseaus Hauptwerk neben dem *Émile*, der *Neuen Héloïse* und dem *Contrat social* sind die *Bekenntnisse*, die erst nach seinem Tode veröffentlicht wurden. Sie sind von schonungsloser Offenheit, die sie zu einer der spannendsten Autobiographien der Weltliteratur machen.

miefrage von 1753 gilt: »Welches ist der Ursprung der Ungleichheit unter den Menschen, und ist sie durch das Naturgesetz gerechtfertigt?«, setzt Rousseau seine Überlegungen fort und radikalisiert sie: Natürlich sind nicht alle Menschen von Natur aus gleich, aber die wichtigste Ungleichheit zwischen ihnen beruht auf dem Eigentum, das die Gesellschaft in Oben und Unten, Reich und Arm teilt, und dieses Eigentum ist alles anderes als ein Naturrecht: »Es verstößt gegen das Recht der Natur, dass eine Handvoll von Menschen im Überfluss erstickt, während es der ausgehungerten Menge am Notwendigsten fehlt.« Dieser Frontalangriff gegen das Privateigentum war starker Tobak, und Rousseaus wohlhabender Philosophenkollege Voltaire äußerte angesichts von Rousseaus Schwärmerei für die »edlen Wilden«, die noch kein Eigentum kennen, heftige Lust, »auf allen Vieren zu gehen«. Natürlich erhält Rousseau für den *Zweiten Discours* keinen Preis, aber allein seine aufrüttelnde Sprache sichert ihm einen großen Erfolg.

■ Radierung zu Rousseaus Roman (1761) *Julie oder Die neue Heloïse* von Daniel Chodowiecki, 1782.

Dennoch sah Rousseau die Notwendigkeit, seine Gedanken zu überprüfen und zu differenzieren. Er tat dies in drei Werken, die in den Jahren 1761 und 1762 erschienen: dem *Émile*, der *Neuen Héloïse* und dem *Contrat Social*, dem *Gesellschaftsvertrag*.

Émile oder Über die Erziehung ist zum wohl einflussreichsten Werk der pädagogischen Weltliteratur geworden. In romanhafter Form wird darin die liebevoll-vernünfige Erziehung eines Jungen, eben Émiles, beschrieben. Vernünftige Erziehung heißt, die guten natürlichen Anlagen, die jeder Mensch hat, zu fördern und das Kind vor den schädlichen Einflüssen der Gesellschaft zu behüten. Es wird also nicht Vernunft von außen an den Jungen herangetragen; sie entwickelt sich vielmehr aus seiner Natur. Pädagogik ist keine gewaltsame Sozialisation, sondern behutsame Förderung der natürlichen Anlagen.

Die neue Héloïse heißt Julie und verkörpert selbst auf anbetungswürdige Weise die Vernunftnatur, die trotz aller Anfechtungen die richtige Mitte zwischen Leidenschaft und natürlichem Sittengesetz, das heißt hier: ehelicher Treue, findet. Immer wieder sind in dem Briefroman philosophische Überlegungen und Bilder wie das von der Voliere in Julies Garten eingestreut: Diese ist nicht, wie man bei einer Voliere erwartet, ein Vogelkäfig aus Drahtgeflecht, sondern ein Ort, an dem die Vögel sich freiwillig sammeln, weil hier Futter und gute Worte auf sie warten. Die Vernunft Julies kommt der Natur entgegen und macht sie dadurch zu ihrer Komplizin; die Vögel bleiben frei und beugen sich dennoch gern ihrem Willen.

■ Mithilfe anschaulicher Demonstrationen wird Emile in die Naturwissenschaft eingeführt. Kupferstich zu Rousseaus *Emile* von Jean-Louis Delignon.

Der Frage, was eine solche vernünftige Freiheit für die menschliche Gesellschaft bedeuten würde, geht Rousseau im *Contrat social* nach. Durch den Gesellschaftsvertrag erklären Menschen, die im Naturzustand jeder für sich frei waren, ihre Gemeinschaft zum alleinigen Souverän. Sie verzichten auf ihre individuelle Freiheit und geben ihn aus Nützlichkeitserwägungen, die ganz ihrer »Eigenliebe« entsprechen, an den »politischen Körper« ab. Von nun an herrscht absolut der durch die gewählte Regierung verkörperte »allgemeine Wille« (volonté générale). Die Bürger bleiben frei, weil sie Teil dieses allgemeinen Willens sind. Sie verzichten mit

LIBERALISMUS UND ROUSSEAUISMUS

Rousseaus Modell vom Gesellschaftsvertrag unterscheidet sich radikal von dem des angelsächsischen Liberalismus, der aus denselben Quellen – Hobbes und Locke – schöpft wie er. Im Zentrum des Liberalismus steht die Freiheit des Einzelnen, die nur so weit an den Souverän abgegeben werden darf wie unbedingt notwendig. Bei Rousseau dagegen ordnet sich der Einzelne ganz und gar in ein Kollektiv ein, dessen Repräsentanten dadurch absolute Gewalt erhalten. Der Terror der Französischen Revolution während der Jakobinerherrschaft unter Robespierre berief sich ausdrücklich auf Rousseau, argumentieren die Liberalen, und dasselbe gelte für das faschistische Konzept vom »organischen Staat«. Zur Ehrenrettung Rousseaus sei dagegen gesagt, dass sich seine politische Utopie niemals auf Großstaaten wie Frankreich bezog, sondern nur auf überschaubare Einheiten wie seine Vaterstadt Genf, eine in der Reformation entstandene politisch-religiöse Gemeinde. In der Tradition solcher Gemeinden und in der des Rousseauismus stehen ebenso die Kommuneprojekte des Frühsozialismus im 19. Jahrhundert wie zahlreiche Siedlungsprojekte in Nordamerika, die eine heute unter dem Begriff »Kommunitarismus« zusammengefasste soziale Überlieferung begründet haben. In der Soziologie hat man sich darauf verständigt, dass »Gemeinschaft« im Sinne des Rousseauschen Kollektivismus und »Gesellschaft« als viel anonymerer sozialer Zusammenhang einander nicht ausschließen.

■ Jean-Jacques Rousseau, Terrakottabüste von Jean-Antoine Houdon, spätes 18. Jh.

dem Gesellschaftsvertrag feierlich darauf, ihre Eigenliebe zur »Selbstsucht« werden zu lassen, und geben dem Kollektiv das Recht, gegen selbstsüchtige Bürger vorzugehen. Sie erhalten für ihr Eigentum, den Gegenstand ihrer Eigenliebe, staatliche Garantien (Rousseau räumt also ein zwar nicht natürliches, aber vernünftiges Recht auf Eigentum ein); der Staat wird aber darauf achten, dass nicht zu große Eigentumsunterschiede den Zusammenhalt der Gemeinschaft sprengen. Dafür, dass der allgemeine Wille – und damit der Staat – nicht in lauter gegeneinander arbeitende Einzelwillen zerfällt, sorgt bei Rousseau die »zivile Religion«, die den Kult des Patriotismus mit umfasst – eine Art Synthese aus Minimalchristentum und städtischem Kult der klassischen Antike. Übrigens: Die Französische Revolution hat versucht, eine solche Religion im Staatskult des »Höchsten Wesens« zu realisieren.

JEAN-JACQUES ROUSSEAU

LEBEN UND WERK

Jean-Jacques Rousseau wurde am 28. Juni 1712 in Genf als Sohn eines Uhrmachers geboren. Die Mutter, eine Calvinistin, starb kurz nach seiner Geburt. Als er zehn Jahre alt war, überließ ihn sein Vater einem Onkel, der ihn bei einem Landpfarrer zur Erziehung in Pension gab. 1724 begann Rousseau eine Ausbildung bei einem Notar, brach sie aber ebenso ab wie die anschließende Lehre bei einem Genfer Kupferstecher. Auf Vermittlung eines katholischen Geistlichen schloss er in Savoyen Bekanntschaft mit Madame de Warens, einer zum Katholizismus konvertierten Calvinistin, die einige Jahre lang für ihn Mutter und Geliebte war und großen Einfluss auf ihn hatte. Auch er trat zum katholischen Glauben über. Rousseau, der verschiedentlich als Haus- und Musiklehrer unterrichtete, beschäftigte sich in dieser Zeit intensiv mit Literatur, Theologie, Philosophie und Musik. Er komponierte und entwickelte eine auf Zahlen basierende Notenschrift. 1742 ging er nach Paris, wo er Denis Diderot und die Enzyklopädisten kennen lernte. Für die *Enzyklopädie* verfasste er zahlreiche Artikel zur Musik. Seit 1745 lebte er mit Thérèse Levasseur zusammen; ihre fünf gemeinsamen Kinder gab Rousseau in ein Findelhaus. 1750 wurde er durch seinen von der Akademie Dijon preisgekrönten *Discours über die Wissenschaften und Künste* (*Discours sur les sciences et les arts*) schlagartig berühmt. Fünf Jahre später folgte mit der Schrift *Abhandlung über den Ursprung und die Grundlagen der Ungleichheit unter den Menschen* (*Discours sur l'origine et les fondements de l'inégalité parmi les hommes*) sein zweites philosophisches Werk. Etwa zur selben Zeit kehrte er zum calvinistischen Glauben zurück. 1756 bezog er ein kleines Landhaus in Montmorency, nördlich von Paris, das ihm seine Gönnerin und Geliebte Madame d'Epinay zur Verfügung gestellt hatte. Nachdem es zu einem Bruch mit ihr und fast allen seinen Freunden gekommen war, zog er anderthalb Jahre später in ein Gartenhaus am Rand des Parks von Montmorency. In den folgenden einsamen Jahren vollendete er seine Hauptwerke, den Briefroman *Julie oder Die neue Heloise* (1761, zuerst veröffentlicht mit dem Titel *Lettres de deux amants*, seit 1746 mit dem Titel *Julie ou La Nouvelle Héloïse*), die Abhandlung *Der Gesellschaftsvertrag* (1762, *Du contract social*) sowie das als Roman angelegte pädagogische Lehrbuch *Emile oder Über die Erziehung* (*Émile ou De l'éducation*). Als die beiden letzteren Bücher von der Zensur verboten wurden, floh Rousseau zunächst in die Schweiz, dann nach England. Seit 1770 lebte er wieder in Paris und schrieb an seiner Autobiografie, den *Bekenntnissen* (*Confessions*), die 1778 posthum erschienen. Rousseau starb am 2. Juli 1778 in Ermenonville bei Paris.

AUF DEN PUNKT GEBRACHT

Der Mensch ist gut, wie er von Natur aus angelegt ist, lehrt Rousseau. Jede Verbesserung des Einzelmenschen muss seine Natur hinter den von der Gesellschaft verursachten Fehlbildungen freilegen, jede Verbesserung des Staats muss eine natürliche Menschengemeinschaft wiederherzustellen versuchen, in der der von der Zivilisation erzeugte Egoismus keine Rolle mehr spielt.

EMPFEHLUNG

Lesenswert:

Jean-Jacques Rousseau: *Emile oder Über die Erziehung*, Stuttgart 1998.

Jean-Jacques Rousseau: *Bekenntnisse*, Frankfurt/Main 1985.

Bernhard H. F. Taureck: *Jean-Jacques Rousseau*, Reinbek 2009.

Lion Feuchtwanger: *Narrenweisheit oder Tod und Verklärung des Jean-Jacques Rousseau.* Roman, Berlin 1998.

Hörenswert:

Ich denke, also bin ich. Basistexte europäischer Philosophie. Descartes, Voltaire, Rousseau und Kant. Gesprochen von Peter Matic, Friedhelm Ptok, Hans Paetsch, Hans-Peter Bögel. Hamburg 2000. 2 Audio-CDs.

Aufklärung – Kant und Rousseau. Produktion des NDR, Sprecher Hans Poetsch. Litraton, 1 Audio-CD.

Sehenswert:

Rousseaus Geburtshaus steht in Genf, nicht weit entfernt befindet sich auch das Landhaus »Les Charmettes«, wo Rousseau mit Mme. de Warens lebte. In Paris erinnern eine Reihe von Orten an Rousseau.

Die Seele der Enzyklopädie

Denis Diderot

1713–1784

1750 erschien der von Diderot formulierte Prospekt, der zur Subskription der *Enzyklopädie* einlud. Dieses Vorbild aller späteren Konversationslexika war zunächst nur als die erweiterte Übersetzung eines englischen Lexikons geplant. Doch es wuchs bis 1772 zu einem Monumentalwerk von siebzehn Text- und elf Bildbänden mit außerordentlich sorgfältig angefertigten Kupferstichtafeln an – der größten und einflussreichsten wissenschaftlichen Veröffentlichung der Aufklärungsepoche. Zwanzig Jahre seines Lebens widmete Diderot der Arbeit an der *Enzyklopädie*, als Herausgeber und als Verfasser zahlreicher Artikel. Die *Enzyklopädie* war ein Forum der Wissenschaften, befasste sich aber auch mit Kunst

■ Die Erstausgabe der *Enzyklopädie*. Paris, Bibliothèque Nationale

und Literatur sowie – und das war etwas Neues – mit den »mechanischen Künsten«, dem technischen Wissen in Handwerk und Industrie.

Die Mitarbeiter der *Enzyklopädie* waren sämtlich auf die eine oder andere Art »Freidenker«, die die Gelegenheit nutzten, um ihre von den Zensurbehörden für gefährlich erachteten Ansichten zu Religion und Staat zu äußern – die brisantesten Gedanken waren zur Tarnung oft in scheinbar unverfänglichen Artikeln untergebracht. Immer wieder wurde die Veröffentlichung neuer Bände daher verboten, und es war nur einflussreichen Freunden der Aufklärung wie dem Vorsitzenden der Zensurbehörde, Malesherbes, und Madame Pompadour, der Mätresse Ludwigs XV., zu verdanken, dass das gewaltige Werk am Ende vollständig erscheinen konnte.

■ Denis Diderot, Porträt von Carle van Loo, Mitte 18. Jh.

Die *Enzyklopädie* war ein Gemeinschaftswerk, an dem bedeutende und zu ihrer Zeit schon berühmte Männer mitwirkten, wie Voltaire, der große Staatsphilosoph Montesquieu, der Botaniker und Zoologe Buffon – und Rousseau, mit dem Diderot lange Zeit eine enge Freundschaft verband. Alle diese sehr unterschiedlichen Charaktere zusammenzubringen, setzte bei Diderot und seinem Mitherausgeber d'Alembert (1717–1783) nicht nur intellektuelle, sondern auch menschliche Qualitäten, vor allem aber ein erhebliches Maß an Uneitelkeit voraus.

Diderot vermochte ein so gewaltiges Projekt wie die *Enzyklopädie* zu dirigieren und zu inspirieren, weil er über den Tellerrand der eingefahrenen philosophischen Debatte hinausschaute und neue Themen in sein Denken integrierte, das kein nach Abge-

DIE ENZYKLOPÄDISTEN

Im Laufe der Arbeit an der *Enzyklopädie* bildete sich ein Kern der wichtigsten Mitarbeiter, ein Kreis von »Enzyklopädisten« heraus, dessen Mittelpunkt Diderot war. Zu den »Enzyklopädisten« gehören neben Diderot und d'Alembert, einem Mathematiker, für den die Philosophie eine »Experimentalphysik der Seele« war, auch der aus Deutschland stammende weltmännische Publizist und Diplomat Melchior Grimm (1723–1807) und der Verfechter einer einflussreichen materialistischen Sittenlehre auf der Grundlage der Selbstliebe, Claude Adrien Helvétius (1715–1771). Die Enzyklopädisten pflegten sich in der Wohnung des einflussreichen Barons d'Holbach (1723–1789) zu treffen, der ebenfalls aus Deutschland stammte. An seinem etwas hölzern geschriebenen Hauptwerk, dem *Système de la nature*, soll Diderot mitgewirkt haben. Dieses als »Bibel des Materialismus« bezeichnete Werk fasst auf dem damals aktuellen Stand der Physik und der Physiologie die Argumente gegen den Idealismus und den Dualismus von Geist und Materie zusammen: Geist ist Ausdruck der Tätigkeit der Gehirnnerven.

■ *Eine Soirée bei Mme. Geoffrin.* Unter den Dargestellten die Enzyklopädisten: d'Alembert, Montesquieu, Diderot, Malherbe, Turgot, Rameau, Reaumur, Vanloo, Vernet. Gemälde, von Gabriel Lemonnier (1743–1824). Rouen, Musée des Beaux-Arts

schlossenheit suchendes System war, sich aber dennoch als zusammenhängendes Ganzes entwickelte. Er war ausgegangen von Locke und Lockes Schüler Shaftesbury (1671–1713), der den Empirismus in die Richtung einer sensualistischen (von den Sinnen ausgehenden) Psychologie weiterentwickelt und damit die literarische Strömung der »Empfindsamkeit« angestoßen hatte. Echte und wahre Gefühle zu zeigen und auszuleben wurde zu einem entscheidenden Element des Lebensgefühls der um 1750 jungen Generation. (Dass auch daran manches nicht ganz so ungekünstelt war, stellte Diderot später in seinen theaterkritischen Texten fest: Die am meisten natürlich-gefühlvoll wirkende Geste bedarf besonders sorgfältiger Einstudierung.) Das natürliche Gefühl war die Grundlage einer natürlichen Moral und wurde – hier stritt Diderot mit Rousseau in einer Reihe – der Künstlichkeit der höfischen Welt der Perücken und des Puders, aber auch einem einseitig mathematischen Verständnis der Natur entgegengesetzt. Die insbesondere von Buffon (1707–1759), dem Direktor des königlichen botanischen Gartens in Paris, vorangetriebene Erforschung der Welt der Pflanzen und Tiere hatte den naturwissenschaftlichen Blick verändert, denn im Reich des Lebendigen entwickeln sich »seelische« Qualitäten wie Sensibilität und spezialisierte Aktivität zusammen mit den entsprechenden Organen; die Natur hat hier immer schon etwas »Geistiges« und das »Geistige« stets eine physische Grundlage. Während die frühe Aufklärung die Natur als Maschine, als Mechanismus betrachtet hatte, so sah man die Natur jetzt als etwas »Organisches«, als etwas stets in lebendiger Entwicklung Befindliches an. In den Briefen an seine Geliebte Sophie Volland und in seinem wichtigsten philosophischen Werk, der Dialogtrilogie *D'Alemberts Traum,* entwickelt Diderot die Idee einer Welt von belebten Molekülen, die sich zu den höchsten Formen des Lebens zusammenschließen; die Idee eines Materialismus, der die Züge eines Pantheismus annimmt, in dem die belebte Natur selbst das Göttliche und die Liebe eine der Natur selbst eigene gute Kraft ist. Er bemüht sich nicht, seine Weltsicht zu »beweisen«: Für die Beschreibung des Lebendigen taugt nicht die Mathematik, sondern allein eine selbst lebendige Sprache. Der Philosoph wird zum Schriftsteller, zum Dichter. Dafür erweitert sich sein Gesichtskreis auf die lebendige Natur, auf die Moral und die Kunst – die jetzt nicht mehr ewigen, gleichsam mathematischen Gesetzen des Schönen zu folgen, sondern »interessant« zu sein hat. Beispielhaft benutzt Diderot die literarische Form, um das Problem von Determinismus – wie ihn jeder von Gesetzmäßigkeiten der Natur ausgehende Materialismus nahelegt – und Willensfreiheit – wie sie dem natürlichen Gefühl entspricht – zu erörtern,

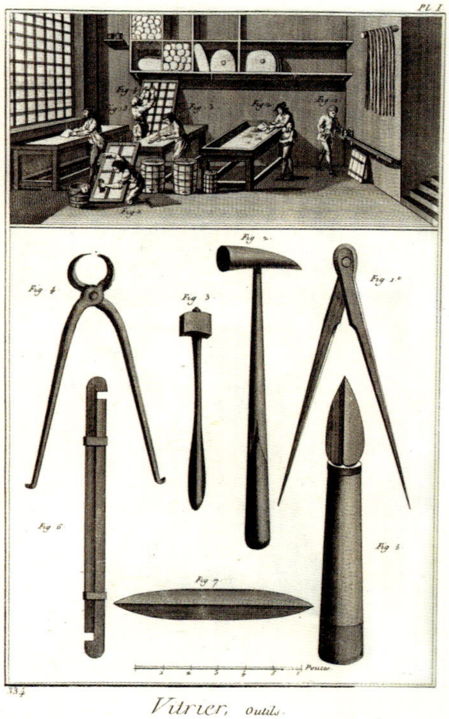

■ Glaswerkstatt und Werkzeuge des Glasers. Kupferstich als Illustration zur *Enzyklopädie.*

■ Jean le Rond d'Alembert (1717–1783). Pastell, 1754, von Maurice Quentin de Latour (1704–1788)

HERR UND KNECHT

Hegel, der ein großer Verehrer Diderots war, nimmt die Herr-Knecht-Dialektik aus *Jacques der Fatalist* in seiner *Phänomenologie des Geistes* wieder auf und macht sie zum Gleichnis für die Selbstbefreiung des Bürgertums von der Herrschaft des Adels durch Arbeit: der Knecht, der »in der Furcht des Herrn« lebt, macht sich für diesen unentbehrlich, indem er die Welt schafft, in der er lebt. Schließlich ist es das vom Knecht erarbeitete Bewusstsein der Welt, das sie durchsetzt. Eine marxistische Interpretation der Herr-Knecht-Dialektik findet sich in Bert Brechts *Herr Puntila und sein Knecht Matti.*

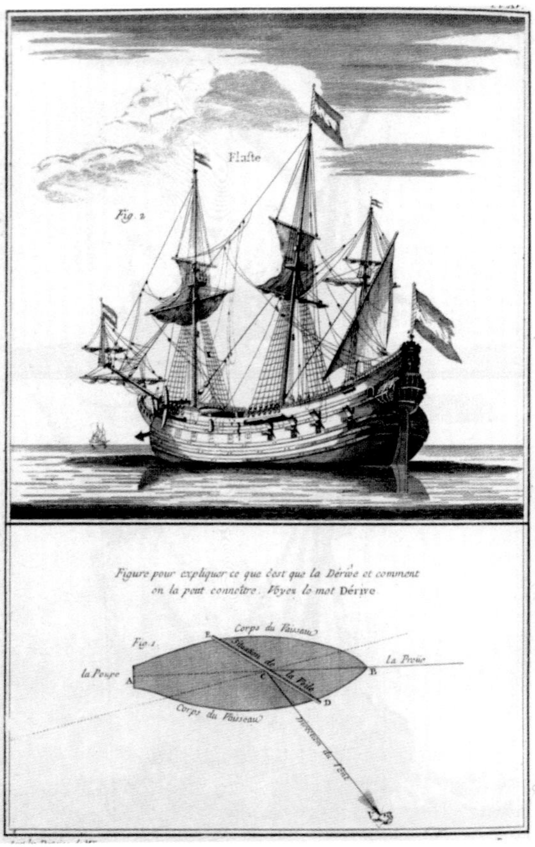

■ Segelschiff, so genannte Fluste. Kupferstich als Illustration zur *Enzyklopädie*.

nämlich in seinem Roman *Jacques der Fatalist*. Das Problem der Willensfreiheit bleibt darin zwar ungelöst, führt aber weiter zu einem viel interessanteren Thema: der Dialektik von Herr und Knecht. Jacques ist im Vertrauen auf die Vorbestimmtheit aller Dinge stets tätig und lenkt damit das Schicksal seines an die Freiheit des Willens glaubenden, aber untätigen Herrn. Er ist es, der sich seine persönliche Freiheit erarbeitet, und diese ist nur ein Gleichnis für die politische Freiheit jedes Einzelnen.

Im Interesse der politischen Freiheit beginnt Diderot 1776, im Jahr der amerikanischen Unabhängigkeitserklärung, seine Mitarbeit an einem der *Enzyklopädie* vergleichbaren großen Kollektivprojekt: der *Geschichte beider Indien*. Das Werk geißelt die Missstände in den Kolonien, verdammt den »Despotismus« der europäischen Fürsten, feiert die Menschenrechte und ruft die Unterdrückten zur Selbstbefreiung auf. Und es ist ein Bestseller, der den Geist der Französischen Revolution entscheidend mitprägen wird. Die Aufklärung, deren intellektuelle Dynamik Diderot mustergültig vertritt, ist zur politischen Großmacht geworden – nicht zuletzt durch die *Enzyklopädie*.

DENIS DIDEROT

LEBEN UND WERK

Denis Diderot wurde am 5. Oktober 1713 in Langres in der Champagne als Sohn des Messerschmiedmeisters Didier Diderot und seiner Frau Angélique Vigneron geboren. Von 1723 bis 1728 besuchte er das Jesuitenkolleg in Langres, danach setzte er seine Ausbildung in Paris auf dem Collège Louis-le-Grand (oder Collège d'Harcourt) fort und schloss sie 1732 als Magister Artium der Universität Paris ab. Anschließend studierte er an der Sorbonne Theologie. Vorübergehend war er als Anwaltsgehilfe tätig und lebte dann einige Jahre von Gelegenheitsarbeiten, schrieb Predigten für zukünftige Geistliche, unterrichtete als Privatlehrer, verfasste kleine Artikel und übersetzte aus dem Englischen. 1742 lernte er dann Jean-Jacques Rousseau kennen, mit dem ihn eine enge Freundschaft verband, bis sie vierzehn Jahre später mit einem Bruch wieder endete. 1743 heiratete Diderot Antoinette Champion. Von ihren vier Kindern überlebte nur Tochter Angélique. Von 1746 an befasste sich Diderot mit dem großangelegten Projekt der *Enzyklopädie*, das aus dem Auftrag, Ephraim Chambers' *Cyclopaedia, or An Universal Dictionary of Arts and Sciences* von 1728 ins Französische zu übertragen, hervorging. Unter der Leitung von Diderot, der seit 1747 Mitherausgeber des Projekts war, entwickelte sich aus der geplanten Übersetzung mehr und mehr ein eigenständiges Werk. Zahlreiche neue Mitarbeiter, Experten in ihrem Fach, wurden mit Artikeln für die verschiedensten Wissensgebiete beauftragt. Neben seiner Herausgebertätigkeit, die sich seit Erscheinen des ersten Bandes im Jahre 1751 über zwanzig Jahre erstreckte, verfasste Diderot eine große Anzahl philosophischer Schriften, von denen eine, der *Brief über die Blinden zum Gebrauch für die Sehenden* (1749, *Lettre sur les aveugles á l'usage de ceux qui voient*), ihn aufgrund des von ihm vertretenen Materialismus und Atheismus für dreieinhalb Monate ins Gefängnis brachte. Des weiteren schrieb er Theaterstücke – *Der natürliche Sohn* (1757, *Le fils naturel*), *Der Hausvater* (1758, *Le père de famille*) –, Kunstkritiken, Erzählungen und Romane. Um 1762 entstand sein philosophisch-satirischer Dialog *Rameaus Neffe* (*Le neveu de Rameau*), der zuerst 1805 in der deutschen Übersetzung von Goethe bekannt wurde. Von 1762 an stand er in Briefkontakt mit der Zarin Katharina II. von Russland, die seine Bibliothek kaufte und Diderot als Bibliothekar auf Lebenszeit einsetzte. Den Winter 1773/74 über hielt er sich in St. Petersburg auf, traf häufig mit der Zarin zu Gesprächen zusammen und befasste sich mit dem *Plan einer öffentlichen Erziehung in allen Wissenschaften* in der Absicht, das russische Erziehungssystem zu reformieren. Diderot starb am 31. Juli 1784 in Paris.

AUF DEN PUNKT GEBRACHT

Die Natur ist mehr als ein toter Mechanismus, sie ist organisches Leben. Um die Vielfalt der Natur und insbesondere des menschlichen Lebens angemessen darstellen zu können, wie es die Enzyklopädie versucht, muss sich die Aufklärung einer Vielfalt von Stimmen und sprachlichen Formen bedienen. Dazu gehörten für Diderot auch das Drama und der Roman.

EMPFEHLUNG

Lesenswert:

Denis Diderot: *Jacques der Fatalist und sein Herr*, Stuttgart 1995.

Denis Diderot: *Die geschwätzigen Kleinode*. Roman, Berlin 1997.

Denis Diderot: *Die Nonne*, Frankfurt/Main 1994.

Johanna Borek: *Denis Diderot*, Reinbek 2000.

Milan Kundera: *Jacques und sein Herr. Hommage an Denis Diderot in drei Akten*, München 2003.

Hörenswert:

Denis Diderot: *Rameaus Neffe*. Gelesen von Christian Brückner. Eine Produktion des SWR, Berlin 1999. 3 Audio-CDs.

Eric-Emmanuel Schmitt: *Diderot – Der Freigeist*. Regie: Jörg Jannings, gelesen von Felix von Manteuffel, Conny Wolter, Tina Engel u.a. Potsdam 2000. Audio-CD.

Besuchenswert:

Wer sich auf angenehme Weise in das Paris der Enzyklopädisten zurückversetzen möchte, begebe sich in das Restaurant »Le Procope«, drei Schritte vom Boulevard Saint-Germain, das im späten 18. Jahrhundert ein Café war, in dem die Geistesgrößen der Zeit verkehrten.

Ethik und Volkswirtschaft
Adam Smith
1723–1790

■ Adam Smith, Medaillon von James Tassie, 1787. Edinburgh, Scottish National Portrait Gallery

Die Lehre von der Gesellschaft und vom Staat war seit der Antike immer ein Teil der Ethik, der Lehre vom richtigen Leben gewesen. Auch Adam Smith, der lange Jahre den Lehrstuhl für »Moralphilosophie« im schottischen Glasgow innehatte, sah sich als Ethiker. Berühmt geworden ist er allerdings durch sein Werk über den *Wohlstand der Nationen* (1776), mit dem er die moderne Volkswirtschaftslehre grundlegend geprägt hat.

Der Zusammenhang von Ethik und Volkswirtschaftslehre ergibt sich aus Smiths thematisch viel weiter gefasster *Theorie der moralischen Gefühle* von 1759, in der Smith nicht nur die Voraussetzungen dafür untersucht, warum die Menschen als Wirtschaftsbürger handeln, sondern warum und aufgrund welcher Fähigkeiten sie überhaupt zu gesellschaftlichen Wesen werden.

Die vom Empirismus und dem darauf aufbauenden psychologischen Sensualismus geprägte Aufklärungsphilosophie des 18. Jahrhunderts war davon überzeugt, dass es natürliche »moralische Gefühle« gebe, die den Menschen zu einem sozialen Wesen werden lassen. Die Herleitung solcher edlen Gefühle aus der Natur war allerdings nicht sehr zwingend; so sah sich etwa Smiths philosophischer Lehrer in Glasgow, Francis Hutcheson (1694–1746), genötigt, den fünf Sinnen noch einen gesonderten »moralischen Sinn« hinzuzufügen. Smiths Freund und Förderer David Hume (1711–1776) war einen anderen Weg gegangen, indem er den Menschen zwar eine natürliche »Sympathie« für ihre nächsten Freunde und Angehörigen zubilligte, die Weiterentwicklung der Sympathie zu einem »Wohlwollen«, das allen Menschen zu gelten vermag, aber als Resultat eines geschichtlichen Prozesses der Zivilisation ansah.

Hier knüpft Smith an. Er fasst »sympathy« im doppelten Sinne des Wortes als »Zuneigung« und als »Einfühlungsvermögen« auf und macht sie so zur Grundlage des menschlichen Sozialverhaltens: Indem ich mich in jemand anderen einfühle, argumentiert er, kann ich mich sehen, wie er mich sieht, und dies damit vergleichen, wie ich von ihm gesehen werden will. So bin ich nicht nur ich selbst mit meinen eigenen Wünschen und Interessen, sondern zugleich der unparteiische Betrachter (»impartial spectator«) des Verhältnisses zwischen mir und meinen Mitmenschen. Ich verhalte mich deshalb nach Möglichkeit so, wie ich von den anderen gesehen werden möchte. Ich bin also ein soziales Wesen – oder besser, ich werde dazu, ich werde, indem ich mich immer wieder in anderen spiegele, modern gesprochen, »sozialisiert«. Ich lerne, wie ich mit Hilfe anderer meine physischen Grundbedürfnisse, aber auch meinen Wunsch nach Zuneigung und nach Achtung befriedigen kann. Ich kann von den anderen dazu gebracht werden, für mich selbst gar nicht unmittelbar nützliche Dinge zu tun, wie Reichtum und Luxus weit über das Maß hinaus anzuhäufen, in dem ich wirklich konsumieren kann. Dies wiederum führt dazu, dass hinter meinem Rücken Dinge geschehen, die ich gar nicht beabsichtigt habe: Mein Streben nach Luxus treibt die gesellschaftliche Arbeitsteilung voran, die mir wiederum den Besitz von Dingen ermöglicht, die kein Einzelner produzieren kann. Eine »unsichtbare Hand« sorgt dafür, dass mein Handeln in der Gesellschaft Effekte hervorruft, die wiederum die Gesellschaft und letztlich auch wieder mich selbst verändern.

Durch die Einführung des »impartial spectator« gelingt es Smith, die Ethik, die Lehre vom richtigen Verhalten des Einzelnen, in eine empirische Untersuchung der dynamischen *Verhältnisse* umzuwandeln, die die Individuen miteinander eingehen. Aus Ethik wird auf diese Weise Soziologie, Sozialgeschichte und Volkswirtschaftslehre. Die traditionellen, von der Moralphilosophie untersuchten Tugenden bekommen dabei eine ganz neue Bedeutung: Die Anwendung von »Klugheit« (»prudence«) ist ein völlig berechtigtes Mittel im Streben nach Genuss und Reichtum, das, dank der »unsichtbaren Hand«, den gesellschaftlichen Reichtum insgesamt vermehrt. »Gerechtigkeit« (»justice«) gründet wie das Streben nach Reichtum auf einem natürlichen Bedürfnis, nämlich dem nach Revanche für Übergriffe auf die körperliche Unversehrtheit und das Eigentum. Auf dieser Grundlage entsteht, in einem sozialen Lernprozess, ein Staat, der die Individuen und ihr Eigentum schützt, ohne sie in ihrem Streben nach Glück unnötig einzuschränken.

MARX UND SMITH

Es ist auf den ersten Blick überraschend, dass Marx ausgerechnet Smith, der fast nur die Vorteile der kapitalistischen Entwicklung im Blick hatte, zu seinem – neben Hegel – wichtigsten Gewährsmann macht. Doch Smiths Kapitalismusanalyse passt erstaunlich gut zu der Hegelschen Geschichtsauffassung, denn diese geht auch auf Smith zurück.

■ Zu Smiths Zeit werden wissenschaftliche Experimente zu geselligen Ereignissen: Wissenschaft wird öffentlich. Joseph Wright of Derby (1734–1797), *Das Experiment mit der Luftpumpe*. London, National Gallery

■ Smiths Freund James Watt (1736–1819) wurde im 19. Jh. zu einem der großen Helden der Natureroberung. *Der junge James beobachtet an einem Teekessel die Wirkung der Dampfkraft.* Holzstich aus Christlieb Gotthold Hottinger »Die Welt in Bildern«, 1881

Was Smith über das berechtigte Streben nach Reichtum und den Staat sagt, der dieses nicht behindern soll, fand den Beifall des Manchesterkapitalismus im 19. Jahrhundert, der Smith zu seinem Helden machte. Dabei wurden allerdings seine Ausführungen über die dritte klassische Tugend übersehen, das Wohlwollen (»benevolence«): Reichtum ist nicht das höchste irdische Gut, er schafft nur die Bedingungen für wohlwollendes Handeln. Wohlwollen kann das bewusste Eingreifen in den Automatismus des Marktgeschehens erfordern, etwa wenn es darum geht, die Einseitigkeit der Ausbildung und Lebensweise zu bekämpfen, die die Kehrseite der vielen Vorteile von gesellschaftlicher Arbeitsteilung ist. Die ethische Vernunft greift in den spontanen Gang der Geschichte ein, um »das größtmögliche Glück der größtmöglichen Zahl«, wie Hutcheson es zuerst formuliert hat, zu erreichen. Der Wohlwollende, der sich in den Dienst dieser Vernunft stellt, erlebt diesen Dienst als Glück, weil diejenigen, denen er Gutes tut, ihm ihre Zuneigung entgegenbringen. Dadurch wird das Wohlwollen zu etwas Spontan-Natürlichem, wird das Vernünftige zum Teil der menschlichen Natur.

Die Idee einer »Versöhnung« (um den Ausdruck Hegels zu benutzen) von Vernunft und Natur im historischen Prozess findet sich um die Zeit, in der die *Theorie der moralischen Gefühle* entsteht, auch bei Rousseau. Sie findet ihren Ausdruck aber auch im englischen Landschaftspark, der in dieser Zeit überall in Europa den geometrisch abgezirkelten französischen Park ablöst, und in den fortschrittlichen Grundbesitzern, die ihr Geld in die Verbesserung der Landwirtschaft, der Verkehrswege und der Schulen stecken, um den Lebensstandard »ihrer« Bauern zu heben.

Die historische Soziologie der »Schottischen Schule« fand nicht nur durch die Bücher Smiths, sondern auch durch die Schriften seines Schülers John Millar (1735–1801) und seines – wie Smith jedenfalls fand – »Plagiators« Adam Ferguson (1723–1816) europaweit Verbreitung. Während in Großbritannien die Utilitaristen an die praktisch-ökonomischen Seiten der Philosophie Smiths anknüpften, wurde Smiths »spekulative« Idee der Versöhnung von Vernunft und Natur in der durch die menschliche Arbeit vorangebrachte Geschichte vom deutschen Idealismus aufgenommen, vor allem von Hegel.

ADAM SMITH

LEBEN UND WERK

Am 5. Juni 1723 wurde Adam Smith in der schottischen Handelsstadt Kirkcaldy getauft; der Tag seiner Geburt ist nicht bekannt. Sein Vater, ein Anwalt, der mehrere öffentliche Ämter des höheren Dienstes innehatte, starb, noch bevor sein Sohn geboren wurde. Zu seiner Mutter hatte Smith Zeit seines Lebens eine enge Bindung. Mit vierzehn Jahren begann er an der Universität Glasgow klassische Philologie, Moralphilosophie, Mathematik und Physik zu studieren. Drei Jahre später schloss er das Studium als Master of Arts ab. Großen Einfluss auf Smiths wissenschaftliche Entwicklung nahm sein Lehrer Francis Hutcheson (1694–1746), der damals bekannteste Professor für Moralphilosophie, der ihn mit der Philosophie David Humes (1711–1776) bekannt machte. Mit Hume verband Smith später eine enge Freundschaft. 1740 wechselte Smith an die Universität Oxford und blieb dort sechs Jahre. Zurück in Schottland, hielt er ab 1748 in Edinburgh Vorlesungen über Rhetorik und englische Literatur, die große Beachtung fanden. 1750 wurde er auf den Lehrstuhl für Logik an der Glasgower Universität berufen. Kurze Zeit später übernahm er die Professur für Moralphilosophie, die er zwölf Jahre lang innehatte. Seine Vorlesungen umfassten die Themen Theologie, Ethik, Jurisprudenz und Ökonomie. 1759 erschien sein erstes großes Werk, die *Theorie der moralischen Gefühle* (*The Theory of Moral Sentiments*), das ihm in kurzer Zeit über Großbritannien hinaus großes Ansehen verschaffte. Als der Herzog von Buccleuch ihm 1763 das Angebot machte, seinen Stiefsohn als Privatlehrer auf einer zweijährigen Bildungsreise nach Frankreich zu begleiten, nahm Smith an und gab seine akademischen Ämter auf. Nach einem kurzen Aufenthalt in Paris reiste er zusammen mit seinem Schüler weiter nach Toulouse, wo sie anderthalb Jahre blieben. Von dort aus unternahmen sie mehrere kürzere Reisen durch Südfrankreich. In dieser Zeit begann Smith mit der Arbeit an seinem Hauptwerk *Der Wohlstand der Nationen. Eine Untersuchung seiner Natur und seiner Ursachen* (*An Inquiry into the Nature and Causes of the Wealth of Nations*), auf das sich sein Ruhm als Begründer der Nationalökonomie stützt. Die Vollendung dieses Werks beschäftigte Smith nach der Rückkehr in seine Geburtsstadt Kirkcaldy im Jahr 1766 noch über zehn Jahre. Als es 1776 in London erschien, wurde dem Autor auf Anhieb große Anerkennung zuteil. Bald nach der Veröffentlichung lagen Übersetzungen ins Deutsche, Französische und Dänische vor; Ausgaben in zahlreichen anderen Sprachen folgten. 1778 zog Smith nach Edinburgh, wo er das Amt eines Zollkommissars von Schottland übernahm; 1787 wurde er zum Rektor der Universität Glasgow gewählt. Smith starb am 17. Juli 1790 in Edinburgh.

AUF DEN PUNKT GEBRACHT

Den meisten Philosophiegeschichten ist die »Moralphilosophie« Smiths und der Schottischen Schule nur eine Fußnote wert. Dabei ist die Geschichts- und Sozialphilosophie Smiths, in der die Gesellschaft erstmals auch als arbeitsteiliger Wirtschaftszusammenhang betrachtet wird, das Scharnier zwischen der großen Tradition des britischen Empirismus und dem Geschichts- und Gesellschaftsdenkens des deutschen Idealismus, insbesondere Hegels.

EMPFEHLUNG

Lesenswert:

Adam Smith für Anfänger. Der Wohlstand der Nationen. Eine Lese-Einführung von Helen Winter und Thomas Rommel, München 1999.

Horst Claus Beckenwald: *Adam Smith. Sein Leben und Werk*, München 1976.

Karl Graf Ballestrem: *Adam Smith*, München 2001.

Michael Aßländer: *Adam Smith zur Einführung*, Hamburg 2007.

Sehenswert:

Den besten Eindruck von der Zeit Smiths vermittelt die Neustadt von Edinburgh, wo auch Hume sich angesiedelt hatte. Der Stil der Zeit ist noch gegenwärtig im Steingutzeug der von Smiths Freund Josiah Wedgwood gegründeten Firma, die das Design des späten 18. Jahrhunderts noch immer erfolgreich vertreibt.

Vernunft, Erfahrung und Freiheit

Immanuel Kant

1724–1804

Seit Kant ist es üblich, von zwei Hauptströmungen der Aufklärungsphilosophie zu sprechen, einer »rationalistischen«, die mit Descartes, und einer »empiristischen«, die mit Locke beginnt. Der Rationalismus hatte versucht, nach dem Muster der Mathematik ein auf der Vernunft gegründetes Modell der Welt zu konstruieren. Dieser Rationalismus, befand Kant, war in der zu seiner Zeit in Deutschland herrschenden Leibniz-Wolffschen Schulphilosophie (Christian Wolff, 1679–1754, hatte Leibniz' Lehre von den Monaden vereinfacht und popularisiert) zum »Dogmatismus« erstarrt. Das rationalistische System Wolffs kam nicht ohne – aus der religiösen Offenbarung entlehnte – Voraussetzungen aus, deren Gültigkeit einfach – »dogmatisch« – behauptet wurde. Der Empirismus war Kant zufolge ebenfalls in eine Sackgasse geraten. Nachdem der große Skeptiker Hume die letzten nicht in der Erfahrung selbst begründeten Denkgewissheiten wie die Idee der Kausalität (des Zusammenhangs von Ursache und Wirkung) über Bord geworfen hatte, schien überhaupt keine Erkenntnis mehr Gewissheit beanspruchen zu können, die mehr war als eine einzelne isolierte Sinneswahrnehmung.

■ Immanuel Kant, Porträt von Gottlieb Doebler, 1791

Und dennoch: Während Rationalismus und Empirismus miteinander konkurrierten, war in der Wissenschaft das großartige Denkgebäude der Newtonschen Physik entstanden, in der mathematischer Rationalismus und empirische Untersuchung Hand in Hand gingen. Es musste also möglich sein, einen von jedem Dogma befreiten Begriff der Vernunft wieder mit einem nicht mehr radikal skeptischen Begriff von Erfahrung zusammenzubringen!

Dass Kant diese Synthese von Rationalismus und Empirismus

nach Jahrzehnten der Arbeit schließlich in seiner 1781 erschienenen *Kritik der reinen Vernunft* gelang, verdankte er auch dem Anstoß durch Rousseaus Freiheitslehre. Von Natur aus, so Rousseau, verfügt jeder Mensch über Fähigkeiten, denen auch die ausgeklügeltste Wissenschaft nur wenig hinzuzufügen hat. Der einfache Bauer denkt und empfindet wie andere Menschen auch und besitzt daher dieselbe Würde. Er ist wie jeder andere auch in der Lage, über seinen beschränkten Horizont hinauszublicken, seinen Egoismus aufzugeben und mit Begeisterung das als sein eigenes Ziel zu verfolgen, was dem »allgemeinen Willen« entspricht. Diese Entscheidung für die Allgemeinheit ist es, was ihn frei macht. Alle Menschen, knüpft Kant an Rousseaus Gedanken an, haben die Fähigkeit und damit die Freiheit, sich auf einen überindividuellen Standpunkt zu stellen, nämlich den der »Menschheit«. Das Einnehmen dieses Menschheitsstandpunktes ist es, was sie erst zu Menschen macht.

Diese Überlegungen zu Freiheit und »Menschheit« führt Kant erst in seinen ethischen Schriften aus, aber sie bilden von von Anfang an auch den Hintergrund für den Gedankengang in der *Kritik der reinen Vernunft*.

Diese erste der drei Kantschen Kritiken soll die Frage klären, ob überhaupt vernünftige, das heißt, zuverlässige und gehaltvolle Aussagen, Kantisch gesprochen: ob »synthetische Urteile a priori« möglich sind. »Synthetisch« heißt dabei, dass ein Begriff nicht nur »analytisch« auf das untersucht wird, was in ihm logisch bereits enthalten ist (wie: »der Ball ist rund«), sondern dass ihm eine weitere Eigenschaft zugeschrieben werden kann, die eine zusätzliche Beobachtung voraussetzt (wie: »der Ball rollt, weil er rund

■ Die moralische Psychologie der »Physiognomik« war zu Kants Zeit sehr beliebt. Sie meint in den menschlichen Gesichtszügen den Charakter lesen zu können. Auch Kant interessiert sich für die menschliche Seele in erster Linie als Träger der Moral. Franz X. Messerschmidt (1736–1786), *Ein Erzbösewicht*.

■ Aus Kants Manuskript der Abhandlung *Zum ewigen Frieden*, 1795

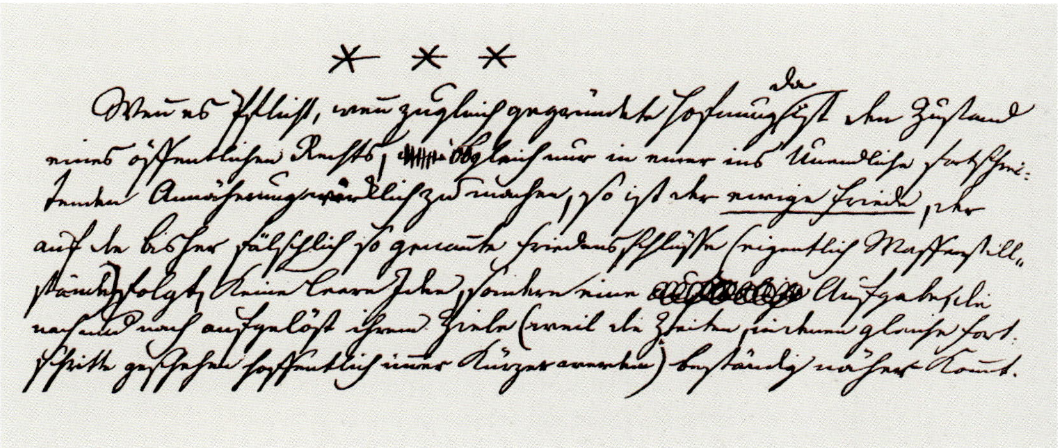

* * *

Wenn es Pflicht, wenn zugleich gegründete Hoffnung da ist den Zustand
eines öffentlichen Rechts, obgleich nur in einer ins Unendliche fortschrei-
tenden Annäherung wirklich zu machen, so ist der ewige Friede, der
auf die bisher fälschlich so genannte Friedensschlüsse (eigentlich Waffenstill-
stände) folgt keine leere Idee, sondern eine Aufgabe die
nach und nach aufgelöst ihrem Ziele (weil die Zeiten in denen gleiche Fort-
schritte geschehen hoffentlich immer kürzer werden) beständig näher kommt.

■ Kants Wohnhaus in Königsberg, Prinzessinstraße

ist). »A priori« heißt, dass eine Aussage »von vornherein« zwingend ist.

Die festeste Bastion des Rationalismus war seit jeher die Evidenz, die selbstverständliche Geltung, der mathematischen Axiome gewesen. Kant beginnt deshalb damit, dass er untersucht, wie Mathematik überhaupt möglich ist. Dies geschieht im ersten Teil der *Kritik der reinen Vernunft*, der »transzendentalen Ästhetik«. Unter »Ästhetik« versteht Kant die Lehre von den Wahrnehmungen oder, wie er sagt, der »Anschauung«; »transzendental« bedeutet, dass er sich nicht für einzelne konkrete Wahrnehmungen interessiert, sondern für die – in Wirklichkeit nie isoliert vorkommenden – »reinen Formen« der Wahrnehmung, für das, was Wahrnehmungen überhaupt erst ermöglicht. Was wir wahrnehmen, stellt Kant fest, sind in jedem Fall räumlich ausgedehnte Dinge und Prozesse, die sich in der Zeit abspielen. Raum und Zeit aber sind keine Gegebenheiten, die an sich existieren. Sie sind *unsere* Weise, die Welt zu ordnen. Nur aus unserer Perspektive steht fest, was »links« und was »rechts« ist, was das Gespiegelte und was das Spiegelbild ist. Wir, die wir scheinbar das »Subjekt« (wörtlich: das »Unterworfene«) der Wahrnehmung sind, formen Wahrnehmung nach *unseren* Formen der Anschauung.

Wir können in unseren Wahrnehmungen nicht von Raum und Zeit absehen, wir wissen deshalb auch nicht, wie wir uns ein

SUBJEKT

In der philosophischen Tradition seit der Antike wurde unter »Subjekt« der der Wahrnehmung »unterworfene« Gegenstand von Sinneseindrücken verstanden. Dem passiv aufnehmenden (»rezipierenden«) Subjekt stand das »Objekt« als aktives Ding gegenüber. Im alltäglichen Englisch und Französisch hat sich die Bedeutung von Subjekt (*subject, sujet*) als »Gegenstand«, »Thema« erhalten. Bei Kant nun wird das Subjekt zum aktiven Träger nicht nur der Wahrnehmung, sondern der Erkenntnis überhaupt, der auf das Objekt wirkt. Auch das wollende Ich ist Subjekt. In diesem Sinne sprechen wir auch heute von Subjekt und Objekt, »subjektiv« und »objektiv«. Subjekt ist zum Synonym für die Perspektive des selbstbewussten Individuums geworden. Es ist mehr als eine bloße Analogie, dass der Bedeutungswandel im Begriff des Subjekts zur selben Zeit, nämlich der Epoche der Französischen Revolution, eintrat, als aus dem »Subjekt« im Sinne von »Untertan« der freie Staatsbürger wurde.

»Ding an sich« vorstellen sollten, und doch gibt es die Welt dieser »Dinge an sich« oder »Noumena«, denn unsere Wahrnehmungen müssen eine Quelle haben.
Da uns Menschen nun notwendigerweise alles in den Formen von Raum und Zeit erscheint, sind diese »reinen Formen der Anschauung« auch eine zuverlässige Grundlage der Mathematik – der den Raum nachkonstruierenden Geometrie wie der das zeitliche Nacheinander in der kontinuierlichen Reihe der Zahlen nachkonstruierenden Arithmetik. Nachdem Kant die Frage nach der Möglichkeit der Mathematik im Sinne des Rationalismus beantwortet hat, geht er zur nächsten Frage über, nämlich wie »reine« Naturwissenschaft denkbar ist, also: ob es außer den reinen Formen der Anschauung auch ähnliche Formen des *Denkens* gibt, die a priori »synthetische Urteile« über die »angeschauten« Gegenstände erlauben. Er findet solche festen Denkformen in den seit Aristoteles fast unverändert überlieferten Urteilskategorien. Solche Urteilsformen sind das »wenn …, dann« der Kausalität ebenso wie die logischen Grundsätze der Identität und Nichtidentität.
Das Denken in allgemein gültigen Denkformen oder Kategorien geschieht nicht so automatisch wie das Wahrnehmen in den Formen von Raum und Zeit: Ich kann mir meine privaten Urteile bilden von der Art wie: »immer, wenn es mehr als zwei Tage regnet, werde ich depressiv«. Allgemein gültige Urteile (»lang anhaltender Regen kann bei bestimmten Menschen Depressionen hervorrufen«) setzen dagegen voraus, dass ich mich auf den Standpunkt dessen stelle, was alle Menschen einsehen können. Dieses verallgemeinernde Ich, das sich von dem »empirischen Ich« unterscheidet, nennt Kant »transzendentales Ich«. Es ist ein »spontaner«, also freier Akt des Selbstbewusstseins, sich den Menschheitsstandpunkt des transzendentalen Ich zu eigen zu machen, aber jeder ist in der Lage, ihn zu vollziehen. Und deshalb ist »reine« Naturwissenschaft auf der Grundlage von für jeden einsichtigen Kategorien möglich – vorausgesetzt, es gibt eine Instanz des Denkens, die die Denkkategorien mit den Wahrnehmungen zusammenkoppelt. Diese Instanz ist die »Vorstellungskraft«. Sie ist es, die uns in die Lage versetzt, unsere Wahrnehmungen auf ein vereinfachtes »Schema« zu reduzieren, über das wir erst kategorial urteilen können. Aus vielen konkreten Hunden wird *der* Hund, und über diesen abstrakten Hund vermögen wir die Aussagen zu machen, die für alle Hunde gelten, während wir über einen

■ Kant lud zum Mittagessen regelmäßig Gäste ein und ließ es sich nie nehmen den Senf im Mörser selbst zuzubereiten. Zeichnung von Friedrich Hagemann, 1801

■ Porträt, anonymes Gemälde, um 1790

einzelnen Hund nur Dinge sagen können, von denen wir nicht wissen, ob sie außerhalb dieses Einzelfalls von Belang sind. Vorstellungskraft ist auch, was den Wissenschaftler in die Lage versetzt, Beobachtungen vorwegzunehmen, also Hypothesen zu bilden, die er erst im Nachhinein empirisch prüft.

Der Nachweis der Möglichkeit von Naturwissenschaft ist Kant dank einer, wie er nicht ohne Stolz bemerkt, »kopernikanischen Wende« in der Betrachtungsweise des Verhältnisses von Erkenntnisgegenstand und Erkenntnissubjekt gelungen: Die Erkenntnis geht nicht von Dingen aus, die im erkennenden Subjekt Veränderungen hervorrufen, sondern vom Subjekt, das die Dinge in den ihm zur Verfügung stehenden Wahrnehmungs- und Denkformen untersucht. Wir erkennen die Welt nicht, wie sie an sich ist, sondern, wie sie für uns ist – und das ist völlig zureichend, jedenfalls für die Naturwissenschaften. Aber wie steht es mit den klassischen Gegenständen der Metaphysik, mit den Fragen nach Gott, nach der Seele, nach dem Sein der Welt? Das ist das Thema des dritten Hauptteils der *Kritik der reinen Vernunft*, der »transzendentalen Dialektik«.

Die naturwissenschaftliche Vernunft, die Kant auch als »Verstand« bezeichnet, befasst sich mit der empirischen Welt. Über etwas, das jenseits davon liegt, vermag sie nichts auszusagen. Und doch gibt es in unserer Vernunft »Ideen«, die über die Ist-Welt hinausweisen, etwa die Idee des Guten. Das Gute ist nicht, aber es *soll* sein. Es ist keine Tatsache, sondern eine »regulative Idee«, die dem Denken eine Richtung gibt. Insofern unsere Vernunft solche Ideen hervorbringt, ist sie frei, denn sie setzt sich selbst ihre Ziele – im Unterschied zu unserem empirischen Ich, das Teil der empirischen Welt ist und daher dem determinierenden Zusammenhang von Ursache und Wirkung unterliegt. Moralische Ideen wie die des Guten sind allgemeingültig, sind Menschheitsideen und können daher von der Vernunft untersucht werden. Im Sinne einer Freiheitslehre oder einer Lehre von dem, was sein soll – und in keinem anderen –, ist Metaphysik also möglich.

Hiermit sind in der *Kritik der reinen Vernunft* bereits die Grundlagen der Kantischen Ethik enthalten, die in der *Grundlegung zur*

Metaphysik der Sitten und der *Kritik der praktischen Vernunft* ausgeführt werden: Unsere im Transzendentalen, also nicht in der empirischen Welt, wurzelnde Freiheit ist das, was uns als Menschen über die Natur erhebt. Mit ihr ist der Auftrag an uns verbunden, sie im Sinne der »Ideen« (wir sprechen hier heute meist von »Idealen«) zu nutzen. Wir haben die Pflicht, das, was wir als vernünftig ansehen, auch zu verwirklichen. Etwas Gutes kann aber nur vernünftig sein, wenn es allgemein, für die ganze Menschheit, als Gutes gelten kann. Daher Kants berühmte Formulierung des »moralischen Imperativs«: »Handle so, dass die Maxime deines Handelns Prinzip allgemeiner Gesetzgebung werden kann!«

Wie Kants Ethik aus der »transzendentalen Dialektik« in der *Kritik der reinen Vernunft hervorgeht*, so wurzelt seine in der *Kritik der Urteilskraft* (»Urteil« bedeutet hier »Geschmacksurteil«) formulierte ästhetische Theorie in der »transzendentalen Analytik«. Dort war von der Aktivität, der »Spontaneität« des Denkens im Unterschied zur bloß passiven »Rezeptivität« der Wahrnehmung, die Rede und von der »Einbildungskraft«, die uns erlaubt, komplexe Erfahrungen als Hypothesen vorwegzunehmen, um sie dann empirisch zu überprüfen. Wenn wir aber vom empirischen Er-

■ *Kant und seine Tischgenossen*. Gemälde von Emil Doerstling, um 1900

kenntnisinteresse absehen, wenn wir also die Dinge »interesselos« betrachten, so erscheinen sie als Dinge, die um ihrer selbst willen da sind, die ihren eigenen Zweck in sich tragen. Wir bewundern dann ihre in sich zweckmäßige Gestaltung und empfinden dabei »interesseloses Wohlgefallen« – wir finden sie schön. Schönheit – ein kunstvoller und in sich selbst zweckmäßiger Bauplan – findet sich ebenso in der Natur wie in der Kunst. Wie die Natur setzen die Künstler selbst den Zweck ihrer Werke fest und entwickeln daraus die zu dessen Verwirklichung sinnvollen Regeln. Wenn es ihnen gelingt, dem selbstgesetzten Ziel nahezukommen, bewundern wir sie. Dies bedeutet auch, dass über das Kunstschöne synthetische Urteile a priori möglich sind; die innere Zweckmäßigkeit eines Kunstwerks ist der Maßstab, es zu beurteilen.

Die Ästhetik nimmt eine Mittelstellung zwischen Naturerkenntnis und Ethik ein: Kunst ist das im Sinne der transzendentalen Spontaneität unseres Denkens schöpferische Werk der Vernunft, und sie ist ebenso erfahrbar und unserem Urteil zugänglich wie die Natur. Sie ist wie unser sittliches Handeln aber auch ein Werk der Freiheit, insofern wir selbst ihren Zweck setzen. In der *Kritik der Urteilskraft* kommt die Idee des Zusammenwirkens von Vernunft, Erfahrung und Freiheit, die das Kantische System zusammenhält, am besten zum Ausdruck. Deshalb war sie auch der Ausgangspunkt für die Nachfolger Kants, die sein System als viel zu sehr im Sinne der schulphilosophischen Tradition »gekästelt« empfanden und Kants gesamtes Denken manchmal am liebsten in einem einzigen gewaltigen Begriff, einer Art Weltformel, zusammengefasst hätten.

SCHILLER UND KANT

Friedrich Schiller hat wie kaum ein anderer an der Verbreitung Kantischer Gedanken mitgewirkt. Besonders wichtig war für ihn, dass Ethik und Ästhetik bei Kant aneinander grenzen, weil der Freiheitsbegriff im Zentrum beider Bereiche steht. In seinen *Briefen über die ästhetische Erziehung des Menschen* entwickelt er das Programm, die Menschen über den spielerischen Gebrauch der Freiheit in der Kunst zum ethisch-pflichtgemäßen Gebrauch der Freiheit zu erziehen.

Critik
der
reinen Vernunft
von
Immanuel Kant
Professor in Königsberg.
Riga,
verlegts Johann Friedrich Hartknoch
1781.

■ Titelseite der Erstausgabe der *Kritik der reinen Vernunft*, erschienen bei Johann Friedrich Hartknoch, Riga 1781

IMMANUEL KANT

LEBEN UND WERK

Immanuel Kant, am 22. April 1724 in Königsberg in Ostpreußen geboren, stammte aus einer in ärmlichen Verhältnissen lebenden Handwerkerfamilie. Insbesondere durch seine Mutter und auf dem Collegium Fridericanum, das er ab 1732 besuchte, wurde er im Geist des Pietismus erzogen. Während seiner Studienzeit an der Königsberger Universität von 1740 bis 1746 beschäftigte er sich mit Theologie, besonders aber mit Philosophie, Mathematik und Naturwissenschaften. Durch das große Interesse seines Professors Martin Knutzen an der englischen Naturwissenschaft lernte er die Physik Isaac Newtons (1643–1727) kennen. Seine erste Veröffentlichung, die *Gedanken von der wahren Schätzung der lebendigen Kräfte*, die Kant nach dreijähriger Arbeit 1749 abschloss, bildete den Anfang einer Reihe naturwissenschaftlicher Schriften. Als sein Vater starb, verließ Kant die Universität und verdiente in den folgenden Jahren seinen Lebensunterhalt als Hauslehrer bei verschiedenen Familien in der Umgebung von Königsberg. 1755 promovierte er mit einer Schrift *Über das Feuer* (*De igne*) und habilitierte sich noch im selben Jahr mit der Abhandlung *Neue Erhellung der ersten Grundsätze metaphysischer Erkenntnis* (*Principiorum primorum cognitionis metaphysicae nova dilucidatio*). Kurz darauf hielt er die erste Vorlesung als Privatdozent und begann damit seine einundvierzigjährige Tätigkeit als akademischer Lehrer. Außer Philosophie las er auch Logik, Mathematik, Naturwissenschaft, physische Geographie, Pädagogik und anderes. 1766 nahm er neben seiner Dozententätigkeit die Stelle eines Unterbibliothekars an der Königlichen Schlossbibliothek an und behielt diesen Posten bis 1772. Einen Ruf aus Erlangen 1769 auf den gerade eingerichteten Lehrstuhl für theoretische Philosophie lehnte Kant mit dem Verweis auf seine Verbundenheit mit der Heimatstadt und seine schwache Gesundheit ab, außerdem hoffte er auf eine Professur in Königsberg. Kurz nachdem ihn ein zweiter Ruf aus Jena erreicht hatte, wurde er im März 1770 zum Professor der Logik und Metaphysik an der Königsberger Universität ernannt. Zehn Jahre später, 1781, erschien sein Hauptwerk, die *Kritik der reinen Vernunft*, deren Grundgedanken er 1783 in seiner Schrift *Prolegomena* erneut aufgriff und präzisierte. In Abständen von wenigen Jahren folgten die Werke *Grundlegung zur Metaphysik der Sitten* (1785), *Kritik der praktischen Vernunft* (1788), *Kritik der Urteilskraft* (1790), *Die Religion innerhalb der Grenzen der bloßen Vernunft* (1793), *Zum ewigen Frieden. Ein philosophischer Entwurf* (1793), *Die Metaphysik der Sitten* (1797) und weitere Schriften. Kant starb am 12. Februar 1804 in Königsberg, das er abgesehen von Aufenthalten im Umland nie verlassen hat.

AUF DEN PUNKT GEBRACHT

Indem Kant die rationalistische und die empiristische Entwicklungslinien der europäischen Aufklärung zusammenfügt und mit einer von Rousseau stammenden Metaphysik der Freiheit und der Pflicht verbindet, vollendet Kant die Aufklärung. Die von ihm offen gelassenen Probleme stehen am Anfang der nachaufklärerischen Philosophie.

EMPFEHLUNG

Lesenswert:

Otfried Höffe: *Kant*, München 2000.

Arsuij Gulyga: *Kant*, Frankfurt/Main 1981.

Jean Grondin: *Kant zur Einführung*, Hamburg 1994.

Ralf Ludwig: *Kant für Anfänger. Die Kritik der reinen Vernunft*, München 1998.

Volker Gerhardt: *Immanuel Kant. Vernunft und Leben*, Stuttgart 2002.

Steffen Dietzsch: *Immanuel Kant. Eine Biographie*, Leipzig 2004.

Hörenswert:

Immanuel Kant: *Zum ewigen Frieden*. Gesprochen von Gerfried Horst, Hamburg 2000. 2 Audio-CDs.

Immanuel Kant: *Was ist Aufklärung?* Produktion des SWR2. Gesprochen von Arnold Frank. Deutsche Grammophon, Audio-CD.

Besuchenswert:

Kants Grab im ehemaligen Königsberg, heute das russische Kaliningrad, ist wieder ohne Probleme zu besichtigen. Die Russen haben das Andenken Kants in Kaliningrad stets hochgehalten.

Sprache, Natur und Geschichte
Johann Gottfried Herder
1744–1803

■ Herder mit Tonpfeife, getuschte Silhouette, um 1790–1795

Als der Theologiestudent Herder 1762–1764 in Königsberg Kants Vorlesungen hörte, hatte dieser noch einen langen Weg bis zu seinen großen »Kritiken« vor sich. Was Kant dem jungen Studenten vermittelte, war vor allem seine Rousseau-Begeisterung, seine demokratische Überzeugung, dass alle Menschen von Natur aus zur Erkenntnis befähigt sind.

Es war dann Herders älterer Freund aus Königsberger Tagen, Johann Georg Hamann (1730–1788), der ihn zu der Zeit, als Kants Überlegungen für die *Kritik der reinen Vernunft* Form annahmen, zuerst zu einer kritischen Haltung gegenüber seinem Lehrer veranlasste. Kant pflegte von zwei »Stämmen« der Erkenntnis zu sprechen, der sinnlichen Erfahrung und der Vernunft, Hamann hielt dagegen, dass, seit es Menschen gibt, in der Sprache beide schon vereinigt sind.

Herder verband Hamanns Gedanken mit Rousseaus Begeisterung für alles Natürliche. Sprache ist es, was den Menschen von Natur aus zu einem geistigen Wesen macht; sie ist es, was den Menschen zum Menschen macht. In den ältesten Sprachdenkmälern aller Völker, gleich, ob in der Bibel oder in deutschen, englischen oder slawischen Volksliedern, sind dieselben Vorstellungen von der »Erhabenheit« der Natur (den Begriff des »Erhabenen« für das ehrfurchtgebietend Große in der Natur hatte der Engländer Edmund Burke, 1729–1797, in die europäische Debatte eingebracht) und von der Größe des Göttlichen schon gegeben. Jede Dichtung jeder Zeit enthält denselben göttlichen Funken, die Shakespeares – den Herder für den deutschen Sprachraum entdeckt – ebenso wie die der neueren Autoren: Pope etwa und Klopstock. Wo mit der Sprache Gefühl, Sinne und Vernunft eine unverbrüchliche Einheit bilden, wirkt die Schulphilosophie ebenso wie die dogmatische Theologie, vor allem aber der bürokratisch organisierte Staat künstlich und mechanisch. Mit diesen immer wieder schwungvoll und oft auch pathetisch vorgetragenen Überzeugungen wird Herder der große Anreger der literarischen Jugendrevolte des »Sturm und Drang« in Deutschland.

Herders Hauptwerk, die *Ideen zur Philosophie der Geschichte der Menschheit* (1784–1791), sind vor allem eine Auseinandersetzung

SPRACHPHILOSOPHIE

Der von Herder vertiefte Gedanke Hamanns, dass die Sprache das alleinige Medium unseres Weltverständnisses ist, trug zu den großartigen Ergebnissen der historischen Sprachforschung des 19. Jahrhunderts bei. Doch erst im 20. Jahrhundert, sowohl in der analytischen Philosophie als auch, unter anderen Vorzeichen, im Strukturalismus, rückte die Philosophie der Sprache wieder ins Zentrum der Überlegungen darüber, was eigentlich unsere Welt ausmacht.

mit Kants *Kritik der reinen Vernunft*. Herder kann die Trennung von Anschauung und Denken, damit auch von empirisch-naturwissenschaftlichem Denken und moralischer Vernunft, bei Kant nicht akzeptieren. Die Natur ist für ihn selbst vernünftig, denn der Mensch selbst ist Teil der Natur. Und es gibt keine von der natürlichen und deshalb spontan für jeden erfahrbaren Welt unterschiedene »ideale« Sphäre des bloßen Sollens, der Moral. Was sein soll, wird in der Geschichte zur empirischen Wirklichkeit. In der Geschichte wird die Natur sich ihrer selbst immer wieder bewusst, und das geschichtliche Zu-sich-selbst-Kommen der Natur wiederholt sich in der Lebensgeschichte, in der Erziehung eines jeden Menschen.

Für den Theologen Herder war die Idee, dass die gesamte Natur, die gewaltige Schöpfung, in jedem einzelnen Menschen zum Bewusstsein ihrer selbst gelangt, mit dem Erlösungsgedanken des Christentums verknüpft: Wir alle sind dem »Menschensohn« Christus vergleichbar, wenn wir uns verdeutlichen, dass der in der Schöpfung waltende Geist Gottes sich in uns, in unserer fleischlichen Natur, bewusst wird. Es war Friedrich Heinrich Jacobi (1743–1819), der Herder darauf hinwies, dass seine Idee der Identität von Natur und Geist, der Gedanke, dass der Schöpfer sich erst in seiner Schöpfung seiner selbst bewusst wird, in Spinozas Pantheismus schon vorgedacht war. Wohl nicht zuletzt, um nicht in den Ruf des Atheisten zu geraten, erkannte Herder die Existenz eines Schöpfers auch außerhalb der Natur an, doch innerhalb der natürlichen Welt setzte er göttlichen Geist und Natur gleich. Diese Position wird als »Panentheismus« (»alles ist in Gott«) bezeichnet.

In seinen späteren Jahren setzte Herder den Gedanken der göttlichen Einheit von allem

■ Herder-Porträt, um 1799, von Gerhard von Kügelen (1772–1820). Dorpat, Universitätsbibliothek

HERDERS GESCHICHTSDENKEN

Eine Grundidee der Aufklärung war es, die Geschichte als Fortschritt zu verstehen, als Prozess, in dem der Mensch »mündig« wird. Bei Herder dagegen steht, um es mit den berühmten Worten des Historikers Leopold von Ranke (1795–1886) zu sagen, jede Epoche »unmittelbar zu Gott«. Das Mittelalter etwa ist nicht schlechter als die Neuzeit. Die alten Volkslieder, -märchen und -sagen sind nicht schlechter als die neuere Literatur. Die romantische Geschichtsauffassung, die etwa auch aus der Sammeltätigkeit der Brüder Grimm und der historischen Sprachwissenschaft spricht, auch der romantische Historismus mit seiner Vorliebe für das Mittelalter, geht auf Herder zurück. Gegen die Romantik setzten Hegel und seine Nachfolger, allen voran Marx, einen neubegründeten Begriff von Geschichte als Fortschritt.

Sein und Bewusstsein immer heftiger gegen den »Worttand» von Kants kritischem, das heißt analysierendem Denken. Mit seinem Kampf gegen Kant isolierte sich Herder im deutschen intellektuellen Leben zunehmend; außerdem konnte sein Alles-ist-Eins-Denken keine Grundlage für systematisches Philosophieren sein, sondern führte zur Wiederholung des immer gleichen Gedankens. Doch die Ideen zu Sprache, Geschichte und Natur, die Herder bereits in jungen Jahren formuliert hatte, wirkten weiter und wurden zur entscheidenden Anregung für die romantische Bewegung in Deutschland.

■ *Ein Abend in der Gartenlaube am Goethe'schen Hause in Weimar* (von links: Wieland, Schiller, Herzog Karl August, Herder, Goethe). Holzstich aus »Das Buch für Alle«, Stuttgart, 1879

JOHANN GOTTFRIED HERDER

LEBEN UND WERK

Johann Gottfried Herder wurde am 25. August 1744 in Mohrungen, Ostpreußen, heute Morag, als Sohn eines pietistischen Kantors und Lehrers geboren. Er besuchte die Lateinschule und hatte darüber hinaus im Hause des Diakons Trescho, bei dem er von 1760 bis 1762 als Kopist arbeitete, Zugang zu einer umfassenden Bibliothek. Dort lernte er neben theologischen Werken antike und zeitgenössische Literatur kennen. 1762 begann Herder in Königsberg Medizin zu studieren, wechselte aber noch im selben Jahr zu Theologie. Sein besonderes Interesse galt jedoch der Philosophie; eine große Bedeutung hatten für ihn die Vorlesungen Kants. Wesentliche Anregungen erhielt er außerdem von dem Philosophen Johann Georg Hamann (1730–1788), mit dem er jahrelang befreundet war, sowie durch die Lektüre Jean-Jacques Rousseaus. Ende 1764 zog Herder nach Riga, um dort als Lehrer an der Domschule zu unterrichten. 1767 wurde ihm zusätzlich eine Predigerstelle gestiftet. Etwa zur selben Zeit erschienen drei Sammlungen seiner fragmentarischen Schriften *Über die neuere deutsche Literatur*. Überraschend verließ Herder im Jahr 1769 Riga, um eine längere Seereise zu unternehmen, die ihn bis nach Frankreich führte. In Paris schloss er Bekanntschaft mit Denis Diderot und den Enzyklopädisten, wenig später traf er in Hamburg unter anderem mit Gotthold Ephraim Lessing (1729–1781) und Matthias Claudius (1740–1815) zusammen. In Darmstadt lernte er seine spätere Frau Caroline Flachsland kennen, in Straßburg kam es schließlich zu einer Begegnung mit Goethe, aus der sich eine Freundschaft entwickelte. 1771 wurde Herder Konsistorialrat beim Grafen zu Schaumburg-Lippe in Bückeburg. Im Jahr darauf erschien seine von der Berliner Akademie preisgekrönte Schrift *Abhandlung über den Ursprung der Sprache*, eine Zusammenfassung seiner umfangreichen, bis 1764 zurückreichenden Überlegungen zu sprachphilosophischen Fragestellungen. Durch Goethes Vermittlung wurde er 1776 als Generalsuperintendent nach Weimar berufen, zwei Jahre später wurde er Vizepräsident und 1801 Präsident des Oberkonsistoriums. 1788/89 reiste Herder nach Italien, hielt sich zunächst in Rom, später in Neapel auf. Seine Hauptschrift, die *Ideen zur Philosophie der Geschichte der Menschheit* (1784–91), blieb unvollendet. Nach dem vierten Teil brach Herder die Arbeit an diesem Werk ab und führte seine geschichtsphilosophischen Überlegungen mit der Sammlung *Briefe zur Beförderung der Humanität* (1793–97) fort. Herder verfasste auch literarische Werke, von denen der nach einer französischen Prosabearbeitung altspanischer Romanzen geschaffene Romanzenzyklus *Der Cid. Geschichte des Don Ruy Diaz, Grafen von Bivar* als sein bestes gilt. Herder starb am 18. Dezember 1803 in Weimar.

EMPFEHLUNG

Lesenswert:

Johann Gottfried Herder: *Journal meiner Reise 1769*, Berlin 1999.

Jens Heise: *Johann Gottfried Herder zur Einführung*, Hamburg 1998.

Friedrich Wilhelm Kantzenbach: *Johann Gottfried Herder. In Selbstzeugnissen und Bilddokumenten*, Reinbek 1999.

Michael Zaremba: *Johann Gottfried Herder – Prediger der Humanität. Eine Biografie*, Köln 2002.

Sehenswert:

In Herders Wirkungsort Weimar gibt es eine Reihe von Erinnerungsstätten, allen voran die »Herderkirche« benannte Marktkirche, vor der das Denkmal des Philosophen steht.

AUF DEN PUNKT GEBRACHT

Herder setzt der Kantschen Differenzierung zwischen objektiver und subjektiver Seite der Erkenntnis einen Naturbegriff entgegen, in dem Subjekt und Objekt sich vereinen. Damit wird er zum großen Anreger der romantischen Bewegung, die ihrerseits auf die Philosophie des deutschen Idealismus zurückwirkt.

Absolute Freiheit – des Denkens
Johann Gottlieb Fichte
1762–1814

Im Jahre 1791 besuchte Fichte, der sein Theologiestudium abgebrochen hatte und sich als Hauslehrer mehr recht als schlecht durchschlug, sein Idol Kant in Königsberg. Um sich bei ihm einzuführen, hatte er auf die Schnelle einen *Versuch einer Kritik aller Offenbarung* verfasst, in dem er ganz im Geist Kants zeigt, inwiefern Offenbarung vom Standpunkt der Vernunft aus als sinnvoll erscheinen kann. Kant nahm die Schrift mit Wohlwollen zur Kenntnis, und für den völlig mittellosen Fichte war dies der Anlass, den verehrten Meister um ein kleines Darlehen zu bitten. Kant lehnte ab – aber er sorgte dafür, dass Fichtes Schrift gedruckt wurde und der Verfasser einen Vorschuss auf sein Honorar erhielt. Fichte sollte frei und unabhängig bleiben und durch eigene Leistung zu etwas kommen. Die Schrift wurde ein voller Erfolg und Fichte so bekannt, dass er drei Jahre später eine Professur in Jena bekam.

■ Johann Gottlieb Fichte, Radierung nach einem Gemälde von Heinrich Anton Dahling, 1808

Die von Kant erteilte Lektion in Sachen Unabhängigkeit trug Früchte. Der Begriff der Freiheit, der im Zentrum der Kantschen Ethik stand, wurde zum zentralen Thema in Fichtes gesamter Philosophie. Dazu trug bei, dass das andere Hauptthema Kants, die Begründung einer empirischen Wissenschaft, ziemlich uninteressant geworden war in einer Zeit, in der die Naturwissenschaften sich gegenüber der Philosophie bereits weitgehend verselbständigt hatten und die übrige empirische Welt von der Französischen Revolution völlig infrage gestellt war. Keine politische Institution war von der Revolution verschont geblieben, die Maßeinheiten, ja selbst der Kalender, waren nach »Vernunftgründen« neu festgesetzt worden. Alles stand zur Disposition, die Freiheit, die Welt neu zu schaffen, schien unbeschränkt. Aus Deutschland konnten die Taten der Revolution zwar nur beobachtet werden, dafür hatte man hier jedoch die Muße zu überlegen, was Freiheit überhaupt ist und was ihr »vernünftiges« Ziel sein könnte – was »vernünftig« eigentlich bedeutet.

Für Kant war der einzige mögliche Inhalt von »Freiheit« gewesen, im Sinne der »Menschheit« zu handeln, also jede egoistische Beschränktheit zu überwinden – nicht aber die gesamte Wirklichkeit

■ Fichte als nationaler Held. Arthur Kampf (1894–1950), *Fichtes Rede an die deutsche Nation,* Wandgemälde 1913/1914. Berlin, Aula der Universität (zerstört)

nach subjektiven Maßstäben neu zu schaffen; Wirklichkeit war für ihn ein in den subjektiven Formen der »Anschauung« und des Denkens erfasstes objektives Faktum. Dies hatte sich bei seinen akademischen Auslegern aber bereits geändert: Fichtes Vorgänger auf dem Jenaer Philosophielehrstuhl, Karl Leonhard Reinhold (1758–1823), hatte einen »Satz des Bewusstseins« aufgestellt, der besagte, dass in der von der Kantschen »Einbildungskraft« erzeugten Vorstellung immer schon das wahrnehmende Bewusstsein und sein empirischer Gegenstand eine Einheit bilden; also war das, was Kant das »Ding an sich« genannt hatte – das nur in subjektiven Formen erkennbare Objekt der Erfahrung – möglicherweise ein Teil des Bewusstseins selbst. Diesem Gedanken stand bei Reinhold die Beobachtung zur Seite, dass Kant alles, was sich der Empirie entzieht – sowohl die »Dinge an sich« als auch die moralischen »Ideen« –, »Noumena« nennt, obwohl doch die Dinge außerhalb des Bewusstseins existieren sollten, Ideen aber zweifellos ihren Sitz im Bewusstsein haben. War da nicht ein Idealismus, in dem nichts außerhalb des Bewusstseins existiert, konsequenter als der Kantische, der sich nur auf die Moral bezog?
Die Begründung eines solchen konsequenten Idealismus ist das Ziel von Fichtes »Wissenschaftslehre«. Sie soll zeigen, wie das Selbstbewusstsein, das heißt das Ich jedes vernünftig denkenden Menschen, voraussetzungslos die Inhalte seines Wissens allein aus sich selbst entwickeln kann – ohne den Rückgriff auf eine nebulöse Welt von »Dingen an sich«. Fichte ist sich darüber im Klaren, dass es für den gesunden Menschenverstand eine Zumutung ist, die Außenwelt in sich selbst zu suchen, doch bei der Grundlegung der Wissenschaft, argumentiert er, sei der Anfang nicht mit

»WISSENSCHAFT«
In dem deutschen Wort »Wissenschaft« ist zusammengefasst, was in anderen Sprachen mit unterschiedlichen Worten bezeichnet wird: Naturwissenschaft, Philosophie, Literaturkunde, Psychologie und Sozialkunde etwa. Dass alle möglichen »Gegenstände« der Erfahrung nach ein und derselben Methode und aufgrund derselben Grundsätze »bestimmt« werden können und sollen, ist ein Gedanke, der nicht zuletzt auf Fichte und seine »Wissenschaftslehre« zurückgeht.

der entfalteten Wirklichkeit zu machen, sondern mit der Frage nach dem, was Wissen selbst ist, anders gesagt: wie das Bewusstsein zu seinen Inhalten kommt.
Der Anfang des Wissens ist für Fichte eine »Tathandlung«. Das Bewusstsein »setzt« sich als Selbstbewusstsein, als »Ich«. Ich bin Ich. Ich bin mit mir identisch. Dies ist etwas anderes als das »Ich denke, also bin ich« Descartes', denn der Anfang des Selbstbewusstseins ist nicht ein Denken, sondern ein Tun, das wie jedes Tun Wahrnehmung – hier die Wahrnehmung des Selbst – und Denken – das Sich-selbst-Denken – schon umfasst. Das Sich-selbst-als-Ich-Setzen ist ein spontaner, freier Akt, weil er durch nichts bedingt ist. Es gibt nichts Vorangegangenes, dessen Folge er sein könnte. Es ist ein absoluter Anfang. Der zweite Inhalt des Wissens geht notwendig aus dem ersten hervor: »Ich bin Ich« bedeutet eine Abgrenzung gegenüber allem, was ich nicht bin. Indem ich mich als Ich setze, »setze« ich auch eine Außenwelt, die Nicht-Ich ist. Diese Außenwelt steht dem Ich als der äußere Gegenstand, als Objekt seiner Erfahrung, entgegen.
Nach der »Setzung« (Position, These) von Identität und nach der Negation (Verneinung, Antithese) folgt im »dialektischen« Dreischritt, wie er bei Hegel zur durchgängigen Methode des philosophischen Denkens werden wird, die »Synthese«, die Vereinigung der Gegensätze zu einem neuen Ganzen. Ich und Nicht-Ich, also Ich und Außenwelt, wirken aufeinander und verändern sich dabei. Das Ich, das mit seiner eigenen Setzung die Außenwelt mitgesetzt hatte, findet sich nicht damit ab, dass es etwas Fremdes außer ihm geben soll, und will sich alles, was Nicht-Ich ist, (wieder) aneignen – als Wissen. Die Außenwelt aber setzt dem Ich Widerstand entgegen und nötigt es dazu, ihre Inhalte qualitativ und quantitativ zu »bestimmen«, das heißt, in einzelne Dinge quasi zu zerlegen. Diese vielen einzelnen Dinge macht das Ich durch ihre verstandesgemäße Bestimmung als »Vorstellungen« zum Inhalt seiner selbst, seines Wissens. Die Dingwelt verdoppelt sich in eine objektive Welt der Dinge und in eine subjektive Welt, in der dieselben Dinge als Vorstellungen des Bewusstseins erscheinen. In dieser Weise spielt Fichte in der »theoretischen Wissenschaftslehre« durch, was passiert, wenn man aus

■ *Fichte meldet sich zum Landsturm 1813.* Farblithographie um 1910, Sammelbild für Sarotti-Pralinés.

den Grundlagen der empirischen Naturwissenschaft, wie Kant sie in der *Kritik der reinen Vernunft* dargelegt hat, die Annahme der Existenz eines »Dings an sich« streicht.

Das verständige, die Wirklichkeit empirisch untersuchende Bewusstsein macht sich bei Kant auch selbst zum Gegenstand der Untersuchung und nimmt dadurch den Standpunkt der selbstbewussten Vernunft ein. Die Vernunft stellt fest, dass das Subjekt wissenschaftlichen Denkens nicht das zufällige empirische Ich, sondern ein »transzendentales Ich« ist, ein allgemein-menschliches Ich. Dadurch wird die Vernunft zur »praktischen Vernunft«, die die ethische Aufgabe übernimmt, eine Gesellschaft zu schaffen, in der frei und verantwortungsvoll gedacht und geforscht wird. Erst in einer solchen Gesellschaft wird der allgemeinmenschliche Standpunkt, der des »transzendentalen Ich«, auch der Möglichkeit nach zum Standpunkt eines jeden einzelnen »empirischen Ich«.

Bei Fichte ist es nun so, dass die Vernunft, wenn sie das empirische Bewusstsein oder »Ich« zum Objekt ihres Denkens macht, dieses empirische Ich mitsamt seinen vielen Bewusstseinsinhalten oder Vorstellungen selbst als pure »Vorstellung« auffassen muss, denn es gibt kein Ding, kein Objekt »an sich«, also auch kein Ich »an sich«. Es muss deshalb ein Ich geben, das das empirische Ich des Individuums »gesetzt« hat. Dies kann kein abstrakt-allgemeines »transzendentales Ich« gewesen sein, kein Menschheitsstandpunkt. Das Ich, in dessen Vorstellung alle empirischen Iche mit ihren Vorstellungen von der Welt enthalten sind, kann nur ein universales, unendlich wirkliches, ein »absolutes Ich« sein. Und absolutes Ich ist gleichbedeutend mit absoluter Vernunft und grenzenloser Freiheit. Das Ich, das das Ich »setzt«, von dem Fichtes Gedanke ausgegangen war, ist nicht das empirische Ich, sondern das absolute Ich, das in jedem Einzel-Ich wirkt.

■ Johann Gottlieb Fichte, Federzeichnung von Johann Gottfried Schadow (1764–1850)

Fichtes »praktische Wissenschaftslehre« fordert deshalb nicht wie Kants »praktische Vernunft«, dass wir stets im Sinne der Menschheit als ganzer denken und handeln, sondern dass wir im Sinne unbegrenzter *Freiheit* handeln, denn wir müssen das Unendliche, Absolute wollen. Das einzelne Ich strebt so immer über seine Grenzen hinaus. Es stößt dabei auf andere Iche, die seinen Freiheitswillen teilen und mit demselben Recht Ich sind wie es selbst. Indem das Ich die anderen als Gleichberechtigte anerkennt, kann es mit ihnen Verträge schließen, die sein leibliches Wohlergehen sichern, das die Voraussetzung für sein freies Handeln ist. Das Ich kann sich mit denen, die gemeinsam mit ihm nach dem Unendlichen streben, zur Kirche vereinigen. Aber auch diese kann nur ein Schritt sein auf dem Weg zu einer absolut sittlichen, »heiligen« Menschengemeinschaft, in der alle »Iche« sich als »Setzungen« einer unendlichen Vernunft wissen.

Mit dem Ende der politischen Utopie, dass die in Frankreich begonnene Revolution zu einer »heiligen Menschengemeinschaft« führen könnte, die auf einer höheren Stufe Staat und Kirche zugleich ist, wurde die Freiheitslehre in den letzten Jahren von Fichtes Leben zunehmend zu einer religiösen Mystik, in der es nun nicht mehr um Freiheit, sondern um die vollkommene Unterwerfung unter den Willen Gottes geht und damit die »Heimkehr« des Ich in das absolute Ich.

Fichtes System weist zwar ein hohes Maß an innerer Logik auf, bleibt jedoch wegen seiner ungewohnten Begrifflichkeit und der hochgradig abstrakten Darstellung ein ziemlich schroffes Gedankengebirge. Aus heutiger Sicht ist es deshalb umso erstaunlicher, wie einflussreich es zu seiner Zeit war. So hörten einige der bedeutendsten Funktionäre des preußischen Staats die Vorlesungen Fichtes in Berlin. Offenbar bestand in der Zeit der Französischen Revolution, in der alle traditionellen Maßstäbe des gesellschaftlichen und politischen Handelns verloren gegangen waren, ein starkes Bedürfnis nach einer Begründung dessen, was »Vernunft« ist. Und diese Begründung konnte nur aus der Vernunft selbst genommen werden. Die Aufklärer hatten dagegen den Vernunftbegriff vorausgesetzt oder dem »gesunden«, das heißt in der Tradition verankerten, Menschenverstand entnommen. Mit Fichte geht in diesem Sinne die Epoche der Aufklärung zu Ende. In ihrer Revolution hatten die Franzosen die Aufklärung in die Tat umgesetzt. Fichte und seine Nachfolger setzten sie in philosophische »Praxis« um. Freiheit war für sie vor allem die des Denkens. In seinen *Reden an die deutsche Nation* von 1808, die zum Widerstand gegen die französische Besatzung unter Napoleon aufriefen, macht Fichte aus der deutschen Not eine nationale Tugend, indem er den Franzosen vorwirft, im Unterschied zu den Deutschen keinen wirklich »sittlichen« Begriff von Freiheit zu kennen. Den hatte er ausgearbeitet – im Denken.

FICHTE UND DIE FOLGEN

Fichte war davon überzeugt, dass sein System die Vollendung der Philosophie bedeutete; doch er fand keine Nachfolger, die sein System, so wie er es geschaffen hatte, weiter ausbauten. Dennoch wurde sein Gedanke, alle Wirklichkeit einmal als subjektiv und dann wieder als objektiv zu betrachten und in der Verbindung beider Denkweisen das eigentlich Interessante zu sehen, von verschiedener Seite aufgegriffen, so von den Romantikern Novalis (1772–1801) und Friedrich Schlegel (1772–1829). Zuerst Schelling und später Hegel schufen auf der Grundlage von Fichtes Systemdenken dann ihre eigenen Systeme.

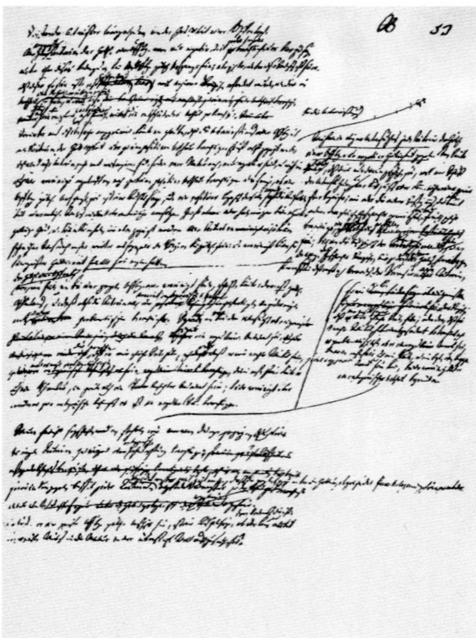

■ Manuskriptseite zum *Versuch einer Kritik aller Offenbarung*, 1792

JOHANN GOTTLIEB FICHTE

LEBEN UND WERK

Johann Gottlieb Fichte wurde am 19. Mai 1762 in Rammenau in der Oberlausitz geboren. Seine Ausbildung verdankte er, Sohn eines armen Bandwirkers, einem Adligen, der durch einen Zufall auf ihn aufmerksam geworden war und ihm von 1774 bis 1780 den Besuch einer Schule ermöglichte. Anschließend begann Fichte in Jena Theologie zu studieren, musste die Universität jedoch nach vier Jahren aus finanziellen Gründen verlassen; sein Gönner war inzwischen gestorben. In den folgenden neun Jahren unterrichtete er als Hauslehrer an verschiedenen Orten in Sachsen, von 1788 an in Zürich, wo er seine spätere Frau, eine Nichte des Dichters Friedrich Gottlieb Klopstock, kennen lernte. 1791 ging er nach Leipzig. Einen Wendepunkt in seinem Leben bedeutete die Entdeckung der Philosophie Kants. In wenigen Tagen verfasste er die Schrift *Versuch einer Kritik aller Offenbarung* und lenkte damit bei seinem Besuch in Königsberg noch im selben Jahr die Aufmerksamkeit Kants auf sich. Kant vermittelte ihm einen Verleger, der das Werk 1792 anonym veröffentlichte. Die Leserschaft hielt es zunächst für die lang erwartete religionsphilosophische Schrift Kants und nahm das Buch begeistert auf. Nachdem Kant das Missverständnis aufgeklärt hatte, war Fichte schlagartig berühmt. In den beiden Schriften *Zurückforderung der Denkfreiheit von den Fürsten Europas* und *Beiträge zur Berichtigung der Urteile des Publikums über die Französische Revolution* brachte er 1793 seine Begeisterung für die Französische Revolution zum Ausdruck. 1794 erhielt er eine Professur in Jena und veröffentlichte im selben Jahr sein Hauptwerk, die *Grundlage der gesamten Wissenschaftslehre*, die er in den folgenden Jahren mehrfach überarbeitete und in zusätzlichen Abhandlungen immer wieder zu präzisieren suchte. Sein Aufsatz *Über den Grund unseres Glaubens an eine göttliche Weltregierung* (1798) brachte Fichte den Vorwurf des Atheismus ein und bewirkte 1799 seine Entlassung von der Universität. Er zog daraufhin nach Berlin, das bis ans Ende seines Lebens sein Hauptwohnsitz blieb, und hielt Vorlesungen als Privatdozent. Im Sommer 1805 lehrte er an der damals preußischen Universität in Erlangen, im Winter 1807/08 in Königsberg. Ein Jahr später hielt er im von den Franzosen besetzten Berlin seine *Reden an die deutsche Nation*, in denen er die geistige Erneuerung durch eine allgemeine Nationalerziehung forderte. 1811 wurde Fichte der erste gewählte Rektor der im Jahr zuvor neu gegründeten Berliner Universität, an deren Errichtung er beteiligt gewesen war. 1812 trat er vorzeitig von diesem Amt zurück. Am 29. Januar 1814 starb Fichte an einer Infektion. Er wurde auf dem Dorotheenstädtischen Friedhof in Berlin beerdigt.

EMPFEHLUNG

Lesenswert:

Helmut Seidel: *Johann Gottlieb Fichte zur Einführung*, Hamburg 1997.

Peter Rohs: *Johann Gottlieb Fichte*, München 1991.

Besuchenswert:

Nicht nur an Fichte, sondern auch an Nietzsche erinnert das ehemalige Kloster und spätere Internat im thüringischen Schulpforta. Erinnerungsstätten an Fichte gibt es auch in Jena. Die Humboldt-Universität in Berlin ist zwar in ihrer heutigen Gestalt erst nach der Zeit von Fichtes Wirken entstanden, geht aber auch auf ihn zurück.

AUF DEN PUNKT GEBRACHT

Auf dem Höhepunkt der Französischen Revolution, als alle traditionellen Gewissheiten der Weltanschauung und des sozialen Gefüges beseitigt schienen, versucht Fichte, diesen völligen Neuanfang im Denken nachzuvollziehen: als absolute Freiheit, mit der das Ich seine Welt schafft – an der es sich fortan abarbeiten muss.

Bildung und Arbeit schaffen vernünftige Verhältnisse

Georg Wilhelm Friedrich Hegel

1770–1831

Auf die Epoche der Aufklärung folgte die Französische Revolution, und auf die Revolution folgte Napoleon und mit ihm die Durchsetzung der modernen bürgerlich-kapitalistischen Gesellschaft. Fichte war der Erste, der die Epoche der Aufklärung für beendet erklärte, weil sie selbst nicht habe erklären können, was Aufklärung eigentlich ist. Kant hatte zwar festgestellt, dass ihr Ziel der »Ausgang der Menschen aus ihrer selbstverschuldeten Unmündigkeit« sei, damit aber nur neue Fragen aufgeworfen: Was bedeutet »Unmündigkeit«, was bedeutet »selbstverschuldet?« Fichte konzentrierte sich auf die moralische Seite von Kants Aussage, auf die praktische Beseitigung aller »selbstverschuldeten« Versäumnisse, und versuchte alles Wissen, alle vernünftige »Mündigkeit« aus freien »Tathandlungen« des Ich herzuleiten. Doch es gelang Fichte am Ende nicht, die Idee der Freiheit aus sich selbst zu begründen. Er musste auf eine göttliche Vernunft zurückgreifen, die über der Freiheit steht. So scheiterte sein Versuch, die Aufklärung durch einen der Praxis der Französischen Revolution nachgebildeten Begriff der alles neu schaffenden Freiheit zu überwinden. Die Revolution war kein Selbstzweck, sondern mündete in eine neue Ordnung der Gesellschaft.

■ Hegels Geburtshaus in Stuttgart, Eberhardstraße 53. Photo um 1925

Gut zehn Jahre nachdem Fichte auf dem Höhepunkt der Revolution in Frankreich sein System entworfen hatte, untersucht Hegel – Napoleon steht inzwischen im Zenit seiner Macht – die neuentstandene Gesellschaft, ihre innere Ordnung und ihre Stellung in der Geschichte. Wie Fichte vor ihm, so geht es auch Hegel darum, sein Verhältnis zur Aufklärung, genauer: zu Kant, zu bestimmen. Er geht dabei andersherum vor als Fichte: Der »Ausgang aus der selbstverschuldeten Unmündigkeit« ist für ihn keine Frage revolutionärer Praxis, sondern die der

■ Georg Wilhelm Friedrich Hegel, zeitgenössisches Porträt von Jakob Schlesinger (1792–1855)

Aneignung von Wissen. Unmündigkeit ist für ihn Nicht-Wissen. Nicht nur die Unwissenheit eines einzelnen Menschen, sondern das mangelnde Bewusstsein ganzer welthistorischer Epochen von sich selbst. Es gibt nur einen »Ausgang« aus der Unwissenheit: Bildung. Der Einzelne bildet sich, und zwar auch, indem er praktisch bildet: durch Arbeit etwas schafft und sein Wissen in den Produkten und Werkzeugen der Arbeit, zuletzt in der »Maschinerie« vergegenständlicht. Er kann sich aber immer nur so weit bilden, dass er auf der Höhe der Bildung seiner Zeit ist. Zu dieser kann er beitragen, aber der objektiv-geschichtliche Bildungsprozess, das Sich-Herausbilden neuer geschichtlicher Möglichkeiten, vollzieht sich unabhängig von ihm »hinter seinem Rücken«. Umgekehrt kann eine geschichtliche Epoche aber nur im Bewusstsein des Einzelnen »zu sich kommen«, das heißt das Bewusstsein ihrer selbst erlangen. Erst wenn die geschichtliche Entwicklung so weit vorangekommen ist, dass die Bildung der Individuen und die Wirklichkeit ein einziges zusammenhängendes Ganzes ergeben, ist sie auch vollendet. Das Individuum ist frei, weil es sieht, das alles, was ist, seinem Bewusstsein entspricht, sein geistiges Eigentum ist. Es ist sogar »absolut« frei, denn es durchschaut den Sinn

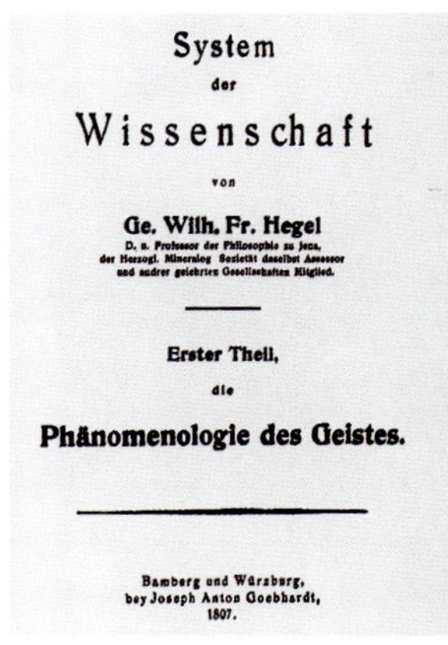

System
der
Wissenschaft
von
Ge. Wilh. Fr. Hegel
D. u. Professor der Philosophie zu Jena,
der Herzogl. Mineralog. Sozietät daselbst Assessor
und andrer gelehrten Gesellschaften Mitglied.

Erster Theil,
die
Phänomenologie des Geistes.

Bamberg und Würzburg,
bey Joseph Anton Goebhardt,
1807.

■ Titelblatt der Erstausgabe der *Phänomenologie des Geistes*, Bamberg und Würzburg 1807

■ Napoleon hatte in Hegels Augen die Französische Revolution vollendet und damit auch die Geschichte an ihren Endpunkt gebracht. Hegel verehrte Napoleon als »Weltgeist zu Pferde«. Jacques-Louis David (1748–1825), *Bonaparte*, 1798. Paris, Louvre

der ganzen Weltgeschichte und stellt sich damit auf den Standpunkt Gottes selbst, des Herrn der Geschichte. Von diesem Standpunkt aus ist die Weltgeschichte ein auf die Gegenwart zielgerichteter »Fortschritt im Bewusstsein der Freiheit«. Freiheit ergibt sich aus Bildung. Bildung ist absoluter Selbstzweck in dem Sinne, dass sie sich als Zweck zunehmend selbst begründet. Im Begriff der Bildung ist der der Aufklärung, um es in der Hegelschen Weise auszudrücken, »aufgehoben«, im Sinne sowohl von »aufbewahrt« als auch von »überwunden«.

Diese Grundgedanken seines Systems, das Hegel zuerst in seiner 1806 erschienenen *Phänomenologie des Geistes* darstellte, gehen zu einem nicht geringen Teil auf Friedrich Schiller (1759–1805) zurück. Schiller hatte in seinen *Briefen über die ästhetische Erziehung des Menschen* (1793) eine Theorie der Bildung entwickelt, die einesteils auf Kants *Kritik der Urteilskraft* zurückging, in ihrer historischen Dimension aber auch direkt auf Rousseau und vor allem auf die Geschichtsphilosophie der schottischen Schule um Adam Smith, die Schiller durch die Schriften Adam Fergusons (1723–1816) kennen gelernt hatte. Schiller hatte ein Drei-Stufen-Modell der Weltgeschichte wie der individuellen Bildung entwickelt: Auf einen Naturzustand, in dem der Mensch ganz naiv keinen Unterschied zwischen sich und der lebendig angeschauten Natur macht, folgt die Herrschaft des Mensch und Natur trennenden Verstandes und der mechanischen Wissenschaft. In dieser Phase lernt der Mensch jedoch durch seine »ästhetische«, künstlerische, zwischen naiver sinnlicher Einheit mit der Natur und Verstand vermittelnde Tätigkeit auch die Freiheit kennen, im Bündnis mit der Natur selbstständig etwas Neues zu schaffen. Die ästhetische Bildung leitet über zur letzten Stufe der Weltgeschichte wie der individuellen Bildung: der Herrschaft der Vernunft. Mit der Vernunft wird eine höhere, bewusste Einheit von

WILHELM VON HUMBOLDT

Den Gedanken, dass Bildung Selbstzweck ist, übernahm Wilhelm von Humboldt (1767–1835) von seinem älteren Freund Schiller und setzte ihn als Staatsbeamter in der preußischen Bildungsreform um: Höhere Schulbildung ist Allgemeinbildung, akademische Freiheit bedeutet freie Wahl des Unterrichtsthemas und Einheit von Lehre und Forschung. Der wichtigste akademische Lehrer an der von ihm neu organisierten (und heute noch nach ihm benannten) Berliner Universität wurde Hegel.

Mensch und Natur zum moralischen Zweck: Der Mensch beherrscht seine innere und äußere Natur, weil er sie kennt, weil er weiß, dass er Natur und Geist zugleich ist.
In der *Phänomenologie des Geistes*, an deren Ende Hegel Schiller mit einem Zitat aus einem seiner Gedichte seine Reverenz erweist, wird das von dem Dichter-Philosophen vorgegebene Schema mit einer enormen Fülle von realgeschichtlichem Material und philosophiegeschichtlichen Überlegungen gefüllt. Darüber hinaus bringt Hegel entscheidend neue Gedanken ins Spiel, die sich in einer äußerst komplizierten Konstruktion der *Phänomenologie*, aber auch einer schwer verständlichen Terminologie niederschlagen: Alle geschichtliche Entwicklung ist ein gegenläufiger Prozess der »Erfahrung des Bewusstseins« (subjektive Bildung) von der einen Seite und der »Erscheinung des Geistes« (Heraus-Bildung der objektiven Welt) von der anderen. Subjektive Welt und objektive Welt sind am Anfang, in der Natur, eins, trennen sich dann (»entfremden« sich) in der Geschichte und kehren am Ende als objektiv gewordenes »Wissen« wieder zueinander zurück. Im Rahmen dieses universalgeschichtlichen Bildungs- und Sichtbarwerdungsprozesses handelt Hegel aber auch auf dem Niveau seines Systems die von Kant in der *Kritik der reinen Vernunft* untersuchten Schritte der Erkenntnis ab.

■ In der während der Napoleonischen Kriege beginnenden Preussischen Reformzeit wurde Berlin auch äußerlich zu einer der modernsten Städte Europas. Nicht zuletzt dank der Bauwerke Karl Friedrich Schinkels (1781–1841). Die von Schinkel 1828 erbaute Friedrichswerdersche Kirche. Berlin, Staatliche Museen, Kupferstichkabinett

Die Erfahrung des Bewusstseins beginnt mit einem unmittelbar-sinnlichen Verhältnis des Menschen zur Natur, das schon bald zum Festhalten einzelner »Dinge« in der Erinnerung führt. Dinge werden in Raum und Zeit fixiert, um sie über den flüchtigen Sinneseindruck hinaus festzuhalten. Dinge entstehen also zugleich mit ihrer Wahrnehmung. Die subjektive Formung der als raumzeitlich wahrgenommenen Dinge, die nach Kant sich durch die Kategorien des Denkens vollzieht, beginnt bei Hegel ganz konkret mit der Arbeit, die die Dinge der äußeren Natur nach den Maßstäben des ebenso handelnden wie erkennenden Subjekts formt und das subjektive Denken in äußerlichen Gegenständen verfestigt. In der Arbeit verstärkt sich die bereits mit dem Festhalten äußerer Dinge begonnene »Entfremdung« des menschlichen Bewusstseins von der Natur, denn sie verlangt den Verzicht auf die unmittelbar-natürliche Befriedigung natürlicher Triebregungen. Arbeit ist »aufgehobene Begierde«. Sie ist auch die Voraussetzung für die Bildung des Individuums zur Gattung, denn Arbeit und Arbeitsteilung sind es, die die Gesellschaft (»das Allgemeine«) schaffen und mit ihr die Vernunft, das heißt den überindividuell-menschlichen Standpunkt der »Gattung«.

Handfeste Arbeit, die durch die Arbeitsteilung immer mehr zu gesellschaftlicher Arbeit wird, und nicht wie bei Schiller bloß »ästhetische« Produktion, ist für Hegel das, was eine vernünftige, sich selbst regelnde und damit von der bloßen Natur emanzipierte Gesellschaft schafft. Hier zeigt sich Hegel als der eifrige Leser Adam Smiths, des ersten großen Theoretikers des modernen Kapitalismus.

Durch das Sich-Heraufarbeiten zur »Gattung« werden empirisch wahrgenommene Dinge zu wissenschaftlichen »Begriffen«, das heißt zugleich subjektiven und objektiven und damit »geistigen« Gegenständen. Das Subjekt selbst begreift sich nun als einerseits natürliches Individuum und als abstraktes, allen anderen formal gleiches Rechtssubjekt. Dies bedeutet aber eine neue Entfremdung: Der Mensch steht der Gesellschaft, anders gesagt: sich selbst als abstraktem Gattungswesen, fremd gegenüber. Die Französische Revolution erhöht den abstrakten, vollkommen gleichgemachten Menschen

ARBEIT, BILDUNG UND DER MODERNE INFORMATIONSBEGRIFF

Für Hegel ist Bildung, die im Kopf vor sich geht, nicht weiter zu unterscheiden von der Bildung von Strukturen im Arbeitsprozess und der Erkenntnis von Strukturen durch die Erforschung der Außenwelt. In unserem modernen Begriff von »Information« lässt sich dieser Gedanke Hegels leicht nachvollziehen: Wir verfügen in unserem Gedächtnis über Informationen, wir sehen aber auch die objektiven Strukturen in der Natur, in der Technik und in der Gesellschaft als Informationen an.

■ Hegel am Katheder. Lithographie, 1828, von Franz Kugler (1808–1858).

zum Ideal. Erst seit Napoleon gibt es wieder einen Staat, der in sich vielfältig gegliedert ist und dadurch eine Ordnung darstellt, in der auch jedes natürliche Individuum seinen bestimmten Platz findet. In einem wohlgeordneten bürgerlichen Staat ist auch die Religion »aufgehoben«, die im Laufe der Geschichte, wenn auch immer auf einseitige Weise, die Idee eines »absoluten Geistes« aufrechterhalten hat. In der Weltgeschichte ist der Geist, von dem die Religion sprach, zu sich selbst gekommen und hat im menschlichen Bewusstsein (für Hegel jedenfalls in dem Hegels, möchte man einfügen) seine endgültige Gestalt angenommen. Bürgerlicher Rechtsstaat, Philosophie und Religion bilden auf dieser letzten Stufe der geschichtlichen Entwicklung eine Einheit. Subjektive Bildung geht in den objektiven Verhältnissen auf, der objektive Geist der Geschichte, der »Weltgeist«, der die Bildung des Subjekts gelenkt hat, wird sich im gebildeten Subjekt seiner selbst bewusst. Der erscheinende Geist wie das sich erfahrende (oder bildende) Subjekt sind zu »Wissen« geworden.

In der sechs Jahre nach der *Phänomenologie* erschienenen *Wissenschaft der Logik* stellt Hegel dieses »Wissen« dar, also die auf einen zeitlosen Punkt gebrachte Weltgeschichte, oder – wie Hegel es ausdrückt – das, was die »Gedanken des Schöpfers vor der Schöpfung« gewesen sein müssen: das Wissen, dass aus der Ent-

■ Bei Hegel ist es der Weisheitsvogel, die Eule der Minerva, die in der Dämmerung ihren Flug erst beginnt. Bei Goya sind es unheimliche geflügelte Nachttiere, die dem Schlaf der Vernunft entspringen. Dieser Hinweis auf die Nachtseite der Vernunft entspricht dem Gedankengut der Romantik. Francisco Goya (1746–1828), *Der Traum der Vernunft erzeugt Ungeheuer*. Radierung, Hamburger Kunsthalle

gegensetzung von »Sein« und »Nichts« das (geschichtliche) »Werden« entsteht; dass das im Sein enthaltene »Wesen« – das Gesetz seines Werdens – sich nur im »Schein« (in den Phänomenen), also nicht unmittelbar, sondern in vielen verschiedenartigen Dingen, als wahres Ganzes entfalten kann; und dass das Sein als subjektive und objektive Einheit von Wesen und Schein »Wirklichkeit« wird.

In der *Logik* tritt die »dialektische« Methode Hegels deutlicher zutage als in der *Phänomenologie*, das Denken in »Dreischritten«. Ein Begriff (die These) wird mit seinem scheinbaren Gegenteil (der Antithese) konfrontiert, und der Gegensatz findet sich »versöhnt« und »aufgehoben« in einem umfassenderen Begriff (Synthese), dem gleich auch wieder ein Gegenbegriff gegenübersteht.

In Kants *Kritik der reinen Vernunft* bedeutete »Dialektik« den Übergang von der »reinen« zur »praktischen« Vernunft. In Hegels System steht die Lehre von der Dialektik, also die »Logik«, an derselben Stelle, wo auch in Kants System die Dialektik gestanden hatte. Allerdings leitet die Dialektik bei Hegel nicht in die moralische Welt des Sollens hinüber, sondern in die positive »Wirklichkeit«. Praktische Vernunft ist für Hegel keine ethische Lehre vom Sollen, sondern die Darstellung, wie die praktische gesellschaftliche Wirklichkeit »funktioniert«. Hegel ist Positivist. Vernünftig ist nicht, was sein soll, sondern was ist. Der Satz »Was wirklich ist, ist auch vernünftig« aus der Rechtsphilosophie, die Hegel 1821 als hoch angesehener preußischer »Staatsphilosoph« veröffentlichte, hat immer wieder Anstoß erregt; aber Hegel ist mit diesem Satz nur konsequent, denn er hat Bildung und nicht Moral zum Prinzip seiner Philosophie gemacht, und deren Inhalt kann nur das gegenwärtig Wirkliche und nicht eine zu erstrebende Zukunft sein. »Die Eule der Minerva«, der Vogel der Weisheit, schreibt er, »beginnt erst in der Dämmerung ihren Flug«, also erst nach dem Ende eines weltgeschichtlichen Tages. Ob allerdings mit dem Übergang zur bürgerlichen Gesellschaft das letzte Kapitel der Weltgeschichte aufgeschlagen worden ist, darüber gibt es bis heute sehr unterschiedliche Ansichten.

GEORG WILHELM FRIEDRICH HEGEL

LEBEN UND WERK

Georg Wilhelm Friedrich Hegel, am 27. August 1770 in Stuttgart geboren, war der Sohn eines höheren herzoglichen Beamten. Bereits im Alter von drei Jahren wurde er auf die »deutsche« Schule geschickt, mit fünf Jahren auf die Lateinschule. Von 1777 an besuchte er das Gymnasium, bis er 1788 in das Tübinger Stift eintrat und Theologie und Philosophie studierte. Er war eng befreundet mit Hölderlin (1770–1843) und Schelling (1775–1854), mit denen er gemeinsam ein Zimmer bewohnte. Nach seinem Examen 1793 unterrichtete Hegel als Hauslehrer in Bern, von 1797 bis 1800 in Frankfurt am Main. Als 1799 sein Vater starb, erbte er ein kleines Vermögen und beschloss, nach Jena zu gehen, wo er sich 1801 habilitierte. Dort lehrte er zunächst als Privatdozent, ab 1805 als außerordentlicher Professor der Philosophie. Gleichzeitig begann er mit der Arbeit an seinem berühmtesten Werk, der *Phänomenologie des Geistes*, das er 1807 vollendete. Kurz bevor es erschien, war Hegel nach Bamberg gezogen und hatte die Redaktion der *Bamberger Zeitung* übernommen. Von 1808 bis 1816 war er Rektor des Aegidiengymnasiums in Nürnberg. Während dieser Zeit entstand sein zweites Hauptwerk, die *Wissenschaft der Logik*. 1811 heiratete Hegel die zwanzigjährige Marie von Tucher, mit der er zwei Söhne hatte. Im Jahr 1816 erhielt er einen Ruf nach Heidelberg, wo er seine *Enzyklopädie der philosophischen Wissenschaften im Grundrisse* veröffentlichte. Von diesem Werk erschienen zu Hegels Lebzeiten noch zwei weitere, erheblich überarbeitete und erweiterte Auflagen (1827 und 1830). Neben seiner Lehrtätigkeit war Hegel Mitherausgeber der *Heidelberger Jahrbücher*. 1818 wurde er Nachfolger Johann Gottlieb Fichtes an der Universität Berlin und war mit seinen Vorlesungen in Logik, Natur-, Geschichts- Rechts- und Religionsphilosophie, Anthropologie und Psychologie, Philosophie der Kunst und der Weltgeschichte und Geschichte der Philosophie schnell berühmt. Die Schule, die sich bald um ihn gebildet hatte, gelangte in den 1820er Jahren zu größtem Einfluss. Ab 1827 erschienen als ihr Organ die von Hegel gegründeten *Jahrbücher für wissenschaftliche Kritik*. Mit seinen *Grundlinien der Philosophie des Rechts* kam 1821 Hegels wichtigstes staatstheoretisches Hauptwerk heraus, die einzige von ihm selbst veröffentlichte Berliner Vorlesung. Die von Schülern nach seinem Tod herausgegebenen Vorlesungen machen einen großen Teil seiner gesammelten Werke aus. Von Berlin aus unternahm Hegel regelmäßig Reisen, die ihn in die kulturellen Zentren Europas führten. 1830 wurde er Rektor der Berliner Universität. Hegel starb am 14. November 1831 in Berlin und wurde, wie es sein Wunsch war, auf dem Hugenottenfriedhof neben Fichte beerdigt.

AUF DEN PUNKT GEBRACHT

Nach der Vollendung der Französischen bürgerlichen Revolution unter Napoleon sieht Hegel keinen Sinn mehr in einer Philosophie, die wie die Kants das »Sollen« zum höchsten Prinzip erhebt. Die Dinge sind vernünftig, so wie sie sind, und in der geschichtlichen Rekapitulation des Werdens der Gegenwart durch Bildung und materielle Bildung, Arbeit, überzeugt sich das Bewusstsein davon, dass sie es sind. Hegel ist kein Moralist, sondern ein historischer Positivist.

EMPFEHLUNG

Lesenswert:

Franz Wiedmann. *Georg Wilhelm Friedrich Hegel. Mit Selbstzeugnissen und Bilddokumenten*, Reinbek 1999.

Horst Althaus: *Hegel und die heroischen Jahre der Philosophie*, München 1992.

Herbert Schnädelbach: *Hegel zur Einführung*, Hamburg 1999.

Friedrich Fulda: *Georg Wilhelm Friedrich Hegel*, München 2003.

Hörenswert:

Ausdruck der Zeit Hegels sind die Symphonien Ludwig van Beethovens (1770–1827). Fachleute haben strukturelle Parallelen zwischen den Symphonien und der *Phänomenologie* bzw. der *Logik* Hegels gefunden.

Besuchenswert:

Hegels Geburtshaus steht in Stuttgart, sein Berliner Wohnhaus befindet sich im Kupfergraben, gegenüber dem Eingang zum Pergamonmuseum.

Ist eine sinnliche Vernunft denkbar?

Friedrich Wilhelm Joseph Schelling

1775–1854

■ Zu den Hörern von Schellings ersten Vorlesungen in Berlin gehören Hegelianer wie der Däne Søren Kierkegaard, der Russe Michail Bakunin (1814–1876) – der spätere Anarchist –, Friedrich Engels und der Marx-Freund Arnold Ruge. Bakunin ist von Schellings Naturphilosophie begeistert, Kierkegaard anfänglich auch, während Ruge Schelling den »eklatanteste(n) Abfall von der Philosophie überhaupt« vorwirft – Unwissenschaftlichkeit. Schelling als bayerischer Staatsphilosph, Gemälde von Joseph Karl Stieler (1781–1858). München, Neue Pinakothek

Zehn Jahre nach Hegels Tod hielt Schelling 1841 seine Antrittsvorlesung in Berlin. Der Preußenkönig Friedrich Wilhelm IV. hatte ihn hierhin geholt, um »die Drachensaat des Hegelschen Pantheismus« zu bekämpfen. Die »Junghegelianer« in Preußen hatten sich nämlich zu fragen begonnen, ob der Staat wirklich so »vernünftig« war, wie Hegel zuletzt versichert hatte, und rüttelten an den Grundfesten der staatstragenden Religion.

Dass Schelling gegen das Erbe Hegels antreten sollte, ist auf den ersten Blick erstaunlich, denn Schelling und Hegel hatten ihre ersten Schritte in der Philosophie gemeinsam getan, wobei Schelling voranging. Er und der fünf Jahre ältere Hegel – der dritte im Bunde war der Dichter Friedrich Hölderlin (1770–1843) – hatten während ihres Studiums am Tübinger Stift, der theologischen Ausbildungsstätte des Herzogtums Württemberg, Freundschaft geschlossen. Gemeinsam studierten sie Kant und Herder, begeisterten sie sich für die Französische Revolution und dann für Fichte und Schiller. In dem wahrscheinlich 1796 zusammen verfassten, aber wohl vor allem von Schelling formulierten »ältesten Systemprogramm des deutschen Idealismus« hielten sie fest, dass »der höchste Akt der Vernunft … ein ästhetischer Akt ist« und forderten eine »Mythologie der Vernunft«, in der die Vernunft sinnlich greifbar wird. Dies war bereits eine erste Distanzierung von Fichte, für den Vernunft gerade das Sich-Erheben des Freiheitswillens über die Sinnlichkeit und die Natur war.

Als der erst dreiundzwanzigjährige Schelling auf Empfehlung Goethes 1798 eine Professur in Jena, der Wirkungsstätte Fichtes, erhielt, fühlte er sich zwar noch vollkommen als Fichteaner, aber doch schon als einer, der Fichtes System erst zum Abschluss bringen wollte. Dieses »ergänzte« System Fichtes, das bereits ganz und gar sein eigenes ist, legte er 1800 im *System des transzendentalen Idealismus* und 1801 in der *Darstellung meines Systems der Philosophie* vor.

In Fichtes »subjektivem Idealismus« ist es das »Ich«, das die Welt erst »setzen« muss,

SCHELLING UND DER ROMANTIKERKREIS IN JENA

In Jena begegnete Schelling Novalis (1772–1801) und den Brüdern August Wilhelm (1767–1845) und Friedrich (1772–1829) Schlegel, die bereits von Fichte beeinflusst waren. Schellings Naturphilosophie stieß bei diesen Wortführern der deutschen Frühromantik, in deren Zentrum das Erleben der Natur stand, auf großes Interesse. Später nahm Schelling auch auf die englische Romantik durch die Vermittlung von Samuel Taylor Coleridge (1772–1834) erheblichen Einfluss. Die für Schelling wichtigste Beziehung, die sich in Jena entwickelte, war die Liebe zu Caroline Schlegel, der Frau August Wilhelm Schlegels, einer der großen Anregerinnen der Romantik. Caroline wurde 1803 Schellings Frau. Ihr Tod im Jahre 1809 mag mit ein Grund dafür gewesen sein, dass in Schellings Spätwerk der optimistische Grundton seiner früheren Schriften verloren geht.

■ Der Dichter Friedrich Hölderlin entwickelte zusammen mit Schelling und Hegel im Tübinger Stift die Grundgedanken der Identitätsphilosophie. Porträt von Franz Karl Hiemer, 1792. Marbach, Schiller-Museum

weil es keine Welt außerhalb des Bewusstseins, keine Kantischen »Dinge an sich« gibt. Das Subjekt, das Ich, eignet sich diese von ihm selbst als »Nicht-Ich« gesetzte objektive Welt in der Praxis des Erkennens wieder an. Diesem vom »Ich« oder »Subjekt« ausgehenden Idealismus setzt Schelling einen gleichberechtigten »objektiven Idealismus« entgegen, in dem die objektive Welt, die Natur, erst die Voraussetzung dafür schafft, dass jemand von sich »Ich« sagen kann, und diese Voraussetzung ist der natürliche menschliche Leib. Die Natur bedient sich des menschlichen Bewusstseins, um sich ihrer selbst bewusst zu werden. Fasst man den subjektiven und den objektiven Standpunkt zusammen, so gelangt man zu dem des Absoluten, also dessen, was Vernunft und Natur, Ich und Dingwelt gleichermaßen umfasst. Im »absoluten Idealismus« fallen subjektiver und objektiver Idealismus zusammen. Es gibt keine »Differenz« von Subjekt und Objekt mehr, es gibt es nur ein unendliches identisches »Subjekt-Objekt«: Wir *können* die Welt erkennen, weil wir selbst zu dieser objektiven Welt gehören, und die Welt *lässt sich* erkennen, weil sie eine Schöpfung des erkennenden subjektiven Geistes ist. Die Frage, ob die Welt als »Geist« oder als etwas »Reales« (man könnte auch sagen: als Materie) aufgefasst werden muss, erübrigt sich aus der Perspektive dieser »Identitätsphilosophie«.

Fichte hatte mit dem Begriff der »intellektuellen Anschauung« seine Überzeugung auf den Punkt gebracht, dass das »Ich« sich selbst überhaupt erst hervorbringt, indem es sich eine Vorstellung

von sich als der Instanz macht, die in den Vorstellungen, die notwendigerweise ihr Denken begleiten, die reale Welt überhaupt erst erzeugt. Das Ich ist demnach von vornherein ein Subjekt-Objekt. Schelling setzt nun der »intellektuellen Anschauung« die »ästhetische Anschauung« gleichberechtigt zur Seite: Im Kunstwerk erfassen wir intuitiv die Einheit von geistiger Idee und Natur, von Freiheit der Gestaltung und Materie, als Subjekt-Objekt. Die ästhetische Sinnlichkeit ist ein genauso guter Weg, um zur Idee des Absoluten zu gelangen, wie der nur mit großer intellektueller Anstrengung zu beschreitende Weg über die »intellektuelle Anschauung«.

Entscheidend für die weitere Entwicklung seiner Philosophie ist nun Schellings Einschätzung, dass nur besonders geschulte Philosophen den Gedanken der »intellektuellen Anschauung« nachvollziehen können, während schon mehr Menschen, beileibe allerdings nicht alle, einen Sinn für das Kunstschöne haben. Philosophie ist deshalb eine Sache für Eingeweihte. Damit entwertet Schelling die »praktische Philosophie«, das heißt die Philosophie des gesellschaftlichen Handelns, die für Kant und Fichte eine entscheidende Rolle für das Zustandekommen wissenschaftlicher Wahrheit hatte: Wahre Urteile sind immer allgemeine Urteile und setzen voraus, dass das Bewusstsein des Einzelnen sich zum sittlichen Ziel setzt, über seine Individualität hinauszudenken und einen allgemein-menschlichen oder universellen Standpunkt einzunehmen. Wahrheit hat mit der Demokratisierung der Erkenntnis, mit der Verbreitung des allgemeinen Menschheitsstandpunkts, zu tun. Intuitive Erkenntnis, die nicht für jeden nachprüfbar wird, degeneriert dagegen zur esoterischen Geheimlehre – das ist der Vorwurf, den Hegel im 1806 geschrie-

■ Caroline geb. Michaelis, 1784 verehelichte Böhmer, 1796 verehelichte Schlegel, 1803 verehelichte Schelling. Gemälde von Johann Friedrich August Tischbein d.J., 1798. Marbach, Schiller-Museum

■ Ansicht von Tübingen, um 1850, nach einer Zeichnung von Franz Abresch. Unterhalb des Schlosses liegt das Stift, die Ausbildungsstätte der württembergischen Theologen, wo Schelling, Hölderlin und Hegel studierten.

benen Vorwort zu seiner *Phänomenologie des Geistes* gegen Schelling richtet. Hegels System geht vom Schellingschen Identitätsdenken aus, begründet dieses jedoch in einer geschichtlichen Theorie der Gesellschaft.

Der endgültige Bruch Schellings mit Fichte erfolgt im selben Jahr, und zwar im Streit über die Naturphilosophie, bei dem Schelling Fichte eine mechanistische Auffassung im Sinne der naturwissenschaftlichen Tradition vorhält, während es doch darum gehe, die Natur als dynamischen Prozess und damit als etwas selbst Belebtes aufzufassen. Natur ist für Schelling die Selbstfindung des Unendlichen durch seine Selbstbegrenzung in Raum und Zeit. Licht und Schwere verkörpern dabei die in der Natur waltenden gegenläufigen Kräfte: Licht ist die Tendenz zur Ausbreitung ins Unendliche, Schwere die zur Konzentration in einem Punkt, also im unendlich Kleinen. Eine der Natur innewohnende Kraft der Selbstorganisation treibt ihre Entwicklung vom fast noch Zufälligen, dem Mineralischen, zum Organischen und schließlich zu den höheren Tieren und zum Menschen voran, in dem sie zur Vernunft gelangt. Die Vernunft ist der Gipfel der Selbstorganisation der Natur, und sie ist ebenso unendlich wie die Natur.

Der pantheistischen Naturphilosophie Schellings, die nicht zuletzt auf sein intensives Spinoza-Studium zurückgeht, steht seine Religionsphilosophie zur Seite, der die Idee zugrunde liegt, dass Gott, das Absolute, in der Religion auf sinnlich-symbolische Weise dargestellt und dadurch ästhetisch-sinnlich erfahrbar wird. Aufgabe der Philosophie ist es, eine neue Mythologie zu schaffen, in der wie in den Mythen der Antike Wissenschaft, Religion und Kunst eine Einheit bilden.

Ihre letzte Entwicklungsstufe erreicht die Schellingsche Philosophie in der seit 1809 ausgearbeiteten »Freiheitslehre«. Es geht dabei um die Einheit von Natur- und »Religionsphilosophie« (Schelling versteht unter »Religionsphilosophie« nicht wie wir heute das Nachdenken über das Zustandekommen und die Ent-

SCHELLING UND DIE NATURWISSENSCHAFT

In seiner Opposition gegen den Formalismus der Newtonschen Naturwissenschaft, die einen substanziellen Begriff wie den der »Schwere« nur als Zahlenverhältnis zu fassen vermag, war sich Schelling mit seinem Förderer Goethe einig, der in seiner Farbenlehre die Farben als subjekt-objektive, ebenso sehr psychische wie physische Phänomene zu deuten versuchte. Schellings Auffassung von den lebendigen Kräften in der Natur kam auch der aufstrebenden Elektrophysik zugute. So war der Entdecker der elektromagnetischen Induktion, der Däne Hans Christian Ørsted (1777–1851), Anhänger der Schellingschen Naturphilosophie, während Schelling seinerseits den Begründer der elektromagnetischen Feldtheorie, Michael Faraday (1791–1867), feierte. In seiner Theorie der biologischen Entwicklung steht er Jean Baptiste de Lamarck (1744–1829), dem wichtigsten Vorläufer Darwins, nahe. Mit seinen naturphilosophischen Spekulationen zu Raum, Zeit und »Kräften« nimmt Schelling intuitiv und andeutungsweise Einsichten der Einsteinschen Relativitätstheorie vorweg, ohne freilich die systematische Forschung auf diesem Gebiet selbst angestoßen zu haben.

wicklung der verschiedenen Religionen, sondern eine religiös-philosophische Gotteslehre; heute spricht man in diesem Sinne von »Theosophie«). In der Natur, in der Gott erscheint, herrscht das Gesetz der Kausalität, während das Wesen Gottes absolute Freiheit ist – das ist der Widerspruch, der das Identitätsdenken sprengt. Schelling geht, um diesen Widerspruch zu lösen, auf Fichtes Gedanken zurück, dass der »Setzung« von Ich und objektiver Welt ein Akt des »Willens« zugrunde liegen muss. Bevor Gott existiert, sagt Schelling, ist er Wille, und er schafft durch den Akt seines Willens sich selbst als existierenden Gott und die Natur. Als existierender Gott ist er reiner Geist und ein persönlicher Gott, der selbst, wie jeder persönliche Geist, im Willen einen dunklen Urgrund hat. Mit der Natur ist aber ein chaotisches Element mit geschaffen, das Böse. Uns Menschen ist es zwar bestimmt, das Böse, Triebhafte an der Natur abzuarbeiten, aber solange das Böse existiert, haben wir die freie Wahl zwischen Gut und Böse. Mit der »Freiheitsphilosophie«, die großenteils auf die Lehre des frühneuzeitlichen Mystikers Jakob Böhme (1575–1624) zurückgeht, lässt Schelling die von ihm selbst geschaffene Identitätsphilosophie hinter sich und kehrt zum Dualismus von Geist und Natur, Leib und Seele zurück und zur Vorstellung eines persönlichen Gottes, der allerdings als Schöpfer nichts als ein geheimnisvoller unklarer »Wille« ist, der auch die Möglichkeit des Bösen einschließt. Nur im Begriff des Willens haben Vernunft und natürliche Sinnlichkeit noch eine gemeinsame Wurzel; die existierende Einheit von Vernunft und Sinnlichkeit, die das optimistische Prinzip der Philosophie des jungen Schelling war, ist verloren. Die äußere Natur und die leibliche Natur des Menschen sind nicht mehr von Haus aus ebenso gut wie alles Geistige, mit dem sie zuvor als letztendlich identisch gegolten hatten.

Von hier aus liegt der Gedankenschritt nahe, den Willen, der der Urgrund einer höchst unvollkommenen Welt ist, selbst für etwas Beklagenswertes zu halten. Dies ist das Ergebnis, zu dem der große Pessimist Schopenhauer gelangen wird.

■ Friedrich Schelling, Daguerrotypie von Hermann Biow um 1848

FRIEDRICH WILHELM JOSEPH SCHELLING

LEBEN UND WERK

Friedrich Wilhelm Josef Schelling wurde am 27. Januar 1775 in Leonberg bei Stuttgart geboren. Sein Vater, Pfarrer und Diakon, hatte sich bereits als Orientalist einen Namen gemacht. Schelling besuchte zunächst die deutsche Schule in Bebenhausen, anschließend die Lateinschule in Nürnberg, wurde dann an das Höhere Seminar des Klosters Bebenhausen geholt, an dem sein Vater inzwischen als Professor unterrichtete. Schon mit fünfzehn Jahren trat Schelling mit einer Sondererlaubnis in das Tübinger Stift ein und begann sein Theologiestudium. Während dieser Zeit war er eng mit Hölderlin (1770–1843) und Hegel befreundet, mit denen er sich auch ein Zimmer teilte. Noch in der Studienzeit veröffentlichte er seine ersten Schriften, unter anderem *Über die Möglichkeit einer Form der Philosophie überhaupt* (1794) und *Vom Ich als Prinzip der Philosophie* (1795). Nach seiner Abschlussprüfung unterrichtete Schelling in Stuttgart als Hauslehrer die Barone Riedesel und begleitete sie an die Universität Leipzig, wo er Mathematik, Naturwissenschaften und Medizin studierte. Dort erschien 1797 sein erstes naturphilosophisches Werk unter dem Titel *Ideen zu einer Philosophie der Natur*. Auf Vermittlung von Goethe erhielt Schelling im Jahr darauf eine Professur in Jena, wo zur selben Zeit auch Fichte und Hegel lehrten. Er lernte dort den Kreis der Romantiker um Caroline Schlegel (1763–1809), die Frau August Wilhelm Schlegels (1767–1845), kennen, die er nach ihrer Scheidung im Jahr 1803 heiratete. 1800 veröffentlichte Schelling sein *System des transzendentalen Idealismus*. Gemeinsam mit Hegel gab er 1802/03 das *Kritische Journal der Philosophie* heraus. 1803 verließ Schelling Jena und erhielt noch im selben Jahr einen Ruf an die Universität Würzburg, an der er bis 1806 blieb. Anschließend ging er als Mitglied der Akademie der Wissenschaften nach München. Von 1807 bis 1823 war er Generalsekretär der neugegründeten Akademie der Bildenden Künste. Nach einem mehrmonatigen Aufenthalt in Stuttgart, bei dem Schelling Privatvorlesungen hielt, begann er mit der Arbeit an seinem Werk *Die Weltalter*, das posthum im Jahr 1861 erschien. Von den drei geplanten Büchern vollendete er nur das erste, das zweite blieb fragmentarisch. 1812, drei Jahre nach Carolines Tod, heiratete Schelling Pauline Gotter, mit der er drei Töchter und drei Söhne hatte. In den Jahren von 1820 bis 1827 lehrte Schelling an der Universität Erlangen, anschließend in München und seit 1841 in Berlin, bis er 1846 nach Anfeindungen und Querelen und gesundheitlich angeschlagen seine Vorlesungstätigkeit aufgab. Schelling starb am 20. August 1854 während eines Kuraufenthalts in Bad Ragatz in der Schweiz.

AUF DEN PUNKT GEBRACHT

Schelling war es, der den Fichteschen Idealismus zu einer ebenso »idealistischen« wie »realistischen« Identitätsphilosophie weiterentwickelte. Die »reale« Seite der Welt ist die Natur, die Schelling als Prozess fasst, der im Menschen und damit in der Vernunft gipfelt. Dass Denken nicht nur das Resultat eines Naturprozesses ist, sondern immer auch in der menschlichen Gesellschaft stattfindet, entgeht ihm freilich. Dies erklärt, warum seine Natur-, vor allem aber seine »Religionsphilosophie« immer mehr Züge privater Mystik annehmen.

EMPFEHLUNG

Lesenswert:

Franz Josef Wetz: *Friedrich W. J. Schelling zur Einführung*, Hamburg 1996.

Hans Michael Baumgartner / Harald Korten: *Friedrich Wilhelm Josef Schelling*, München 1996.

Xavier Tilliette: *Schelling. Biographie*, Stuttgart 2004.

Gerhard Gamm: *Der Deutsche Idealismus. Eine Einführung in die Philosophie von Fichte, Hegel und Schelling*, Stuttgart 1997.

Sehenswert:

Im Tübinger Stift verbrachte Schelling zusammen mit Hegel und Hölderlin seine Studentenjahre. Das klassizistische München mit den Bauten Leo von Klenzes ist die Wirkungsstätte seiner späteren Jahre. In der Neuen Pinakothek in München ist sein bestes Porträt zu sehen.

Der Mensch ist Spielball seiner Triebe und das Leben sinnlos

Arthur Schopenhauer

1788–1860

Die Welt ist nichts als unsere Vorstellung; wenn wir uns aber etwas vorstellen, so sind wir, wie bei jeder unserer Handlungen, nur das ausführende Organ eines dumpfen Lebenswillens, der sich dem Zugriff unseres Bewusstseins entzieht. Dies sind die beiden Grundsätze von Schopenhauers Hauptwerk *Die Welt als Wille und Vorstellung*. Als es 1819 herauskam, musste sein Inhalt nicht auf den ersten Blick als Revolution der Philosophie erscheinen. Den Gedanken, dass es ohne die jedes Erkennen begleitenden Vorstellungen der Subjekte wohl kaum das gäbe, was wir äußere Welt und Natur nennen, hatte bereits Kant geäußert, und Fichte hatte ihn dahingehend radikalisiert, dass es ein Willensakt ist, der das leibliche Ich und seine Vorstellungswelt überhaupt erst hervorbringt. Schelling hatte zuletzt darüber nachgegrübelt, ob der Natur wie der geistigen Welt nicht ein Urwille vorausgegangen sein müsse, auf den das Böse ebenso wie das Gute zurückgeht. Schopenhauer hat die Gedankengänge Fichtes und Schellings – nach außen hin jedenfalls – ignoriert und stets Wert auf die Feststellung gelegt, er habe sein System allein auf der Grundlage des Kantschen entwickelt. Dass er von den neueren Systemen der Philosophie völlig unbeeinflusst war, ist allerdings ziemlich unwahrscheinlich.

■ Arthur Schopenhauer, 1859, von Angilbert Göbel (1821–1882). Kassel, Staatliche Kunstsammlung, Neue Galerie

Schopenhauers Auseinandersetzung mit Kant fand zuerst in seiner Dissertation *Über die vierfache Wurzel des Satzes vom zureichenden Grunde* (1813) ihren Ausdruck. Darin führt Schopenhauer das, was Kant über unseren Bewusstseinsapparat, nämlich die Wahrnehmungsformen von Raum und Zeit und die Kategorien (oder Formen des Denkens), ausführt, allein auf den »Satz des Grundes« zurück, der sich in vierfacher Ausprägung findet: Das Denken in den Formen von Raum und Zeit, durch das Dinge als solche überhaupt entstehen, ist der Grund des Seins; das Denken nach dem Gesetz der Kausalität, das die Dinge in ihrem bedingten Entstehen betrachtet, ist der Grund des Werdens; das Denken der inneren Kausalität, der Motivation, ist der Grund des Handelns; und wenn wir uns selbst als denkend handelndes Ich denken, so ist das der Grund der Erkenntnis. Alles was denkbar ist, ist also im Denken selbst begründet, ist Vorstellung des denkenden Subjekts. Die ganze Welt ist Vorstellung.

■ Schopenhauers Mutter Johanna, geb. Tosiener. Gemälde von Gerhard von Kügelgen (1772–1820)

Soweit konnte Schopenhauer sein Denken noch als Auslegung Kants verstehen. In *Die Welt als Wille und Vorstellung* geht er aber noch einen Schritt weiter: Er fragt nach dem Ursprung unserer Vorstellungen, nach dem Ursprung des Satzes vom Grund. Dieser Ursprung kann nur außerhalb der Welt der Vorstellungen liegen, zu der auch unsere Vorstellung von uns selbst als eines empirischen Wesens gehört. Und es muss ihn trotzdem geben, denn es muss eine Art Kraft geben, die uns dazu anstößt, uns Vorstellungen zu machen; wir erfahren sie in allen unseren Handlungen. Diese Kraft nennt Schopenhauer, weil sie zuerst als vitale Kraft des Menschen in unseren Blick kommt, »Wille«, obwohl sie überall in der Natur wirkt. Der Wille verhält sich zu unserem vorstellenden Bewusstsein wie bei Kant das »Ding an sich« zur Vorstellung. Der Wille, sagt Schopenhauer, ist das »An-sich« Kants. Die Welt ist also Vorstellung *und* Wille. Etwas Drittes kann es nicht geben.

Was Schopenhauer von Fichte, Schelling und auch Hegel unterscheidet, ist weniger sein Begriff vom Willen als einer der empirischen Welt zugrundeliegenden Kraft als vielmehr der Verzicht darauf, dieser Kraft einen religiösen, natur- oder weltgeschichtlichen Sinn zu geben. Er denkt nicht daran, uns zu versichern, dass der Wille in der Geschichte oder in der Religion »zu sich« kommt und dadurch vernünftiger Wille wird oder dergleichen. Es ist nicht der schöpferische Wille Gottes, von dem er spricht, sondern eine absolut grund- und ziellose Kraft. Der Wille wirkt als Kraft in der Natur und als Lebenskraft im Reich des Lebendigen. Er ist nicht nur das Prinzip des schöpferischen Wirkens, sondern auch das der Zerstörung. Er ist das grausame Prinzip des Fressens und Gefres-

■ Schopenhauers Wohnhaus in Frankfurt am Main vom 1. Juli 1859 bis zu seinem Tod: Schöne Aussicht 16.

senwerdens im Tierreich und des menschlichen Egoismus. Der Mensch ist vom Willen als Trieb beherrscht, dem Trieb, rücksichtslos alles dem Ziel seines leiblichen Wohlbefindens unterzuordnen, und dem Sexualtrieb, der ihn nie zur Ruhe kommen lässt, sondern um kurzer Momente der Befriedigung willen immer wieder ins Unglück stürzt. Für den ehrlichen Denker ist die Welt schrecklich, Pessimismus ist ihr gegenüber die angemessene Haltung.

Der einzige Trost, den die Philosophie bereithält, ist der Gedanke, dass der Wille nicht wie das, was der objektiven Welt der Vorstellungen angehört, an das Einzelding und an seine Endlichkeit gebunden ist und dass er deshalb gewissermaßen unschädlich gemacht ist, wenn wir ihn rein, ohne seine Objekte betrachten. Die empirischen Äußerungen des Willens sind zwar individuell und gehören der Erscheinungswelt an, doch an sich ist der Wille nichts Einzelnes. Er ist vielmehr der den verschiedenen Gattungen von Dingen innewohnende typische »Charakter«, die Platonische Idee einer Sache oder eines Lebewesens. Er ist das, was etwas sein *will,* im Unterschied zu der individuellen Gestalt, die es nach den Gesetzen von Raum, Zeit und Kausalität annimmt. Als völlig undifferenziertes Wollen ist der Wille der »Charakter« der toten Materie; als die Fähigkeit, auf Reize zu reagieren, ist er das typische Merkmal von Lebewesen, und als Fähigkeit, sich die Reize, auf die er reagieren wird, selbst vorzustellen, nimmt er im menschlichen Gehirn reale Gestalt an. Der Wille als die Idee einer Sache oder eines lebendigen Wesens wird nicht mit dem konkreten Stück Ma-

■ Titelseite der Erstausgabe der Abhandlung *Über das Sehn und die Farben* (1816) in der sich Schopenhauer mit Goethes Farbenlehre auseinandersetzt.

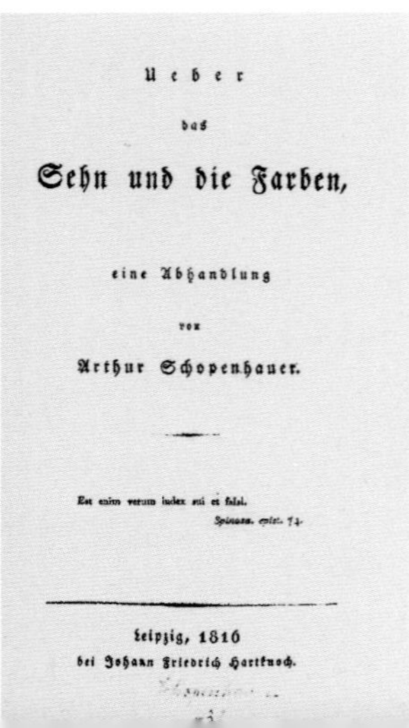

Ueber

das

Sehn und die Farben,

eine Abhandlung

von

Arthur Schopenhauer.

Est enim verum index sui et falsi.
Spinoza. epist. 74.

Leipzig, 1816
bei Johann Friedrich Hartknoch.

SCHOPENHAUER UND DIE MUSIK

Die höchste der Künste ist für Schopenhauer die Musik, weil sie nicht die Idee, die hinter Objekten der Vorstellung steckt, darstellt, sondern eine Idee, die kein Objekt hat, also die Idee selbst. Richard Wagner war wie andere Komponisten nach ihm, etwa Gustav Mahler, ein begeisterter Anhänger Schopenhauers. Insbesondere in seiner Oper *Tristan und Isolde* hat er versucht, die Gedanken des Philosophen sowohl in der Handlung als auch in der Musik darzustellen.

terie, mit dem einzelnen Lebewesen oder dem einzelnen Menschenhirn vergehen. Eine Vorstellung von den Ideen oder den reinen Ausprägungen des Willens vermag uns die Kunst zu geben. Sie bildet nicht die Objektwelt ab, sondern stellt Ideen dar. Der Genuss der Kunst ist, wie schon Kant gesagt hatte, »interesselos«, denn der Wille richtet sich immer auf Objekte, niemals auf sich selbst, das heißt, auf Ideen. Indem wir Kunst genießen, haben wir unseren Trieb, den Willen, der unser Leben vorantreibt, für einen Augenblick mattgesetzt.

Auch in der Ethik hat der Mensch die Fähigkeit, sich über seine Abhängigkeit vom Willen, über sich selbst als egoistisches Triebwesen zu erheben. Diese Fähigkeit ist das Mitleid. Indem ich mir das Leid eines anderen Wesens zu eigen mache, überschreite ich die von Wille und Vorstellung gesetzte Grenze, die mich als Individuum von der Welt des Objektiven trennt. Ich bin für einen Augenblick eins mit der Gattung oder der gesamten Kreatur.

Mitleid ist eine Tugend, doch es gibt keinerlei berechtigte Hoffnung, dass es zur Tugend aller Menschen wird. Es gibt auch kein durch tugendhaftes Handeln herbeiführbares irdisches Paradies, erst recht kein Jenseits, in dem das Gute belohnt wird.

Die Tatsache, dass es Mitleid, dass es die Aufgabe des Egoismus gibt, kann für den Einzelnen aber der Anlass zu einer letzten Hoffnung sein: dass er den Willen, den Trieb, in sich abtöten oder einschläfern kann und mit ihm das Interesse an der Außenwelt (die diesem Interesse ihr Dasein verdankt). Das höchste Ziel des Weisen, so hatte Schopenhauer den indischen *Upanischaden* entnommen, aus denen schon Buddha geschöpft hatte, ist die Loslösung von allem irdischen Wollen, um schließlich in die vollkommene Wunschlosigkeit des »Nirwana« einzugehen. Und Nirwana heißt jedenfalls für Schopenhauer, für den die Welt nichts ist als Wille und Vorstellung: Nichts.

In den zwanziger und dreißiger Jahren des 19. Jahrhunderts, einer Zeit heftiger politischer und gesellschaftlicher Diskussionen, interessierte sich so gut wie niemand für Schopenhauers Philosophie. Als er, nachdem er 1820 in Berlin eine Professur erhalten hatte, seine Vorlesungen bewusst zur selben Stunde ansetzte wie Hegel, der für ihn der große philosophische Gegner war, blieben

SOLIDARITÄT MIT DEN TIEREN

Die Stumpfheit der Menschen gegen das Leid der Welt, befindet Schopenhauer, zeigt sich gerade in ihrem Umgang mit den Tieren. Nicht einmal die christliche Religion, die sich auf ihr Gebot der Nächstenliebe so viel zugute hält, kennt ein Gebot des Mitleids gegenüber Tieren – anders übrigens als der Hinduismus. Schopenhauer, der von seinen Mitmenschen und insbesondere von den Frauen wenig hielt, bekannte, dass er ohne seinen Pudel nicht habe leben mögen; in dessen klarem, von keinem Falsch getrübten Blick erkenne er die Weltseele.

■ Tafel zur Farbbrechung. Farbkupferstich aus der Erstausgabe der *Farbenlehre* von Johann Wolfgang Goethe, 1810

■ Schopenhauer mit Pudel. Zeichnung des Schopenhauer-Verehrers Wilhelm Busch (1832–1908). Frankfurt, Stadt- und Universitätsbibliothek, Schopenhauer-Archiv

die Studenten aus, und er gab den Plan, als akademischer Lehrer zu wirken, auf. Er arbeitete aber als Privatgelehrter – das väterliche Erbe gab ihm die Möglichkeit zu dieser Existenzweise – unverdrossen weiter an der Popularisierung seiner Gedanken, bei der ihm seine großen schriftstellerischen Fähigkeiten zugute kamen. Doch zum Durchbruch für seine Philosophie kam es erst nach der Niederschlagung der europäischen Revolution von 1848. Mit der Revolution waren auch für lange Zeit die Hoffnungen auf die Schaffung eines Staats gestorben, in dem die Individuen sich als Teil eines großen Ganzen fühlen können, so wie Rousseau es gepredigt und zuletzt noch Hegel zu begründen versucht hatte. Es gab kein allumfassendes diesseitiges Ziel mehr, die Bürger sahen sich als Individuen im wirtschaftlichen Konkurrenzkampf auf sich allein gestellt. Den religiösen Glauben an einen persönlichen Gott und an persönliche Unsterblichkeit vermochten viele unter ihnen nicht mehr zu teilen, und so griffen sie auf die pessimistische Philosophie Schopenhauers zurück, die ihnen zweierlei Genugtuung gewährte: erstens die Gewissheit, zu der Minderheit von Menschen zu gehören, die sich keinerlei Illusionen über einen Sinn des Lebens machen, und zweitens die Möglichkeit einer, wie Schopenhauer selbst es nennt, »heroischen« Geste, die darin besteht, ohne die Hoffnung auf eine Belohnung im Diesseits oder Jenseits unegoistisch zu handeln.

Die metaphysische Desillusionierung des westlichen Denkens, die mit Schopenhauer beginnt, setzt sich nicht nur in den Romanen Tolstois, Thomas Hardys, Prousts und Thomas Manns und in den Dramen Tschechows fort, um nur wenige Beispiele zu nennen, sondern auch in der Philosophie Nietzsches und der Psychoanalyse Freuds. Für die moderne Bestimmung des Menschen als eines Wesens, das sich immer nur in engen Grenzen über sein »Triebschicksal« (Freud) zu erheben vermag, hat Schopenhauer Entscheidendes, für seine Bestimmung als gesellschaftliches Wesen, dessen Denken und Fühlen nur in geringem Maße ihm alleine angehört, allerdings kaum etwas beigetragen. Das Gefühl der »Nichtigkeit des Daseins«, von der er schreibt, ist jedoch auch ein historisch-gesellschaftliches Phänomen.

ARTHUR SCHOPENHAUER

LEBEN UND WERK

Arthur Schopenhauer, am 22. Februar 1788 in Danzig geboren, stammte aus einer wohlhabenden Kaufmannsfamilie. Ab 1793 lebte er mit seinen Eltern in Hamburg, 1797 wurde er für zwei Jahre zum Erlernen der französischen Sprache nach Le Havre geschickt. Auf weiteren Reisen kam er anschließend in die kulturellen Zentren Europas, er sah Prag, Dresden und Berlin, fuhr über Holland nach London, dann nach Frankreich, in die Schweiz und nach Wien. Zurück in Hamburg, begann Schopenhauer 1804 auf Wunsch seines Vaters eine kaufmännische Lehre. Als der Vater kurze Zeit später tödlich verunglückte, zog seine Mutter nach Weimar. Schopenhauer, der immer gerne studieren wollte, besuchte erst in Gotha, dann in Weimar ein Gymnasium und bereitete sich auf das Abitur vor. Von 1809 bis 1813 studierte er Naturwissenschaften und Philosophie in Göttingen und Berlin und reichte schließlich bei der Universität in Jena seine Dissertation *Über die vierfache Wurzel des Satzes vom zureichenden Grunde* ein. Den Winter 1813/14 verbrachte er in Weimar, wo er Goethe kennen lernte. Dessen Farbenlehre war von nachhaltiger Bedeutung für Schopenhauers zweite Schrift *Über das Sehen und die Farben* (1815). Mit seiner Mutter, die inzwischen eine bekannte Schriftstellerin geworden war, kam es während des Aufenthaltes in Weimar zu einem Bruch. Schopenhauer zog nach Dresden und sah seine Mutter, die noch vierundzwanzig Jahre lebte, nie wieder. In Dresden schrieb er hauptsächlich an seinem wichtigsten Werk *Die Welt als Wille und Vorstellung*, das 1819 bei Brockhaus in Leipzig erschien. Die zweite Auflage, die 1844 herauskam, erweiterte er um einen Band mit Ergänzungen. Nach einer längeren Italienreise, die ihn nach Neapel, Rom und Venedig führte, habilitierte sich Schopenhauer in Berlin. Die Vorlesungen, die er als Privatdozent im Schatten Hegels in den folgenden Jahren hielt, fanden jedoch kaum Beachtung. Mitte der 1820er Jahre fuhr er wieder für längere Zeit nach Italien, kam diesmal nach Mailand, Genua und Florenz. 1831 floh er aus Berlin vor der Cholera, blieb zunächst in Mannheim und zog 1833 schließlich nach Frankfurt am Main, wo er bis zu seinem Tod lebte. 1835 erschien das Werk *Über den Willen in der Natur*. Seine Schrift *Über die Freiheit des menschlichen Willens* (1837) wurde von der Königlich Norwegischen Akademie der Wissenschaften mit einem Preis ausgezeichnet. Die Dänische Akademie der Wissenschaften lehnte dagegen 1839 die Arbeit *Über die Grundlage der Moral* ab. 1851 veröffentlichte Schopenhauer eine Sammlung von Schriften unter dem Titel *Parerga und Paralipomena*. Erst danach fand er allmählich Anerkennung und wurde bekannt. Er starb am 21. September 1860 in Frankfurt am Main.

AUF DEN PUNKT GEBRACHT

Für Schopenhauer ist es blinder Wille, der die Welt entstehen lässt und sie beherrscht. Die Welt ist ebenso sinnlos wie unser vom Willen als Trieb beherrschtes menschliches Leben. Dieser konsequent atheistischen Lehre verdankt die moderne Anthropologie und Psychologie sehr viel, auch wenn die soziale Geprägtheit jeder menschlichen Existenz bei Schopenhauer keine Rolle spielt.

EMPFEHLUNG

Lesenswert:

Klaus-Jürgen Grün: *Arthur Schopenhauer*, München 2000.

Sabine Appel: *Arthur Schopenhauer. Leben und Philosophie*, Düsseldorf 2007.

Thomas Manns ganz im Schopenhauerschen Geist geschriebene *Buddenbrooks*.

Hörenswert:

Denken und Leben II. Annäherung an die Philosophie in biographischen Skizzen. Arthur Schopenhauer: Die schlechteste aller Welten u. a. Gesprochen von Konrad Paul Liessmann. ORF 2001. 4 Audio-CDs.

Sehenswert:

Am Schaumainkai in Frankfurt am Main kann man sehen, wie Schopenhauer die letzten Jahre seines Lebens gewohnt hat und wo er mit seinem Pudel spazieren ging. In den Apfelweinkneipen von Sachsenhausen auf der anderen Mainseite beginnt man zu ahnen, warum Schopenhauer aus hygienischen Gründen stets sein eigenes Glas mit sich zu führen pflegte, wenn er ausging.

Positivismus und sozialer Fortschritt

Auguste Comte

1798–1857

■ Auguste Comte, zeitgenössische Lithographie von Coudion. Paris, Bibliothèque Nationale

Drei wichtige Begriffe verdanken wir Comte: »Positivismus«, »Soziologie« und »Altruismus«. Positivismus bedeutet für ihn Tatsachenwissenschaft statt Metaphysik, Soziologie bedeutet, dass die menschliche Gesellschaft als Ensemble von Tatsachen nach dem Vorbild der Naturwissenschaften untersucht werden kann, Altruismus, »Für-Andere-da-Sein«, dass die Menschen als Lebewesen spontan dazu neigen und ein Interesse daran haben, sich untereinander und mit allem anderen Lebendigen gegen die tote Natur zu verbünden, um ihr so viel Leben wie möglich abzutrotzen.

Im Gedanken des »Altruismus« verbinden sich bei Comte die im Wesentlichen von Rousseau stammenden Lehren des französischen »utopischen Sozialisten« Claude-Henri de Saint-Simon (1760–1825) mit den Erkenntnissen einer zu Beginn des 19. Jahrhunderts vor allem durch die Forschungen von Jean-Baptiste de Lamarck (1744–1829) begründeten neuen Naturwissenschaft: der Biologie. Saint-Simon, dessen Privatsekretär der junge Comte war, erwartete, dass der alte Militärstaat durch die Industrie und die Kirche durch die Wissenschaft ersetzt würde, und agitierte für eine Republik aller arbeitenden Menschen. Deren Ziel würde es sein, solidarisch die Naturbeherrschung voranzutreiben, um das Los der Menschheit kontinuierlich zu verbessern.

Wenn aber die Menschen in solidarischer Arbeit, in der einer »altruistisch« für den anderen einsteht, ihr Leben der toten Natur abringen, überlegt Comte weiter, so ist dies mit dem vergleichbar, was tierische und pflanzliche Organismen leisten, die stets in einem »Milieu« von toter Natur leben, aus dem sie ihre Nahrung und damit ihre Lebenskraft beziehen.

Die biologische Wissenschaft der lebendigen Natur als, modern gesprochen, »Ökosystem« ist das Vorbild für die Soziologie als eine den Naturwissenschaften vergleichbare Wissenschaft. Tiere und Pflanzen, so hatte Lamarck –

»UTOPISCHER SOZIALISMUS«

Henri de Saint-Simon und Charles Fourier (1772–1837) waren die wichtigsten unter den französischen politischen Philosophen, die die Ideen Rousseaus von einer menschlichen Gemeinschaft, die mehr beinhaltet als nur den rechtsförmigen Ausgleich individueller Interessen, nach dem Ende der Französischen Revolution in die entstehende moderne Industriegesellschaft zu übertragen versuchten. Für sie war »Industrie«, das heißt alle gesellschaftlichen Anstrengungen menschlichen Fleißes, die Voraussetzung für eine Gemeinschaft freier und gleicher Menschen. Die Vorstellungen der »Utopischen Sozialisten« stehen am Anfang der sozialistischen Bewegung des 19. und 20. Jahrhunderts, die danach vor allem von den Ideen des Marxismus geprägt wurde.

hierin der Vorläufer Darwins – gelehrt, entwickeln ihre Organe nach den Erfordernissen des jeweiligen »Milieus«, das heißt ihrer Umwelt, und gelangen darüber zu immer höheren Stufen des Lebens, deren höchste der Mensch ist. Dieses von der »Naturphilosophie« des deutschen Idealismus – vor allem Schellings – mit geprägte Konzept lässt sich auf die menschliche Gesellschaft übertragen: Auch die Menschen sind durch ihr Milieu, das heißt, ihre natürliche Umgebung und die Formen des Zusammenlebens mit anderen Menschen geprägt und entwickeln ihre individuellen Fähigkeiten und ihre Institutionen zu immer höheren Formen. Wie die Naturgeschichte, so ist auch die Menschheitsgeschichte ein stetiger Fortschritt.

■ Die Ecole Polytechnique in Paris, die Eliteschule, an der Comte seine Ausbildung empfing. Stahlstich, 1833

Dieser Fortschritt lässt sich am »Dreistadiengesetz« der Wissenschaftsentwicklung am besten illustrieren (dessen Formulierung auf Saint-Simon zurückgeht und das erstaunliche Parallelen zu Hegels Geschichtsdenken aufweist): Im ersten Stadium, dem »theologischen«, versuchen die Menschen, die nach einer Erklärung für die Naturphänomene suchen, diese auf die Einwirkung göttlicher Wesen zurückzuführen. Vom primitiven Fetischismus, also der magischen Verehrung der Natur, gelangen sie dabei über den Polytheismus, die Verehrung vieler Götter, zum Monotheismus, zum Ein-Gott-Glauben. Im zweiten, dem »metaphysischen« Stadium, wird der eine Gott des Monotheismus zu einer abstrakten Urkraft. Wie dies begrifflich zu fassen ist, wird allerdings zum Thema zahlreicher philosophischer Kontroversen, die die Gesellschaft als ganze in Mitleidenschaft ziehen und auf der Ebene der Metaphysik niemals zu entscheiden sind. Dies wird in der Gegenwart anders, im Zeitalter des »Positivismus«. Das »Transzendente«, über das nichts Sicheres zu sagen ist, wird beiseitegelassen, es gilt nur noch das »Immanente«, die Welt der überprüfbaren Tatsachen. Wichtig ist nicht, ob die Tatsachen im metaphysischen Sinne geistiger oder materieller Natur sind, sondern nur, dass sie für jeden überprüfbar, für die Beherrschung der Natur relevant und daher als allgemeingültig anzuerkennen sind.

Auf der Grundlage dieses Konzepts von »positiver Philosophie« errichtet Comte in seinem 1830–1842 in sechs dicken Bänden erschienenen Hauptwerk, dem *Cours de*

■ Um die Zeit der Juli-Revolution von 1830 erlebte der Saint-Simonismus den Höhepunkt seines Einflusses. *Jeune Dame Saint-Simonienne.* Karikatur auf die Saint-Simonistinnen und die Frauenzeitschrift »La femme libre«, gegr. 1832 von Marie-Reine und Désirée Véret. Kupferstich, 1832. Paris, Bibliothèque Nationale

COMTE UND DIE ANGELSÄCHSISCHE PHILOSOPHIE DES 19. UND 20. JAHRHUNDERTS

Es war John Stuart Mill (1806–1873), der Comtes Positivismus in England verbreitete und weiterentwickelte. Auf der Grundlage von Mills Werk entstand dann die reiche Tradition des britischen und amerikanischen Pragmatismus und Utilitarismus.

philosophie positive, seine enzyklopädische Wissenschaftslehre. Er beginnt mit der Mathematik als der Lehre von den einfachsten und klarsten »Fakten«, schreitet zur Astronomie als der der Mathematik am nächsten stehenden Wissenschaft fort und gelangt dann über Physik und Chemie als immer komplexeren Wissenschaften zur Biologie, die die menschliche Physiologie und über die Physiologie des Gehirns auch die Psychologie umfasst. Den Abschluss des *Cours* bildet die Soziologie, deren Gesetze noch komplexer sind als die der Biologie, sich aber grundsätzlich ebenso gut begründen lassen. Die Kenntnis der Bewegungsgesetze der Gesellschaft wird den gesellschaftliche Fortschritt planbar machen.

Die Rolle der Philosophie bei der Arbeit am wissenschaftlichen und gesellschaftlichen Fortschritt ist es, metaphysische Vorurteile zu beseitigen, die die Arbeit der Wissenschaft hemmen, sowie den Einzelwissenschaften ihre Methode vor Augen zu führen und ihnen ein Bewusstsein ihrer Rolle in der Gesamtheit der Wissenschaften und im Menschheitsprojekt der Naturbeherrschung zu vermitteln. Philosophie wird bei Comte zur Wissenschaftstheorie. Der Fortschrittsoptimismus des Comteschen Positivismus spielt in der zweiten Hälfte des 19. Jahrhunderts eine ähnliche Rolle wie der Pessimismus des Schopenhauerschen Systems. Beide »Weltanschauungen« haben gemeinsame Wurzeln, etwa in der Naturphilosophie des deutschen Idealismus, beiden ist auch ihre antireligiöse und gegen metaphysische Systeme gerichtete Grundhaltung gemeinsam (Schopenhauer sieht sich zwar als Metaphysiker, lässt sich aber leicht, wenn man seinen »Willen« in einen biologischen Trieb umdeutet, zum Positivisten machen, während einige Voraussetzungen des Comteschen Positivismus wie die Idee des Fortschritts streng genommen metaphysisch sind). Sie unterscheiden sich in ihrer Auffassung von der Gesellschaft: Für Schopenhauer gibt es sie nur als Zwangsgemeinschaft einander ausbeutender Individuen, für Comte ist sie das Reich des Altruismus, das heißt einer naturgegebenen Solidarität. In dieser Hinsicht geht Marx, der dritte unter den ganz einflussreichen Philosophen des späteren 19. Jahrhunderts, einen Mittelweg zwischen Comte und Schopenhauer.

■ Wie schon in der Zeit der Aufklärung wurde Galilei von den Positivisten wie ein Heiliger verehrt. *Galilei wird als Kenner der Natur verfolgt. Vor der Inquisition in Rom, 1633.* Radierung von Johann Conrad Kruger nach Bernhard Rode, aus: »Weltgeschichte für Kinder«, Leipzig, 1779–1784.

AUGUSTE COMTE

LEBEN UND WERK

Isidore Auguste Marie François Xavier Comte, am 19. Januar 1798 in Montpellier als Sohn eines Finanzbeamten geboren, stammte aus einer monarchistisch eingestellten katholischen Familie. Als Schüler des Lyzeums in Montpellier beschäftigte er sich intensiv mit Mathematik und bestand 1814 vorzeitig die Aufnahmeprüfung für die berühmte École Polytechnique in Paris, die, zur Zeit der Revolution gegründet, eine der progressiven Hochschulen in Frankreich war. 1816 wurde Comte mit anderen Schülern zusammen von der Schule verwiesen, kurz vor deren Auflösung. Wieder in Montpellier, nahm er im Sommer desselben Jahres an einigen Kursen des Fachbereichs Medizin teil. Als Comte, der bereits mit dreizehn Jahren aus der katholischen Kirche ausgetreten war, mit seiner Familie in Konflikt geriet, ging er zurück nach Paris, wo er zunächst von Gelegenheitsarbeiten lebte. 1817 fand er eine Anstellung als Sekretär bei dem Sozialphilosophen Graf Claude-Henri de Saint-Simon (1760–1825). Unterschiedliche philosophische Positionen, wie sie auch in Comtes *Entwurf der wissenschaftlichen Arbeiten, welche für eine Reorganisation der Gesellschaft erforderlich sind* (1822, *Plan des travaux scientifiques nécessaires pour réorganiser la société*) zum Ausdruck kamen, setzten der Freundschaft und Zusammenarbeit im Jahr 1824 schließlich ein Ende. 1826 begann Comte in seiner Wohnung in Paris öffentliche Vorlesungen zu halten, die jedoch nach kurzer Zeit durch einen schweren psychischen Zusammenbruch unterbrochen wurden. Nach einem Psychiatrieaufenthalt besserte sich seine Verfassung nur allmählich. 1829 setzte er seine Vorlesungen fort und lenkte als Begründer des Positivismus und der von ihm so benannten Soziologie die Aufmerksamkeit namhafter Wissenschaftler im In- und Ausland auf sich. Im Jahr darauf begann er mit der Veröffentlichung seines Hauptwerks, der *Abhandlung über die Philosophie des Positivismus* (*Cours de philosophie positive*), das bis 1842 in sechs Bänden erschien. Ab 1832 sicherten ihm private Mathematikstunden und die Stelle eines Repetitors an der wiedereröffneten École Polytechnique für einige Jahre ein regelmäßiges, wenn auch bescheidenes Einkommen. Später ermöglichte ihm die Unterstützung von Freunden, zu denen eine Zeitlang auch John Stuart Mill gehörte, seine wissenschaftliche Arbeit fortzusetzen. 1854 schloss er sein vierbändiges Werk *Système de politique positive ou traité de sociologie instituant la religion de l'humanité* ab, daneben erschien 1852 ergänzend die Schrift *Catéchisme positiviste*. Seine letzte Schrift *Synthèse subjective* aus dem Jahr 1856 blieb unvollendet. Comte starb am 5. September 1857 in Paris.

EMPFEHLUNG

Lesenswert:

Werner Fuchs-Heinritz: *Auguste Comte. Einführung in Leben und Werk I*, Opladen 1998.

Gerhard Wagner: *Auguste Comte zur Einführung*, Hamburg 2001.

Klassiker der Soziologie von Auguste Comte bis Norbert Elias, herausgegeben von Dirk Kaesler, München 1999.

Typisch für den französischen progressiven Zeitgeist sind die Romane Emile Zolas wie *Germinal*.

Sehenswert:

Das Paris Auguste Comtes war das der frühen Industrialisierung, der Gusseisenzeit. Eindrucksvolle Denkmäler dieser Periode sind die Gare du Nord oder die alte Bibliothèque Nationale. Der Jardin des Plantes erinnert an die großen Neuerungen in der Biologie des 19. Jahrhunderts, die Comte beflügelten. Die neue Kunst seiner Zeit, vor allem die Courbets, ist im Musée d'Orsay am besten vertreten.

AUF DEN PUNKT GEBRACHT

Comtes Positivismus ist das Ende der Philosophie als Metaphysik und der Anfang von Philosophie als Wissenschaftstheorie. Seine Wirkung ist ebenso groß auf den angelsächsischen Pragmatismus und Utilitarismus wie auf den Marxismus. Für die Entwicklung der Wissenschaft spielt er im 19. Jahrhundert eine ähnliche Rolle wie die Wissenschaftsphilosophie Bacons zu Beginn der Entwicklung der modernen Naturwissenschaft.

Was nützt eigentlich den Menschen?

John Stuart Mill

1806–1873

Dass die wissenschaftliche Arbeit des Philosophen nützlich für die Menschheit zu sein hat – dies hatte John Stuart Mill zwar nicht mit der Muttermilch aufgesogen, wohl aber von frühester Kindheit an bei seinem Vater, dem Philosophen, Historiker und Ökonomen James Mill (1773–1836) gelernt, dem wichtigsten Weggefährten von Jeremy Bentham (1748–1832). Bentham hatte die empiristische und in politisch-gesellschaftlichen Fragen pragmatische Tradition Lockes und Humes fortgesetzt und betonte immer wieder den »utilitaristischen« oder Nützlichkeitsstandpunkt seines Denkens. Er verbreitete die von Francis Hutcheson, dem Lehrer Adam Smiths, stammende Parole, dass alles gesellschaftliche und politische Denken und Handeln das »Glück der größtmöglichen Zahl« im Auge haben sollte. Bentham wie James Mill sympathisierten mit der Französischen Revolution und später mit den Saint-Simonisten in Frankreich, die dafür eintraten, die sich herausbildende Industriegesellschaft im Sinne Rousseaus nach politischen Gesichtspunkten zu organisieren und nicht allein auf die ökonomischen Selbstregelungskräfte zu vertrauen. Die in liberalen Vereinigungen organisierten »Utilitaristen« agitierten in England nicht ohne Erfolg für soziale und politische Reformen.

■ John Stuart Mill. Gemälde von George Frederic Watts (1817–1904). London, National Potrait Gallery

Der Utilitarismus Benthams vertrat jedoch im Wesentlichen Positionen der Aufklärungsphilosophie des 18. Jahrhunderts, die John Stuart Mill bald nicht mehr genügten. Er spürte, dass der Empirismus einer neuen Grundlage bedurfte und dass es möglich war, sein Anwendungsgebiet über die Naturwissenschaft hinaus zu erweitern. Die althergebrachte »Moralphilosophie«, die das Glück möglichst vieler Menschen erreichen wollte, ohne wissenschaftlich begründen zu können, was der Antrieb zu moralischem Handeln und was das exakte Ziel dieses Handelns ist, sollte verwissenschaftlicht, sollte zur »moral science«, zur »Moral*wissenschaft*« werden.

Mills politisch-wissenschaftliche Überlegungen, die in seinem Hauptwerk, dem *System der deduktiven und induktiven Logik* von 1843 münden sollten, erhielten ihren entscheidenden Anstoß durch seine Begegnung mit dem Werk Auguste Comtes, auf den er über die Kontakte der englischen Utilitaristen zu den französischen Saint-Simonisten aufmerksam geworden war. Das Denken Comtes musste den jungen Universalgelehrten Mill mit seiner gründlichen mathematischen und naturwissenschaftlichen Bildung faszinieren, weil in ihm die naturwissenschaftliche Methode auch auf die Gesellschaft erweitert und damit zur Universalmethode der Wissenschaft einschließlich der Philosophie erklärt wurde.

Mill wurde einerseits zum begeisterten Schüler Comtes, indem er den Grundgedanken des Positivismus aufgriff, dass metaphysische Spekulationen im Zeitalter der Wissenschaft ausgedient haben und in der modernen Gesellschaft nur noch Fakten zählen. Andererseits korrigierte er Comte in einem entscheidenden Punkt: Alle Tatsachen, das »Positive«, von dem Wissenschaft allein handeln kann, sind für ihn nicht wie bei Comte unabhängig vom Bewusstsein existierende Tatsachen, sondern – wie es der Tradition des englischen Empirismus entspricht – Bewusstseinstatsachen. Und Bewusstseinstatsachen bleiben für ihn auch über das hinaus ernst zu nehmen, was gegenwärtig bereits in Gesetzen formulierbar ist. Einwände gegen eine rein physikalische Lehre etwa von den Farben oder den Tönen sind gerechtfertigt, weil auch die Psychologie der Farbwahrnehmung und des Musikhörens von Belang ist. Die Psychologie als die Wissenschaft von der menschlichen Natur gehorcht, davon ist Mill überzeugt, selbst aber auch wieder wissenschaftlichen Gesetzen, die jedoch aufgrund der Vielzahl von Randbedingungen, die hier die Konzentration der Beobachtung auf gesetzmäßige Vorgänge stören, relativ schwer zu finden sind. Doch auch früher schon, erinnert Mill sein Publikum, sind mit Hilfe der »induktiven« Methode – dem Sammeln von Daten, dem Aufstellen von Gesetzeshypothesen und deren Überprüfung durch Experimente oder andere empirische Beobachtungen – Gesetze gefunden worden, durch die sich eine undurchschaubare Menge

■ Mills Freundin und spätere Frau Harriet Taylor, seine große Anregerin.

■ Lord Palmerston bei einer Rede im Unterhaus. Holzstich im Pariser »Le Journal illustre«, November 1865. Zu dieser Zeit war Mill Parlamentsabgeordneter und setzte sich vor allem für die Gleichberechtigung der Geschlechter ein.

von Beobachtungsdaten ordnen und präzise Vorhersagen treffen ließen. Das schlagendste Beispiel ist die Astronomie, die von einer Sammlung von Daten zur Gesetzeswissenschaft wurde. Warum sollte also keine strikt empirische »Moralwissenschaft« möglich sein, die die moralischen Fähigkeiten und die Bedürfnisse der Menschen, deren Befriedigung ihr »Glück« ausmacht, feststellt?

MORAL SCIENCE UND GEISTESWISSENSCHAFT

In Deutschland wurde Mills »moral science« zumeist mit »Geisteswissenschaft« und damit mit einem Begriff übersetzt, der hier in der Mitte des 19. Jahrhunderts entstand. In ihm mischen sich das (Kantsche und Hegelsche) Erbe der idealistischen »Geistesphilosophie« und der romantische Historismus, der sich auf Herder zurückführen lässt, mit dem Positivismus Comtes und Mills. Vor allem Wilhelm Dilthey (1833–1911) knüpft mit seiner »hermeneutischen« Methode der historischen Forschung direkt an Mills Überlegungen zur Anwendung der induktiven Methode in der »moral science« an – wenn auch nicht mit dem Anspruch, dass die geisteswissenschaftliche Methode dieselbe sein muss wie die naturwissenschaftliche.

Indem Mill die Psychologie ans Ende seiner Forschungslogik stellt und sie zum Gipfel- und Endpunkt seines Systems der Wissenschaften macht, führt er seine Distanzierung von Comte zu Ende. Für diesen war nämlich die oberste der Wissenschaften die Soziologie, und die Wissenschaft vom menschlichen Individuum war ein Untergebiet der Soziologie und der Biologie. Für Comte stand das wissenschaftlich festzustellende Interesse der Gesellschaft über dem der einzelnen Menschen; bei Mill, der damit an der Tradition des englischen Liberalismus festhielt, war es gerade umgekehrt.

Auch in der Soziologie hielt Mill am Primat des menschlichen Bedürfnisses, des »Glücks der vielen«, fest, selbst wenn dies anscheinend den gesellschaftlichen Gesetzmäßigkeiten widersprach. So stellte er die Forschungsweise von David Ricardo (1772–1823), dem großen Klassiker der englischen Nationalökonomie,

HARRIET TAYLOR

Mill lernte Harriet Taylor (1807–1858) in den Londoner Reformerkreisen kennen, zu der auch ihr Mann, der wohlhabende Kaufmann John Taylor, gehörte. Während einer langen intensiven Freundschaft, die John Taylor nach anfänglichem Widerstreben tolerierte, die aber gleichwohl im vorviktorianischen England als skandalös empfunden wurde, wurde Harriet immer mehr zur Stichwortgeberin für Mill. Nach John Taylors Tod heirateten Harriet und Mill im Jahre 1851. Als Harriet gestorben war, wuchs Mills Verehrung für sie noch mehr, und er bezeichnete sie als die eigentliche Urheberin aller seiner Werke nach dem *System der deduktiven und induktiven Logik*.

der der Freund seines Vaters gewesen war, als bedeutendes Beispiel dafür heraus, wie man auch in der Gesellschaftswissenschaft zur Aufstellung von Gesetzen kommen kann. Er hielt die ökonomischen Gesetze des Kapitalismus jedoch nicht für so eisern, dass sie nicht mit Hilfe eines demokratisierten Staates (das heißt, methodologisch gesprochen, durch Verstärkung von Randbedingungen) außer Kraft gesetzt werden könnten. Die Humanisierung der vom Streben nach Profit durchdrungenen Gesellschaft ist für ihn möglich. Zu diesem Zweck müsse lediglich, so argumentiert er, der demokratische Einfluss der arbeitenden Bevölkerungsmehrheit auf den Staat verstärkt werden. Dieses Konzept eines, wie wir heute sagen würden, »sozialdemokratischen« Kompromisses zwischen dem Interesse des Kapitals und dem der arbeitenden Klasse brachte Smith die Verachtung von Marx ein, der die Gesetze der Ökonomie für unumstößlich hielt.

Nicht zuletzt unter dem Einfluss seiner Frau Harriett Taylor engagierte sich Mill nach der Veröffentlichung des *Systems der deduktiven und induktiven Logik* – die zu einem in der wissenschaftlichen Literatur fast beispiellosen Erfolg führte – und nach den ebenso erfolgreichen *Priciples of Political Economy* von 1848 immer mehr für die demokratischen Rechte der Arbeiter sowie für die Emanzipation der Frauen und das Frauenwahlrecht.

Seine einflussreichste politische Schrift

■ John Stuart Mill, 1873

■ Nachdem die Frauen, auch dank Mill, ihre politische Gleichberechtigung erhalten hatten, waren es zuerst meist Frauen der Mittelklasse, die an politischen Aktionen teilnahmen. So als 1926 25 000 Frauen gegen den großen Streik der Bergarbeiter demonstrieren.

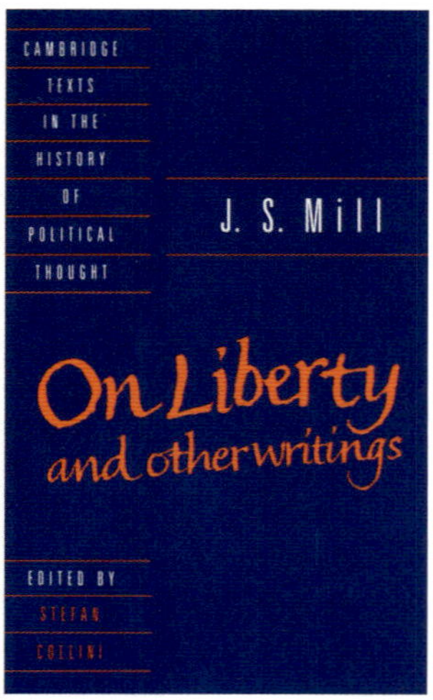

ist bis heute *On Liberty* (*Über die Freiheit*, 1859) geblieben. Hier unterstreicht Mill noch einmal die liberalistische Überzeugung, dass die Rechte und Interessen des Einzelnen, aber auch der Minderheiten grundsätzlich gegenüber dem von der demokratischen Mehrheit repräsentierten abstrakten Interesse der Gesellschaft als ganzer zu schützen sind. Philosophiegeschichtlich besonders interessant ist dabei, das es für Mill hier eines gibt, was den besonderen Schutz der Gesellschaft vor der Gesellschaft verdient: nämlich die Chance für jeden Einzelnen, sich frei zu entfalten und zur Höhe des Wissens seiner Zeit zu »bilden«. Nur Menschen, die sich in Freiheit entwickeln, argumentiert Mill, vermögen zum Fortschritt der Gesellschaft beizutragen. Die Garantie der Freiheit der Selbstentfaltung ist also sowohl für den Einzelnen als auch für die Gesellschaft nützlich. Diesen Gedanken entnimmt Mill der Schrift *Ideen zu einem Versuch, die Grenzen der Wirksamkeit des Staates zu bestimmen* (1792) von Wilhelm von Humboldt, die dieser in der Diskussion mit Schiller entwickelt hatte. Positivistische Wissenschaft und deutscher Idealismus, angelsächsischer Liberalismus und Rousseauismus (denn der Bildungsgedanke des Idealismus geht nicht zuletzt auf die pädagogischen Ideen Rousseaus zurück) sind, bei Mill jedenfalls, längst nicht so weit voneinander entfernt, wie es heute zumeist gelehrt wird.

JOHN STUART MILL

LEBEN UND WERK

John Stuart Mill wurde am 20. April 1806 in London als ältestes von neun Kindern des schottischen Philosophen und Historikers James Mill (1773–1836) und seiner Frau Harriet Burrow geboren. Im Alter von drei Jahren erhielt er Griechischunterricht, mit acht Jahren begann er Latein zu lernen. Als Zwölfjähriger war er bereits mit den Grundlagen der Mathematik und Naturwissenschaften vertraut, außerdem beschäftigte er sich mit Logik und politischer Ökonomie. Als Abschluss seiner Ausbildung wurde Mill 1820 für ein knappes Jahr nach Frankreich geschickt. In Paris begegnete er dem Ökonomen Jean Baptiste Say (1767–1832) und traf den Sozialphilosophen Saint-Simon (1760–1825). Nach seiner Rückkehr beschäftigte er sich intensiv mit den Schriften des englischen Philosophen Jeremy Bentham (1748–1832), des einflussreichen Vertreters des Utilitarismus. 1823 wurde er Angestellter der Ostindischen Handelsgesellschaft (East India Company), bei der auch sein Vater beschäftigt war. Fünfunddreißig Jahre lang, bis zu ihrer Auflösung im Jahr 1858, war Mill für die Gesellschaft tätig. Eine tiefe seelische Krise, in die er als Zwanzigjähriger geriet, wurde in seiner persönlichen und philosophischen Entwicklung zu einem Wendepunkt. Auf der Suche nach neuen Anregungen begann er die Romantiker zu lesen und setzte sich mit der frühsozialistischen Schule der Saint-Simonisten auseinander. Er las zum ersten Mal die Schriften des französischen Philosophen Auguste Comte (1798–1857), der einen anhaltenden Einfluss auf ihn ausübte. Im Sommer 1830 reiste Mill nach Paris und erlebte die Tage der Julirevolution. Kurz danach nahm seine Beziehung zu Harriet Taylor ihren Anfang, die er zwanzig Jahre später, nach dem Tod ihres Mannes, heiratete. 1830 begann Mill auch mit den ersten Arbeiten zu seinem ersten Hauptwerk *System der deduktiven und induktiven Logik* (*A system of logic, ratiocinative and inductive*), das 1843 erschien. Mit den *Grundsätzen der Politischen Ökonomie* (*Principles of Political Economy*) kam 1848 sein zweites wichtiges Werk heraus. Mill selbst hielt seine Schrift *Über die Freiheit* (1859, *On liberty*) neben der *Logik* für seine bedeutendste Arbeit. Seine moralphilosophischen Anschauungen, die er 1861 in einer Artikelserie in *Frazer's Magazin* dargelegt hatte, wurden zwei Jahre später als Buch veröffentlicht (*Der Utilitarismus*). Von 1865 bis 1868 war Mill Parlamentsmitglied und trat insbesondere dadurch hervor, dass er sich für das Frauenwahlrecht einsetzte. In der Arbeit *Die Hörigkeit der Frau* (1869, *The Subjection of Women*) setzte er sich als einer der ersten für Geschlechtergleichheit ein. Mill starb am 8. Mai 1873 in Avignon. Im selben Jahr erschien posthum seine *Autobiographie*.

EMPFEHLUNG

Lesenswert:

Peter Rinderle: *John Stuart Mill*, München 2000.

Ralph Schumacher: *John Stuart Mill*, Frankfurt/Main 1994.

Dominique Kuenzle / Michael Schefczyk: *John Stuart Mill zur Einführung*, Hamburg 2009.

Klassiker des ökonomischen Denkens I. Von Platon bis John Stuart Mill, herausgegeben von Joachim Starbatty, München 1989.

Besuchenswert:

Mills London ist in den bürgerlichen »Terraces«, den Wohnvierteln im Westen der Stadt, noch gut erhalten. An die Industrialisierung, mit deren Folgen er sich auseinandersetzte, erinnern die zum Teil restaurierten Fabrik- und Lagerhallen der Docklands im Osten.

AUF DEN PUNKT GEBRACHT

Mill macht den Positivismus zu einer humanen Philosophie, indem er der Wissenschaft konsequent die Frage stellt, was sie dem Einzelnen und der Gesellschaft nutzt. Indem er bei der Antwort anlangt, dass es die größtmögliche Entfaltung der Individuen ist, die den größten Nutzen bewirkt, steht er dem deutschen Idealismus näher, als die positivistische Tradition wahrhaben will.

Entweder – Oder
Søren Kierkegaard
1813–1855

■ Søren Kierkegaard um 1838. Zeichnung von Niels Christian Kierkegaard (1806–1882).

Als Kierkegaard in den 1830er Jahren in Kopenhagen Theologie studiert, ist dort ein staatstragender Hegelianismus die herrschende Lehre. Er lernt, dass die die bürgerliche Gesellschaft und ihr Staat der Gipfel der bisherigen Geschichte sind und die Theologie diesen weltgeschichtlichen Höhepunkt im Einvernehmen mit der Philosophie als Erscheinung des Absoluten, also als Sichtbarwerden Gottes, begreift. Dieser Hegelianismus ist für Kierkegaard schon früh ein Ärgernis, sowohl wegen seines Absolutheitsanspruchs als auch wegen seiner Abgehobenheit vom wirklichen Leben. Wenn Hegel geschrieben hätte, so bemerkt er später einmal, sein System sei nur ein »Gedankenexperiment, bei dem er sich sogar an vielen Stellen um etwas herumgedrückt habe, so wäre er wohl der größte Denker, der gelebt hätte. Nun ist er komisch.« Denn bei den wirklichen persönlichen Entscheidungen, die sein individuelles Dasein, seine »Existenz« betreffen, kann Hegels Philosophie ihm nicht helfen. Und Kierkegaard, der sich als junger Dandy und glänzender Artikelschreiber in Kopenhagen einen Namen zu machen begann, hatte persönliche Entscheidungen zu treffen: Wollte er eine Familie gründen und Pfarrer werden – oder war ihm dies alles zu eng, zu gering in Anbetracht der Verantwortung, die ihm mit seiner Begabung auferlegt worden war? Als Kierkegaard erfährt, dass Hegels großer Konkurrent Schelling 1841 in Berlin Vorlesungen über seine »Philosophie der Offenba-

REGINE OLSEN

Die wichtigste Entscheidung in Kierkegaards Leben war die, ob er die schöne Kaufmannstochter Regine Olsen heiraten sollte. 1840 verlobte er sich mit ihr, ein Jahr später löste er die Verlobung wieder – teils, weil er sich ihrer unwürdig fühlte, teils, weil er ein Eheleben mit ihr zu eng, zu unwahr gefunden hätte. Regine Olsen beschäftigte ihn sein Leben lang, und insbesondere *Entweder – Oder* ist Ausdruck dieser Überlegungen, ob er sich damals richtig entschieden habe.

■ Kopenhagen. Blick von Christianshavn über den Binnenhafen auf die Hafengade: links die Schloßinsel mit der Börse und Schloß Christiansborg; in der Mitte die Holmens Kirche. Photographie, um 1880.

rung« halten will, in deren Zentrum ein neuer, wie er hofft, konkreterer Begriff der Wirklichkeit stehen soll, reist er sofort in die preußische Hauptstadt. Seine Begeisterung für Schelling weicht aber schon bald einer tiefen Enttäuschung, denn auch Schelling beschreibt Wirklichkeit als Ergebnis eines komplizierten Prozesses. Kierkegaard beschließt, dieser Art von wissenschaftlicher Philosophie sein eigenes Philosophieren entgegenzusetzen, das schon in seiner Form nicht wissenschaftlich, sondern literarisch angelegt ist. So entsteht *Entweder – Oder*, ein Werk, das ebenso viel von einem Roman wie von einer philosophischen Abhandlung hat.

Der erste Teil des Werkes besteht aus den Aufzeichnungen eines »Ästheten«, den Kierkegaard einfach »A« nennt. Die von dem Sinnenmenschen A gesammelten Erfahrungen gipfeln in dem Tagebuch des Verführers. Der Verführer scheitert, da er seiner Lust, die ihm alle Wahrheit zu sein schien, über die Verführung hinaus keine Dauer zu verleihen vermag. An dieser Stelle seines dialektischen Spiels bringt Kierkegaard den Moralisten B ins Spiel. Doch auch die ernsthaften Argumente Bs können für sich nicht beanspruchen, die Wahrheit zu sein, denn die ethischen Konventionen der Gesellschaft, auf die B sich beruft, lassen sich nicht aus sich selbst heraus begründen. Weder A noch B haben Recht, und nun müsste nach Hegels dialektischem Dreischrittschema die »Synthese« aus der Sinnlichkeit von A und dem Moralismus von B folgen – am besten als religiöse Wahrheit, in der Sinnlichkeit und Moralität gleichermaßen »aufgehoben« sind. In der Tat läuft *Entweder – Oder* auf eine religiöse Perspektive hinaus. Jedoch überhaupt nicht im Sinne einer systematisch abgesicherten philosophischen Gewissheit: Bei Kierkegaard ist der Einzelne kein Bestandteil einer sich mit Notwendigkeit vollziehenden geschichtlichen Entwicklung. Er ist vollkommen frei, seine Entscheidungen

■ Regine Olsen, die Verlobte Kierkegaards 1840/41. Das Verhältnis mit Regine Olsen beschäftigte und belastete Kierkegaard auch noch, nachdem sie 1847 seinen Jugendfreund Fritz Schlegel geheiratet hatte.

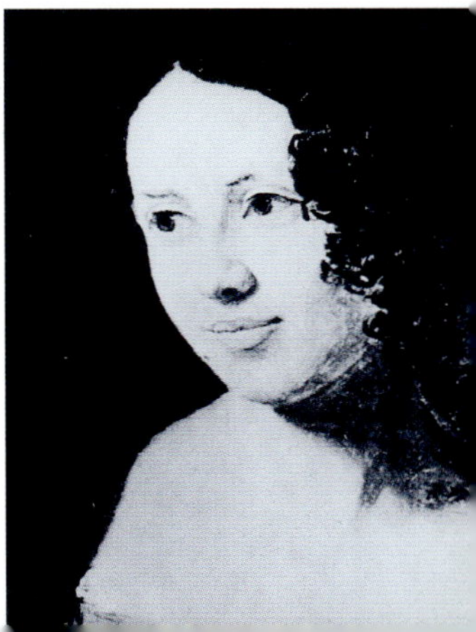

EXISTENTIALISMUS

Im 20. Jahrhundert wurde Kierkegaards »Existentialismus« wiederentdeckt. Heidegger sprach davon, dass der Mensch ins Dasein – in die Existenz – »geworfen« ist und auf sich selbst gestellt diesem Dasein einen Sinn geben muss, Sartre spielte »Entscheidungssituationen« durch, in denen der Einzelne nur sich allein darüber Rechenschaft geben muss, was richtiges Handeln ist, und Theologen wie Karl Barth (1886–1968) betonten wie Kierkegaard, dass Glauben eine nicht begründbare Entscheidung des Individuums für Gott bedeute.

sind durch nichts bedingt. Es sind vielmehr allein diese Entscheidungen, in denen er sich den Gesetzen der Natur und der Gesellschaft unterordnet und aufgrund deren er »in der Zeit existiert«. Mit der Verantwortung für die eigene Existenz aber wird jede Entscheidung für den ernsthaften Menschen zu einer ungeheuren Belastung, und so sucht er Halt an einem Unbedingten außer ihm, an Gott. Schon in *Entweder – Oder* sucht Kierkegaard Orientierung an der religiösen Offenbarung. Die Lehre Christi kann für ihn aber niemals zur Gewissheit werden, denn dann wäre er nicht frei. Religion kann und darf nicht Dogma und Glaubenslehre sein, sondern etwas bleiben, wofür man sich entscheiden muss. Religion ist etwas Paradoxes.

In *Der Begriff Angst* (1844) zeigt Kierkegaard, was es bedeutet, alle Gewissheiten philosophischer, theologischer oder politischer Art verloren zu haben. Die Spießer, die ihrer Sache allemal sicher sind, kennen keine Angst: »Je weniger Geist, desto weniger Angst.« Aber er, der seine Freiheit denkt, muss in der Angst leben. Indem er seine Angst, das Leid der völligen Ungewissheit, auf sich nimmt und auf jeden Trost verzichtet, fühlt er sich Christus, fühlt er sich Gott in seiner Unbedingtheit ähnlich: »Der Mensch passt erst dann zu Gott, wenn er selbst gar nichts mehr ist.«

■ Kierkegaard, anonyme Karikatur

Kierkegaard ist nicht alt geworden; am Ende seines Lebens war er immer mehr vereinsamt, denn er hatte mit der Kirche durch seine Ablehnung jeder dogmatischen Gewissheit gebrochen und mit den aufgeklärten Kreisen durch sein emphatisches Christentum. Er starb als der vollkommen auf sich allein gestellte Mensch, als den er sich gedacht hatte. Zynisch könnte man hinzufügen: in dem Augenblick, als die Grundlage seiner Existenz als absolut Einzelner, das ererbte Vermögen, aufgebraucht war.

SØREN KIERKEGAARD

LEBEN UND WERK

Søren Aabye Kierkegaard wurde am 5. Mai 1813 in Kopenhagen geboren. Er war das jüngste der sieben Kinder eines Textilkaufmanns, von denen fünf früh starben. Seine Kindheit wurde entscheidend bestimmt durch die strenge christliche Erziehung des Vaters sowie dessen Schwermut. Auf seinen Wunsch hin begann Kierkegaard 1830 in Kopenhagen Theologie zu studieren, beschäftigte sich aber mehr mit Philosophie und Literatur und traf mit wichtigen Vertretern des dänischen Geisteslebens zusammen. Eine schwere Krise, die er selbst das »große Erdbeben« nannte, erschütterte ihn 1834/35; die Überzeugung, dass auf seiner Familie ein Fluch laste, stürzte ihn in tiefe Depressionen. 1837 kam es zu einem Zerwürfnis mit dem Vater. Als dieser im Jahr darauf starb – kurz zuvor hatten sie sich wieder versöhnt –, hinterließ er ein Vermögen, von dem Kierkegaard bis zu seinem Tod leben konnte. Er beendete sein Theologiestudium und legte 1840 das erste theologische Examen ab. Im selben Jahr verlobte er sich mit der siebzehnjährigen Regine Olsen, löste die Verlobung jedoch nach dreizehn Monaten wieder auf. Gerade hatte er seine Dissertation verteidigt und fuhr kurze Zeit später für ein knappes halbes Jahr nach Berlin, vor allem um dort Schellings Vorlesung zur »Philosophie der Offenbarung« zu hören. Die anfängliche Begeisterung schlug aber bald in Enttäuschung um. Wieder in Kopenhagen, lebte er zurückgezogen und begann zu schreiben. Von 1842 an entstanden in schneller Folge seine philosophischen Hauptwerke, die er unter verschiedenen Pseudonymen veröffentlichte. Seine erste Schrift *Entweder – Oder* (1843, *Enten – Eller*) machte ihn sofort bekannt. Noch im selben Jahr erschienen *Die Wiederholung* (*Gjentagelsen*) und *Furcht und Zittern* (*Frygt og Baeven*). 1844 folgten *Der Begriff Angst* (*Begrebet Angest*) und *Philosophische Brocken* (*Philosophiske Smuler*), 1845 die *Stadien auf dem Lebensweg* (*Stadier paa Livets Vei*) und 1846 die *Abschließende unwissenschaftliche Nachschrift* (*Afsluttende uvidenskabelig Efterskrift*). Daneben gab Kierkegaard eine Reihe von *Erbaulichen* und *Christlichen Reden* heraus. Als er in der satirischen Zeitschrift *Der Corsar* durch mehrere Karikaturen bloßgestellt und zum Gespött der Stadt wurde, fühlte er sich herausgefordert zu einer verschärften Kritik an den Kopenhagenern und der bürgerlichen Gesellschaft im allgemeinen sowie insbesondere der dänischen Staatskirche. Seine zuletzt erschienenen Werke sind *Die Krankheit zum Tode* (1849, *Sygdommen til Døden*) und *Einübung in das Christentum* (1850, *Indøvelse i Christendom*). Im Oktober 1855 brach Kierkegaard auf der Straße zusammen und starb am 11. November.

AUF DEN PUNKT GEBRACHT

Die großen Systeme des deutschen Idealismus waren keineswegs die feste Grundlage des Denkens und Handelns, als die sie gedacht waren. Sicher ist für Kierkegaard nur seine Freiheit, und das Einzige, was ihn für Augenblicke mit der Welt außer ihm verbindet, sind seine freien Entscheidungen, etwas für wahr zu halten und entsprechend zu handeln.

EMPFEHLUNG

Lesenswert:

Konrad Paul Liessmann: *Kierkegaard zur Einführung*, Hamburg 1999.

Peter P. Rohde: *Søren Kierkegaard*, Reinbek 1995.

Kierkegaard für Anfänger. Entweder – Oder. Eine Leseeinführung von Asa Schillinger-Kind, München 1997.

Joakim Garff: *Kierkegaard. Biographie*, München 2005.

Hörenswert:

Søren Kierkegaard: *Darf sich ein Mensch für die Wahrheit töten lassen?* Gesprochen von Axel Grube. Düsseldorf 2001.

Denken und Leben I. Annäherung an die Philosophie in biographischen Skizzen. Kierkegaard: Die Einsamkeit des Einzelnen u.a. Gesprochen von Konrad Paul Liessmann. ORF 2001. 5 Audio-CDs.

Besuchenswert:

Ein Bummel im alten Kern von Kopenhagen lässt die Welt Kierkegaards wieder lebendig werden, die auch in manchen der märchenhaften Erzählungen von Hans Christian Andersen greifbar wird. Auch die Reste des alten Berlin, etwa am Kupfergraben, wo Hegel gewohnt hat, erinnern an Kierkegaards Zeit.

Philosophie der Praxis

Karl Marx

1818–1883

Kants *Kritik der reinen Vernunft* setzt eine »praktischen Philosophie«, eine Ethik, voraus und mündet in sie. Die Grundformel dieser Ethik, Kants »kategorischer Imperativ«, lässt sich im Hinblick auf die Möglichkeit wissenschaftlicher Erkenntnis so formulieren: Handle stets so, dass dein Handeln zur Bildung jener aufgeklärten Menschheit beiträgt, deren Existenz jede Aussage mit einem wissenschaftlichen Allgemeinheitsanspruch im Voraus annehmen muss.

In seiner *Kritik der Hegelschen Rechtsphilosophie* von 1843 spricht auch Marx in Anlehnung an Kant von einem »kategorischen Imperativ«, nämlich dem, »*alle Verhältnisse umzuwerfen*, in denen der Mensch ein erniedrigtes, ein geknechtetes, ein verlassenes, ein verächtliches Wesen ist«. Marx geht es, so zeigt dieser Satz, um mehr als nur die wissenschaftliche Wahrheit und damit den »Ausgang des Menschen aus seiner selbstverschuldeten Unmündigkeit«, wie der Aufklärer Kant erklärt hatte: Es geht ihm um die Befreiung, die »Emanzipation« des Menschen in jeder Hinsicht. Die Befreiung »des« Menschen von Unterdrückung und materieller Not ist für ihn auch die Vorbedingung wissenschaftlicher Wahrheit, denn die Verbesserung des menschlichen Loses ist der einzige legitime Zweck der Wissenschaft, und nur von einem wissenschaftlichen Standpunkt aus, für den es um das wirkliche, das heißt sinnlich erfahrene materielle Glück aller Menschen geht, lässt sich Wissenschaft betreiben.

■ Karl Marx, 1867

Den Gedanken, dass der Sinn der Wissenschaft nur sein kann, die Menschen glücklicher zu machen – er wurde um dieselbe Zeit auch im »Positivismus« Auguste Comtes und John Stuart Mills formuliert –, hatte Marx sowohl seiner Beschäftigung mit dem antiken Materialismus Epikurs als auch der Hegelkritik Ludwig Feuerbachs zu verdanken. Feuerbach hatte empfohlen, die

LUDWIG FEUERBACH

Der Hegel-Schüler Ludwig Feuerbach (1804–1872) wandte sich nach Hegels Tod vom Hegelschen Primat des »Wissens« ab und stellte den Menschen als sinnlich-natürliches Wesens ins Zentrum seiner materialistischen Philosophie. In seinem einflussreichen Buch *Das Wesen des Christentums* von 1841 versucht er mit den Mitteln der Hegelschen Philosophie zu zeigen, dass der Begriff Gottes nur eine entfremdete Form des menschlichen Selbstverständnisses ist: In der Idee eines allmächtigen Gottes stellt sich der Einzelne in Wahrheit die ungeheure Macht vor, die der Mensch als »Gattungswesen«, als Gesellschaft besitzt.

■ Ludwig Feuerbach, zeitgenössischer Stich

Hegelsche Dialektik »umzukehren« oder, wie Marx es ausdrückte, »vom Kopf auf die Füße zu stellen«. Während Hegel die »Idee« oder den »absoluten Geist«, der theologisch auch als der Geist Gottes gedeutet werden kann, zum Subjekt und Motor der weltgeschichtlichen Entwicklung macht, bei der sich das menschliche Bewusstsein mitentwickelt, ist es, so Feuerbach, in Wahrheit der konkrete, sinnliche und leibliche Mensch, der sich in der Geschichte selbst als unbegrenztes »Gattungswesen«, das heißt als gesellschaftliches Wesen zu begreifen lernt.

Marx liest nun Hegels *Phänomenologie des Geistes* mit den Augen Feuerbachs neu und stellt fest, dass in ihr ein unbedingt festzuhaltender zentraler Gedanken steckt: der geschichtliche Prozess der Selbstschöpfung des Menschen als gesellschaftliches (und damit auch intelligentes) Wesen durch die Arbeit. In der Arbeit »humanisiert« der Mensch die Natur, indem er sie für seine menschlichen Bedürfnisse nutzen lernt. Dabei »entfremdet« er sich aber von seiner menschlichen Natur, die Gegenstände seiner Arbeit und ihre Produkte werden für ihn zu einer fremden, »objektiven« Natur, er selbst zu einem scheinbar geistigen »Subjekt«. Diese Entfremdung rückgängig zu machen ist das Ziel der Geschichte, das als »Naturalisierung des Menschen«, als sein Wieder-natürlich-Werden beschrieben werden kann. Die Natur wird nicht mehr ein fremdes Objekt für ihn sein, vielmehr wird er als sinnliches Wesen im Einklang mit ihr leben.

Über Hegels geschichtliche Theorie der Arbeit gelangt Marx zur Auseinandersetzung mit der »politischen Ökonomie«, der

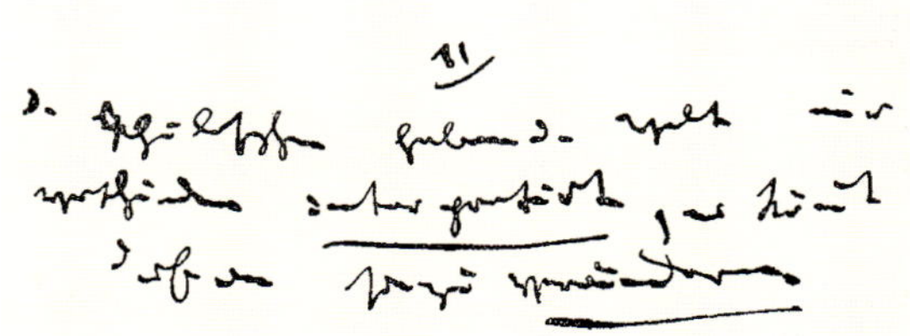

■ Marx' Handschrift der berühmten 11. Feuerbach-These: »Die Philosophen haben die Welt nur verschieden interpretiert, es kömmt darauf an, sie zu verändern«.

■ Die französische sozialistische Bewegung wurde während der Zeit von Marx' Pariser Exil von dem Frühsozialisten Pierre-Joseph Proudhon dominiert. *Pierre-Joseph Proudhon und seine Kinder im Jahre 1853*. Gemälde von Gustave Courbet (1819–1877). Paris, Musée du Petit Palais

Volkswirtschaftslehre – zuerst in den 1844 im Exil verfassten *Pariser Manuskripten*. Im Pariser Exil trifft er erneut mit einem anderen deutschen Linkshegelianer zusammen, der mit seiner 1845 erschienenen Untersuchung über *Die Lage der arbeitenden Klasse in England* bewiesen hat, dass er etwas von Volkswirtschaft versteht: Friedrich Engels. Marx und Engels werden Freunde fürs Leben. Gemeinsam setzen sie sich mit den sozialistischen Strö-

FRIEDRICH ENGELS

Der rheinische Fabrikantensohn Friedrich Engels (1820–1895) begleitete Marx' Leben und Arbeit von 1844 bis zu dessen Tod und setzte als Herausgeber des zweiten und dritten Bandes des *Kapital* und weiterer Schriften sein Werk fort. Er selbst veröffentlichte wichtige historische und wissenschaftskritische Werke und spielte beim Aufbau der sozialistischen Organisationen eine mindestens ebenso wichtige Rolle wie Marx. Engels' materielle Großzügigkeit war es, die Marx die Arbeit am *Kapital* ermöglichte.

mungen in Frankreich auseinander und versuchen, an der politischen Organisation von deutschen Handwerkern und Arbeitern mitzuwirken, die wie sie zu Tausenden mehr oder weniger freiwillig das Pariser Exil gewählt haben. Gemeinsam arbeiten sie 1845 an der *Deutschen Ideologie*, in der sie ihre Geschichtsauffassung entwickeln, die Engels später »historischer Materialismus« nannte. Als »genialen Keim« des historischen Materialismus bezeichnete Engels später die Anfang 1845 von Marx formulierten *Thesen über Feuerbach*. Marx beschreibt dort seine eigene Philosophie als Philosophie der »Praxis«, die die Individuen nicht statisch betrachtet, sondern als arbeitende und deshalb zwangsläufig auch als gesellschaftliche Wesen, denn Arbeit ist stets gesellschaftliche Praxis. Um gesellschaftliche Arbeit als etwas zu begreifen, was allen Menschen zugute kommen kann und soll, muss der »Standpunkt« des neuen Materialismus »die menschliche Gesellschaft oder die gesellschaftliche Menschheit« sein. Daher der kategorische Imperativ der berühmten »11. Feuerbachthese«, diese menschliche Gesellschaft auch praktisch herbeizuführen: »Die Philosophen haben die Welt nur verschieden interpretiert, es kömmt darauf an, sie zu verändern.«

Philosophie hat der Veränderung der Gesellschaft zu dienen, damit ist sie aber nicht überflüssig geworden. Ihre Funktion ist es, die Augen dafür zu öffnen, dass das bisherige Denken notwendig falsch ist, weil es den materialistischen Menschheitsstandpunkt nicht einnimmt. Ihre Funktion ist also, wie Marx und Engels es in der *Deutschen Ideologie* nennen, »Ideologiekritik«. Gesellschaftliche Verhältnisse sind, materialistisch betrachtet, in erster Linie »Produktionsverhältnisse«, die geschichtlich entstehen, ohne dass die Individuen sie sich aussuchen können. Durch die Arbeitsteilung in bestimmten Produktionsverhältnissen oder Gesellschaftsformen entwickeln sich die technischen »Produktivkräfte« der Gesellschaft. Von einem bestimmten Niveau der Produktivkraftentwicklung an werden die Produktionsverhältnisse zum Hemmnis für deren weitere Entfaltung. Dann tritt auch das gesellschaftliche Be-

■ »Sein Name wird durch die Jahrhunderte fortleben und so auch sein Werk«. Mit diesem Friedrich-Engels-Zitat ist diese Zeichnung aus dem Jahre 1939 von Nikolai N. Shukow überschrieben. Im »sozialistischen Realismus« der Stalinzeit erfuhr Marx geradezu religiöse Verehrung.

JENNY MARX

Sieben Jahre muss Marx um seine Jugendliebe Jenny von Westphalen werben, bis er sie 1843 heiraten kann. Sie, die aus einem reichen Elternhaus und einer alten Adelsfamilie stammt, folgt ihrem Mann in die verschiedenen Etappen seines Exils: Paris, Brüssel, London, sie versorgt die Kinder und hält ihrem Mann stets den Rücken frei. Die Ehe ist unter den enormen Schwierigkeiten eines oft ärmlichen Alltags längst nicht so unbelastet, wie spätere Biographien sie oft darstellten, doch sie bleibt eine sehr intensive Beziehung. Mit Jennys Tod 1881 erlischt auch Marx' Lebenswillen.

wusstsein in Widerspruch zu den Produktionsverhältnissen, und es kommt zur ihrer »Umwälzung«. Als der bürgerliche Kapitalismus sich so weit entwickelt hatte, dass die politische Vorherrschaft der adligen Grundbesitzer zum Hemmnis für seine weitere Entfaltung wurde, entstand die aufklärerische Kritik an der erstarrten Vorherrschaft der alten »feudalistischen« Produktionsverhältnisse, und es kam schließlich zur Französischen Revolution. Gegenwärtig, so Marx und Engels, vermehrt sich die Kritik am Kapitalismus und der bürgerlichen Gesellschaft, weil in ihrem Schoß mit dem Industrieproletariat der Träger neuer Produktionsverhältnisse heranwächst. Das Proletariat ist die erste Klasse in der Geschichte, deren Standpunkt nicht ein besonderes Klasseninteresse, sondern der Menschheitsstandpunkt selbst ist, denn es gibt keine andere Klasse, über die es herrschen will. Die proletarische Bewegung, in der sich der Menschheitsstandpunkt durchsetzt, nennen Marx und Engels »Kommunismus« und später »Sozialismus«.

Im europäischen Revolutionsjahr 1848 verfasst Marx das *Kommunistische Manifest*, das in schwungvollen Worten diese historische Rolle des Proletariats beschwört. Die bürgerliche Revolution soll in die proletarische übergehen, die die »klassenlose Gesellschaft« herbeiführt.

Das Scheitern der 1848er Revolution, an der Marx und Engels aktiv teilgenommen haben, stürzt nicht nur Marx und seine Familie in wirtschaftliche Not, sondern bedeutet auch das Ende großer Hoffnungen.

■ Jenny Marx (1814–1881) als Baronesse von Westphalen. Ihr Vater fand, dass sie einen Besseren verdient hätte. Marx und sie durften erst nach siebenjähriger Verlobungszeit heiraten.

Wieder im Exil, diesmal in London, beginnt Marx mit der Arbeit an seinem Hauptwerk, dem *Kapital*, dessen erster Band erst 1867 erscheint (die beiden weiteren Bände veröffentlicht Engels nach Marx' Tod aus dem Nachlass). Er studiert die ökonomische Literatur seit Adam Smith und beschäftigt sich intensiv mit den Theorien David Ricardos (1772–1823) und John Stuart Mills.

Das *Kapital* beginnt mit der Analyse der Ware und ihres »Doppelcharakters«. Jede Ware ist ein konkretes nützliches Ding und zugleich die Verkörperung gesellschaftlicher Verhältnisse. Denn sie besitzt einen »Tauschwert«, der überall gilt, auch dort, wo sie keinen »Gebrauchswert« hat. Auch wenn ich eine Ware nicht gebrauchen kann, kann ich sie immer noch gegen andere Waren eintauschen. Die in ihr »geronnene« Arbeit kann ich zu einem ganz anderen Zeitpunkt mit ihrer Hilfe wieder mobilisieren, in dem ich mir im Austausch für die Ware eine gleichwertige anfertigen lasse. Der Tauschwert macht die Ware zu einem »ideellen« Ding. Deutlicher noch als bei der einfachen Ware wird dieser an die Sache gekoppelte Idealismus beim Geld, der universalsten aller Waren. Geld ist in ein Ding eingeschlossene gesellschaftliche Macht. In seiner Eigenschaft als Kapital ist die Geldware die Grundlage für ein ganzes Gesellschaftssystem. Kapital bedeutet Verfügung über Arbeitskraft und eine dynamische Organisation von Arbeit. Die Welt des Kapitals ist eine Welt des Idealismus oder »Warenfetischismus«, in der die Verhältnisse zwischen Menschen nicht direkt, sondern immer nur über Dinge vermittelt sind. Menschen bedienen sich von Menschen gemachter Dinge, um Macht über Menschen auszuüben, und weil die Macht scheinbar von den Dingen ausgeht, erscheint das gesellschaftliche Machtverhältnis als Naturverhältnis. Erst wenn es den Menschen gelingt, sich um ihrer selbst willen frei zu organisieren, wird diese »Entfremdung« verschwinden.

■ Marx' Geburtshaus in Trier. Bald nachdem Marx geboren war, siedelte die Familie in ein größeres Haus über, das heute das Karl-Marx-Museum beherbergt.

Die Analyse des Kapitalismus, die »Theorie«, ist für Marx immer nur die eine Seite seiner Tätigkeit. Auf der anderen Seite steht stets die »Praxis«, die Arbeit im Dienste der politischen Organisation des Proletariats und damit im Dienste der »Menschheit«.

In den letzten Jahren seines Lebens hatte Marx die Genugtuung

■ »Verstimmung«, Zeitgenössische Persiflage auf Marx' berühmten Satz »Das Sein bestimmt das Bewusstsein«.

zu erleben, dass die sozialistische und sozialdemokratische Bewegung in Europa zu einer wichtigen politischen Macht wurde. Dass aus der russischen Sozialdemokratie nach der Revolution von 1917 eine gewaltsam-bürokratisch herrschende Staatspartei wurde, die unter der Diktatur Stalins eine besonders grobschlächtige Form des »Marxismus« zu einer Art Staatsreligion machte, kann man Marx nicht in die Schuhe schieben. Auch dass Marx die Unterordnung des Individuums unter die Herrschaft des »Kollektivs« verlange, wie seine liberalen Kritiker immer wieder beklagt haben, lässt sich nicht belegen. Allerdings bleibt Marx darin Hegelianer, dass er seiner Kritik der bürgerlichen Gesellschaft die Idee einer »Menschheit« zugrundelegt, in der es keine Widersprüche mehr zwischen den Zielen eines jeden Einzelnen und der Gesellschaft als ganzer gibt. Dies kann man natürlich für eine Utopie halten.

■ Friedrich Engels, 1877

KARL MARX

LEBEN UND WERK

Karl Marx wurde am 5. Mai 1818 in Trier als Sohn eines jüdischen Rechtsanwalts geboren, der, um seinen Beruf weiter ausüben zu können, 1824 mit seiner Familie zum protestantischen Glauben übertrat. 1835 begann Marx in Bonn Rechtswissenschaften zu studieren, setzte das Studium 1836 in Berlin fort, wechselte dort aber bald zu Geschichte und Philosophie. 1841 promovierte er mit der Arbeit *Die Differenz der demokritischen und epikureischen Naturphilosophie*. Nachdem er die Hoffnung auf eine akademische Laufbahn wegen der reaktionärer werdenden preußischen Kulturpolitik aufgegeben hatte, war er 1842/43 in Köln zunächst Mitarbeiter, dann Chefredakteur der linksliberalen *Rheinischen Zeitung*. 1843 heiratete er Jenny von Westphalen und ging mit ihr, als die *Rheinische Zeitung* durch die preußische Regierung verboten wurde, nach Paris. Dort gab er mit dem Schriftsteller Arnold Ruge (1802–1880) die *Deutsch-Französischen Jahrbücher* heraus. Im ersten und einzigen Heft erschien Marx' Schrift *Kritik der Hegelschen Rechtsphilosophie* (1844). In Paris lernte er den französischen Sozialismus und seine Anhänger kennen und begegnete Friedrich Engels, mit dem ihn seit dieser Zeit eine lebenslange Freundschaft und Zusammenarbeit verband. 1845 auf Betreiben der preußischen Regierung aus Paris ausgewiesen, ging Marx nach Brüssel, wo er mit Engels die beiden Streitschriften *Die Heilige Familie* (1845) und *Die deutsche Ideologie* (erstmals 1932 vollständig erschienen) verfasste. Im Auftrag des Londoner Bundes der Kommunisten schrieben die beiden 1847 gemeinsam *Das kommunistische Manifest*, das 1848 erschien. Aus Belgien ausgewiesen, kehrte Marx nach Köln zurück und wurde Herausgeber der *Neuen Rheinischen Zeitung* bis zu seiner erneuten Ausweisung 1849. Über Paris emigrierte er 1851 nach London und blieb dort für den Rest seines Lebens. Von Engels finanziell unterstützt, beschäftigte sich Marx in den folgenden Jahren intensiv mit politischer Ökonomie. Seine umfangreichen Entwürfe aus dieser Zeit wurden 1939–41 in zwei Bänden in Moskau herausgegeben. Aus seinen Studien ging als erste Veröffentlichung 1859 die Schrift *Zur Kritik der politischen Ökonomie* hervor. 1867 erschien der erste Band seines unvollendet gebliebenen Hauptwerks *Das Kapital*. Die Aufzeichnungen für den zweiten und dritten Band wurden später von Engels herausgegeben (1885 und 1894). 1865 war Marx an der Gründung der Ersten Internationalen (Internationale Arbeiter Association, IAA) in London beteiligt. Weltweites Aufsehen erregte seine für die Internationale verfasste Gedenkschrift *Der Bürgerkrieg in Frankreich* (1871) über die Pariser Kommune, deren Verfassung er als erste Erscheinungsform der Diktatur des Proletariats darstellte. Marx starb am 14. März 1883 in London.

AUF DEN PUNKT GEBRACHT

Marx sieht sich als Vollender der Aufklärung: Um zu wahren, von »Ideologie« freien Aussagen zu gelangen, muss man den Standpunkt einer nicht nur aufgeklärten, sondern in jeder Hinsicht freien Menschheit vorwegnehmen und zugleich praktisch für eine freie Gesellschaft wirken. Laut Marx ist der Träger der zu einer freien Gesellschaft führenden Bewegung das Proletariat, weil es die erste Klasse in der Geschichte ist, in deren Interesse eine klassenlose Gesellschaft liegt. Die geschichtliche Erfahrung legt allerdings die Frage nahe, ob eine im ökonomischen Sinne klassenlose auch automatisch eine besonders freie Gesellschaft ist.

EMPFEHLUNG

Lesenswert:

Ossip K. Flechtheim / Hans Martin Lohmann: *Marx zur Einführung*, Hamburg 2000.

Werner Blumenberg: *Karl Marx. Mit Selbstzeugnissen und Bilddokumenten*, Reinbek 1998.

David Chotjewitz: *Karl Marx. Roman über einen jungen Philosophen*, Frankfurt/Main 1998.

Besuchenswert:

Marx Geburtshaus steht in Trier. Im späteren Wohnhaus seiner Eltern ist ein Museum eingerichtet. In London kann man Marx' Arbeitsplatz im British Museum besichtigen. Sein Grab kann man ebenfalls in London, auf dem Friedhof von Highgate, besuchen.

Der Anti-Sokrates

Friedrich Nietzsche

1844–1900

■ »Friedrich der Unzeitgemäße« ist dieses Photo aus der Zeit der *Unzeitgemäßen Betrachtungen* (1873/74) unterschrieben.

1869 wird der gerade erst vierundzwanzigjährige Nietzsche zum Professor für Altphilologie in Basel berufen; in den kommenden Jahren entsteht seine erste Aufsehen erregende philosophische Schrift: *Die Geburt der Tragödie oder Griechentum und Pessimismus*. Der Untertitel verrät bereits die philosophische Tendenz: Pessimismus ist der Grundton Schopenhauers. Dieser Pessimismus ist für viele Angehörige des gebildeten Bürgertums in dieser Zeit der Gegenpol zum von einem oft seichten Positivismus geprägten Fortschrittsglauben des frühen Industriezeitalters. Gerade in Deutschland stehen sich in der Zeit unmittelbar nach der siegreichen Beendigung des Krieges gegen Frankreich von 1870/71 – an dem für kurze Zeit auch Nietzsche teilnahm – positivistischer Wissenschaftsglauben und romantisch geprägter Pessimismus gegenüber, kapitalistische Gründerzeitmentalität und der nationalistische Glaube, einer besonders tief grübelnden – endlich vereinten – Nation anzugehören.

Die Welt, so hatte Schopenhauer verkündet, sei nichts als »Wille und Vorstellung«, eine durch das Bewusstsein erzeugte Bilderwelt, die den Schein von Sein angenommen hat, und der Wille, der das Bewusstsein vor sich hertreibt, ein sinnloser unpersönlicher Trieb. Die Adelsgesellschaft des archaischen Griechenlands, behauptet Nietzsche in der *Geburt der Tragödie*, habe diese Sinnlosigkeit der menschlichen Existenz zutiefst gespürt. Sie habe gerade darin ein heroisches Selbstbewusstsein an den Tag gelegt, dass sie ohne Anleihen bei einer scheinbar sinngebenden höheren Instanz ihre eigene Welt, ihr großartiges Menschenbild schuf. Dieses Welt- und Menschenbild wird für uns noch heute bei jeder Aufführung der frühen griechischen Tragödien packend gegenwärtig. Zwei gegensätzliche Prinzipien machen die Spannung dieser Tragödien aus: das »Apollinische« und das »Dionysische«. Apoll ist der strenge und kühle Gott, der die Welt ordnet, Dionysos der trieb-

■ Neuschwanstein, das Märchenschloss des Bayernkönigs Ludwig II., der ein ebenso enthusiastischer Wagnerverehrer war wie lange Zeit auch Nietzsche.

hafte Gott, der diese Ordnung immer wieder zum Tanzen bringt. Unschwer ist hinter Apoll die Schopenhauersche »Vorstellung« und hinter Dionysos der Schopenhauersche »Wille« auszumachen.

Die heroisch-pessimistische Haltung der Tragödie verschwindet, führt Nietzsche aus, bei dem letzten der großen griechischen Tragiker, bei Euripides, zugunsten einer sentimentalen und zugleich psychologisch-rationalen, moralisierenden und deshalb eigentlich untragischen Einstellung. Und aus Euripides redet »ein ganz neu geborener Dämon, genannt *Sokrates*«. Sokrates und mit ihm das philosophische Denken waren es, die zuerst den Fluss des Lebens anzuhalten versuchten. Aus dem, was sich immerfort ändert, machten sie ein statisches »Sein«. Und von diesem »Sein« behaupteten sie auch noch, es sei »das Gute«, sofern es nur »rein«, das heißt, sofern es von allem »Werden«, von allem wirklichen Leben frei sei. So entstand eine lebensfeindliche Moral, deren Ziel die Auflösung des Lebens im Jenseits eines reinen Seins und die untrennbar mit der Philosophie als Seinslehre, als Ontologie, verknüpft war. Aus der Ontologie wiederum resultiert eine Wissenschaft, die die Natur als Ausdruck statischen Seins betrachtet. Dieser Wissenschaft fiel das Apollinische, die erlebte grausame Tatsächlichkeit der Ereignisse in Raum und Zeit, zum Opfer. Nur das Dionysische ließ sich auf die Dauer nicht unterdrücken, die unbegründbare Triebhaftigkeit der Menschen, die sich immer wieder gegen die moralische Ordnung der Welt auflehnt.

NIETZSCHE UND WAGNER

Während der Arbeit an der *Geburt der Tragödie* lernt Nietzsche in der Schweiz den Komponisten Richard Wagner (1813–1883) und dessen künftige Frau Cosima kennen. Es entsteht eine von beiderseitiger Hochachtung geprägte Freundschaft, die auf der gemeinsamen Schopenhauer-Verehrung beruht. Wagner zuliebe benennt Nietzsche seine Abhandlung in *Die Geburt der Tragödie aus dem Geist der Musik* um: Musik ist laut Schopenhauer die freieste der Künste, in der Wille und Vorstellung, und das heißt für Nietzsche Dionysisches und Apollinisches, eine ideale Einheit eingehen. Die Freundschaft zwischen Nietzsche, der übrigens selbst komponierte, und Wagner ging etwa vier Jahre später auseinander, als Wagner mit seiner christlichen Mysterienoper *Parsifal* nach Nietzsches Überzeugung feige Zugeständnisse an das nach wie vor herrschende staatskirchliche Christentum machte.

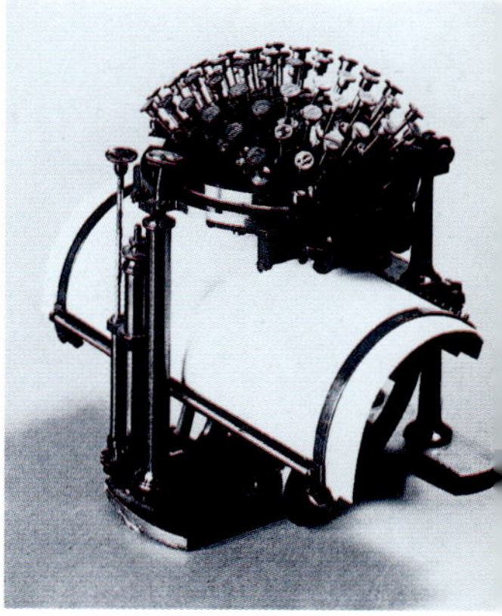

■ Nietzsches Schreibmaschine, um 1885

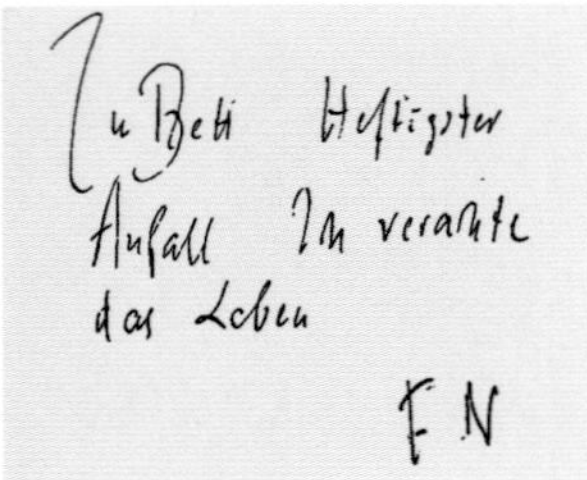

■ Handschriftliche Notiz Nietzsches nach Ausbruch seiner Krankheit, 1889

Damit waren die Fronten der Auseinandersetzung, die Nietzsche zu führen gedachte, geklärt: Er, der gehemmte Kleinbürger, verschrieb sich, gewiss auch um seiner persönlichen Selbstbefreiung willen, der Sache des Dionysos, der Sache des lebendigen Willens, des Triebes, der Bewegung, des Lebens im Hier und Jetzt; seine Gegner aber waren von nun an Sokrates und mit ihm alle Philosophen eines unlebendigen, statischen Seins, alle Moralisten, all diejenigen, die ein metaphysisches Ziel der menschlichen Existenz aufstellten, und alle Wissenschaften, die nach allgemeinen Wahrheiten oder Gesetzen suchten, während das erlebte Leben doch immer nur die eine konkrete Situation kennt.

In Schriften wie *Unzeitgemäße Betrachtungen* (1873–1874), *Menschliches, Allzumenschliches* (1880) und *Morgenröte* (1881) spitzt Nietzsche seine Gedanken immer weiter zu: Dass »Gott tot ist«, nimmt er als gegeben hin, denn der Gottesglauben ist zum Volksglauben geworden. Ohne Gott ergibt auch Moral als das Streben nach Vollkommenheit keinen Sinn mehr, Gut und Böse werden zu lächerlichen Kategorien. Dies alles ist für Nietzsche aber längst kein Grund mehr für einen Pessimismus, wie ihn Schopenhauer gelehrt hatte. Das Leben als eine Aneinanderreihung willkürlicher Akte zu betrachten, denen der Einzelne aus eigener Entscheidung in einem bestimmten Augenblick ihren eigenen Sinn verleiht, ist, so heißt ein Buchtitel, *Fröhliche Wissenschaft*.

Nietzsche, der seit seiner Jugend unter einer sich verschlimmernden Nervenkrankheit leidet, gibt 1879 seine Professur in Basel auf

■ Das berühmte Photo Nietzsches mit Lou Salomé als Frau mit der Peitsche und Paul Rée.

LOU SALOMÉ

1882 lernt Nietzsche in Rom die faszinierende, ebenso temperamentvolle wie intelligente junge Russin Lou Salomé (1861–1937) kennen. Er verliebt sich in sie, wie er wohl noch niemals zuvor in eine Frau verliebt war, aber er ist ein ungeschickter, völlig gehemmter Liebhaber. Lou findet Nietzsche ebenso interessant wie seinen Freund Paul Rée, doch sie will kein intimes Verhältnis mit einem der beiden eingehen. Nachdem Nietzsches Schwester Elisabeth das ihre getan hat, ihren Bruder und Lou auseinanderzubringen, endet die Beziehung in wechselseitigen Schuldzuweisungen. Trotzdem bestärkt die Begegnung mit Lou Salomé, die später die Muse des Dichters Rainer Maria Rilke und schließlich eine Schülerin Sigmund Freuds wird, Nietzsche in seinem Wunschtraum von einer befreiten Sinnlichkeit. Bizets *Carmen*, die Beschwörung der Macht der sinnlichen Weiblichkeit, wird zur selben Zeit Nietzsches Lieblingsoper. Der düster-pessimistische Wagner hat für ihn abgedankt.

und führt ein unstetes Reiseleben zwischen den Schweizer Bergen, Italien und Deutschland. Sein Werk besteht von nun an aus einzelnen in Hotelzimmern niedergeschriebenen Notizen, die er zu großen Zyklen von Gedankensplittern anordnet. Dies ist auch die Form seines letzten von ihm selbst zusammengestellten Hauptwerks *Also sprach Zarathustra* (1883–1885). Zarathustra ist der Verkünder eines neuen Zeitalters, eines Dionysos-Zeitalters. Es sind vor allem zwei Dinge, die Zarathustra-Nietzsche predigt: den »Übermenschen« und die »ewige Wiederkunft«. Der Mensch, der die Rücksicht auf kleinliche Moral hinter sich lässt und alle Kräfte des Lebens, die in ihm stecken, nutzt, wird zum Übermenschen, der über die Kleineren und Schwächeren ebenso unbarmherzig wie großmütig herrscht; sein Leben aber ist ewige Wiederkunft, denn es hat kein Ziel in einer Endzeit oder einem Zeitenende – es kann sich nur ewig wiederholen. Das Leben – auch das ist mit dem Satz von der ewigen Wiederkunft gesagt – ist nichts Individuelles, denn es gibt keine Wanderung einzelner Seelen von einem Leib in den anderen; das sich ewig wiederholende Leben ist alles, und das Individuum ist jeweils in einem Augenblick ein Kraftzentrum des Lebens, aber kein gleichbleibend mit sich selbst identisches Subjekt, dem eine ebenso kontinuierliche Objektwelt gegenübersteht.

■ Der kranke Nietzsche mit seiner Mutter Franziska in Naumburg Anfang der 1890er Jahre.

■ Nietzsche auf seinem Krankenbett in der Villa Silberblick in Weimar, 1899. Gemälde von Hans Olde (1855–1917). Weimar, Goethe Nationalmuseum

In den letzten Jahren vor seinem endgültigen geistigen Zusammenbruch im Januar 1889 arbeitet Nietzsche fieberhaft daran, weitere Konsequenzen aus den im *Zarathustra* formulierten Gedanken zu ziehen: Im Zentrum steht dabei die »Umwertung aller Werte«. Die traditionelle Ethik und ihre Werte, argumentiert er, sind unauflöslich mit einer Auffassung des Seins, einer Ontologie verknüpft, in deren Zentrum Gott als das vollkommene Sein und damit das Gute schlechthin steht. Die Auflösung des Gottesbegriffs seit der Aufklärung führt ebenso zum Ende der Ontologie wie zu dem der Ethik, und das heißt zum Nihilismus – alles wird zum Schein, zum Nichts. Dem setzt Nietzsche nun die Lebensphilosophie des »Übermenschen« entgegen, den »Willen zur Macht«. Er setzt damit, so glaubt er, vor dem Punkt noch einmal neu an, an dem der Irrweg des Sokrates und seiner christlichen Nachfolger begann, beim Heroismus des Zeitalters der griechischen Tragödie.

NIETZSCHE UND DER NATIONALSOZIALISMUS

Nietzsches Schwester Elisabeth, die mit einem nationalistischen und antisemitischen Wagnerianer, dem Oberlehrer Bernhard Foerster, verheiratet war, hat nach Nietzsches Tod einen großen Teil von Nietzsches nachgelassenen Schriften unter dem Titel *Der Wille zur Macht* als das angebliche Hauptwerk ihres Bruders veröffentlicht. Dieses Buch, dessen Zusammenstellung oft willkürlich ist und in dem Elisabeth Foerster-Nietzsche entstellende Eingriffe vorgenommen hat, wurde sein einflussreichstes Werk. Es wurde die Bibel deutscher Nationalisten und Rassisten und führte dazu, dass die Nazis Nietzsche zum Propheten ihrer »Weltanschauung« erklärten. Nietzsche selbst war sicherlich nicht frei von den sozialdarwinistischen Ideologien seiner Zeit, von der Vorstellung, dass nur die Stärksten sich im Überlebenskampf durchsetzen, und von der europäischen Herrenmenschattitüde des Kolonialzeitalters; er war jedoch auch ein scharfsichtiger Kritiker des Antisemitismus als einer Weltanschauung der Zu-kurz-Gekommenen, und jeder Nationalismus ist ihm zuwider, ist dieser doch Ausdruck des Herdenmenschentums, das er gerade überwinden möchte.

FRIEDRICH NIETZSCHE

LEBEN UND WERK

Friedrich Nietzsche wurde am 15. Oktober 1844 in dem sächsischen Dorf Röcken bei Lützen als Sohn eines protestantischen Pfarrers geboren. Nach dem Tod des Vaters 1849 lebte er mit seiner Mutter und seiner Schwester in Naumburg. Als Zwölfjähriger hatte er bereits erste Kompositionsversuche hinter sich und schrieb Gedichte. Ab 1858 besuchte er die nahegelegene berühmte »Fürstenschule« Schulpforta, 1864 begann er in Bonn Theologie und klassische Philologie zu studieren. Nach einem Jahr wechselte er an die Universität Leipzig, wo er sich intensiv mit Schopenhauers Werken auseinander setzte. In Leipzig lernte er 1868 Richard Wagner (1813–1883) kennen, mit dem ihn einige Jahre lang eine enge Freundschaft verband und der für sein ganzes weiteres Leben von großer Bedeutung blieb. Mit vierundzwanzig Jahren erhielt Nietzsche, der durch mehrere philologische Arbeiten hervorgetreten war, einen Ruf als Professor für klassische Philologie an die Universität Basel. Besonders wichtig für ihn wurde dort die Bekanntschaft mit dem Kultur- und Kunsthistoriker Jacob Burckhardt (1818–1897). 1870 nahm Nietzsche als freiwilliger Krankenpfleger am Deutsch-Französischen Krieg teil, kehrte aber, da er schwer erkrankte, nach kurzer Zeit nach Basel zurück. Nachdem seine philologisch-philosophische Abhandlung *Die Geburt der Tragödie aus dem Geiste der Musik* (1872) von den Fachwissenschaftlern fast einstimmig abgelehnt worden war, wandte er sich endgültig der Philosophie zu. Im Sommer 1876 fuhr er zu den ersten Festspielen nach Bayreuth, im Herbst desselben Jahres musste er sich wegen seines schlechten Gesundheitszustandes von der Universität beurlauben lassen und reiste nach Italien. In Sorrent traf er ein letztes Mal mit Wagner zusammen. Ein Jahr nach Erscheinen seiner Schrift *Menschliches, Allzumenschliches* (1878) musste er seine Professur aufgrund zunehmender Augenbeschwerden und Kopfschmerzen endgültig aufgeben. Die folgenden zehn Jahre waren geprägt von Krankheitsphasen, Einsamkeit und Ortswechsel und der Arbeit an seinen Schriften. Er hielt sich in Venedig, Genua, Sils Maria, Rapallo und Mentone auf. Es entstanden die Werke *Morgenröte* (1881), *Die fröhliche Wissenschaft* (1882), *Also sprach Zarathustra* (1883–85), *Jenseits von Gut und Böse* (1886), *Zur Genealogie der Moral* (1887), *Der Fall Wagner* (1888), *Götzen-Dämmerung* (1889). Bis 1889 hatte Nietzsche außerdem die erst später veröffentlichten Schriften *Der Anti-Christ* (1895), *Nietzsche contra Wagner* (1895) und *Ecce Homo* (1908) geschrieben. 1889 erlitt er in Turin einen psychischen Zusammenbruch. Bis zu ihrem Tod 1897 pflegte ihn die Mutter, dann zog seine Schwester mit ihm nach Weimar, wo er am 25. August 1900 starb.

AUF DEN PUNKT GEBRACHT

Nietzsche zieht radikale Konsequenzen aus der Krise der Metaphysik seit dem Ende der großen idealistischen Systeme des frühen 19. Jahrhunderts. »Gott ist tot« bedeutet auch das Ende jeder herkömmlichen Ontologie und Ethik. Dem Nihilismus, der aus dem Ende der Lehre vom Sein und vom Guten resultiert, setzt er die Bejahung des Lebens, das Ausleben der Triebe und das Sich-Hinwegsetzen über alle Konventionen entgegen.

EMPFEHLUNG

Lesenswert:

Ivo Frenzel: *Friedrich Nietzsche*, Reinbek 2000.

Wiebrecht Ries: *Nietzsche zur Einführung*, Hamburg 2001.

Christian Niemeyer (Hg.): *Nietzsche-Lexikon*, Darmstadt 2009.

Rüdiger Safranski: *Nietzsche. Biographie seines Denkens*, München 2000.

Irvin D. Yalom: *Und Nietzsche weinte*, München 2008. (Roman)

Hörenswert:

Friedrich Nietzsche: *Also sprach Zarathustra*. 2 Bde. Gesprochen von Axel Grube. *Düsseldorf* 2005. 14 Audio-CDs.

Besuchenswert:

In Basel kann man sehen, wo Nietzsche gewohnt hat, und in Sils Maria im Engadin, wohin er sich gern zurückzog, befindet sich ein kleines Nietzsche Museum. Ganz in der Nähe, inmitten großartiger Natur, ist der »Zarathustra-Felsen« zu sehen.

Lebensphilosophie und Naturwissenschaft

Henri Bergson

1859–1941

Der »Bergsonismus«, der im ersten Drittel des 20. Jahrhunderts einen ungeheuren Einfluss auf die Philosophie und Literatur der westlichen Welt ausübte, wird im deutschen Sprachraum als »Lebensphilosophie« bezeichnet und damit nicht zu Unrecht mit der Philosophie Nietzsches verglichen, in deren Zentrum wie bei Bergson der Begriff des »Lebens« steht. Wie Nietzsche wendet sich auch Bergson gegen das nach seiner Überzeugung angemaßte Monopol des naturwissenschaftlich-positivistischen Denkens auf die Deutung der Welt. Bergson teilt allerdings nicht die radikale Attitüde, mit der Nietzsche die »Umwertung aller Werte« betreibt. Vielmehr ist er ein ausgezeichneter Kenner der zeitgenössischen Naturwissenschaften und achtet die in den Naturwissenschaften wirkende Tätigkeit des »Verstandes« als Ausdruck des »élan vital«, des »Lebensschwungs«, der die Entwicklung der Menschheit vorantreibt.

■ Henri Bergson, Ende des 19. Jh.s

Die moderne Naturwissenschaft, Technik und Sozialwissenschaft begreift Bergson ähnlich wie sein Zeitgenosse, der amerikanische »Pragmatist« William James (1842–1910), als höchstentwickelte Form, mit der der praktische Verstand die Lebensgrundlagen der Menschen sichert. Dieser pragmatische, das heißt auf das Handeln hin organisierte, Verstand ist eine Gabe der Natur und hat keinen Sinn außerhalb des praktischen Lebens. Er kann die Welt insofern erklären, als sie uns nützlich ist. Er darf sich aber – und an dieser Stelle zieht Bergson einen Trennstrich zwischen seiner Philosophie und dem Pragmatismus sowie dem Positivismus – nicht anmaßen, eine Erklärung für das Geistige, das Bewusstsein selbst zu liefern. Wenn etwa Gehirnphysiologen behaupten, die Tatsache, dass eine Gehirnverletzung die

Zerstörung von Bewusstseinsfunktionen nach sich zieht, sei ein Beweis für die physiologische Begründetheit des Bewusstseins, so ist das Bergson zufolge ähnlich, wie wenn jemand behauptet, die Tatsache, dass eine Maschine nicht funktioniert, wenn eine bestimmte Schraubenmutter fehlt, sei ein Beweis dafür, dass die Schraubenmutter die Tätigkeit verrichtet, die in Wahrheit die der ganzen komplizierten Maschine ist. Die Gehirnphysiologie ist gewiss für die medizinische Praxis relevant, aber sie erklärt ebenso wenig die ganze Fülle des Bewusstseins wie etwa Darwins Evolutionstheorie, die ganz kausal und mechanisch vorgeht, die ganze gewaltige Formenvielfalt der belebten Natur erklären kann. Überall in der Natur gibt es Erscheinungen, die vom Standpunkt des pragmatisch-mechanischen Denkens zufällig sind, weil sie sich einer Erklärung durch Gesetze entziehen. Die Wirklichkeit besteht sogar hauptsächlich aus zufälligen Dingen, die für die Praxis nicht relevant sind.

Wollen wir hingegen die Wirklichkeit des Lebens verstehen, so müssen wir die Ebene des verstandesmäßigen Denkens verlassen, das heißt, uns von allem Denken frei machen, das irgendwie auf die Praxis gerichtet ist. Wir gelangen so zu einem Denken, das Bergson »Intuition« nennt, nicht weil es methodenlos wäre, sondern weil die üblichen auf die Nützlichkeit der Ergebnisse abhebenden Denkmethoden in ihm keine Anwendung finden.

Das intuitive Denken macht sich vor allem von der im praktischen Leben wie in der Wissenschaft herrschenden Auffassung von einer gleichförmigen Zeit frei; statt der in Stunden und Minuten mechanisch eingeteilten Zeit (»temps«) finden wir nun allein »Dauer« (»durée«) vor. Es ist unser Gedächtnis, das dem unaufhörlichen Fortgang von Wahrnehmungen Dauer verleiht und es zu einem »Bewusstseinsstrom« macht, in dem sich die gesammelte Vergangenheit stetig weiter in die Zukunft hinein schiebt.

Auch in der Geschichte der Natur, der Materie, ist es so, dass in ihrer jeweiligen Gegenwart so etwas wie die Erinnerung an ihre vergangenen Zustände enthalten ist. Gerade die Geschichte der Evolution des Lebens zeigt, wie sich auch hier der gegenwärtige Zustand der materiellen Welt als Summe der natur-

■ Marcel Proust, der Verfasser der *Suche nach der verlorenen Zeit,* war ein großer Verehrer Bergsons. Wachsfigur, Marcel Proust bei der Arbeit im Bett darstellend. Choisel, Château de Breteuil, Chambre de Proust

ERINNERUNG UND BEWUSSTSEINSSTROM

Welchen Einfluss Bergson zu seiner Zeit ausgeübt hat, lässt sich äußerlich daran ablesen, dass ihm 1927 der Nobelpreis für Literatur verliehen wurde. Sein Einfluss auf die Literatur ist bis heute wirksam: Er regte Marcel Proust zu seinem großen Erinnerungswerk *Auf der Suche nach der verlorenen Zeit* an und den Griechen Nikos Kazantzakis zu seinem Roman *Alexis Sorbas*, der dem Wirken des »élan vital« in einem Menschen nachgeht. Ohne das Konzept des »Bewusstseinsstroms«, das Bergson mit dem amerikanischen Philosophen William James teilt, wäre auch der *Ulysses* von James Joyce nicht zu denken.

■ Bergson war überzeugt, dass die Entwicklung der Natur zu immer höheren Formen ihrem »élan vital« zu verdanken ist. Evolution vom Menschenaffen über Homo erectus, Homo neanderthalensis zum Homo sapiens. Zeichnung, 1998, von Johann Brandstetter

geschichtlichen »Erfahrung« der Materie weiter in die Zukunft hineinfrisst. Warum sollte man von dieser auf einer Art von Gedächtnis beruhenden Aktivität der Natur nicht als von »Geist« sprechen?

Natürlich ist die Parallele von Wahrnehmung und Erinnerung zur Materie und ihrem »Geist« zunächst nicht mehr als eine Analogie. Aber ist in seinem Wahrnehmensapparat selbst, der das Ergebnis eines Hunderte von Millionen Jahren währenden Evolutionsprozesses ist, in der Natur des Menschen, nicht auch die Erinnerung an die Geschichte der Materie enthalten? Nicht im Sinne einer exakten Wissenschaft, wohl aber im Sinne einer »intuitiven« Philosophie erscheint bei Bergson die ganze Welt als belebt und bewusst. Der »élan vital« ist in uns Menschen wie in der Natur wirksam und treibt die Geschichte, die Natur- und Menschengeschichte gleichermaßen ist, voran. Alles Leben ist »schöpferische Entwicklung«.

Diese »vitalistische« Natur- und Menschheitsphilosophie, die alles auf das eine Prinzip des Lebens zurückführt, erinnert an die Naturphilosophie des deutschen Idealismus, vor allem an die Schellings. Mit einem Unterschied: Bei Bergson ist die Geschichte der Natur offen, sie hat keinen Endpunkt an einem »Zu-sich-selbst-Kommen« des »Geistes« der Natur im fortgeschrittenen Selbstbewusstsein der Menschheit. Zukunft ereignet sich in jedem Augenblick auf unvorhersehbare Weise neu. Dies erfordert auch vom Einzelnen wie von der menschlichen Gesellschaft und der Wissenschaft die dauernde Offenheit für neue Erfahrungen.

Man hat Bergson »mystisches« Denken vorgeworfen, und tatsächlich nehmen seine späteren Schriften zunehmend eine religiöse Färbung an. Er, der Atheist jüdischer Herkunft, soll gegen Ende seines Lebens sogar bereit gewesen sein, zum Christentum zu konvertieren; nur seine Solidarität mit den im besetzten Paris von den Deutschen drangsalierten Juden habe ihn vor diesem Schritt zurückgehalten. Wenn dem so war, so hat er auch mit diesem letzten Akt seines Lebens seine Überzeugung verteidigt, dass der Mensch zu mehr in der Lage ist als nur zu Akten, die der pragmatischen Logik der Selbsterhaltung folgen, dass das Leben mehr ist als das, was wissenschaftliche Rationalität in ihm sieht.

■ Szene aus dem Film *Alexis Sorbas*, mit Anthony Quinn und Alan Bates. Nikos Kazantzakis, der Autor der Romanvorlage, hat seinen Sorbas im Geiste Bergsons als Verkörperung des »élan vital« gezeichnet.

HENRI BERGSON

LEBEN UND WERK

Henri Louis Bergson wurde am 18. Oktober 1859 in Paris geboren. Seine Mutter stammte aus England, sein Vater, ein polnischer Jude, war Musiklehrer und Komponist. Seine Kindheit verbrachte Bergson in der Schweiz. 1866 zog er mit seiner Familie nach Paris, wo er von 1878 bis 1881 die École normale supérieure besuchte. In den folgenden zwanzig Jahren unterrichtete er an verschiedenen Gymnasien, zunächst in Angers, dann in Clermont-Ferrand und schließlich in Paris. Nach der Veröffentlichung kleinerer Schriften erschien 1889 sein erstes Hauptwerk, *Essai sur les données immédiates de la conscience* (1911 in deutscher Übersetzung unter dem Titel *Zeit und Freiheit*), das er als Teil seiner Dissertation bei der Philosophischen Fakultät der Sorbonne einreichte. 1897 folgte seine Schrift *Materie und Gedächtnis. Eine Abhandlung über die Beziehung zwischen Körper und Geist* (*Matière et mémoire. Essai sur la relation du corps à l'esprit*). Nicht zuletzt aufgrund der beeindruckenden Einfachheit der Sprache fand dieses Werk eine sehr breite Leserschaft. Vergeblich bewarb sich Bergson 1894 und 1898 auf Professuren an der Sorbonne. 1900 begann er schließlich seine universitäre Laufbahn als Professor für griechische und lateinische Philosophie am Collège de France. Im selben Jahr erschien sein Essay *Das Lachen. Ein Essay über die Bedeutung des Komischen* (*Le rire. Essai sur la signification du comique*), der sich in drei Teilen mit dem Komischen im allgemeinen (*Du comique en général*), der Situations- und Wortkomik (*Force d'expansion du comique / Le comique de situation*) und der Charakterkomik (*Le comique de caractère*) beschäftigt. Internationaler Ruhm wurde ihm insbesondere nach der Veröffentlichung seines in zahlreiche Sprachen übersetzten Werks *Schöpferische Entwicklung* (1907, *L'évolution créatrice*) zuteil. Eine noch größere Wirkung als auf die Philosophie hatte diese Schrift auf die nachnaturalistische Literatur Frankreichs wie den Expressionismus. Während des Ersten Weltkriegs war Bergson mehrfach als Diplomat im Ausland, 1916 reiste er nach Spanien, 1917 und 1918 in die USA. Zwei Jahre nach der Gründung des Völkerbundes 1920 wurde er der erste Präsident der Kommission für geistige Zusammenarbeit. 1927 erhielt er für *Schöpferische Entwicklung* den Nobelpreis für Literatur. Sein letztes größeres Werk, *Die beiden Quellen der Moral und der Religion* (*Les deux sources de la morale et de la religion*), erschien 1932. Während der Besetzung Frankreichs floh Bergson vorübergehend nach Bordeaux. Nach der Proklamation der Vichy-Regierung kam er in das besetzte Paris zurück, wo er am 4. Januar 1941 starb.

DATEN

Lesenswert:
Gilles Deleuze: *Henri Bergson zur Einführung*, Hamburg 1997.

Sehenswert:
Die Welt Bergsons ist das großbürgerliche Paris der Jahrhundertwende, dessen Lebensweise sich zum Teil noch immer erhalten hat, im 16. Arrondissement, das an den Bois de Boulogne grenzt. Hier befindet sich auch Bergsons Wohnhaus.

AUF DEN PUNKT GEBRACHT

Das Leben, lehrt Bergson, ist »schöpferische Entwicklung«. Es hält die Formen, die es in der Vergangenheit ausgebildet hat, fest und schafft etwas Neues, sodass es immer reicher und komplexer wird. Gegenüber der idealistischen Naturphilosophie ist an diesem Gedanken neu, dass es kein Ziel der Entwicklung von Natur und Menschheit gibt. Zu mystischem Denken lädt die Tatsache ein, dass »das Leben« selbst bei Bergson zum Subjekt der Naturentwicklung und der Geschichte wird. »Das Leben« als unendliches belebtes Subjekt erinnert sehr an idealisierte Gottesvorstellungen.

Unbegrenzter Fortschritt: der amerikanische Pragmatismus

John Dewey

1859–1952

Das 20. Jahrhundert war in vielerlei Hinsicht ein amerikanisches Jahrhundert, und amerikanische Werte wie individuelle Freiheit und Demokratie, aber ebenso sehr der amerikanische Optimismus der »Machbarkeit«, der jede Grenze für überschreitbar erklärt, haben unsere gegenwärtige Welt geprägt. John Dewey verkörperte diese Werte in mustergültiger Weise, und er hat sie in eine Richtung weiterentwickelt, die in Amerika bis heute nicht unumstritten ist, die aber zum Erfolg des »American way of life« entscheidend beigetragen hat: in die Richtung des moralischen und politischen Liberalismus und des sozialpolitischen Engagements.

In Chicago, an dessen Universität er 1894 berufen wurde, engagierte Dewey sich für eine Schulreform, für die Sanierung der Slums und für die faire Behandlung der Arbeiterorganisationen. Das erste Werk, mit dem er in den USA bekannt wurde, war eine Schrift über Pädagogik und Schulreform: *Schule und öffentliches Leben* von 1899; seine gesamte pädagogische Philosophie, der auch die praktische Erfahrung mit einer Laborschule in Chicago zugrunde lag, legte Dewey 1916, nach seiner Übersiedelung nach New York, in seinem einflussreichen Werk *Demokratie und Erziehung* vor, das bereits die Kernpunkte seines späteren Werks enthält.

■ John Dewey, um 1950

Philosophie ist für Dewey hier Theorie der Erziehung, denn anders als die Einzelwissenschaften beschäftigt sich Philosophie nicht nur mit Erkenntnissen, sondern auch mit den Zielen, um derentwillen wir diese Erkenntnisse suchen, und damit auch mit der richtigen Art zu leben. Jedes Kind hat das Recht, dahin geführt zu werden, dass es sich seine eigenen Ziele setzen und die Ziele bestimmen kann, die es im eigenen Interesse mit anderen gemeinsam verfolgen sollte. Erziehung ist Erziehung zur Demokratie.

Die Ziele, die sich ein Mensch setzt, sind zunächst keine Erkenntnisziele, sondern immer praktische. Praktische Ziele gehen jeder Erkenntnis voraus. Die Verfolgung und Verwirklichung praktischer Ziele ist es, was in der Welt Neues schafft und unseren Horizont erweitert. Auch die wissenschaftliche Praxis ist das Schaffen von etwas Neuem: Wissenschaftliche Erkenntnisse sind nicht einfach das, was einer unveränderlichen objektiven »Realität« abgelauscht wird, sondern das Ergebnis der Erprobung eines jedesmal neuen Entwurfs der Realität, und es waren praktische Ziele, die die Wissenschaft zu einem solchen neuen Entwurf veranlasst haben. »Realität«, das heißt für uns relevante Wirklichkeit, entsteht überhaupt erst, wenn wir einen schöpferischen Entwurf, eine Hypothese, einen Plan, eine Theorie praktisch, das heißt im Experiment, erproben und damit einen für uns nützlichen Erfolg haben. Dass Wissen überhaupt, und nicht nur Wissenschaft, Praxis ist und zum tätigen Leben gehört – dies ist die Grundthese der von Charles Sanders Peirce (1839–1914) begründeten und von seinem Freund William James (1842–1910) fortgeführten und erfolgreich propagierten Philosophie des amerikanischen »Pragmatismus«, der Philosophie des Handelns oder der Praxis.

■ Theodore Roosevelt, der 26. Präsident der USA von 1901–1909. Zu seiner Zeit fand Dewey für seine pädagogischen Reformideen ein aufmerksames Publikum.

Bei der Weiterentwicklung und Begründung der pragmatistischen Theorie kommt Dewey seine Hegel-Kenntnis zugute, denn auch Hegel hatte das Zustandekommen von »Wissen« als praktischen Prozess dargestellt, in dem nicht eine vorgegebene objektive Wirklichkeit vom Subjekt erkannt wird, sondern diese Wirklichkeit zusammen mit ihrer Erkenntnis erst geschaffen wird. Erkenntnis wird für Dewey in einem Dreischritt erreicht, der an Hegels Dialektik erinnert: Die Realität als die bisher gesammelte Erfahrung wird durch ein zielgerichtetes Handeln, ein Experiment (das ebenso gut ein physikalisches wie ein politisches sein kann), erweitert und damit in Frage gestellt; daraus ergibt sich als Konsequenz eine neue Realität, aufgrund derer sich wieder neue Handlungspläne oder Hypothesen aufstellen lassen.

Erkenntnis ist dabei nicht die Annäherung an eine »an sich« bestehende Wirklichkeit, sondern das Schaffen von Wirklichkeit. Wie bei Hegel sind Subjekt und Objekt der Erkenntnis letzten Endes identisch. Subjekt und Objekt werden, so betrachtet, zu »Funktionen« eines Prozesses; die

CHARLES SANDERS PEIRCE UND WILLIAM JAMES

Dem Mathematiker Peirce ging es in der Philosophie zunächst nur um die Klarheit des Ausdrucks. Nur solche Begriffe können ernstgenommen werden, deren Verwendung für diejenigen, die sie verwenden, nützliche Resultate bringt. Für diese Bedeutungsüberprüfung prägte er den Begriff »Pragmatismus«. Unter dem Gesichtspunkt der Nützlichkeit kann es kein Wissen und keine Wirklichkeit »an sich« geben, sondern nur das, womit wir um unseres Überlebens und Besser-Lebens willen etwas anfangen können. William James – übrigens der Bruder des nicht minder berühmten Romanciers Henry James (1843–1916) – ließ sich von Darwins Evolutionstheorie zu dem Gedanken anregen, dass Wissen sich in der Entwicklungsgeschichte der menschlichen Kultur zu einem Teil verfestigt wie bestimmte im Lauf der Evolution ausgebildete Organe, während es zum großen Teil wieder untergeht, wenn es nicht mehr gebraucht wird. Wahr ist für ihn, was mit dem bewährten Wissen vereinbar und für den Einzelnen auf überprüfbare Weise nützlich ist.

HEISENBERGS »UNSCHÄRFERELATION«
Von Seiten der modernen Naturwissenschaft konnte sich Dewey bestätigt sehen, als der Physiker Werner Heisenberg (1901–1976) im Jahr 1927 seine »Unschärferelation« veröffentlichte: Messergebnisse in der Physik sind immer auch von der Aktivität des Beobachters abhängig; es gibt grundsätzlich keine Chance, zu »an sich« gültigen Werten zu kommen.

Produktion eines Gegenstands oder einer Erkenntnis bedient sich gewissermaßen des Subjekts, damit es ein Objekt bearbeitet, und eines Objekts als Widerstand, damit das Subjekt sich an ihm abarbeiten kann.

Wenn es somit falsch ist, Subjekt und Objekt, Bewusstein und Welt, Geist und Materie zu trennen, so ist es eine zentrale Aufgabe der Philosophiegeschichte, zu zeigen, wie es zu dieser Trennung gekommen ist. Den Ursprung des die Geschichte der Philosophie durchziehenden Dualismus führt Dewey in einer ganz materialistischen Hegel-Interpretation, die ihn zu denselben Resultaten wie Marx gelangen lässt, auf die soziale Stellung des Philosophen im antiken Athen zurück: Philosophen brauchten als Angehörige einer konservativen Klasse von Müßiggängern nicht zu arbeiten; sie betrachteten die Wirklichkeit deshalb nicht als Prozess, sondern als statisches Sein, dem ihr kontemplatives (nur betrachtendes) Bewusstsein gegenüberstand. Noch heute ist es entsprechend der Klassengliederung der Gesellschaft so, dass reine Empiristen die Praktiker sind, die von übergeordneten Zielen abgeschnitten sind, Rationalisten diejenigen, die zwar mit den allgemeineren Zielen des gesellschaftlichen Handelns zu tun haben, nichts aber mit Praxis; wer sein Handeln stets auf die Wirklichkeit abstimmen muss, ist Realist, wer von der praktischen Wirklichkeit abstrahieren kann und will, ist Idealist; wer keinen Grund sieht, etwas zu verändern, wird Traditionalist, wem Neuerungen etwas nutzen, ist progressiv.

Dewey sieht sich als Progressiver, als einer, der zu denen gehört, die durch ihre Praxis Neues schaffen und den menschlichen Wissenshorizont erweitern. Er sieht den menschlichen Fortschritt, trotz aller Kritik der Klassengesellschaft, im Unterschied zu Marx besser bei einer praktisch orientierten Wissenschaft aufgehoben als etwa beim »Proletariat«, denn der Fortschritt hat kein festes Ziel, etwa in einer klassenlosen Gesellschaft, sondern ist unbegrenzt. Er ist für ihn, ganz im Sinne Bergsons, »schöpferische Entwicklung«, unbegrenztes Neuschaffen von Wirklichkeit auf der Basis des schon Erreichten – ganz im Sinne der amerikanischen Tradition des Vordringens zu immer neuen Grenzen, »frontiers«.

■ John Dewey mit seiner Frau in seiner Wohnung in New York im Oktober 1949.

JOHN DEWEY

LEBEN UND WERK

John Dewey wurde am 20. Oktober 1859 in Burlington in Vermont als Sohn eines Kaufmanns geboren. Mit fünfzehn Jahren schloss er die High School ab und begann an der Universität Vermont zu studieren. Nach dem Examen 1879 unterrichtete er zwei Jahre an der High School von South Oil City in Pennsylvania und einige Monate in einer Dorfschule in Vermont. Nachdem er zweimal vergeblich ein Stipendium beantragt hatte, lieh er sich 1882 fünfhundert Dollar, um sein Studium fortsetzen zu können, und schrieb sich an der John-Hopkins-Universität in Baltimore ein, wo er unter anderem die Logikvorlesungen von Charles Sanders Peirce (1839–1914) hörte. Besonders beeindruckte ihn in dieser Zeit die Philosophie Hegels. 1884 promovierte Dewey mit einer Arbeit über Kants Psychologie. Im selben Jahr noch begann er seine Lehrtätigkeit an der Universität von Michigan. 1886 heiratete er Alice Chipmann. 1894 folgte Dewey einem Ruf an die neugegründete Universität von Chicago als Leiter des Instituts für Philosophie und Psychologie, dem auch die Pädagogik angeschlossen war. In Chicago errichtete er die »Laboratory School«, die, weit über die Stadt hinaus bekannt, auch »Dewey School« genannt wurde. Gemeinsam mit seiner Frau suchte Dewey demokratische Erziehungsprinzipien zu verwirklichen. Die seiner Bildungsphilosophie zugrunde liegenden Überzeugungen veröffentlichte er 1899 in der Schrift *Schule und öffentliches Leben* (*The School and Society*). Nachdem die Schule siebeneinhalb Jahre bestanden hatte, führten Auseinandersetzungen zwischen Dewey und dem Universitätspräsidenten zur Beendigung dieses Versuchs. Dewey wechselte 1905 an die Columbia-Universität in New York City, an der er bis 1930 lehrte. In dieser Zeit erschienen unter anderem seine Werke *Demokratie und Erziehung* (1916, *Democracy and Education. An Introduction to the Philosophy of Education*), *Die Erneuerung der Philosophie* (1920, *Reconstruction in Philosophy*), *Die menschliche Natur. Ihr Wesen und Verhalten* (1922, *Human Nature and Conduct. An Introduction to Social Psychology*) und *Erfahrung und Natur* (1929, *Experience and Nature*). Vortragsreisen führten ihn nach Japan, China, in die Türkei, nach Mexiko und in die Sowjetunion. Dewey, der sich vielfach politisch engagierte, war Mitbegründer der ersten Lehrergewerkschaft und der American Association of University Professors. 1937 war er Mitglied der unabhängigen Kommission zur Untersuchung der Vorwürfe gegen Trotzki bei den Moskauer Prozessen und sprach sich gegen eine Verurteilung aus. Bis ins hohe Alter setzte Dewey seine literarische Produktion fort. 1938 erschien sein bekanntes Werk *Logic: The Theory of Inquiry*. Er starb am 1. Juni 1952 im Alter von zweiundneunzig Jahren in New York.

AUF DEN PUNKT GEBRACHT

Für den amerikanischen Pragmatismus ist nur das »wahr«, was dem menschlichen Individuum und der Gesellschaft auch nutzt. Mit diesem Wahrheitsbegriff, so arbeitet vor allem Dewey heraus, ist der traditionelle Subjekt-Objekt-Dualismus der Philosophie aufgehoben: Es gibt keine Welt »an sich«, die vom menschlichen Bewusstsein erkannt werden soll, es gibt nur noch die schöpferische Praxis, in der die Welt immer wieder ein Stück weit neu geschaffen wird.

EMPFEHLUNG

Lesenswert:

John Dewey: *Demokratie und Erziehung. Eine Einleitung in die philosophische Pädagogik*, Weinheim 2008.

Martin Suhr: *John Dewey zur Einführung*, Hamburg 1994.

Fritz Bohnsack: *John Dewey. Ein pädagogisches Portrait*, Weinheim 2005.

Philosophie der Demokratie. Beiträge zum Werk von John Dewey, herausgegeben von Hans Jonas, Frankfurt/Main 2000.

Ludwig Nagl: *Pragmatismus*, Frankfurt/Main 1998.

Besuchenswert:

Deweys Wirkungsstätte war zuerst Chicago, die Stadt der ersten Wolkenkratzer, und dann New York. Der Geist des liberalen Amerika ist nirgendwo so mit Händen zu greifen wie auf dem Campus der Columbia University in dieser Stadt, über den es sich zu schlendern lohnt.

Logische Klarheit, Liberalismus und Humanismus
Bertrand Russell
1872–1970

Russell hatte zwei Lieblingsphilosophen: in seinen jungen Jahren Leibniz, dessen Programm, eine universale und absolut eindeutige logisch-mathematische Wissenschaftssprache zu entwickeln, er wieder aufnahm, und später Hume, den Skeptiker, der wusste, dass der Bereich präziser wissenschaftlicher Aussagen äußerst beschränkt ist und der sich daher die Freiheit nahm, sich auch in Form nicht wissenschaftlich gesicherter Aussagen in die moralische und politische Debatte seiner Zeit einzumischen.

Russells Liebe galt zuerst der Mathematik. In seinem frühesten bedeutenden Werk, *The Priciples of Mathematics* (1903), formulierte er das Programm, alle Zweige der Mathematik aus den Grundsätzen der Logik abzuleiten und daher auf eine neue einheitliche Grundlage zu stellen. Im Laufe seiner Forschungen stieß er auf das Werk des Jenaer Mathematikprofessors Friedrich Ludwig Gottlob Frege (1848–1925), der mit der Entwicklung einer Mathematik und Logik gleichermaßen umfassenden Theorie schon weit fortgeschritten war. Frege wandte für die Darstellungen der logischen Funktionen und ihre Verknüpfung eine formalisierte Zeichensprache nach dem Vorbild der Algebra an und vervollständigte die traditionelle Logik so weit, dass sich in ihr die Grundlagen mathematischer Kalküle wie der Zahlentheorie formulieren ließen. In dieser Hinsicht hatte der italienische Mathematiker Giuseppe Peano (1858–1932) an Frege erfolgreich angeknüpft. Auf der Grundlage der Gedanken Freges, aber auch Peanos und anderer sowie seiner eigenen Ideen arbeitete Russell zusammen mit dem Mathematiker und Philosophen Alfred North Whitehead (1861–1947), bei dem er in Cambridge seine Mathematikkenntnisse vertieft hatte, das monumentale Werk der *Principia Mathematica* aus, dessen drei Bände von 1910 bis 1913 erschienen und das bis heute als die weitgehend erschöpfende Darstellung von Logik und Mathematik als Einheitswissenschaft gilt. Mit der Vereinigung der Mathematik mit der philosophi-

■ Als dieses Foto 1950 entstand, hatte Russell noch zwanzig Jahre eines aktiven Lebens vor sich.

■ Bertrand Russell beim Festbankett anlässlich der Nobelpreisverleihung in Stockholm am 10.12.1950.

schen Disziplin der Logik hatte Russell aber erst einen Teil – und, wie sich herausstellen sollte, erst den weitaus geringeren Teil – des Leibnizschen Programms einer universalen Wissenschaftssprache verwirklicht; es fehlte noch die Verknüpfung der neuen mathematischen Logik mit jenen sprachlichen Begriffen, in denen wir die Erfahrungswelt darstellen. Schon 1905 hatte Russell mit seiner philosophiegeschichtlich außerordentlich folgenreichen Schrift *On Denoting* (»Über das Kennzeichen«) die Grundlage der Theorie entwickelt, die er später »logischer Atomismus« nannte: Alle Aussagen sind auf ihre Grundbestandteile, Aussagen-»Atome«, zurückzuführen, und diese Grundaussagen sind mit den Gesetzen der Logik zu analysieren. Das führt zu durchaus komplizierten Problemen, für die Russell mit britischem Humor Beispiele findet: Ein präziser Aussagesatz wie »Der gegenwärtige König von Frankreich hat keine Glatze« ist so ein Problemfall. Wenn es um den englischen König ginge, wäre dieser Fall einfach zu lösen, unter der Bedingung, dass alle Zeugnisse, die darin übereinstimmen, dass er keine Glatze hat, richtig sind. Aber da es keinen König von Frankreich gibt, ist der Satz falsch, wenn der König von Frankreich »primär«, das heißt als seiender Gegenstand, gedacht wird, denn es gibt keinen König von Frankreich. »Sekundär«, das heißt seiner logischen Form nach, ist der Satz richtig, denn wenn es keinen König von Frankreich gibt, kann er logischerweise auch keine Glatze haben. Es gibt also richtige Aussagen, die keine empirische Relevanz haben.

Der Hintergedanke solcher scheinbar spitzfindiger logischer Analysen ist es, Begriffe und Begriffsysteme zu entlarven, die zwar in sich stimmig sind, aber keinen Bezug zur Wirklichkeit haben. Damit greift Russell die zu Anfang des 20. Jahrhunderts auch in

■ Eine Seite aus Russells und Whiteheads *Principia Mathematica* mit ihrer formalisierten Symbolsprache.

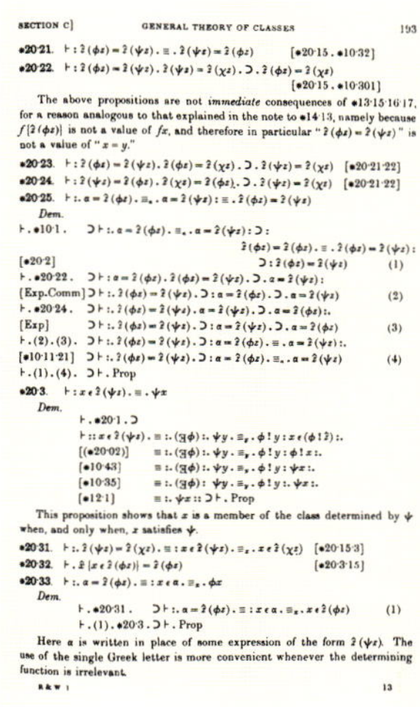

SECTION C] GENERAL THEORY OF CLASSES 193

∗20·21. $\vdash : \hat{z}(\phi z) = \hat{z}(\psi z) . \equiv . \hat{z}(\psi z) = \hat{z}(\phi z)$ [∗20·15 . ∗10·32]

∗20·22. $\vdash : \hat{z}(\phi z) = \hat{z}(\psi z) . \hat{z}(\psi z) = \hat{z}(\chi z) . \supset . \hat{z}(\phi z) = \hat{z}(\chi z)$ [∗20·15 . ∗10·301]

The above propositions are not *immediate* consequences of ∗13·15·16·17, for a reason analogous to that explained in the note to ∗14·13, namely because $f\{\hat{z}(\phi z)\}$ is not a value of fx, and therefore in particular "$\hat{z}(\phi z) = \hat{z}(\psi z)$" is not a value of "$x = y$."

∗20·23. $\vdash : \hat{z}(\phi z) = \hat{z}(\psi z) . \hat{z}(\phi z) = \hat{z}(\chi z) . \supset . \hat{z}(\psi z) = \hat{z}(\chi z)$ [∗20·21·22]

∗20·24. $\vdash : \hat{z}(\psi z) = \hat{z}(\phi z) . \hat{z}(\chi z) = \hat{z}(\phi z) . \supset . \hat{z}(\psi z) = \hat{z}(\chi z)$ [∗20·21·22]

∗20·25. $\vdash :. \alpha = \hat{z}(\phi z) . \equiv_\alpha . \alpha = \hat{z}(\psi z) : \equiv . \hat{z}(\phi z) = \hat{z}(\psi z)$

Dem.

$\vdash$. ∗10·1 . $\supset \vdash :. \alpha = \hat{z}(\phi z) . \equiv_\alpha . \alpha = \hat{z}(\psi z) : \supset :$
$\hat{z}(\phi z) = \hat{z}(\phi z) . \equiv . \hat{z}(\phi z) = \hat{z}(\psi z) :$

[∗20·2] $\supset : \hat{z}(\phi z) = \hat{z}(\psi z)$ (1)

$\vdash$. ∗20·22 . $\supset \vdash : \alpha = \hat{z}(\phi z) . \hat{z}(\phi z) = \hat{z}(\psi z) . \supset . \alpha = \hat{z}(\psi z) :$

[Exp.Comm] $\supset \vdash :. \hat{z}(\phi z) = \hat{z}(\psi z) . \supset : \alpha = \hat{z}(\phi z) . \supset . \alpha = \hat{z}(\psi z)$ (2)

$\vdash$. ∗20·24 . $\supset \vdash :. \hat{z}(\phi z) = \hat{z}(\psi z) . \alpha = \hat{z}(\psi z) . \supset . \alpha = \hat{z}(\phi z) :.$

[Exp] $\supset \vdash :. \hat{z}(\phi z) = \hat{z}(\psi z) . \supset : \alpha = \hat{z}(\psi z) . \supset . \alpha = \hat{z}(\phi z)$ (3)

$\vdash$. (2) . (3) . $\supset \vdash :. \hat{z}(\phi z) = \hat{z}(\psi z) . \supset : \alpha = \hat{z}(\phi z) . \equiv . \alpha = \hat{z}(\psi z) :.$

[∗10·11·21] $\supset \vdash :. \hat{z}(\phi z) = \hat{z}(\psi z) . \supset : \alpha = \hat{z}(\phi z) . \equiv_\alpha . \alpha = \hat{z}(\psi z)$ (4)

$\vdash$. (1) . (4) . $\supset \vdash$. Prop

∗20·3. $\vdash : x \epsilon \hat{z}(\psi z) . \equiv . \psi x$

Dem.

$\vdash$. ∗20·1 . $\supset$

$\vdash :: x \epsilon \hat{z}(\psi z) . \equiv :. (\exists \phi) :. \psi y . \equiv_y . \phi ! y : x \epsilon (\phi ! \hat{z}) :.$

[(∗20·02)] $\equiv :. (\exists \phi) :. \psi y . \equiv_y . \phi ! y : \phi ! x :.$

[∗10·43] $\equiv :. (\exists \phi) :. \psi y . \equiv_y . \phi ! y : \psi x :.$

[∗10·35] $\equiv :. (\exists \phi) : \psi y . \equiv_y . \phi ! y :. \psi x :.$

[∗12·1] $\equiv :. \psi x :: \supset \vdash$. Prop

This proposition shows that x is a member of the class determined by ψ when, and only when, x satisfies ψ.

∗20·31. $\vdash :. \hat{z}(\psi z) = \hat{z}(\chi z) . \equiv : x \epsilon \hat{z}(\psi z) . \equiv_x . x \epsilon \hat{z}(\chi z)$ [∗20·15·3]

∗20·32. $\vdash . \hat{x}\{x \epsilon \hat{z}(\phi z)\} = \hat{z}(\phi z)$ [∗20·3·15]

∗20·33. $\vdash :. \alpha = \hat{z}(\phi z) . \equiv : x \epsilon \alpha . \equiv_x . \phi x$

Dem.

$\vdash$. ∗20·31 . $\supset \vdash :. \alpha = \hat{z}(\phi z) . \equiv : x \epsilon \alpha . \equiv_x . x \epsilon \hat{z}(\phi z)$ (1)

$\vdash$. (1) . ∗20·3 . $\supset \vdash$. Prop

Here α is written in place of some expression of the form $\hat{z}(\psi z)$. The use of the single Greek letter is more convenient whenever the determining function is irrelevant.

R & W I 13

■ Gottlob Frege (1848–1925), der Begründer der modernen mathematischen Logik.

England noch vorherrschende idealistische Philosophie an, die zwar logisch beeindruckende Gedankengebäude zustandebrachte, deren Begrifflichkeit aber nach Russells Überzeugung keinen Bezug zur Realität hatte, sondern sich in religiösen Spekulationen verlor. Das waren für ihn sowohl die Hegelianer, die mit empirisch nicht nachvollziehbaren Begriffen wie »Geist« operierten und behaupteten, dass dieser Geist mehr bedeute als nur die logischen Funktionen des Denkens; das waren aber auch die Schopenhauerianer und Nietzscheaner, die alles von einem »Willen« abhängig machten, während doch – davon war Russell überzeugt – die Gesetze der Logik unabhängig von jedem subjektiven Wollen gelten.

In seiner Wendung gegen das idealistische und subjektiv-voluntaristische (vom Wollen ausgehende) aus dem 19. Jahrhundert überlieferte Denken stimmte Russell mit George Edward Moore (1873–1958) überein, der die Sprache des Alltags wie der Wissenschaften mit den Mitteln des »common sense«, des gesunden Men-

■ Bertrand Russell (rechts, sitzend), während einer Demonstration gegen die geplante Einrichtung eines US-Stützpunktes für U-Boote mit Atomraketen in Schottland, 1961.

ANALYTISCHE PHILOSOPHIE

Unter dem Stichwort »analytische Philosophie« werden die vor allem in England und Amerika beheimateten Denkrichtungen zu-sammengefasst, die Philosophie in erster Linie als Analyse und Kritik der Alltags- und Wissenschaftssprache betreiben. Die analytische Philosophie geht auf die von der Logik ausgehende Wissenschaftskritik Russells und die vom gesunden Menschenverstand ausgehende Sprachkritik Moores zurück. Ihr wichtigster Stichwortgeber neben Russell und Moore war Ludwig Wittgenstein, der die Sprachanalyse vom »logischen Empirismus« des »Wiener Kreises«, der weitgehend dem »logischen Atomismus« Russells entsprach, zur Analyse der Alltagssprache vorantrieb, die für ihn die Basis jeder Verständigung ist, auch der Verständigung über wissenschaftliche Aussagen.

schenverstandes, zu analysieren begonnen hatte, um die Stichhaltigkeit von Aussagen zu überprüfen. Russell und Moore trafen in Cambridge zusammen und freundeten sich an. Ausgehend von den Gedanken Russells und Moores bildete sich die »analytische Philosophie« heraus, die vor allem im englischen Sprachraum bis heute die wichtigste philosophische Strömung ist.

In den zwanziger Jahren des 20. Jahrhunderts arbeitete Russell seine Theorie des »logischen Atomismus« weiter aus, angeregt auch von Ludwig Wittgenstein, der nach dem Ende des Ersten Weltkriegs bei ihm in Cambridge studierte. Parallel zu seiner wissenschaftlichen Arbeit führte er seine politischen Aktivitäten fort, die ihm am Ende des Ersten Weltkriegs bereits einen sechsmonatigen Gefängnisaufenthalt wegen pazifistischer Agitation eingebracht hatten. Neue Feinde machte Russell sich, als er mit dem Buch *Ehe und Moral* (1929) für eine freie Sexual- und Ehemoral eintrat, die nur das Glück der (gleichberechtigten) Partner zum Maßstab hatte. Für *Ehe und Moral* erhielt er 1950 den Literaturnobelpreis. Dies war für ihn ein umso größerer Triumph, als er vor allem wegen dieses Buchs zehn Jahre zuvor eine Professur in New York aberkannt bekommen hatte. Eine Mrs. Kay hatte einen Prozess angestrengt und gewonnen, mit dem sie zu verhindern gedachte, dass ein Atheist und Feind der Moral mit öffentlichen Geldern bezahlt wird.

Der größte Teil der philosophischen Schriften Russells bestand seit den zwanziger Jahren in – stets glänzend geschriebenen – populären Darstellungen seiner Überzeugungen. Den Höhepunkt

■ Alfred North Whitehead, Russells Mathematiklehrer in Cambridge und Mitverfasser der *Principia Mathematica*, 1940.

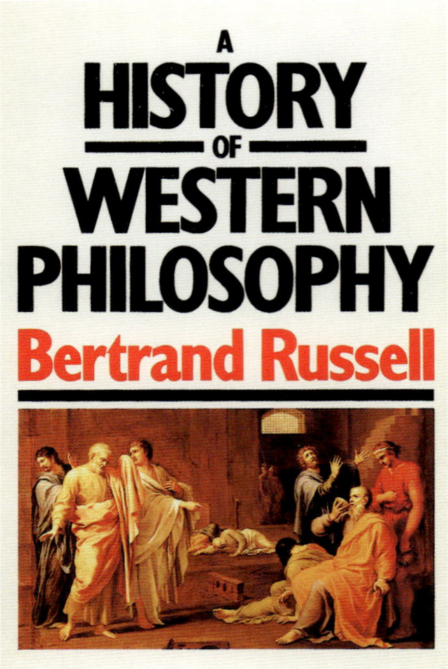

■ Die bis heute viel gelesene *History of Western Philosophy* machte Russell zum wohlhabenden Mann.

dieser Produktion stellt die 1946 veröffentlichte *History of Western Philosophy* (*Philosophie des Abendlands*) dar. Entsprechend seiner individualistisch-liberalen Überzeugungen kommt darin die von Rousseau über Kant und Hegel zu Marx führende Tradition schlecht weg, in der die Vereinigung des individuellen Bewusstseins mit dem gesellschaftlichen Bewusstsein als Voraussetzung für Erkenntnis angesehen wird. Auch die von Schopenhauer zu Nietzsche und zur Lebensphilosophie, aber auch zum amerikanischen Pragmatismus führende Entwicklung der Philosophie kann er nicht gutheißen, weil die Gesetze des richtigen Denkens, vor allem die der Logik, und damit wissenschaftliche Wahrheit für ihn unabhängig von der Praxis gelten, deren Ziele stets von einem Willen gesteckt werden. Nichtsdestoweniger würdigt er die Verdienste von John Dewey, dem einzigen Zeitgenossen, den sein Buch ausführlich behandelt. Die meiste Sympathie bringt Russell den großen Philosophen des englischen Liberalismus, Locke und vor allem Hume, entgegen. Russells *History of Western Philosophy* hat die philosophiegeschichtliche Perspektive der angelsächsischen Philosophie bis heute entscheidend geprägt.

Die letzten zwei Jahrzehnte seines langen Lebens widmete Russell der Bewegung für den Frieden und gegen die atomare Rüstung. Es gelang ihm immer wieder, nicht zuletzt auch dank der Unterstützung Albert Einsteins, die bedeutendsten Wissenschaftler zu mobilisieren, um den Politikern, die eine atomare Rüstung betrieben, die das Ende der Menschheit bedeuten konnte, ins Gewissen zu reden. Dass die Weltöffentlichkeit und mit ihr die Politiker der atomaren Gefahr gegenüber sensibler wurden, ist gewiss auch sein Verdienst.

Russell war gleichermaßen als humanistischer Pazifist, als liberaler Moralist wie als Logiker außerordentlich einflussreich. Die Klammer, die die drei Ebenen seines Wirkens zusammenhält, ist die Überzeugung, dass es eine vom Individuum und der gesellschaftlichen Entwicklung unabhängige Wahrheit gibt, die am deutlichsten in den Gesetzen der Logik zum Ausdruck kommt.

BERTRAND RUSSELL

LEBEN UND WERK

Bertrand Russell, am 18. Mai 1872 in Trelleck in Wales geboren, stammte aus einer englischen Adelsfamilie. Er war der Enkel des liberalen Reformpolitikers Lord John Russell (1792–1878). Nach dem frühen Tod seiner Eltern wuchs er bei den Großeltern in London auf und wurde in ihrem Haus unterrichtet. Von 1890 bis 1894 studierte er am Trinity College in Cambridge Mathematik und Philosophie. 1894 hielt er sich vorübergehend als Attaché der britischen Botschaft in Paris auf. Im Jahr nach seiner Dissertation über die Grundlagen der Geometrie wurde er Fellow des Trinity Colleges. Aus einem mehrmonatigen Berlinaufenthalt, bei dem er mit führenden Sozialdemokraten zusammentraf, ging seine Schrift *Die deutsche Sozialdemokratie* (1896, *German Social Democracy*) hervor. Nach dem er 1903 seine *Principles of Mathematics* veröffentlicht hatte, arbeitete er zusammen mit dem Mathematiker und Philosophen Alfred North Whitehead (1861–1947) an seinem Hauptwerk *Principia Mathematica*, das zwischen 1910 und 1913 in drei Bänden erschien. Von 1910 bis 1916 unterrichtete Russell als Dozent am Trinity College. In dieser Zeit entstand unter anderem seine Schrift *Probleme der Philosophie* (1912, *Problems of Philosophy*). Als er sich während des Ersten Weltkriegs für die Kriegsdienstverweigerer engagierte, verlor er seine Lehrstelle und kam 1918 für sechs Monate ins Gefängnis. Dort schrieb er seine *Einführung in die mathematische Philosophie* (*Introduction to Mathematical Philosophy*) und die Einleitung zu dem Werk *Die Analyse des Geistes* (*Analysis of Mind*). Im Zusammenhang mit einem Aufenthalt in der Sowjetunion als Gastdozent 1920 entstand die Schrift *The Practice and Theory of Bolshevism*. In den folgenden Jahren verfasste Russell mehr als zwanzig überwiegend populärwissenschaftliche Bücher zu unterschiedlichen Themen wie *Philosophie der Materie* (1927, *The Analysis of Matter*), *ABC der Relativitätstheorie* (1925, *The A.B.C. of Relativity*), *Ehe und Moral* (1929, *Marriage and Morals*), *Eroberung des Glücks* (1930, *Conquest of Happiness*), *Education and the Social Order* (1932), *Freiheit und Organisation* (1934, *Freedom and Organisation*). Mit seiner zweiten Frau Dora Black eröffnete er 1927 in Beacon Hill eine Schule. Von 1938 bis 1944 lebte Russell überwiegend in den USA und lehrte an mehreren Universitäten. In dieser Zeit entstand seine *Geschichte der Philosophie des Abendlandes* (1945, *A History of Western Philosophy*). 1950 wurde ihm der Nobelpreis für Literatur verliehen. Bis ins hohe Alter hinein nahm Russell engagiert Stellung zu aktuellen Fragen der Politik, Moral und Erziehung und widmete sich dem Kampf für Frieden und weltweite Abrüstung. Russell starb am 2. Februar 1970 in Penhydendreath, Wales.

AUF DEN PUNKT GEBRACHT

Als Logiker, als überzeugter Liberaler und als Pazifist hat Russell für das 20. Jahrhundert eine außerordentlich große Bedeutung gehabt. Er war davon überzeugt, dass es Wahrheiten gibt, die wie die Gesetze der Logik eine überpersönliche und übergeschichtliche Geltung haben. Die Gewissheit, dieser Wahrheit zu dienen, gab ihm auch die Sicherheit, mit der er sich in Fragen der Politik und Moral engagierte.

EMPFEHLUNG

Lesenswert:

Bertrand Russell: *Denker des Abendlandes. Eine Geschichte der Philosophie*, München 2001.

Bertrand Russell: *Eroberung des Glücks. Neue Wege zu einer besseren Lebensgestaltung*, Frankfurt 2008.

Ernst R. Sandvoss: *Bertrand Russell. Mit Selbstzeugnissen und Bilddokumenten*, Reinbek 1991.

Hörenswert:

Bertrand Russell: *Denker des Abendlandes. Die Geschichte der abendländischen Philosophie*. Gesprochen von Gert Heidenreich. Grünwald 2009. 16 Audio-CDs.

Besuchenswert:

Eine Wanderung durch die alten Colleges in Cambridge gibt einen Eindruck von der ebenso schrulligen wie genialen Atmosphäre dieser alten Universitätsstadt. Wenn man in einem Pub oder Café mit einem echten Cambridge-Scholar ins Gespräch kommt, wird die immer ironische, bescheiden-überhebliche Art dieser Menschen zu reden zum Erlebnis.

Worüber man sprechen kann und worüber man schweigen muss

Ludwig Wittgenstein

1889–1951

»Worüber man nicht sprechen kann, darüber muss man schweigen«, lautet der oft zitierte Schlusssatz aus dem *Tractatus logico-philosophicus*, dem Hauptwerk des »jungen« Wittgenstein. Sprechen kann man, so führt Wittgenstein in diesem kurzen, aber ungeheuer dichten Werk aus, über alles, was »der Fall ist«, über die »Tatsachen«, die die Welt ausmachen. Tatsachen sind »Sachverhalte«, das heißt logisch richtige und nachvollziehbare Verbindungen von Dingen. Von Tatsachen machen wir uns Bilder, und diese Bilder haben etwas, nämlich ihre logische Form, mit der Wirklichkeit gemeinsam. Die Bilder, die wir uns von der Tatsachenwelt machen, beschreiben wir in Sätzen. *Sagen* kann ein Satz nur, dass etwas so und so ist, wenn er wahr ist. Dass ein Satz sinnvoll ist, also etwas über die Welt sagt, weil er entweder wahr oder falsch ist, *zeigt* er durch seine stimmige logische Form.

Das, was sich »zeigt«, nämlich dass die Welt und die Sprache dieselbe logische Struktur aufweisen, sodass wir sinnvoll über die Welt sprechen können, ist für den jungen Wittgenstein etwas unmittelbar Einleuchtendes. Warum und wieso dies so ist – darüber lässt sich seiner Überzeugung nach nicht reden. Dass wir die Welt erkennen können innerhalb der Grenze, die uns die Logik setzt, und dass es eine solche Grenze und damit auch etwas jenseits unserer Erkenntnis gibt, ist für ihn das »Unaussprechliche« oder das »Mystische«.

Wittgenstein, der seinen *Tractatus* als Offiziersanwärter und Leutnant der k.u.k. Monarchie während des Ersten Weltkriegs verfasste, verarbeitet in dieser Schrift die Anregungen Bertrand Russells, der den jungen österreichischen Ingenieursstudenten Wittgenstein 1912 in Cambridge sozusagen »ent-

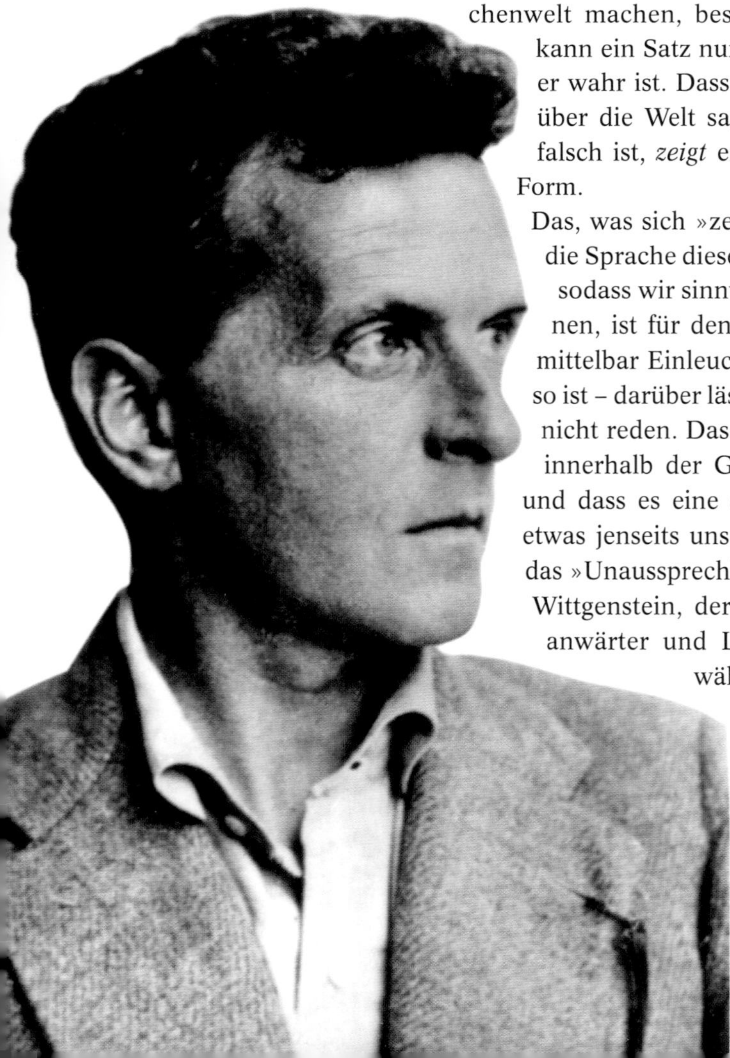

■ Ludwig Wittgenstein, um 1930

■ Wittgenstein mit seinen Schülern vor der Volksschule in Ottertal, um 1925/26.

deckt« hatte. Die Reduktion alles Sagbaren auf einfache Tatsachensätze und ihre logische Verknüpfung entspricht dem »logischen Atomismus« Russells. Wittgenstein teilt mit Russell die Überzeugung, dass die Gesetze der Logik unabhängig vom Bewusstsein gelten, dass die reale Welt selbst also logisch geformt ist. Insofern ist er »logischer Positivist«. Wie Russell stellt auch er sich mit den schroffen Formulierungen des *Tractatus* gegen jede metaphysische Philosophie, die von Dingen spricht, die »unserer« Sprache, und das ist für ihn die klare Sprache der Logik, nicht zugänglich sind. Trotzdem – und hierüber wird er sich mit Russell zerstreiten – ist er davon überzeugt, dass es auch etwas anderes gibt als die Welt der Logik, etwas, was jenseits der Grenze der Logik und damit des Sagbaren angesiedelt ist.

Als Dreißigjähriger meinte Wittgenstein, mit der Niederschrift des *Tractatus* bereits alles gesagt zu haben, was überhaupt sagbar ist. Doch befriedigte ihn dies keineswegs; er suchte nach mystischer Erleuchtung und versuchte im praktischen Leben etwas von dem in die Tat umzusetzen, wozu er nichts sagen zu können meinte. So wurde er in den Jahren nach dem Ersten Weltkrieg Dorfschul-

WITTGENSTEIN UND DER »WIENER KREIS«

Die Mitglieder des »Wiener Kreises« um Moritz Schlick (1882–1936) hatten es sich zur Aufgabe gemacht, den an den Naturwissenschaften orientierten Positivismus mithilfe der von Frege (1848–1925) begründeten Einheitswissenschaft von Logik und Mathematik auf eine neue, exaktere Grundlage zu stellen. Sie nahmen Wittgensteins *Tractatus* begeistert auf, während Wittgenstein, dem es immer auch um das Nicht-Sagbare ging, zu ihnen Distanz hielt. Am einflussreichsten unter den Mitgliedern des »Wiener Kreises« wurde Rudolf Carnap (1891–1970), der mit seinem Buch *Der logische Aufbau der Welt* (1928) den wohl radikalsten Versuch unternahm, einen »logischen Positivismus« zu begründen. Später sah Carnap ein, dass streng logisch aufgebaute Wissenschaftssprachen in einer anderen Sprache definiert sein müssen, letzten Endes in der Alltagssprache. Wie Wittgenstein hat auch Carnap viel zur modernen Sprachtheorie beigetragen.

■ Die Familie Wittgenstein während des Ersten Weltkriegs in ihrer Villa in Neuwaldegg bei Wien. Ganz rechts in Uniform Ludwig Wittgenstein.

lehrer in Österreich und verschenkte sein ererbtes großes Vermögen.

1929 kehrte Wittgenstein dann nach Cambridge zurück und begann dort mit seinen sprachphilosophischen Studien, die ihren Niederschlag in seinem zweiten Hauptwerk, den *Philosophischen Untersuchungen,* fanden, die erst 1953, kurz nach seinem Tod, veröffentlicht wurden.

Die *Philosophischen Untersuchungen* beginnen mit einer Kritik an Augustinus, der mit der antiken Tradition der Meinung ist, dass sich unser Bild der Welt aus lauter einzelnen Abbildungen von Einzeldingen mosaikartig zusammensetzt, so wie Wittgenstein selbst es im *Tractatus* vorausgesetzt hatte. Nun distanziert er sich von einem solchen »logischen Atomismus«, in dem die Welt entsprechend der Bilder, die wir von den Dingen in ihr haben, nur in lauter Einzelsätzen beschrieben werden kann, die sich dann logisch miteinander verknüpfen lassen. Die Methode, in einzelnen »Elementar«- oder »Protokollsätzen« jeweils einem Wort oder Begriff einen Sachverhalt, ein Bild von einer Tatsache, eindeutig zuzuordnen, funktioniert in Wirklichkeit nicht. Denn wie ein Kind, das beim Erlernen der Sprache jeweils von dem ausgeht, was es bereits kennt, erfahren wir alle die Welt stets durch eine Ausweitung der Vorstellungen und entsprechenden Begriffe, die wir uns bereits von ihr in anderen Zusammenhängen gemacht haben. Die Worte, die wir benutzen, verknüpfen das in ihnen als »Sinn« oder »Bedeutung« Enthaltene nicht in streng logischer, sondern in assoziativer Weise. Das Wort »Spiel« etwa hat zahlreiche Bedeutungen, vom Brett- und Kartenspiel über sportliche Spiele mit und ohne Sieger zum Wort- und Gedankenspiel, vom Spiel, das nur in Gruppen gespielt werden kann, über das Spiel zu zweit bis zum Spiel, das einer allein mit sich spielt. Es ist unmöglich, alle diese Bedeutungen in einer einfachen und dennoch inhaltlich aussagekräftigen Definition zusammenzufassen. Und trotzdem wissen wir stets genau, was in einer Situation, einem Zusammenhang, mit dem Wort »Spiel« gemeint ist. Dieser Zusammenhang ist nicht nur der des Satzes, sondern der eines ganzen Textes, innerhalb dessen das Wort gebraucht wird, und dieser Text wiederum

■ Moritz Schlick (1882–1936), der Begründer des »Wiener Kreises«, 1920

ÜBERSETZUNGSMASCHINEN

Die Sprachtheorien des »logischen Positivismus« gaben der Hoffnung Auftrieb, durch exakte Definition der sprachlichen Funktionen auch das Problem der Übersetzung von Texten zu lösen. Amerikanische Bibelgesellschaften, Militärs und Softwarefirmen investierten viel Geld in Übersetzungsprogramme für Computer. Trotz dieser Bemühungen und trotz der enormen Entwicklung der Speicherkapazität und Prozessorgeschwindigkeit bei der Hardware gibt es bis heute nur sehr grobschlächtige Übersetzungsprogramme. Wittgensteins Sprachspieltheorie gibt dafür die Erklärung: Es gibt unbegrenzt viele Sprachspiele und damit Sinnzusammenhänge, und es entstehen fortwährend neue.

ist nur verständlich, wenn wir die Lebenswelt kennen, von der in ihm die Rede ist. Die sprachlichen Zusammenhänge, innerhalb deren Worte ihren Sinn bekommen, nennt Wittgenstein »Sprachspiele«, und diese Sprachspiele entsprechen für ihn jeweils bestimmten »Lebensformen«. Sprache und das soziale Leben sind untrennbar miteinander verknüpft.

Nicht erst der Bezug auf eine feststellbare Sache oder »Tatsache« macht das Sprachspiel sinnvoll; oft steht etwas in seinem Mittelpunkt, das keine mitteilbare Tatsache ist, etwa Empfindungen von Schmerz oder Lust. Solche Empfindungen kennt nur immer der Einzelne für sich; nur er kennt die Bedeutungen, die seine ent-

■ Wittgenstein als Ingenieurstudent mit seinem Freund Eccles bei »Drachenversuchen«, 1908

■ Postkarte Wittgensteins an Eccles nach England, 1925.

sprechenden Worte für ihn haben. Und dennoch, die Rede über die Empfindungen eines Einzelnen ruft bei anderen Reaktionen hervor, sie ist ein sinnvoller Akt der Kommunikation. Es gibt demnach Sprachspiele, die keinerlei bestimmbaren Inhalt haben und dennoch sinnvoll sind, nämlich als soziale Akte.

In seiner Sprachspieltheorie kommt Wittgenstein also zu dem Ergebnis, dass man durchaus über Dinge reden kann, von denen er im *Tractatus* noch meinte, dass man über sie schweigen muss. Dennoch bleibt es für ihn Aufgabe der Philosophie festzustellen, was eine sinnvolle Rede ist und was nicht. Sinnvoll ist nur, was innerhalb eines Sprachspiels, das heißt einer Lebenssituation, an der jeweils eine bestimmte Gruppe von Menschen teilhat, mitteilbar ist. Durch unzulässige Vermischung von Sprachspielen entsteht unsinnige Sprache. Die Philosophie prüft, welche Aussagen sinnvoll und welche unsinnig ist. Dies ist ihre Aufgabe.

■ Entwürfe Wittgensteins für das Haus seiner Schwester in Wien. Oben die Türklinke, die zu einer der Design-Ikonen des 20. Jh.s wurde.

LUDWIG WITTGENSTEIN

LEBEN UND WERK

Ludwig Wittgenstein wurde am 26. April 1889 in Wien als jüngstes von acht Kindern einer protestantischen Familie jüdischer Herkunft geboren. Sein Vater, einer der reichsten Industriellen der Monarchie, war ein bedeutender Mäzen seiner Zeit; zu den Künstlern, die im Haus der Wittgensteins verkehrten, gehörten Johannes Brahms und Gustav Mahler. Seine Schulzeit in Linz schloss Ludwig Wittgenstein 1906 mit der Matura ab, danach studierte er bis 1908 an der Technischen Hochschule in Berlin Maschinenbau. Anschließend ging er nach Manchester und setzte sein Ingenieurstudium fort, bis er durch die Lektüre von Bertrand Russells *Principles of Mathematics* angeregt wurde, sich mit Mathematik und Philosophie zu beschäftigen. Er wechselte daraufhin 1911 an das Trinity College in Cambridge, um bei Russell zu studieren, und begann schon bald, sein eigenes logisch-philosophisches Projekt zu entwickeln. Zeitweise zog er sich dazu in die Einsamkeit nach Norwegen zurück. Wie seine Tagebücher aus den Jahren 1914 bis 1917 belegen, beschäftigten ihn während des Weltkriegs, den er hauptsächlich an der Ostfront erlebte, die Gedanken zu seinem ersten Hauptwerk, dem *Tractatus logico-philosophicus*, den er 1918 fertigstellte und 1921 veröffentlichte. Bereits vor Erscheinen dieses Werkes hatte er beschlossen, die Philosophie aufzugeben. Nachdem er in den Jahren zuvor große Summen unter anderem an Georg Trakl, Rainer Maria Rilke und Oskar Kokoschka gestiftet hatte, verschenkte er nun sein geerbtes Millionenvermögen an seine Geschwister. Auf der Suche nach einem einfachen Leben unterrichtete er von 1920 bis 1926 in verschiedenen Orten als Volksschullehrer in Niederösterreich. Nachdem er vorübergehend als Gärtner in einem Kloster gearbeitet hatte, beschäftigte sich Wittgenstein mit dem Bau eines Hauses für seine Schwester in Wien. Anfang 1929 kehrte er schließlich nach Cambridge zurück. Dort erkannte man den *Tractatus* als Dissertation an, und im Jahr darauf wurde Wittgenstein Fellow am Trinity College. 1939 übernahm er die Professur für Philosophie, seine Vorlesungstätigkeit wurde jedoch nach kurzer Zeit durch den Zweiten Weltkrieg unterbrochen. Freiwillige Hilfsdienste hielten Wittgenstein längere Zeit in Krankenhäusern in London und Newcastle fest. 1947 gab er die Professur auf, um sich der Arbeit an seinen *Philosophische Untersuchungen* zu widmen. Im Jahr 1948 fertiggestellt, wurden sie erst 1953 aus dem Nachlass herausgegeben. Die folgenden drei Jahre verbrachte Wittgenstein abwechselnd in Irland, Wales, Wien, Norwegen und den USA. Er erkrankte an Krebs und starb am 29. April 1951 in Cambridge. Posthum erschienen weitere Werke, wie die *Bemerkungen über die Grundlagen der Mathematik* (1956).

AUF DEN PUNKT GEBRACHT

Nur was in logisch stimmigen Sätzen klar gesagt werden kann, hat auch einen »Sinn«; alles andere ist entweder unsinnig oder nicht sagbar – dies ist die mit asketischem Ernst vorgebrachte Überzeugung des jungen Wittgenstein. Der spätere Wittgenstein stellt fest, dass jede Situation, in der Sprache verständlich geäußert wird, jedes »Sprachspiel«, so etwas wie seine eigene Logik hat. Aufgabe der Philosophie ist es, darauf zu achten, dass sprachliche Äußerungen in ihrem jeweiligen Zusammenhang sinnvoll sind.

EMPFEHLUNG

Lesenswert:
Chris Bezzel: *Wittgenstein*, Stuttgart 2007.

Kurt Wuchterl / Adolf Hübner: *Ludwig Wittgenstein. Mit Selbstzeugnissen und Bilddokumenten*, Reinbek 2001.

Wilhelm Vossenkuhl: *Ludwig Wittgenstein*, München 1995.

Hörenswert:
Kurt Wuchterl: *Wittgenstein. Eine kurze Einführung*. Gesprochen von Frank Arnold. Berlin 2007. Audio-CD.

Sehenswert:
Wittgenstein. Regie: Derek Jarman, mit Karl Johnson, Michael Gough, Tilda Swinton. GB 1993.

Besuchenswert:
Das Haus Wittgenstein in Wien, das Ludwig Wittgenstein mit entworfen hat, ist eine architektonische Ikone. Es beherbergt heute ein bulgarisches Kulturinstitut; nach Anmeldung kann man das Gebäude mit Wittgensteins Türklinken, die Epoche gemacht haben, auch von innen besichtigen.

Sein und Zeit
Martin Heidegger
1889–1976

Das Fragen danach, was »Sein« und was »Zeit« bedeuten, hat nicht nur Heideggers berühmtestem Werk, *Sein und Zeit* (1927), den Titel gegeben; es liegt seiner gesamten Philosophie zugrunde. Was die »Frage nach dem Sein«, nach dem »Sein des Seienden«, nach der letzten Bedeutung des Wörtchens »ist« soll, leuchtet dem gesunden Menschenverstand, auch dem vieler Philosophen, nicht ohne weiteres ein. Doch für Heidegger hat sie eine strategische Bedeutung: Denn nur im Sein können sich nach seiner Meinung die Welt des Seienden, der Dinge, und die des Bewusstseins treffen, nur der Versuch, »das Sein zu denken«, gibt uns die Chance, den seit Descartes, in gewisser Weise seit Platon herrschenden Dualismus in der Philosophie zu beseitigen: den von äußerem Bewusstsein und Sein, Subjekt und Objekt, Leib und Seele, von »geistigem« Wesen und »physischer« Erscheinung. Dieser Dualismus ist es, der einen Trennstrich zwischen dem Ich und der Dingwelt zieht und nach Heideggers Überzeugung dazu führt, dass das Innere dieses Ich verarmt und seine Außenwelt ihm zunehmend zu etwas Fremdem wird, zum bloßen Mittel oder Objekt technischer Operationen. So betrachtet, bedeutet das Stellen der Seinsfrage Kulturkritik, Kritik der technisch-wissenschaftlichen Zivilisation, in die die neuzeitliche Metaphysik, die Subjekt und Objekt trennt, mündet.

■ Heidegger in Trachtenjacke, 1950

Die Kritik an der wissenschaftlich-technischen Zivilisation war gerade zu Beginn des 20. Jahrhunderts weit verbreitet, sie war ein Leitmotiv der Kunst und Literatur und war besonders in der Jugend Deutschlands, der Wandervogel- und »bündischen« Jugendbewegung, zu einer Massenbewegung geworden. Hinaus aus den Städten mit ihrer Industriezivilisation und ihrer spießigen Kleinbürgermoral war die Parole. Heidegger hatte zeit seines Lebens eine Schwäche für die Rituale dieser Jugendbewegung, für Lagerfeuerromantik, für Wandern und Skifahren und die jugendbewegte »Kluft« von Kniebundhosen und Trachtenjankerl.

Heidegger war auch nicht der einzige Philosoph des 20. Jahrhunderts, der sich an der dualistischen Tradition des westlichen Denkens rieb und nach einem Prinzip suchte, in dem diese Spaltung der Welt aufge-

■ Um Heidegger verstehen zu können, muss man sich auch mit der Zeitstimmung um die Jahrhundertwende auseinandersetzen, mit Jugendbewegung und Symbolismus, auch mit dem, was Adorno einmal »kunstgewerbliche Weltanschauungen« genannt hat. Ferdinand Hodler (1853–1918), *Enttäuschte Seele*, um 1891/92. Basel, Kunstmuseum

hoben war: Lebensphilosophen sahen im »Leben« ein solches Prinzip der Einheit, Pragmatisten im Handeln, Marxisten in einer Praxis, die zur Aufhebung von »Entfremdung« von Mensch und Natur führen sollte, der späte Wittgenstein in der Sprache. Eine Reihe von Ideen der Wittgensteinschen Sprachphilosophie hatte bereits die von Edmund Husserl (1859–1938) entwickelte »Phänomenologie« vorweggenommen: Denken (und damit Sprache) lässt sich nicht auf die logische Verknüpfung vom Bewusstsein wahrgenommener Bilder einer äußeren Wirklichkeit zurückführen, sondern ist immer schon auf vielfältige Weise in die Welt verwoben, reines Denken gibt es ebenso wenig wie reine Wahrnehmung. Dies wird durch die Methode deutlich, die Husserl »phänomenologische Reduktion« nennt: Wenn wir alles, was wir über eine Sache wissen, mit der wir uns gerade befassen, »ausklammern« und uns nur auf die Vorgänge in unserem Bewusstsein konzentrieren, so stellen wir fest, dass wir niemals dahin kommen, »reines« Bewusstsein zu denken. Stets sind wir mit einer Sache befasst, und diese ist für uns nicht in erster Linie ein »Gegenstand« der Erkenntnis, sondern etwas Konkretes, auf das sich unsere Wünsche, Ängste und Handlungspläne richten, die immer aufs engste mit unserer »Lebenswelt« verknüpft sind. Der »Bewusstseinsstrom«, den die phänomenologische Analyse zutage bringt, ist also weder etwas Subjektives noch

HEIDEGGER UND HUSSERL

Schon als Student war Heidegger von Husserls *Logischen Untersuchungen* (1900–1901) tief beeindruckt. Als Doktorand und dann als junger Dozent in Freiburg erlebte er die Entwicklung der phänomenologischen Methode mit. Er folgte Husserl nach Marburg, wo *Sein und Zeit* entstand. Das Buch ist Husserl gewidmet. Als Heidegger 1933, nach der »Machtergreifung« der Nazis, Rektor der Freiburger Universität wird, übernimmt er damit auch die Aufgabe, seinem (deutschnational gesinnten) Lehrer die Entfernung aus dem Amt mitzuteilen, denn Husserl ist Jude. Der Kontakt zwischen Heidegger und Husserl bricht damit ab.

■ Heideggers Lehrer Edmund Husserl (1859–1938), der Begründer der »phänomenologischen« Schule.

etwas Objektives, weder nur dem Ich noch auch nur der Welt Zugehöriges. Diese »phänomenologische« Methode seines Lehrers Husserl legt Heidegger auch seinen Untersuchungen in *Sein und Zeit* zugrunde.

Das Bewusstsein, das von seinem Träger, dem leiblichen Menschen, nicht zu trennen ist, nennt Heidegger nicht Bewusstsein, auch nicht »Subjekt«, wie es der philosophischen Tradition entsprochen hätte, auch nicht »Mensch«, sondern »Dasein« – um zu unterstreichen, dass es das Sein mit dem übrigen Seienden, den Dingen, gemeinsam hat. Als Dasein ist der Mensch in die Welt »geworfen«. Er ist da, ohne dass er sich dies ausgesucht hat. In-der-Welt-Sein wiederum heißt, unter Dingen, unter anderem Seiendem sein. Doch der Mensch – das Dasein – unterscheidet sich von anderem Seienden dadurch, dass er wählen, sein Dasein freiwillig und bewusst auf sich nehmen kann. Dieses selbstgewählte und -bewusste Dasein nennt Heidegger »Existenz«, die Grundbestimmungen der Existenz »Existenzialien«.

Der Mensch tritt der Welt nicht als etwas ganz anderem, sondern als seiner Lebenswelt gegenüber; die Dinge, mit denen er in dieser Lebenswelt zu tun hat, sind für ihn von besonderer Bedeutung; sie sind nicht bloß »vorhanden«, sondern »Zuhandenes«. Der Raum, der für ihn Bedeutung hat, ist kein abstrakt-geometrischer Raum, sondern die Nähe oder Entferntheit der Dinge, mit denen er umgeht. Bezeichnend für Heidegger ist es, dass seine Beispiele für den vertrauten Umgang des Menschen mit dem »Zuhandenen« der bäuerlich-handwerklichen Welt entlehnt sind, der er selbst entstammt. In der Verteidigung dieser vertrauten Welt gegen die Ano-

■ Heidegger bewunderte van Gogh, weil dieser es verstand, die Dinge nicht als Objekte, sondern als »Zuhandenes« in der Lebenswelt des Menschen darzustellen. Vincent van Gogh (1853–1890), *Die Kartoffelesser*, 1885.

nymität der Industriegesellschaft und ihren bloß zweckrationalen Umgang mit den Dingen ist gewiss eine entscheidende Motivation für sein Philosophieren zu sehen.

Das Dasein ist nicht nur In-der-Welt-Sein, sondern auch »Mit-Sein« mit anderen Menschen. Dieses kann ein Mit-Sein sein, das von der existentiellen Freiheit keinen Gebrauch macht, ein »uneigentliches« Dasein, in dem der Einzelne in der Anonymität des »Man« untertaucht; es kann aber auch »eigentliches« Dasein, bewusst gewählte Existenz sein. In beiden Fällen aber ist das Dasein »Sorge«. Sorge bedeutet zunächst, lebenspraktisch etwas »besorgen«; Sorge bedeutet auch Angst vor dem Dunkel, in das das Künftige sich hüllt. Sorge ist damit immer auch der Vorgriff auf etwas, was besorgt werden muss, ein Vorgriff auf die Zukunft. Die Sorge zeigt das Dasein als etwas Zeitliches.

Unter dem Gesichtspunkt der Zeit wird das Dasein letztlich als »Sein zum Tode« erfahren. Die Erfahrung der Endlichkeit des Da-

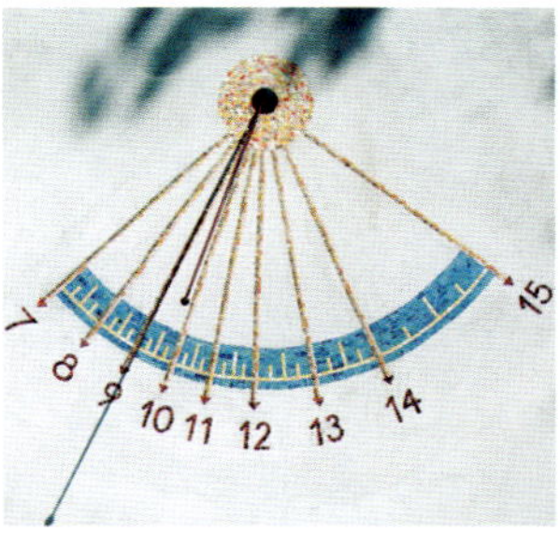

■ Sonnenuhren sind älter als mechanische Zeitmesser und traditionell oft mit Symbolen des Lebens und des Todes geschmückt. Zeit ist für Heidegger keine mechanische Zeit, sondern »Sein zum Tode«.

EXISTENZPHILOSOPHIE UND EXISTENTIALISMUS

Heideggers »Daseinsanalyse« in *Sein und Zeit* ist »Existenzphilosophie«, eine Philosophie, die lehrt, wie ein moderner Mensch, der keinerlei metaphysische Gewissheiten mehr hat, sein Leben selbst bestimmen kann. Diese Existenzphilosophie ist nicht von Heidegger allein entwickelt worden, sondern zusammen mit anderen Husserl-Schülern in seiner Marburger Zeit (1922–1928). Der wichtigste Partner im intellektuellen Austausch war für Heidegger damals Karl Jaspers (1883–1969), der seine eigene Existenzphilosophie entwickelte und Heidegger bis in die dreißiger Jahre eng verbunden blieb. Jaspers ließ sich im Unterschied zu Heidegger nicht von den Nazis vereinnahmen und ging deshalb im Hitler-Deutschland seiner akademischen Würden verlustig. In den frühen Jahren der Bundesrepublik konnte er dadurch zu einer wichtigen politisch-moralischen Instanz werden. Zu den »Existentialisten«, die Heidegger in seiner Marburger Zeit kennenlernte, gehörten auch die Theologen Karl Barth (1886–1968) und Rudolf Bultmann (1884–1976). Diese zogen den »Existentialismus« Kierkegaards mit der Husserlschen Phänomenologie und den durch Heidegger erfahrenen Anregungen jeweils auf ihre Weise zu einer Theologie der freien »Entscheidung« für Gott zusammen. Während des Zweiten Weltkriegs entwickelte vor allem Jean-Paul Sartre unter dem Einfluss Heideggers den Existentialismus zu einer politisch-kulturellen und strikt atheistischen Lebenshaltung weiter.

■ Heideggers Wirkungsstätte, die Universität von Freiburg im Breisgau. Postkarte von 1928

seins macht dieses eigentlich erst zur Existenz: Das Dasein erfährt seine Grenze und sich selbst damit als etwas ins Nichts »Herausragendes«, was die Übersetzung von »Ek-sistierendes« ist. Als in diesem Sinne existierendes Endliches erfährt das Dasein sich selbst als Individuum, das sich selbst zu »entwerfen« vermag: Existenz in der Zeitlichkeit ist die Möglichkeit der Freiheit, das eigene Leben zu bestimmen und ihm einen Sinn zu geben.

Die Freiheitsgeste der Heideggerschen Existenzphilosophie, die Aufforderung an jeden, sein Leben selbst zu entwerfen, eben weil es keinen metaphysisch gesicherten Grund der Existenz gibt, keinen Gott, aus dem alles Seiende kommt und zu dem es zurück will, keinen »Sinn«, der sich etwa als Gesetz der Geschichte offenbart – dies ist es, was den bleibenden Erfolg von *Sein und Zeit* ausgemacht hat, was den »Existentialismus« zu einer internationalen intellektuellen Bewegung gemacht hat.

Aber Heidegger war es letztlich nicht um die menschliche Existenz zu tun; er wollte die Seinsfrage beantworten, was ihm in *Sein und Zeit*, wie er zunehmend fand, noch keineswegs gelungen war. In den dreißiger Jahren kehrt er seine Fragerichtung allmählich um. Hatte er in *Sein und Zeit* versucht, das Sein

HEIDEGGER UND HANNAH ARENDT

Heideggers Wandlung zum Nationalsozialisten wirft einen Schatten auf das vielleicht größte wirkliche »Ereignis« in seinem Leben: seine Liebe zu Hannah Arendt. Hannah Arendt war in Marburg seine Studentin gewesen, beide hatten sich ineinander verliebt. Eine romantische Affäre wurde daraus, voller Heimlichkeiten, denn Heidegger wollte sich nicht von Frau und Familie trennen. Aus der Liebe erwuchs eine enge intellektuelle Partnerschaft, die durch Heideggers Bekenntnis zum Nationalsozialismus – jedenfalls auf der persönlichen Ebene – jäh unterbrochen wurde, denn Hannah Arendt war Jüdin. Sie konnte ihr Leben durch ihre Emigration retten und kehrte nach 1945 nur zu Besuchen nach Deutschland zurück. Arendt und Heidegger sahen sich wieder, aber eine wirkliche Verständigung war nicht mehr möglich.

vom Dasein, von der menschlichen Existenz aus zu denken, so gelangt er jetzt zu der Überzeugung, dass auch der Sinn des Daseins sich nur erschließen kann, wenn man zuvor das Sein denkt. Die Wahrheit dieses Seins muss eine andere sein als die des traditionellen Wahrheitsbegriffs, in dem Wahrheit auf der Übereinstimmung des Denkens mit seinem Gegenstand beruht, denn Sein ist gerade dort zu suchen, wo Denken und Gegenstand, Dasein und Seiendes nicht getrennt sind. Diese Wahrheit, das heißt »Unverborgenheit« des Seins, »ereignet« sich dort, wo sich etwas erhellt, wo etwas klar wird, wo Denken und Sein für einen Augenblick miteinander verschmelzen. »Lichtungen« nennt Heidegger dieses Sich-Zeigen von Wahrheit. Wahrheit zeigt sich in der Geschichte der Metaphysik immer dann, wenn die Seinsfrage gestellt wird, doch die Geschichte der Metaphysik (die für Heidegger die einzig relevante Geschichte ist) ist eine Geschichte zunehmender Seinsferne, einer immer schärferen Trennung von Dasein und Seiendem. Wahrheit kann sich auch unter dem Eindruck eines Kunstwerks ereignen, das einen erschüttert und das über die Grenzen des Daseins hinaus weist. Sie kann aber auch ein geschichtliches Ereignis sein, das unversehens bisherige Grenzen verschiebt.

■ Der junge Heidegger zu der Zeit, als er Hannah Arendt kennen lernte.

Als ein solches Ereignis erschien Heidegger die nationalsozialistische »Revolution« von 1933. In der vagen Erwartung des Durchbruchs einer urtümlichen Gewalt, die die Banalität der bürgerlichen Ordnung wegfegen sollte, huldigte er Hitler und der »nationalen Idee« und versuchte, sich selbst mit an die Spitze der nationalsozialistischen Intelligenz zu stellen. Heideggers Begeisterung für den Nationalsozialismus ließ nach, als er merkte, dass diese Prediger einer alle Standesgrenzen überschreitenden, auf Natürlichkeit und lebendiger Tradition gegründeten »Volksgemeinschaft« in Wahrheit brutale Technokraten waren, die überdies mit ihrem rassistischen Biologismus einem (pseudo-)positivistischen Wissenschaftskult huldigten.

■ Heidegger zur Zeit seines Rektorats in Freiburg, um 1933

Seine Kritik an Technik und Technokratie, an dem »Gestell«, das die Menschen erstellen und das den Blick auf das Wesentliche, letztlich das Sein, verstellt und zur »Seinsvergessenheit« führt, hat Heidegger erst in den fünfziger Jahren formuliert; sie entspricht aber der Kulturkritik, die von Anfang an sein Anliegen ist. Die Weise, wie er gerade in der Zeit nach dem Krieg diese Kulturkritik äußert, ist jedoch äußerst bescheiden geworden: Auch im »Gestell« ereignet sich »Unverborgenheit« und damit Wahrheit; was geschieht, ist »Geschick« und hinzunehmen; das »Dasein«, der Mensch, hat darauf keinen Einfluss. Er kann nur hoffen, dass sich das Sein wieder »lichtet«. Er ist der »Hirte des Seins«, dem aufgegeben ist, in seinem kleinen Umfeld zu wirken, Sein sich ereignen zu lassen. Und als Philosoph kümmert er sich um ein wenig Ordnung im »Haus des Seins«, der Sprache. Diese Haltung des Sich-Schickens ins Geschick – statt Verantwortung für das eigene Dasein zu übernehmen – passte gut zu der allgemeinen Stimmung im nachnationalsozialistischen Deutschland. In derselben Zeit aber verbreitete sich von Frankreich aus auch der »Existentialismus« Sartres und seiner Mitstreiter, der an die Idee des Sich-selbst-Entwerfens aus *Sein und Zeit* anknüpfte. In den sechziger Jahren machten der Existentialismus und Heideggerismus dann, vor allem in den USA und in Deutschland, einer neuen Form der Kulturkritik Platz, der »Kritischen Theorie«. Diese hat mit Heideggers Philosophie mehr gemeinsam, als ihre ganz andere Sprache und Tradition vermuten lässt: Auch sie richtet sich gegen eine sinnleer und unmenschlich gewordene technische Zivilisation und ist von der Sehnsucht nach so etwas wie einer Versöhnung der geistigen mit der natürlichen Existenz des Menschen getragen, nach dem, was Heidegger in seinem dunklen Begriff des »Seins« andeutet.

MARTIN HEIDEGGER

LEBEN UND WERK

Martin Heidegger wurde am 26. September 1889 in Meßkirch in Baden als Sohn eines Küfermeisters und Mesners geboren. Durch Vermittlung des Stadtpfarrers kam er nach der Schulzeit 1903 an das Erzbischöfliche Gymnasialkonvikt in Konstanz. 1906 wechselte er an das Bertholds-Gymnasium in Freiburg, unterstützt durch ein Stipendium für zukünftige Theologie-Studenten. Im Anschluss an das Abitur 1909 begann er an der Freiburger Universität katholische Theologie zu studieren. Von Anfang an ging Heidegger seinem Interesse an der Philosophie nach. Eine besondere Bedeutung hatte für ihn die Beschäftigung mit den *Logischen Untersuchungen* Edmund Husserls (1859–1938). Zwei Jahre später gab er das Theologiestudium auf und schrieb sich 1911 an der mathematisch-naturwissenschaftlichen Fakultät ein. Nebenher hörte er Vorlesungen in Philosophie und promovierte 1913 schließlich in diesem Fach mit der Arbeit *Die Lehre vom Urteil im Psychologismus*. Nachdem er sich 1915 mit der Schrift *Die Kategorien- und Bedeutungslehre des Duns Scotus* habilitiert hatte, begann er als Privatdozent in Freiburg Vorlesungen zu halten. 1917 heiratete er Elfriede Petri; ihre beiden Söhne wurden 1919 und 1920 geboren. Infolge seiner *Phänomenologischen Interpretationen zu Aristoteles* erhielt Heidegger 1923 einen Ruf als außerordentlicher Professor nach Marburg. Zu seinen Studentinnen gehörte Hannah Arendt, mit der ihn ein Jahr lang eine heimliche Liebesbeziehung verband. 1927 erschien sein unvollendet gebliebenes Hauptwerk *Sein und Zeit*. Im Jahr darauf wurde er in der Nachfolge Husserls auf den Lehrstuhl für Philosophie in Freiburg berufen und erregte großes Aufsehen mit seiner Antrittsvorlesung *Was ist Metaphysik?* Im April 1933 wurde er zum Rektor der Universität gewählt, im Mai trat er in die NSDAP ein und engagierte sich in den folgenden Monaten für den Nationalsozialismus. Nachdem er Anfang 1934 seinen Irrtum eingesehen hatte, trat er im April von seinem Amt zurück. 1945 erteilten ihm die französischen Besatzungsmächte ein sechsjähriges Lehrverbot, anschließend, im Jahr 1951, wurde er emeritiert. Ab diesem Zeitpunkt las Heidegger, der seit 1949 private Vorlesungen und Seminare gehalten hatte, wieder öffentlich und gab in den 1950er Jahren mehrere Schriften heraus. 1950 erschien auch die Aufsatzsammlung *Holzwege*, die sechs zwischen 1935 und 1946 entstandene Abhandlungen enthält. Reisen führten Heidegger in die Schweiz, nach Griechenland, in die Türkei, nach Italien und Frankreich. Mehrfach gab er Seminare in der Provence im Kreis um Jean Beaufret, der einer der wichtigsten Vermittler von Heideggers Denken in Frankreich war. Heidegger starb am 26. Mai 1976 in Freiburg und wurde in Meßkirch beerdigt.

AUF DEN PUNKT GEBRACHT

Heideggers Philosophie ist im Grunde Kulturkritik. Dass der Mensch und die Dingwelt einander fremd gegenüberstehen, ist für ihn Folge eines verhängnisvollen geschichtlichen Prozesses, der in der Zivilisation der Technik und der positiven Wissenschaft sein vorläufiges Ende gefunden hat. Die Einheit von »daseiendem« Menschen und seienden Dingen wieder zu denken ist der philosophische Versuch, sich der »Seinsvergessenheit« der Menschen entgegenzustemmen.

EMPFEHLUNG

Lesenswert:

Günter Figal (Hg.): *Heidegger Lesebuch*, Frankfurt/Main 2006.

Walter Biemel: *Martin Heidegger. Mit Selbstzeugnissen und Bilddokumenten*, Reinbek 1996.

Günter Figal: *Martin Heidegger zur Einführung*, Hamburg 2007.

Hugo Ott: *Martin Heidegger. Unterwegs zu seiner Biographie*, Frankfurt/Main 1992.

Rüdiger Safranski: *Ein Meister aus Deutschland. Heidegger und seine Zeit*, München 1994.

Hörenswert:

Martin Heidegger: *Von der Sache des Denkens*. Textauswahl von Hartmut Tietjen. Gesprochen von Martin Heidegger. München 2000. 5 Audio-CDs.

Martin Heidegger: *Der Satz der Identität*. Gesprochen von Martin Heidegger. Neske, Audio-CD.

Besuchenswert:

Die Universität in Freiburg hat sich seit Heideggers Tagen nicht groß verändert, und von Freiburg kann man hinauffahren zu Heideggers Denk-Hütte in Todtnauberg.

Dialektik der Aufklärung
Max Horkheimer
1895–1973

■ Max Horkheimer, um 1960

Dialektik der Aufklärung heißt das von Horkheimer und Theodor W. Adorno gemeinsam verfasste 1947 erschienene einflussreichste Werk der von Horkheimer begründeten »Kritischen Theorie« der »Frankfurter Schule«. »Dialektik der Aufklärung« lässt sich aber auch die Darstellung von Horkheimers intellektueller Biographie überschreiben.

Sie beginnt mit der Entscheidung des Sohns eines reichen jüdischen Fabrikanten in der unruhigen Zeit nach dem Ende des Ersten Weltkriegs, sich als Intellektueller auf die Seite der Unterdrückten und Benachteiligten der Gesellschaft zu schlagen. Während seines Philosophiestudiums, in dem er den weithin an den deutschen Universitäten herrschenden Neukantianismus ebenso kennenlernt wie Husserls Phänomenologie, hält Horkheimer auch Kontakt zu marxistischen Zirkeln. Seit seiner Promotion in Frankfurt am Main 1922 nimmt er Anteil an der Arbeit des im selben Jahr dort gegründeten Instituts für Sozialforschung – einer privaten Stiftung, aber der Universität angegliedert –, das die Arbeiten einer Reihe der führenden parteiunabhängig denkenden marxistischen Intellektuellen fördert und bündelt. Dies sind meist Juden, die im etablierten deutschen Universitätsbetrieb nur wenig Chancen haben. 1930 übernimmt Horkheimer

■ Horkheimer war schockiert darüber, dass die Deutschen sich nach dem Krieg nicht für die moralischen Probleme ihrer Zeit interessierten, sondern nur für den Konsum. Wiedereröffnung des Kaufhauses des Westens in Berlin, 1950

die Leitung des Instituts und damit die Aufgabe, dessen Forschungsstrategie zu formulieren. Diese Überlegungen veröffentlicht er von 1932 an in der von ihm herausgegebenen *Zeitschrift für Sozialforschung*; sie sind der Ausgangspunkt der Kritischen Theorie.

Horkheimer geht es um das richtige Verhältnis von konkret-empirischer Forschung und theoretischem Entwurf. Theorie darf nicht dogmatisch erstarren, Empirie darf nicht zur positivistischen Faktensammlerei werden. Nur im Verbund mit der empirischen Forschung kann die Theorie sich dynamisch weiterentwickeln. Kritische Theorie ist materialistisch, insofern sie sich mit den materiellen Fakten des gesellschaftlichen Lebens befasst, und dialektisch, insofern sie sich nie mit der bloßen Feststellung von Tatsachen begnügt, sondern diese Tatsachen an dem misst, was sein könnte, und sie dadurch meist als schlechte Tatsachen entlarvt. Kritische Theorie ist als materialistische Philosophie antimetaphysisch, als dialektische Philosophie antipositivistisch. Indem sie die Welt des Faktischen an dem, was eine bessere Zukunft sein könnte, misst, ist Kritische Theorie parteilich; sie ist es allerdings nicht in dem Sinn, dass sie sich den Standpunkt einer Organisation wie der Kommunistischen Partei fraglos zu eigen macht, denn der Geist der Forschung ist für sie grundsätzlich individualistisch, »liberal«. Dem kritischen Geist liegt aber auch ein bestimmtes Interesse, ein gesellschaftliches Engagement zugrunde, und so ist er

■ Der schlaue und rücksichtslose Odysseus nimmt für Horkheimer und Adorno in der Dialektik der Aufklärung die Entwicklung der Aufklärung von der Befreiung des Geistes zum Instrument der Unterdrückung vorweg. Odysseus und seine Gefährten blenden den Zyklopen Polyphem, Umrisszeichnung nach einer griechischen Vasenmalerei.

■ Menschenmassen, gelenkt von einer anonymen Freizeitindustrie: volle Strände in Spanien, 1977.

nicht »liberal« in dem Sinne, dass er sich mit Kritik zurückhielte oder diese gleichmäßig verteilte. Kritische Theorie ist kritisch im Sinne der Marxschen Ideologiekritik, indem sie es für etwas Verkehrtes hält, dass in einer vom Kapitalismus geprägten Gesellschaft das Konkrete, nämlich die gesellschaftliche Auseinandersetzung mit der Natur in der Arbeit, unbewusst und blind vonstatten geht, während nur das Abstrakte, nämlich die Gesetze der Natur und der Logik, die die konkrete gesellschaftliche Arbeit ausblenden, bewusst ist. Die Kritische Theorie unterscheidet sich von der »traditionellen Theorie« dadurch, dass sie überall das Falsche in jedem Denken benennt, das Wirklichkeit für etwas ein für allemal Gegebenes hält, und aktiv für eine andere, bessere Wirklichkeit kämpft. Kritische Theorie ist kritisch ganz im Sinne Kants, für den die Möglichkeit wahrer Aussagen (»Urteile«) immer auch von der praktischen Herbeiführung einer vernünftigen, freien, mündigen Gesellschaft abhängig war. Wahrheit bedeutet immer auch den Entwurf einer besseren, richtigeren Wirklichkeit.

Nachdem die Nazis 1933 das Frankfurter Institut geschlossen hatten, gelang es Horkheimer, es in den USA wieder aufzubauen. Dadurch gab er vielen aus Deutschland emigrierten Intellektuellen die Chance, weiterzuarbeiten und so zu überleben. Doch im Exil ging nach und nach auch die historische Perspektive verloren, an die die ursprüngliche Kritische Theorie gebunden war: Die Hoffnung auf eine gesellschaftliche Umwälzung in der westlichen Welt, auf eine gerechte und vernünftige nachkapitalistische Gesellschaft

THEODOR W. ADORNO
Horkheimer lernte Adorno (1903–1969) noch als Student in Frankfurt, 1922, kennen. Adorno ging nach seiner Frankfurter Promotion über Husserl nach Wien, wo er bei Arnold Schönberg und Alban Berg Komposition lernte. Seine musiktheoretische Arbeit – von Thomas Mann in seinem *Doktor Faustus* ironisch-bewundernd dargestellt – war für die musikalische Moderne von großer Bedeutung. Im amerikanischen Exil wurde Adorno zu Horkheimers wichtigstem Mitarbeiter. Der glänzende Stil der *Dialektik der Aufklärung* zeigt die Handschrift Adornos. In der Frühzeit der Bundesrepublik waren die kultur- und kunsttheoretischen Schriften Adornos äußerst einflussreich. Am meisten Verbreitung fanden die kultur- und moralkritischen Miniaturen *Minima Moralia* (1951).

verschwand; der Sozialismus stalinistischen Typs stellte sich als noch schlimmer heraus als der Kapitalismus, und die Nazis demonstrierten die technische Effizienz einer Gesellschaft, in der sich die Tendenz zur »Gleichschaltung« der Individuen, die nach Horkheimers Überzeugung dem Kapitalismus überall innewohnt, vollkommen durchgesetzt hatte.

Zuerst in *Eclipse of Reason* (1947, der wörtlich als »Verfinsterung der Vernunft« zu übersetzende Titel wurde in der deutschen Fassung durch *Kritik der instrumentellen Vernunft* ersetzt), einem Buch, das auf noch während des Zweiten Weltkriegs gehaltenen Vorlesungen basierte, und dann in der gemeinsam mit seinem Freund Adorno geschriebenen *Dialektik der Aufklärung* (1947) versuchte Horkheimer, die Kritische Theorie auf eine neue Grundlage zu stellen.

■ Theodor W. Adorno, um 1960: Horkheimers Freund und engster Mitarbeiter erregte in den 1950er und 60er Jahren mit seinen Arbeiten noch mehr Aufmerksamkeit als Horkheimer.

Die Aussicht auf eine bessere Gesellschaft als Kriterium wissenschaftlicher Wahrheit und Standpunkt der Kritik ist verlorengegangen, die Wahrheit ist damit wieder zu etwas Idealem geworden. Alles Reale ist von der Position dieses Idealen aus etwas Unwahres, Schlechtes. Die Welt ist ein universaler »Verblendungszusammenhang«. Die Vernunft, die sich einst, bei den

HERBERT MARCUSE

Herbert Marcuse (1898–1979) war in den zwanziger Jahren Assistent bei Heidegger gewesen, bevor er zum Institut für Sozialforschung stieß. In den USA befasste er sich besonders mit Freuds Psychoanalyse und setzte sich darüber vor allem mit Erich Fromm (1900–1980), der ebenfalls einige Jahre für das Institut arbeitete, auseinander; er warf Fromm vor, entscheidende Grundlagen der Psychoanalyse revidiert zu haben. Marcuses wichtigstes Buch, in dem er seine Kritik an der Perversion der Gesellschaft zu einem System der Triebunterdrückung entwickelte, war *Eros and Civilisation* (1955, *Triebstruktur und Gesellschaft*). In *Der eindimensionale Mensch* (1964) ruft er zur »großen Verweigerung« gegen die anonymen Repressionsmechanismen der Gesellschaft auf. Die Idee der »Verweigerung« wurde zum wichtigen Anstoß für die amerikanische Studentenbewegung der späten sechziger Jahre.

Griechen, als Aufklärung aus dem Mythos befreit hatte, hat sich überall durchgesetzt, sie ist dadurch aber inhaltsleerer Selbstzweck geworden; sie ist nicht mehr die von Individuen mit allen ihren inneren Widersprüchen, sondern ist die instrumentelle Vernunft einer Gesellschaft geworden, die sich mit ihrer Hilfe immer effizienter selbst reproduziert. Der bürgerliche Liberalismus hat dem kapitalistischen Effizienzdenken, der zielgerechten Verwaltung und Rationalisierung immer weiterer Lebensbereiche, die Tür geöffnet, und der autoritäre Staat des Faschismus hat sich die Individuen vollends unterworfen. Hat Aufklärung einst den blinden Schicksalszusammenhang des Mythos durchbrochen und dem Menschen seine Freiheit gegeben, so endet der Siegeszug der Aufklärung mit der Wiederkehr des Mythos: Das Individuum erfährt sein Leben als von der mechanisierten und geistlos verwalteten Gesellschaft umfassend vorbestimmtes Schicksal, dem es sich, am extremsten in der faschistischen »Volksgemeinschaft«, blind und freiwillig unterwirft. Sein Denken, seine Vorstellungswelten, sogar seine Träume und Hoffnungen sind von der »Kulturindustrie« vorfabriziert. Die Aufklärung, die einmal angetreten war, den Menschen von seiner Abhängigkeit von Natur zu befreien, unterwirft ihn selbst unter die von ihm in ihrem Namen geschaffenen Apparate, die ihn als eine zweite Natur beherrschen. Vernunft, Denken, ist in diesen Apparaten, in der Industrie, in der Bürokratie »verdinglicht«. Kriti-

■ Horkheimer, um 1945, auf dem Gipfel seiner Schaffenskraft

sche Theorie wird zur Verteidigung dessen, was vom bürgerlichen Individuum noch übrig ist, gegen den nivellierten, modernen, der gesellschaftlichen Zweckrationalität sich unterwerfenden Menschen, den »eindimensionalen« Menschen, wie Herbert Marcuse ihn genannt hat.

■ Herbert Marcuse als Kundgebungsredner im Juni 1972 auf dem Frankfurter Opernplatz.

Adorno war es, der nach der Rückkehr des Instituts für Sozialforschung nach Frankfurt zu Beginn der fünfziger Jahre am konsequentesten an dieser radikal kulturkritischen Position, die er zusammen mit Horkheimer erarbeitet hatte, festhielt. Er führte die Auseinandersetzung mit Heidegger, dessen Kritik an der »Seinsvergessenheit« der Gegenwart viel mit der Kritik der Frankfurter Schule an der »Verdinglichung« gemeinsam hatte, dessen metaphysischer Gestus, dessen »Jargon der Eigentlichkeit« jedoch mit der Tradition der Kritischen Theorie nicht vereinbar war; vor allem aber bekämpfte er den »Neopositivismus« der Popper-Schule. Positivismus, die Gleichsetzung des Tatsächlichen mit der Wahrheit, war für ihn das ideologische Grundübel der Moderne. In seinem erst 1970 erschienenen philosophischen Hauptwerk *Negative Dialektik* radikalisierte Adorno sogar noch einmal die Position der kritischen Theorie: Es gibt keine dialektische »Vermittlung«, keine Aufhebung der Gegensätze zwischen dem Falschen

■ Sigmund Freud (1856–1939) beeinflusste die meisten Vertreter der Kritischen Theorie, Horkheimer ebenso wie Marcuse.

der Tatsachenwelt und dem Wahren. »Es gibt kein richtiges Leben im falschen.« Nur in der Unversöhntheit mit der Wirklichkeit bleibt eine Hoffnung auf Erlösung.
Während Adorno mit der Studentenbewegung von 1968 überhaupt nichts anfangen konnte, obwohl sie sich auf seine Kulturkritik – vor allem insofern sie Kapitalismuskritik war – berief, wurde Marcuse, der in den USA geblieben war, dort wie in Europa zum gefeierten Helden der 68er-Bewegung. Dies war auch darauf zurückzuführen, dass er etwas weniger dunkel als Horkheimer und Adorno angeben zu können glaubte, was da eigentlich von der »Eindimensionalität« der Gesellschaft befreit werden sollte: nämlich die von der Gesellschaft unterdrückte menschliche Natur und damit der Mensch als Triebsubjekt. Es geht Marcuse nicht mehr nur mit Marx um die Befreiung der Gesellschaft, sondern auch um die Befreiung des Einzelnen von einer Gesellschaft als Herrschaftssystem, die seine Triebstruktur nach ihren Zwecken zurichtet. Sein wichtigster Gewährsmann ist Sigmund Freud.
Horkheimer zog sich von diesen Debatten in den sechziger Jahren zurück. Resigniert stellt er fest, dass der »Drang nach Wohlsein und Genuss«, für ihn dasselbe wie Schopenhauers »Wille« oder der »Trieb« Freuds, letztlich die Welt beherrscht und gegenwärtig dabei ist, die Menschheit von einem Zeitalter der Freiheit in ein Zeitalter der allgemeinen Gleichheit zu führen. Anders als Marcuse sieht er in diesem »Drang« überhaupt nichts Befreiendes. Freiheit, Wahrheit sind für ihn Begriffe, die die »Sehnsucht nach dem ganz Anderen« (so der Titel einer 1970 erschienenen Schrift) ausdrücken, und dieses ganz Andere ist für ihn nun – Gott. So gelangt die Dialektik der Aufklärung in diesem intellektuellen Lebenslauf, der mit der Aufklärung als politischer Utopie und revolutionärer Praxis begonnen hatte und später zu einer radikalen Kritik der gesamten Zivilisation wurde, am Ende zur Theologie, zu dem, wovon die Aufklärung einmal befreien wollte.

MAX HORKHEIMER

LEBEN UND WERK

Max Horkheimer wurde am 14. Februar 1895 als Sohn eines jüdischen Textilfabrikanten in Zuffenhausen bei Stuttgart geboren. 1910 verließ er das Gymnasium und begann eine Lehre im Unternehmen seinen Vaters mit dem Ziel, die Fabrik später zu übernehmen. Nach einem längeren Aufenthalt in Belgien, Frankreich und England wurde er 1914 zum Juniorchef des Unternehmens befördert. 1917/18 leistete Horkheimer Kriegsdienst als Sanitäter und beschloss dann, in München das Abitur nachzuholen. Im Frühjahr 1919 begann er dort mit dem Studium der Philosophie, Psychologie und Nationalökonomie, das er in Frankfurt am Main und Freiburg fortsetzte. 1922 promovierte er in Frankfurt, drei Jahre später habilitierte er sich mit einer Arbeit über Kants *Kritik der Urteilskraft*. 1926 heiratete er Rose Riekher, die Privatsekretärin seines Vaters. In den folgenden Jahren lehrte er als Privatdozent, bis er 1930 auf den neu eingerichteten Lehrstuhl für Sozialphilosophie und zum Direktor des Instituts für Sozialforschung an der Universität Frankfurt berufen wurde. Ab 1932 veröffentlichte das Institut die *Zeitschrift für Sozialforschung*, die für die nächsten zehn Jahre zum wichtigsten Diskussions- und Publikationsforum der europäischen Sozialwissenschaften wurde. Bis 1941 war Horkheimer Herausgeber der Zeitschrift. 1933 musste er emigrieren, das Institut wurde wegen »staatsfeindlicher Tendenzen« geschlossen. Zunächst errichtete er eine Zweigstelle des Instituts in Genf, wo auch sein Buch *Dämmerung. Notizen in Deutschland* erschien, eine Sammlung von zwischen 1926 und 1931 entstandenen Essays. 1934 ging er nach New York. Dort setzte das jetzt an die Columbia-Universität angegliederte Institut seine wissenschaftliche Tätigkeit in New York fort. Horkheimer, der seit 1940 amerikanischer Staatsbürger war, leitete 1943/44 die wissenschaftliche Abteilung des American Jewish Committee. Er war Mitherausgeber der *Studies in Prejudice*, die 1949/50 erschienen und auf einem umfangreichen Forschungsprojekt zum Antisemitismus basierten. Zur gleichen Zeit arbeitete er gemeinsam mit Theodor W. Adorno (1903–1969) an dem wichtigsten Werk der Kritischen Theorie, der *Dialektik der Aufklärung*. Das Buch, das 1944 zunächst in einer hektographischen Ausgabe des Instituts erschien, wurde erstmals 1947 in Amsterdam im Druck veröffentlicht. 1949 wurde Horkheimer erneut an die Universität Frankfurt berufen, im Jahr darauf erfolgte die Wiedereinrichtung des Instituts für Sozialforschung. Von 1951 bis 1953 war Horkheimer Rektor der Universität. Von 1954 an hielt er regelmäßig Gastvorlesungen an der Universität Chicago. Nach seiner Emeritierung 1959 zog er nach Montagnola in der Schweiz. Er starb am 7. Juli 1973 in Nürnberg.

AUF DEN PUNKT GEBRACHT

Horkheimer ist der Begründer der »Kritischen Theorie«, die in den zwanziger und dreißiger Jahren als revolutionäre Theorie begann, als Kritik der Gesellschaft vom Standpunkt einer künftigen besseren Gesellschaft, und später zur umfassenden Kritik der modernen Zivilisation im Namen einer idealen Wahrheit wurde. Auf der Suche nach dem, was diese Wahrheit letztlich ist, gelangt Horkheimer am Ende seines Lebens zu einer theologisch-spekulativen Auseinandersetzung mit dem Gottesbegriff.

EMPFEHLUNG

Lesenswert:

Zvi Rosen: *Max Horkheimer*, München 1995.

Helmut Gumnior / Rudolf Ringguth: *Max Horkheimer. Mit Selbstzeugnissen und Bilddokumenten*, Reinbek 1997.

Martin Jay: *Dialektische Phantasie*, Reinbek.

Rolf Wiggershaus: *Die Frankfurter Schule. Geschichte, Theoretische Entwicklung, Politische Bedeutung*, München 2001.

Besuchenswert:

Der Neubau des Instituts für Sozialforschung nahe der Universität steht seit den fünfziger Jahren unverändert. Nicht weit entfernt, auf der Bockenheimer Landstraße, lädt das Café Laumer noch immer zu einem geistreichen Plausch ein. Hier trafen sich die Koryphäen der Kritischen Theorie, weshalb Studenten es auch »Grandhotel zum Abgrund« nannten.

Fortschritt durch Versuch und Irrtum

Karl Popper

1902–1994

Seit Einstein 1905 seine Spezielle und 1916 seine Allgemeine Relativitätstheorie veröffentlicht hatte, war das seit dem 17. Jahrhundert scheinbar unverrückbar klare Weltbild der Naturwissenschaften in Auflösung begriffen. »Wenn das Bild, das die moderne Erfahrungswissenschaft entwirft, der Wahrheit irgendwie nahekommt …«, geht Popper auf diese Entwicklung ein, »dann machen die Bedingungen, die fast überall im Universum herrschen, ›erfahrungswissenschaftliche Erkenntnis‹, das heißt die Entdeckung struktureller Gesetze … fast überall unmöglich. Denn fast alle Gebiete des Universums sind von chaotischer Strahlung erfüllt und fast alle übrigen Gebiete von Materie sind in ähnlichem Zustand. Trotzdem«, so hält er fest, »ist die empirische Wissenschaft auf wunderbare Weise erfolgreich.« Sie ist es, darauf läuft Poppers Gedankengang hinaus, weil sie in ihrer Praxis niemals die totale Wahrheit zu ergründen versucht, sondern nur Schritte kennt, ihr näher zu kommen.

■ Karl Popper in England

Eine Forschungshypothese wird aufgestellt, dann folgen die Experimente, die sie erhärten sollen. Hält die Hypothese der empirischen Überprüfung nicht stand, so ist sie eindeutig falsch, sie ist »falsifiziert« und muss durch eine neue ersetzt werden. Bestätigt das Experiment hingegen die Hypothese, so ist diese keineswegs als wahr bewiesen, denn jedes experimentelle Ergebnis kann zufällig sein. Dennoch wird die Hypothese mit jedem positiv ausgehenden Versuch als brauchbare Arbeitsgrundlage weiter bestätigt – bis sie eines Tages aufgrund neuer Ergebnisse doch wieder revidiert oder modifiziert werden muss, damit weitere erfolgreiche Forschung möglich ist. Jede Erfahrungswissenschaft – jedes planvolle Sammeln von Erfahrung überhaupt – funktioniert nach diesem »trial and error«-, Versuch-und-Irrtum-Verfahren.

■ Albert Einstein (1879–1955) hat entscheidend zu den Veränderungen des naturwissenschaftlichen Weltbilds im 20. Jh. beigetragen. Der Möglichkeit, dass sich scheinbar unumstößliche Weltbilder radikal verändern können, versucht Popper in seiner Theorie Rechnung zu tragen. Foto von 1931

Der entscheidende Schritt, den Popper tut, ist es, die pragmatische Alltagsweisheit, dass es Versuch und Irrtum sind, die uns voranbringen, auch auf komplexe Theorien anzuwenden. Bis dahin waren die Wissenschaftstheoretiker davon ausgegangen, dass es darum gehe, eine Theorie mithilfe der Erfahrung und scheinbar unumstößlicher Gesetze, seien es Naturgesetze oder solche der Logik und Mathematik, zu beweisen oder zu »verifizieren«. Popper behauptet geradezu das Gegenteil: Aufgabe der Wissenschaft ist der fortwährende Versuch, alle herrschenden Theorien einschließlich scheinbar unverrückbar geltender Gesetze zu falsifizieren, ihre Fehlerhaftigkeit aufzudecken. Denn nur die Falsifikation führt zur Bildung neuer Hypothesen und bewirkt so den Fortschritt der Erkenntnis.

Der Begriff des Gesetzes oder allgemeiner, des Wissens, ist dadurch völlig neu gefasst. Alle unsere Gewissheiten sind nur vorläufig und haben nur einen beschränkten Geltungsbereich. Sie sind wunderbar, solange sie uns dabei helfen, uns in der Welt zu-

■ Der österreichische Tiefenpsychologe und engagierte Sozialist Alfred Adler (1870–1937) übte großen Einfluss auf den jungen Popper aus.

■ Der Komponist Anton von Webern um 1935. In der Webernschen Zwölftonmusik war das klassische Dur-moll-Schema das jahrhundertelang als einzige mögliche Grundlage des Komponierens gegolten hatte, nur noch ein Spezialfall – so wie die Newtonsche Mechanik in der modernen Physik.

recht zu finden, aber sie haben räumlich und zeitlich begrenzte Bedeutung. Unsere Erfahrung sagt uns zum Beispiel, dass nach jeder Nacht die Sonne wieder aufgehen wird; das reicht uns, um mit dem Kalender unseren Alltag zu planen, doch im Lichte der modernen Kosmologie ist dieser Satz falsch, denn auf einem anderen Planeten sähe der Kalender ganz anders aus, und die Sonne ist keineswegs ewig. Popper war in seinen jungen Jahren, die er in Wien verbrachte, wo auch seine wissenschaftliche Karriere begann, mit dem Komponisten Anton von Webern (1883–1945) befreundet, einem Weggenossen von Arnold Schönberg (1874–1951), der das scheinbar ewig geltende Dur-moll-System der musikalischen Harmonik für erledigt erklärt und mit seiner Zwölftonmusik ein völlig neues System geschaffen hatte, in dem das Dur-moll-System nur einen Spezialfall darstellte, so wie die Newtonsche Mechanik in Einsteins Weltbildentwurf. Zur selben Zeit verfolgte Popper die Bemühungen des jungen Wittgenstein und des »Wiener« Kreises um Moritz Schlick und Rudolf Carnap, den empirischen Wissenschaften – ähnlich, wie es Frege, Russell und Whitehead im Falle der Mathematik gelungen war – eine unverrückbare Grundlage in einer formalisierten Wissenschaftslogik zu geben. Er erfuhr so auch vom Scheitern dieses Projekts durch den von Kurt Gödel 1931 mit den Mitteln der Logik selbst erbrachten Nachweis, dass es keinen Kalkül, kein strenges System logischer Sätze, geben kann, das aus sich selbst begründbar ist. Es sind deshalb aufgrund unterschiedlicher Prämissen auch verschiedene »Logiken« konstruierbar, und jede wissenschaftliche Verständigung hat ihre Grundlage in der niemals völlig präzisen Alltagssprache.

Die Debatten seiner Zeit über die physikalische Kosmologie, über das Verhältnis von Logik und Empirie, aber auch über die Musiktheorie sind in Poppers Hauptwerk *Logik der Forschung* (1935) eingegangen, in dessen Mittelpunkt die Kritik des Glaubens an un-

»ANYTHING GOES«

Der amerikanische Philosoph Paul Feyerabend (1924–1994) radikalisierte Poppers Kritik an jeder Art von wissenschaftlichem Dogmatismus in seiner 1975 erschienenen Schrift *Wider den Methodenzwang*. Wenn es keine festgegründeten Erkenntnismethoden gibt, so argumentiert er, ergibt es auch keinen Sinn, sich an alten Theorien abzuarbeiten, bis sie widerlegt sind. Fruchtbarer ist eine »anarchistische Erkenntnistheorie«, in der jede Methode gleich gut und gleich möglich ist: »Anything goes«.

■ »Big Brother is watching you«. Szene aus dem Film *1984* nach George Orwells 1948 geschriebenen Roman. *1984* ist vor allem eine Abrechnung mit dem Stalinismus. Wie Popper hatte auch Orwell mit dem Kommunismus sympathisiert, bevor er in ihm die grösste Bedrohung der Freiheit des Individuums erblickte.

verrückbare wissenschaftliche Wahrheiten und das Falsifikationsprinzip stehen.

Seine liberal-skeptischen Grundüberzeugungen von *Logik der Forschung* übertrug Popper in seiner politischen Hauptschrift *Die offene Gesellschaft und ihre Feinde* (1945) auch auf die Theorien von Geschichte und Gesellschaft. Da der Nationalsozialismus, vor dem er aus seiner Heimat hatte fliehen müssen, zu diesem Zeitpunkt besiegt war, galt seine Kritik vor allem dem während des Stalinismus zu einem Dogmensystem erstarrten Marxismus. Seine Kritik an Marx und dessen theoretischem Vorgänger Hegel erweiterte Popper in dem 1957 erschienenen Buch *Das Elend des Historizismus*, in dem er allen Versuchen, geschichtliche Gesetzmäßigkeiten zu entdecken, eine geharnischte Absage erteilt. Der These, der Verlauf der Geschichte lasse sich aufgrund von Gesetzmäßigkeiten voraussagen, stellt er die »offene Gesellschaft« des – vor allem angelsächsischen – westlichen Liberalismus entgegen. Auch gesellschaftlicher Fortschritt ist für ihn nur im »Trial-and-error«-Verfahren, durch pragmatische Reformen, zu erreichen.

Popper war überzeugt davon, eine völlig diesseitige Methodenlehre formuliert zu haben, die keines metaphysischen Überbaus,

■ Sir (seit 1964) Karl Popper am 26. Mai 1981 in Tübingen

keines Glaubens an »höhere« Prinzipien bedürfe. »Alles Leben ist Problemlösen«, basta. Von seinen Kritikern – etwa den Anhängern der Frankfurter Schule – wurde er deshalb als »Neo-Positivist« bezeichnet, der die Blindheit und Einflusslosigkeit der Menschen auf die geschichtliche Entwicklung zur Tugend erhebe. Sie fragten, woher er den Glauben an einen Fortschritt der Wissenschaft und der Gesellschaft nehme, wenn er Geschichtsphilosophien – wie die von Hegel und Marx – ablehnte, die die Idee des Fortschritts von seinem Ziel her, der Wahrheit oder dem menschlichen Glück, begründeten.

In einem 1957 als Nachwort für die 1959 erschienene englische Ausgabe von *Logik der Forschung* verfassten Text bezeichnet Popper seine Auffassung von einer Welt, die wir fortschreitend zu begreifen in der Lage sind, noch einmal als »Realismus« (statt »Positivismus«), der keineswegs metaphysisch sei. Er räumt aber ein, dass die »Idee unabhängiger Zeugnisse« – also die Idee freien Forschens – »kaum verstanden werden (kann) ohne die Idee der Entdeckung, des Fortschreitens zu tieferen Schichten der Erklärung; ohne die Idee daher, dass es für uns etwas zu entdecken gibt und dass es etwas gibt, das kritisch diskutiert werden kann.« Kurz, möchte man sagen, ohne die Idee der Wahrheit.

KARL POPPER

LEBEN UND WERK

Karl Raimund Popper wurde am 28. Juli 1902 in Wien als Sohn eines Rechtsanwalts geboren. 1918 ging er von der Schule und hörte an der Wiener Universität Vorlesungen unter anderem über Mathematik, Physik, Philosophie und Psychologie. Hier lernte er die psychoanalytische Theorie Sigmund Freuds (1856–1939) und Albert Einsteins (1879–1955) Relativitätstheorie kennen. Nebenbei half er gelegentlich in den Erziehungsberatungsstellen aus, die der Psychiater Alfred Adler (1870–1937) für Kinder und Jugendliche aus den Arbeitervierteln Wiens eingerichtet hatte. In den Jahren von 1922 bis 1924 machte Popper eine Tischlerlehre, die er mit der Gesellenprüfung abschloss, holte als Privatschüler die Matura nach, schrieb sich als Student der Universität Wien ein, studierte eine Zeitlang am Konservatorium Kirchenmusik und qualifizierte sich außerdem als Grundschullehrer. Als 1925 das Pädagogische Institut Wien zur Unterstützung der österreichischen Schulreform gegründet wurde, gehörte er zu den Studenten des ersten Jahrgangs. Noch im selben Jahr erschien in der Zeitschrift *Schulreform* seine erste Veröffentlichung *Über die Stellung des Lehrers zu Schule und Schülern*. 1928 promovierte er bei Karl Bühler (1879–1963) in Psychologie mit der Arbeit *Zur Methodenfrage der Denkpsychologie*. Nachdem Popper im folgenden Jahr die Qualifikation als Hauptschullehrer in Mathematik, Chemie und Physik erworben hatte, unterrichtete er ab 1930 an einer höheren Schule in Wien und heiratete seine Kollegin Josefine Anna Henninger. In dieser Zeit begann er mit der Arbeit an seinem ersten Buch, der *Logik der Forschung* (1934), das die wissenschaftslogische Grundlage aller seiner späteren Untersuchungen bildet. 1935/36 war Popper für längere Zeit in England und hielt Gastvorträge in London, Oxford und Cambridge. Nach seiner Rückkehr nahm er das Angebot einer Dozentur für Philosophie am Canterbury University College in Christchurch in Neuseeland an. Dort entstanden als Reaktion auf den Zweiten Weltkrieg seine beiden Bücher *Das Elend des Historizismus* (1944) und *Die offene Gesellschaft und ihre Feinde* (1945, *The Open Society and Its Enemies*). Anfang 1946 wurde er Reader an der Londoner School of Economics and Political Science, an der er von 1945 bis 1969 als Professor für Logik und Wissenschaftliche Methode unterrichtete. Nach seiner Emeritierung veröffentlichte Popper noch zahlreiche Bücher, unter anderem *Objektive Erkenntnis* (1972, *Objective Knowledge*), *Ausgangspunkte. Meine intellektuelle Entwicklung* (1976, *Unended Quest: An Intellectual Autobiography*), *Das Ich und sein Gehirn* (1977, *The Self and Its Brain*), *Alles Leben ist Problemlösen* (1984). Popper starb am 17. September 1994 in Croydon bei London.

AUF DEN PUNKT GEBRACHT

Kaum ein Philosoph war in der zweiten Hälfte des 20. Jahrhunderts international einflussreicher als Popper. Dies liegt wahrscheinlich daran, dass kaum ein anderer so gut wie er die Balance zu halten verstanden hat zwischen der radikalen philosophischen Kritik, die in diesem Jahrhundert keine Gewissheit mehr gelten lässt, und dem oft naiven Glauben der Forschenden an den Fortschritt der Wissenschaft. Skepsis und Wissenschaftsoptimismus halten sich bei ihm die Waage; damit wurde er zur Leitfigur für eine aufgeklärt-liberale Wissenschaft.

EMPFEHLUNG

Lesenswert:

Karl R. Popper: *Ausgangspunkte. Meine intellektuelle Entwicklung*, Hamburg 1995.

Hans Albert / Karl R. Popper: *Briefwechsel*, herausgegeben von Martin Morgenstern und Robert Zimmer, Frankfurt/Main 2005.

Manfred Geier: *Karl Popper*, Reinbek 1998.

Herbert Keuth: *Die Philosophie Karl Poppers*, Stuttgart 2000.

Besuchenswert:

In Wien erinnern die Caféhäuser, aber auch die sozialistischen Reformquartiere wie der Karl-Marx-Hof an Poppers junge Jahre. Einen Besuch lohnt auch die London School of Economics, wo Popper zuletzt wirkte, besonders wegen ihrer Umgebung, dem Bloomsbury-Viertel, das vor allem zwischen den Weltkriegen das Hauptquartier der britischen Intelligentsia war.

Gesellschaftliches Sein und Freiheit des Einzelnen

Jean-Paul Sartre

1905–1980

Ekel heißt der Roman, mit dem Sartre 1938 bekannt wurde. Sein Thema ist der Ekel vor der Sinnlosigkeit der bürgerlichen und kleinbürgerlichen Existenz in einer Zeit, in der sich nichts bewegt, in der das Privatleben wie die Politik von Unaufrichtigkeit geprägt ist. Diese dumpfe Verlogenheit ist es, die Sartre durchbrechen will, durch seine künstlerische Produktion, die für ihn eine reinigende Funktion hat. Es geht ihm aber um mehr als ästhetische Sinngebung, nämlich um ein neues Bild des Menschen, um die neue Anthropologie, an der er in diesen Jahren arbeitet. Grundlage dafür soll die Phänomenologie Husserls sein, die Sartre vor allem während seines Berlin-Aufenthalts 1933/34 studiert hat. Er ist begeistert von der Phänomenologie, weil sie gerade den alltäglichen Dingen Beachtung schenkt, die der unmittelbare Inhalt des Bewusstseins sind, und das Bewusstsein selbst nicht abstrakt und formal, sondern stets als Bewusstsein von Dingen auffasst. Sartre spitzt diesen phänomenologischen Begriff des Bewusstseins noch zu, zu einem radikalen Individualismus: Das existierende Bewusstsein, das immer schon auch seine Welt umfasst, ist alles; es gibt kein »Wesen« hinter den Erscheinungen, den Phänomenen in unserem Bewusstsein. Das »Ego«, das existierende Bewusstsein, ist nicht – so hatte Husserl es verstanden – »transzendental« im Sinne Kants, also ein Ego, hinter dem noch eine »Wirklichkeit an sich« steht, sondern ein »transzendierendes« Ego, das über die bloßen Phänomene hinausgeht und sich seine eigene Welt schafft, seine Objekte und mit ihnen die festen Begriffe – das, was scheinbar das »Wesen« der Dinge ist.

■ Jean-Paul Sartre, um 1960

Von dieser Radikalisierung des Husserlschen Denkens aus gelangt Sartre zu ganz ähnlichen Resultaten wie ein anderer bedeutender Husserl-Schüler

– Martin Heidegger. Und bei der Ausformulierung seiner Gedanken in seinem philosophischen Hauptwerk *L'Être et le Néant* (1943, deutsch: *Das Sein und das Nichts*) greift er immer wieder auf Heideggers »Daseinsanalyse« in *Sein und Zeit* zurück. Dabei bleibt er allerdings bei seiner individualistischen oder – um es in der traditionellen philosophischen Terminologie zu sagen – »subjektivistischen« Grundposition. Das »Sein«, das Heidegger durch die Analyse des menschlichen »Daseins« ergründen will, interessiert ihn nicht. Von Heidegger übernimmt er aber die Idee, dass das »Dasein«, das heißt die menschliche Existenz, sich selbst »entwirft«. Der Mensch findet sich immer schon mit seiner Welt vor, als »An-sich« (»en-soi«), aber er besitzt die Freiheit, sich zum »Für-sich« (»pour-soi«) zu machen, wenn er sich aus dem befreit, was Heidegger die »Uneigentlichkeit« nennt; für Sartre steht an der Stelle der »Uneigentlichkeit« die »Unaufrichtigkeit« (»mauvaise foi«), die er schon in *Der Ekel* analysiert hatte. Sich selbst entwerfen aber heißt »nein« sagen zu dem, was einfach »an sich« ist, nein sagen zur Vergangenheit, um eine Zukunft zu entwerfen, nein sagen gegenüber bestimmten Möglichkeiten, die die Gegenwart enthält. Das »Nichtende«, von dem Heidegger spricht, übersetzt Sartre mit »Néant«, und dies

SIMONE DE BEAUVOIR

»Den Castor« nannte Sartre zärtlich seine Gefährtin seit seiner Zeit an der Eliteschule École Normale Supérieure, Simone de Beauvoir (1908–1986). Berühmt und oft diskutiert worden ist das Abkommen, das Beauvoir und Sartre schon zu Anfang ihrer Beziehung trafen, nämlich einander treu zu bleiben – tatsächlich endete die Beziehung Sartres zu Beauvoir erst mit seinem Tod –, dem anderen aber vollkommene Freiheit in den sexuellen Beziehungen einzuräumen. Wahrscheinlich kam dieses Abkommen am meisten den Neigungen Sartres entgegen. Beauvoirs Schlüsselroman *Die Mandarine von Paris* (1954) ist eines der besten Zeugnisse über die Pariser Intellektuellen- und Künstlerszene zur großen Zeit des Existentialismus. Ihr Buch *Das andere Geschlecht* (1949) hat wahrscheinlich mehr als jedes andere Werk zur Entstehung des modernen Feminismus beigetragen.

■ Sartre und seine intellektuelle Lebensgefährtin Simone de Beauvoir in einem Pariser Restaurant.

■ Sartre im Jahre 1953, auf dem Gipfel seines Ruhms, in Paris beim Signieren von Büchern.

■ Szene aus der Verfilmung von Sartres Theaterstück *Huis Clos* (Geschlossene Gesellschaft).

Verneinen-Können ist für ihn, was das Sein als menschliches Sein auszeichnet, was es zur Freiheit macht. Daher der Titel seines Buchs: *L'Être et le Néant*, das heißt: Sein und die Freiheit, dieses Sein zu verändern und neu zu entwerfen.

Der Individualismus/Subjektivismus des Sartreschen Existentialismus ist keineswegs ein »Solipsismus«, also nicht die Auffassung, dass der Einzelne allein die Welt ist und diese in seiner Freiheit so gestaltet, wie es ihm gerade passt. Das, was bei Heidegger als das »Mit-Sein« des Daseins ziemlich kurz abgehandelt wird, spielt in Sartres Existenzphilosophie eine zentrale Rolle: das »Sein-für-Andere«. Die »Anderen« sind es, vor deren Blick das sich selbst und damit seine ganze Welt entwerfende existierende Ich wieder zum Objekt wird. »Die Hölle, das sind die anderen«, heißt es in dem Theaterstück *Huis clos* – weil ich von ihrem Urteil abhängig bin. Ich bin erst wieder ich selbst und frei, wenn ich den Anderen gleiche Rechte einräume wie mir selbst; ich muss mich als soziales Wesen begreifen lernen. Das Die-Welt-Entwerfen wird so zu einem Moment in einem geschichtlichen Prozess, der von Einzelnen, die sich jeweils völlig frei zusammentun oder für sich allein handeln, nie aber von einem Einzelnen allein gestaltet wird.

Sartres existentialistisches Freiheitsdenken, seine radikale Kritik an der »Unaufrichtigkeit« einer bürgerlichen Gesellschaft, die mit dem Zweiten Weltkrieg ihren Offenbarungseid geleistet hatte, machte ihn immer wieder zum Parteigänger der wichtigsten linken Opposition gegen die bürgerliche Gesellschaft – der Kommunisten. Dabei spielten auch die Erfahrungen aus dem Widerstand gegen die deutschen Besatzer eine Rolle. Doch mit dem kollektivistischen Denken der Kommunisten konnte er sich von seinem individualistisch-existentialistischen Standpunkt nicht abfinden: Er konnte und wollte keine Parteidisziplin akzeptieren, in der das Wollen und Erkennen des Einzelnen keine Rolle spielten. In der *Kritik der dialektischen Vernunft* (1960) versuchte Sartre deshalb, so etwas wie einen »existentialistischen Marxismus« zu entwerfen – wobei er sich in vielen Punkten gegen die kommunistische Parteidoktrin auf Marx berufen konnte. Sartre lehnt eine Dialektik der gesellschaftlichen Entwicklung ab, in der – wie bei Hegel – das Bewusstsein des Einzelnen im historischen Prozess vollkommen »aufgehoben« wird, und besteht darauf, dass der Lebensentwurf jedes Einzelnen immer eine Rolle spielen muss. Deshalb kann für ihn die Geschichte auch keinen Endpunkt – etwa in der »kommunistischen Gesellschaft« – haben, sondern schreitet in dem Maße, wie die Individuen neue praktische Ideen »entwerfen«, immer weiter voran. Wichtig ist hier der Perspektivenwechsel, den Sartre vornimmt: Es geht ihm nicht mehr in erster Linie um den existentiellen Selbstentwurf des Individuums, der dazu führt, dass es auch so etwas wie Geschichte gibt, sondern um den Gang der Geschichte, der das Schicksal der Einzelnen bestimmt, auf den diese jedoch immer auch Einfluss nehmen, indem sie ihr eigenes Leben entwerfen.

DER EXISTENTIALISMUS ALS MODE

Um 1950 fühlten sich die jungen Angehörigen der Intelligenz in Paris, in Frankreich, bald auch schon in New York und Berlin als »Existentialisten«. Sie nahmen die Freiheit des Sich-selbst-Entwerfens, die Sartre auch in seinen Theaterstücken und Filmen propagierte, für sich in Anspruch und frönten der pessimistischen Stimmung, dass das Leben »absurd« sei – den Begriff des »Absurden«, dem nur durch permanente »Revolte« ein Sinn verliehen werden kann, hatte Sartres lange Zeit wichtigster Mitstreiter Albert Camus (1913–1960) in Umlauf gebracht. Zum existentialistischen Lebensgefühl gehörten auch der schwarze Rollkragenpullover, die Kunst Picassos, die Kellerkneipen und vor allem der Jazz der Cool-Jazz-Ära.

■ Filmszene aus *Huis Clos*

SARTRE UND 1968

In der Pariser Revolte vom Mai 1968 fand Sartre zum ersten Mal »etwas verwirklicht ..., was der Freiheit nahekommt«. Durch sein Engagement für einen radikal freiheitlichen Sozialismus und gegen den Vietnamkrieg der Amerikaner machte er sich allerdings nicht nur Freunde. Als ihm für seine Unterstützung illegaler Publikationen der Prozess gemacht werden sollte, griff jedoch der französische Staatspräsident Charles de Gaulle mit der Feststellung ein »Man verhaftet keinen Voltaire«.

In seinen biographischen Studien – vor allem der Autobiographie *Die Wörter* (1964) und seiner Flaubert-Biographie *Der Idiot der Familie* (1971/72) – hat Sartre herauszuarbeiten versucht, in wie weit das Leben eines Individuums durch seine – mithilfe der Psychoanalyse zu begreifende – familiäre Herkunft und durch seine historisch-gesellschaftliche Situation bestimmt ist und inwieweit sein Leben ein freier Entwurf ist. Er begreift das einzelne menschliche Leben – und um dieses geht es ihm nach wie vor – mithilfe einer Dialektik von (subjektiver) Freiheit und (objektiver) sozialer Determiniertheit, die aber eine offene Dialektik bleibt und sich nie auf die Konstruktion eines überindividuellen Subjekts der Geschichte (etwa »das Proletariat«) oder eines völlig objektivierten Begriffs des Menschen als bloßen Trägers sozialer Rollen einlässt. Damit setzt er sich in Gegensatz sowohl zur marxistischen Orthodoxie als auch zum aufkommenden Strukturalismus, der sich in dieser Zeit als herrschende Sozialphilosophie in Frankreich zu etablieren beginnt. Sein Versuch, gegen diese Zeitströmungen eine philosophische Anthropologie populär zu machen, in der der Mensch stets so betrachtet wird, dass er ebenso durch das gesellschaftliche Sein wie durch sich selbst als frei sich entwerfender Existenz bestimmt ist, hat sich nicht durchgesetzt.

■ Sartre auf dem Balkon seiner Wohnung in der Rue Bonaparte.

JEAN-PAUL SARTRE

LEBEN UND WERK

Jean-Paul Sartre wurde am 21. Juni 1905 in Paris geboren. Sein Vater starb kurz danach. Daraufhin zog seine Mutter, eine Kusine von Albert Schweitzer, zu ihren Eltern zurück. Die zehn Jahre, die Jean-Paul Sartre bei seinen Großeltern verlebte, rekonstruierte er in seinem autobiographischen Werk *Die Wörter*. In den 20er Jahren studierte er Philosophie, Philologie, Psychologie und Soziologie an der Pariser École Normale Supérieure, wo er Simone de Beauvoir kennenlernte. Ihre lebenslange Bindung mit dem Verzicht auf bürgerliche Normen hatte für viele Intellektuelle Vorbildcharakter. Von 1931 bis 1944 war Jean-Paul Sartre Philosophielehrer an Gymnasien in Le Havre, Laon und Paris. Zwischendrin, 1933/34, verbrachte er als Stipendiat des Institut Français einige Monate in Berlin. Sein erster Roman erschien 1938 unter dem Titel *Der Ekel*. 1939 wurde er als Sanitäter zum Militär einberufen und geriet 1940 in deutsche Kriegsgefangenschaft. Seit 1941 war Jean-Paul Sartre Mitglied der Résistance, des französischen Widerstands gegen die deutsche Besatzungsmacht. Ab 1945 war er freier Schriftsteller. Inzwischen hatte er einige Werke veröffentlicht: die Erzählung *Die Mauer* (1937), sein umfangreiches philosophisches Hauptwerk *Das Sein und das Nichts* (1943) sowie die Dramen *Die Fliegen* (1943) und *Geschlossene Gesellschaft* (1944). Der zentralen These des atheistischen Existenzialismus, den Jean-Paul Sartre vertrat, liegt die Überzeugung zugrunde, dass »der Mensch zuerst existiert, sich begegnet, in der Welt auftaucht und sich (danach) definiert«. Sartre gründete die politisch-literarische Zeitschrift *Les Temps modernes* und blieb bis an sein Lebensende ihr Herausgeber. Er unternahm zahlreiche Reisen, u. a. in die USA, die UdSSR, China, Brasilien, Jugoslawien und Japan. Von 1952 bis 1956 war er Mitglied der französischen KP. Er trat vielfach politisch hervor, wie etwa 1956 mit seinem Protest gegen das sowjetische Vorgehen in Ungarn und der Verurteilung der Intervention der Warschauer-Pakt-Staaten im »Prager Frühling« 1968. Er engagierte sich für die Beendigung des Algerienkriegs und setzte sich kritisch mit der amerikanischen Vietnampolitik auseinander. Wichtige literarische Werke nach dem Zweiten Weltkrieg sind sein unvollendet gebliebenes vierbändiges Romanwerk *Die Wege der Freiheit* (1945–1949), das Filmdrehbuch *Im Räderwerk* (1948) sowie die Dramen *Die schmutzigen Hände* (1948) und *Der Teufel und der liebe Gott* (1951). 1964 lehnte er den Nobelpreis für Literatur ab. Jean-Paul Sartre starb am 15. 4. 1980 in Paris.

AUF DEN PUNKT GEBRACHT

Sartre sieht den Menschen als ein Wesen an, das seine Existenz in vollkommener Freiheit selbst »entwirft«. Nur er kann seinem Leben einen Sinn verleihen. Er ist dabei aber dem Blick der »Anderen« ausgesetzt und kann nicht umhin, sich auf diese zu beziehen. Er ist ein soziales Wesen. Der geschichtlich-soziale Blick auf den Menschen wird im Laufe der Entwicklung von Sartres Werk immer wichtiger und führt zu einer Annäherung an marxistische Positionen.

EMPFEHLUNG

Lesenswert:

Jean-Paul Sartre: *Die Wörter. Autobiographische Schriften*, Reinbek 1997.

Annie Cohen-Solal: *Sartre. 1905–1980*, Reinbek 1991.

Christa Hackenesch: *Jean-Paul Sartre*, Reinbek 2001.

Bernard-Henri Lévi: *Sartre. Der Philosoph des 20. Jahrhunderts*, München 2002.

Simone de Beauvoir: *Die Zeremonie des Abschieds. Gespräche mit Jean-Paul Sartre. August bis September 1974*, Reinbek 1996.

Hörenswert:

Walter von Rossum: *Simone de Beauvoir und Jean-Paul Sartre. Die Kunst der Nähe*. Gelesen von Juliane Bartel und Otto Sander, München 1998. Audiocassette.

Sehenswert:

Das Spiel ist aus (Les jeux sont faits). Regie: Jean Delannoy, Drehbuch: Jean-Paul Sartre. Frankreich 1947.

Besuchenswert:

Sartres Terrain und das seiner Gefährtin Simone de Beauvoir war das Viertel von Saint Germain in Paris und das südlich angrenzende Montparnasse-Viertel. Im »Café de Flore« oder im »Deux Magots« am Boulevard Saint-Germain trinkt man seinen Kaffee in einer seit Sartres Tagen garantiert unveränderten Umgebung; auf dem Friedhof von Montparnasse wird man Zeuge, dass das gemeinsame Grab von Sartre und Beauvoir zum Wallfahrtsort geworden ist.

Politisches Denken ohne Geländer

Hannah Arendt

1906–1975

»Denken ohne Geländer« hat Hannah Arendt einmal ihr Philosophieren genannt – Denken in einer Zeit, in der es keine traditionellen Selbstverständlichkeiten mehr gibt, an denen es sich festhalten kann. Diese Zeit ist das 20. Jahrhundert, in der die aufklärerischen Ideen von Freiheit und Menschenwürde, die Idee der Humanität, mit Füßen getreten wurden – vom Rassismus und Antisemitismus der faschistischen Massenbewegungen und vom stalinistischen Terror gegen alle »bürgerlichen Elemente« und die Abweichler in den eigenen Reihen. »Völkische« Moral und Wissenschaft oder ein angeblicher »Klassenstandpunkt« sollten die von der Aufklärung für universal erklärten Wahrheiten und einen allgemein menschlichen Anstand ersetzen.

■ Hannah Arendt, 1927, als sie bei Karl Jaspers in Heidelberg studierte.

Aber was war der Grund dafür, dass die Werte der bürgerlichen Gesellschaft verloren gegangen waren, dass die Gedanken der großen Philosophie und Wissenschaft des 18. und 19. Jahrhunderts nichts mehr galten? In ihrem bekanntesten Werk, *Elemente und Ursprünge totaler Herrschaft* (1951), versucht Arendt darauf eine politisch-philosophische Antwort zu geben, mithilfe einer phänomenologischen geschichtlichen Bestandsaufnahme. Die Existenz des modernen Massenmenschen, so ihre zentrale These, ist von einem »Weltverlust« geprägt, der zum Verlust seines Selbstbewusstseins führt und ihn dadurch manipulierbar macht. Er wird »gleichgeschaltet«.

Arendt beginnt ihre Untersuchung mit dem Massenphänomen des Antisemitismus, der sie, die Jüdin, aus Deutschland vertrieben hatte und in die schlimmste Katastrophe der modernen Zivilisation, den Holocaust, gemündet war. In der modernen Massengesellschaft, führt sie aus, sind die alten Standesunterschiede weitgehend verschwunden, und die grundsätzliche Gleichheit

aller Mitglieder der Gesellschaft kann nicht mehr in Frage gestellt werden – es sei denn, Ungleichheit wird als »natürliche«, und das heißt rassische, Ungleichheit begründet. Der »Mob« der im Verlauf der kapitalistischen Entwicklung Deklassierten klammert sich an die rassistische Idee von der »natürlichen« Ungleichheit einer gesellschaftlichen Gruppe, nämlich der Juden, um sich seiner Zugehörigkeit zum »Volk« zu versichern. Die Juden werden zu etwas Besonderem gestempelt, und der Mob versucht sie aus dem »Volkskörper« mit Gewalt auszuschließen. Die Herkunft des Mob erklärt Arendt mithilfe der Imperialismustheorie von Rosa Luxemburg (1870–1919): Er ist ein Produkt des Kapitalismus, der immer mehr Menschen durch die immer effektiver arbeitende Industrie funktionslos macht, während überschüssiges Kapital nach neuen Verwertungsmöglichkeiten sucht. Die kapitalistischen Eliten versuchen den Mob der Deklassierten und Arbeitslosen für ihre Zwecke, die Gewinnung neuer Märkte durch Kolonialismus und kriegerische Expansion, zu funktionalisieren; dort aber, wo wie in Deutschland das Ventil des »Exports« des Mobs in die Kolonien fehlt, wird dieser so mächtig, dass die »Unterweltstypen«, die sich zu seinen Führern ernannt haben, die »gute Gesellschaft«

■ Der Faschismus feierte das Aufgehen des Individuums in der Masse als ästhetisches Ereignis. Aufmarsch während des 9. Parteitags der NSDAP 1937.

■ Rahel Varnhagens (1771–1833) Salon war zu Beginn des 19. Jh.s eine wichtige Institution des Berliner intellektuellen Lebens. Arendt widmete Rahel Varnhagen ihre erste größere Veröffentlichung nach ihrer Dissertation. Es ging ihr darum, herauszuarbeiten warum eine Jüdin besondere Anstrengungen unternehmen muss, um durch gesellschaftlichen Erfolg in der deutschen Gesellschaft Fuss zu fassen. Zeichnung von Wilhelm Hensel, 1832, nach einer Originalzeichnung von 1822

zwingen können, mit ihnen von gleich zu gleich zu verkehren. Die Massenbewegung des Mobs hat kein Ziel außer dem, sich durchzusetzen. Der Terror und am Ende die Massenvernichtungslager sind ihr höchster Zweck, weil damit die völlige Gleichschaltung der Massen, die Beseitigung des Einzelnen als selbstbewusstes Subjekt, immer wieder bestätigt wird – durch seine physische oder seine moralische Liquidierung.

Die Gräuel der Nazis waren möglich, weil die Einzelnen zugunsten einer bürokratischen Maschinerie darauf verzichteten, selbstständige moralische Urteile zu fällen – dies hält Arendt auch 1961 fest, als sie den Prozess beobachtet, der in Jerusalem gegen Adolf Eichmann, einen der Organisatoren des millionenfachen Mordes an den europäischen Juden, geführt wird. Eichmann war kein Mörder aus herkömmlichen »niederen Motiven«, sondern aus Gedankenlosigkeit. Die »Banalität des Bösen« entzieht sich der moralischen Beurteilung, weil es in ihr kein moralisches Denken mehr gibt.

Mit ihrer Analyse der totalen Herrschaft gelangt Arendt zu einer erstaunlich konkreten und politischen Anwendung des phänomenologisch-existentialistischen Ansatzes, dem sie seit ihrem Studium bei Heidegger treu geblieben war. Wo Heidegger ziemlich nebulös von der »Seinsvergessenheit« des modernen Menschen spricht, zeigt Arendt in detaillierter sozialgeschichtlicher Untersuchung, was sie mit der »Weltlosigkeit« dieses modernen Menschen meint. In *Vita activa oder Vom tätigen Leben* (1958) versucht sie sowohl die tieferliegenden Ursachen des historischen Prozes-

TOTALITARISMUS

Die Gleichschaltung des Individuums, sein Sich-selbst-Aufgeben als politisch und moralisch urteilende Instanz, ist für Arendt die Grundbedingung »totaler Herrschaft« sowohl im Faschismus wie auch im Stalinismus. Der von ihr wesentlich geprägte Begriff des »Totalitarismus« wurde während des Kalten Krieges zu einem Kampfbegriff des Westens in dem Sinn, dass Kommunismus und Faschismus im Prinzip dasselbe seien. Arendt hatte zwar grundsätzliche Gemeinsamkeiten beider Systeme aufgezeigt, verwahrte sich aber gegen allzu plumpe Gleichsetzungen im Sinne der Propagandaformel »rot = braun«. So hielt sie dem Kommunismus mit Marx und Hegel eine respektable Ahnenreihe zugute, während die Herkunft des Faschismus für sie in der »Gosse« zu suchen ist.

■ *rechts* Der ehemalige SS-Obersturmbannführer Adolf Eichmann, einer der Organisatoren der Ermordung der europäischen Juden während des Zweiten Weltkriegs, 1961 vor dem Sondergericht in Jerusalem. Zu seinem Schutz steht er in einem kugelsicheren Glaskasten. An der Gestalt Eichmann entwickelt Arendt ihren Gedanken von der »Banalität des Bösen«.

ses zu bestimmen, der zur »Weltlosigkeit« der modernen Massengesellschaft und damit zum Totalitarismus führt, als auch einen Weg aufzuzeigen, wie dieser verhängnisvolle Prozess wieder umgekehrt werden könnte. Die Sinnleere der Gegenwart, argumentiert sie, sei darauf zurückzuführen, dass in der Neuzeit die Vorstellungen von gesellschaftlicher Praxis zunehmend auf die Herstellung materieller Dinge durch die gesellschaftliche Arbeit reduziert werden. Marx habe dies kritisch auf den Punkt gebracht, ohne aber eigentlich eine Alternative anzugeben. Diese Alternative lässt sich, so Arendt, am Beispiel der altgriechischen Gesellschaft entwickeln, wo das politische Handeln im Mittelpunkt des allgemeinen Bewusstseins stand, während die Arbeit als eine eher minderwertige Sache angesehen wurde und weitgehend privat stattfand. In der freien politischen Debatte entwarfen die Griechen ihr Gemeinwesen ein übers andere Mal neu, in eine offene und gefahrvolle, aber auch verheißungsvolle Zukunft hinein. Diese politische Sphäre eines tätigen Lebens gilt es wiederzugewinnen, damit die Menschen wieder lernen, einander selbst-

■ Hannah Arendt, um 1949

■ Hannah Arendt, 1955 in Berlin

bewusst gegenüberzutreten und nicht zu moralischen Kretins vom Typ eines Eichmann zu werden. Aus der Hoffnung auf dieses Wiedergewinnen des Politischen heraus hat Arendt enthusiastisch jeden spontanen und massenhaften politischen Aufbruch begrüßt, vom Ungarn-Aufstand 1956 bis zum Pariser Mai 1968.

In ihrem letzten, unvollendeten, Werk stellte Arendt der politischen »vita activa« der antiken und mittelalterlichen Tradition entsprechend die »vita contemplativa« gegenüber. Denken, Wollen und Urteilen sind für sie die Weisen, wie ein Mensch die Welt betrachtet. Aber auch die »vita contemplativa« ist für sie politisch, wie sich vor allem an ihrer Untersuchung des Urteilens zeigt. Die Beurteilung eines politischen Sachverhalts – das, wozu ein freies politisches Subjekt fähig sein muss – ist für sie etwas Ähnliches wie das »ästhetische Urteil« bei Kant: Was politisch richtig oder falsch ist, lässt sich nicht von irgendeiner sicheren Wahrheit ableiten; es ist nicht exakt beweisbar, aber doch mitteilbar, denn es beruht auf dem Gemeinsinn des Einzelnen. Dieser beruft sich auf Beispiele, er sucht Verbündete, kurz, er versucht etwas nach seiner Meinung Allgemeingültiges durchzusetzen. Der Einzelne übernimmt Verantwortung.

Mit dieser Rückkehr zu Kant zeigt Arendt, dass moderne politische Philosophie zwar »ohne Geländer«, ohne metaphysische Gewissheiten stattfindet, dennoch aber nicht im luftleeren oder besser: geschichtsleeren Raum.

HANNAH ARENDT

LEBEN UND WERK

Hannah Arendt, am 14. Oktober 1906 bei Hannover geboren, verbrachte ihre Kindheit ab dem fünften Lebensjahr in Königsberg. Als sie sieben war, starb ihr Vater nach jahrelanger Krankheit. Gegen Ende ihrer Schulzeit auf einem Mädchengymnasium schrieb sie ihre ersten Gedichte. Nach dem Abitur 1924 begann sie in Marburg Philosophie, Theologie und Griechisch zu studieren. Die Liebe zur Philosophie war für sie zu der Zeit untrennbar mit der Person ihres Professors Martin Heidegger verbunden, mit dem sie längere Zeit ein Verhältnis hatte. Ihr Studium setzte sie später in Heidelberg und Freiburg fort und schloss es 1928 bei Karl Jaspers ab mit einer Dissertation über den Liebesbegriff bei Augustinus. Wichtig war für sie in Heidelberg besonders die Begegnung mit Kurt Blumenfeld, einem der einflussreichsten Zionisten in Deutschland, der von da an ihr »Mentor in Sachen Politik« wurde. 1929 heiratete sie den Philosophen Günther Stern. Im selben Jahr begann Hannah Arendt – durch ein Stipendium der Notgemeinschaft der deutschen Wissenschaft unterstützt – mit der Arbeit an einer Biographie Rahel Varnhagens, die sie 1938 während ihres Exils in Frankreich beendete. Sie erschien erst zwanzig Jahre später zunächst in englischer Übersetzung. 1933 wurde Hannah Arendt von der Gestapo verhaftet; nach ihrer Freilassung floh sie nach Frankreich. Bis zur Annahme der amerikanischen Staatsbürgerschaft 1951 war sie »Staatenlose«. In Paris arbeitete sie für Organisationen, die jüdischen Flüchtlingen halfen, nach Palästina auszuwandern. 1936 lernte sie Heinrich Blücher kennen, den sie vier Jahre später heiratete. Ende Mai 1940 wurde Hannah Arendt im südfranzösischen Frauenlager Gurs interniert, aus dem ihr nach einem Monat die Flucht gelang. Im April 1941 emigrierte sie mit ihrer Mutter und ihrem Mann in die USA und ließ sich in New York nieder. Dort schrieb sie in den folgenden drei Jahren unter anderem für die deutschsprachige Zeitung *Der Aufbau*. Sie war Cheflektorin im Salman Schocken Verlag und Direktorin der Jewish Cultural Reconstruction Organization zur Rettung jüdischen Kulturguts. Sie begann auch, sich mit dem Nationalsozialismus auseinanderzusetzen. Ihr Buch *Elemente und Ursprünge des Totalitarismus* (*The Origins of Totalitarianism*), das 1951 erschien, machte sie schlagartig berühmt. Ab 1953 hielt sie Vorlesungen, unter anderem in Princeton, Cambridge, Chicago und Berkeley. Als Berichterstatterin für den *New Yorker* nahm sie 1961/62 am Eichmann-Prozess teil und erregte weltweit Aufsehen mit ihrem Buch *Eichmann in Jerusalem. Ein Bericht von der Banalität des Bösen*. Hannah Arendt erhielt viele Auszeichnungen, unter anderem wurde sie mit dem Lessing-Preis der Stadt Hamburg ausgezeichnet. Hannah Arendt starb am 4. Dezember 1975 in New York.

AUF DEN PUNKT GEBRACHT

Hannah Arendt macht den phänomenologischen Existentialismus ihres Lehrers Heidegger zu einer politischen Theorie, in der »Seinsvergessenheit« zur »Weltlosigkeit« als Orientierungslosigkeit der Massen in der modernen Gesellschaft wird, die zum Verlust des Ich als einer Instanz des selbstständigen Denkens und des moralischen Urteils führt. Ihre Analyse des »Totalitarismus«, des Faschismus und Stalinismus, hat bis heute weithin Bestand, und ihr Begriff der »Banalität des Bösen« charakterisiert die rassistische Vernichtungsmaschinerie des Nationalsozialismus besser als viele andere Erklärungsversuche.

EMPFEHLUNG

Lesenswert:

Elisabeth Young-Bruehl: *Hannah Arendt. Leben, Werk und Zeit*, Frankfurt/Main 2000.

Thomas Wild: *Hannah Arendt. Leben – Werk – Wirkung*, Frankfurt/Main 2006.

Seyla Benhabib: *Hannah Arendt. Die melancholische Denkerin der Moderne*, Hamburg 1998.

Alois Prinz: *Beruf Philosophin oder Die Liebe zur Welt. Die Lebensgeschichte der Hannah Arendt*, Weinheim 1998.

Hörenswert:

Hannah Arendt: *Von Wahrheit und Politik. Reden und Gespräche*, 1957–69, München 1999. 5 Audio-CDs

Besuchenswert:

In Marburgs romantischer Altstadt kann man auf den Spuren des heimlichen Liebespaars Arendt/Heidegger wandeln.

Dekonstruktion des Humanismus

Michel Foucault

1926–1984

■ Michel Foucault in den 1970er Jahren

Die Ordnung der Dinge. Eine Archäologie der Humanwissenschaften hieß das 1966 erschienene Buch, durch das Foucault zum bekanntesten französischen Philosophen seit Sartre wurde. Ein provozierendes Buch, das in der Aussage gipfelt, dass »der Mensch« verschwinden wird, und möglicherweise schon bald. Mit »der Mensch« meint Foucault allerdings beruhigenderweise nicht den Menschen als physisch existierendes Wesen, sondern als die Vorstellung, die sich die Wissenschaft und die Philosophie der Moderne von ihm gemacht haben und die es so zuvor nicht gab: der Mensch als Subjekt, als derjenige, der sich selbst reflektiert und dadurch seinem Leben und der Geschichte einen Sinn verleiht; der Mensch als Dialektiker, für den aus dem Gegensatz von dem, was er schon ist, und dem, was außer ihm ist, stets etwas positives Neues werden kann; der Mensch als mit sich identisches Wesen, als endliches »Sein zum Tode«, das sein Leben als Ganzheit innerhalb einer kontinuierlichen Geschichte autonom »entwirft«; der Mensch des Hegelschen und Marxschen Historismus und des Comteschen Positivismus, auch der Mensch des Sartreschen Existentialismus.

Die Entstehung dieses Menschen hatte Foucault zuvor in zwei größeren »wissensarchäologischen« Arbeiten verfolgt, *Wahnsinn und Gesellschaft* (1961) und *Die Geburt der Klinik* (1963). Wahnsinn und Gesellschaft zeichnet den Weg nach vom Mittelalter, in dem Wahnsinn und Vernunft noch in der Gesellschaft nebeneinander existieren, über das »klassische« Zeitalter des französischen Absolutismus, in dem die Wahnsinnigen aus der Gesellschaft weggeschlossen werden, bis zum um die Wende vom 18. zum 19. Jahrhundert entstehenden psychiatrischen »Diskurs«, in dem der Wahnsinn zum Gegenstand der Wissenschaft wird. Die Ausgren-

■ Für Foucault ein Dokument der Herausbildung des Menschen als mit sich selbst identischen Subjekt, des Verlustes der Spontaneität und Verwandlungsfähigkeit des Lebens: Gelehrtenrunde, Holzschnitt von Jost Amman, um 1570.

zung des Wahnsinns als eines Gegenstands objektiver Wissenschaft aus der Sphäre des »Subjektiven«, eigentlich Menschlichen, findet, so stellt Foucault fest, zur selben Zeit statt, als Hegel den religiösen »Geist« in das menschliche Subjekt zurückholt; das Ende der »Entfremdung« des einzelnen Menschen von Geschichte und Gesellschaft fällt mit der Entfremdung der Vernunft von dem Anteil der menschlichen Natur zusammen, der hinfort

STRUKTURALISMUS, POSTSTRUKTURALISMUS UND DEKONSTRUKTION

Was Foucault über die Methode der »Archäologie des Wissens« schreibt, entspricht weitgehend der aus der Linguistik stammenden »strukturalen« Methode. »Strukturen« sind für den Strukturalismus unabhängig von den Akteuren bestehende Systeme von »Zeichen« und »Bezeichnetem«, etwa die komplizierten Verwandtschaftsbeziehungen in Stammesgesellschaften, die Claude Lévi-Strauss (geb. 1908) nachzeichnete, die Leitfigur der strukturalistischen Bewegung der sechziger Jahre. Foucault war unter anderem durch seinen Lehrer Louis Althusser (1918–1990), der den Strukturalismus mit dem Marxismus zu verbinden suchte, mit dem Strukturalismus bekannt geworden. Er sah sich jedoch nur eine Zeit lang selbst als Strukturalist und lehnte diese Etikettierung später ab. Foucault und einige seiner Altersgenossen unter den französischen Philosophen wie Jacques Derrida (geb. 1930), Gilles Deleuze (1925–1995) oder der Psychoanalytiker Jacques Lacan (1901–1981) werden heute meist als »Poststrukturalisten« bezeichnet. Was sie verbindet, ist die Untersuchung von (strukturierten) »Diskursen«, die für sie in keinem Fall geschlossene Sinneinheiten bilden, sondern immer auf andere Strukturen oder Diskurse weiterverweisen. »Sinn« oder Bedeutung« werden dadurch zu etwas ebenso Flüchtigem wie das Bewusstsein von ihnen, das niemals die Geschlossenheit eines »Subjekts« erlangt. Die Zerstörung der für Foucault stets illusorischen Eindeutigkeit und Geschlossenheit einer Vorstellung, eines Begriffs, einer Struktur, kann man auch als »Dekonstruktion« bezeichnen – der Terminus ist als Bezeichnung einer philosophischen Methode von Derrida eingeführt worden. Zu den »Dekonstruktivisten« wird heute immer wieder auch Foucault gezählt.

■ Die Zurichtung des Menschen und seines Körpers im Sinne gesellschaftlicher Mächte: Trockenschwimmübung in einer Turnhalle, um 1920.

als »Wahnsinn« im Sinne von geistiger Krankheit gilt. Die Entstehung des modernen »Menschen« ist also mit der Abspaltung der nicht disziplinierbaren Seiten der menschlichen Existenz erkauft. *Die Geburt der Klinik* wiederum versucht den Nachweis, dass der Mensch als räumlich und lebenszeitlich begrenztes Wesen in der Medizin »erfunden« wurde, zu einem Zeitpunkt, als es einen solchen Menschen in der Philosophie noch gar nicht gab: zuerst in der Anatomie, die den Menschen als Körper auseinandernahm und den toten Körper säuberlich vom lebendigen schied. Durch diese naturwissenschaftliche Vermessung erst, so Foucault, entsteht der Mensch als endliche Ganzheit. In *Archäologie des Wissens* (1969) reflektiert Foucault die Methode seines wissenschaftsgeschichtlichen Vorgehens und versucht sie durch die Abgrenzung von dem zu bestimmen, was sie nicht sein soll: Die Geschichte darf nicht als ein Ganzes, als Totalität, betrachtet werden; damit soll die historistische Falle der Suche nach einem Sinn der Geschichte vermieden werden. Was untersucht wird, sind einzelne »Diskurse«. Diskurse sind von Regeln bestimmte Praktiken, wobei die Regeln den Diskursteilnehmern nicht bewusst zu sein brauchen. Diese vergangenen Diskurse

FOUCAULT, NIETZSCHE, HEIDEGGER

In Foucaults Kritik des Humanismus und des Subjekts wiederholt sich in gewisser Weise Nietzsches Kritik an der Tradition des westlichen Rationalismus. Nietzsches »Umwertung aller Werte« und seine Auflösung der Idee der Einzigartigkeit des Subjekts in der Lehre von der »ewigen Wiederkunft« hat Foucault zweifellos beeinflusst. Nicht zu unterschätzen ist auch der Einfluss des Nietzsche-Kenners Heidegger auf Foucault und andere Poststrukturalisten: Der Ersatz des Subjektbegriffs durch den des »Daseins« und die Rede vom Dasein als der »Sorge« um die unmittelbaren Lebensbedürfnisse kommen der »Dekonstruktion« des Rationalismus entgegen.

■ Die Erfindung der modernen Psychiatrie: *Der Saal der Unruhigen im Ospedale di Bonifazio in Florenz.* Gemälde von Telemaco Signorini, 1865

»bedeuten« nichts anderes als das, was sie sind, sie verweisen nicht auf eine dahinter stehende »wirkliche« Sache und bedürfen keiner »verstehenden« Interpretation. Sie sind einfach da, sobald sie aufgedeckt sind, aber sie werden erst verständlich, wenn sie mit weiteren Diskursen in Zusammenhang gebracht werden, mit zeitlich früheren und späteren oder benachbarten.

Foucault betrachtet die mittels der »archäologischen Methode« an den Tag gekommenen Sachverhalte durchaus nicht als pure Fakten, sondern unterwirft sie leidenschaftlicher Kritik – und widerspricht damit seiner eigenen Behauptung, dass er nicht aufgrund von Werten und Normen philosophiere. »Der Mensch«, diese junge, aber doch äußerst wirkungsvolle Erfindung von Wissenschaft und Philosophie, ist es für Foucault nämlich wert, dass er möglichst bald untergeht. Der Mensch ist, so hatte er in *Wahnsinn und Gesellschaft* und *Geburt der Klinik* herauszuarbeiten begonnen, Gegenstand der Wissenschaft und zugleich Subjekt dieser Wissenschaft, das mit Hilfe seiner Rationalität alles, was den Menschen und die Gesellschaft betrifft, zu überschauen sucht. Zum besten Symbol und zugleich realen Symptom dieser Art von Rationalität wird für Foucault das im 19. Jahrhundert entstandene moderne Gefängnis, dessen Funktionsweise er in *Überwachen und Strafen* (1975) analysiert. Im modernen Gefängnis unterliegt das Verhalten der Delinquenten permanenter Überwachung von einem zentralen Punkt aus. Und bezeichnenderweise war Jeremy Bentham (1748–1832), der Begründer des Utilitarismus und Verkünder der Doktrin des »größten Glücks für die größte Zahl«, deshalb einer der wichtigsten Verfechter dieses Gefängnissystems und an seiner Einführung beteiligt. Für Foucault ist die Kontrolle über diejenigen, die vom moralischen Standard abweichen, und die damit verbundene Selbstkontrolle (die verhindern soll, dass man selbst der totalen Außenkontrolle unterworfen wird), die Quintessenz des modernen Humanismus. Wissen-

■ Abrichtung von Menschen beim Militär: Stiefelappell auf einem Kasernenhof um 1907.

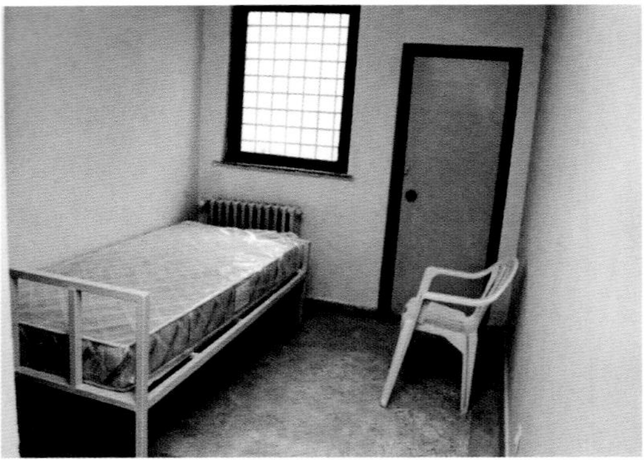

■ Überwachen und Strafen: Moderne Justizvollzugsanstalt (Wulkow bei Neuruppin). Die Überwachung findet heute nur an exponierten Stellen durch Videokameras statt.

schaftlicher Humanismus schlägt um in den Terror einer Einheitsmoral, in Totalitarismus. (Mit dieser Diagnose stimmt Foucault übrigens weitgehend mit dem düsteren Fazit überein, das Horkheimer und Adorno in ihrer *Dialektik der Aufklärung* hinsichtlich der modernen Humanwissenschaften ziehen.) Wissen ist Macht, das ist das von Bacon formulierte Programm der neuzeitlichen Wissenschaft, und der Satz lässt sich umkehren: Macht ist Wissen, Wissen über die Menschen, Kontrolle über sie. Es wird seit dem 19. Jahrhundert zur Macht der »Gouvernementalität«, zu einer staatlichen Macht, die entscheidet, was dem Gesellschaftskörper zuträglich ist oder nicht. Diese gouvernementale Macht wird schließlich zur totalitären »Bio-Macht«, die, wie der Nazistaat, darüber entscheidet, welches Leben lebenswert ist und welches nicht.

Foucaults letzte große Arbeit, *Sexualität und Wahrheit* (1976–1984), ist der Geschichte der Sexualität gewidmet. Hier geht es ihm darum, das Diktat eines Liebesbegriffs zu »dekonstruieren«, der von der Idee der Heterosexualität und der Fortpflanzung dominiert ist – es geht ihm hier auch um die Wiedergewinnung der (existentialistischen) Dimension von »Sorge« um sich selbst – konkret: um die Befreiung seiner eigenen Homosexualität. Sexualität und erotische Beziehung ist vielleicht das Gebiet, auf dem am ehesten einleuchtet, was er mit seinem Angriff auf den herkömmlichen Begriff von Humanität und Subjektivität beabsichtigt, nämlich »die Modifizierung etablierter Werte …, um anders zu denken, um anderes zu machen und anders zu werden, als man ist.«

MICHEL FOUCAULT

LEBEN UND WERK

Michel Foucault wurde am 15. Oktober 1926 als Sohn eines Arztes in Poitiers geboren. Nach seiner Gymnasialzeit am Lycée Henri IV. in Paris wurde er 1946 Schüler der berühmten École normale supérieure und studierte Philosophie. Mit seinem Lehrer Louis Althusser war er über die Studienzeit hinaus noch Jahre befreundet. Nach seinem Philosophieexamen an der Sorbonne begann er Psychologie zu studieren. Während der Ausbildung war er zwei Jahre lang Praktikant im psychiatrischen Hôpital Sainte-Anne. 1951 erwarb er die Lehrerlaubnis für Philosophie. Im selben Jahr ging er als Dozent für Psychologie an die Universität Lille, wo er 1952 das Diplom für Psychopathologie erhielt und sein erstes Buch, *Psychologie und Geisteskrankheit* (1954, *Maladie mentale et personnalité*), abschloss. Als Lektor für französische Literatur und Kultur wechselte Foucault 1955 an die Universität Uppsala in Schweden, wurde 1958 Direktor des Centre français an der Universität in Warschau und übernahm 1959 die Leitung des Institut français in Hamburg. Von 1960 bis 1966 lehrte er zunächst als Privatdozent, später als Professor an der Universität in Clermont-Ferrand. Er promovierte dort mit der Arbeit *Wahnsinn und Gesellschaft. Eine Geschichte des Wahns im Zeitalter der Vernunft* (1961, *Folie et déraison. Histoire de la folie à l'âge classique*) und habilitierte sich mit der Schrift *Die Geburt der Klinik* (1962, *Naissance de la clinique*). Darüber hinaus veröffentlichte Foucault in diesen Jahren das Werk *Die Ordnung der Dinge. Eine Archäologie der Humanwissenschaften* (1966, *Les mots et les choses. Une archéologie des sciences humaines*). Foucault lehrte an den Universitäten Tunis und Paris-Vincennes, bis er schließlich 1969 – im selben Jahr, in dem seine *Archäologie des Wissens* (*L'Archéologie du savoir*) erschien – an das renommierte Pariser Collège de France als Professor für Geschichte der Denksysteme berufen wurde. Berühmt wurde seine Antrittsrede *Die Ordnung des Diskurses* (*L'Ordre du discours*). Foucault, der in den 1950er Jahren vorübergehend Mitglied der Kommunistischen Partei Frankreichs gewesen war und seit 1965 Kontakte zur brasilianischen demokratischen Opposition unterhielt, engagierte sich in den 1970er Jahren zunehmend politisch. Er war Mitbegründer der Informationsgruppe über Gefängnisse, der »Groupe d'Information sur les Prisons (GIP)«, und hatte Verbindungen zu sowjetischen Dissidenten und zu dem unabhängigen polnischen Gewerkschaftsverband Solidarnosc. Vortragsreisen führten ihn mehrfach nach Kalifornien, nach Japan, Kanada, Brasilien und Vermont. Am 25. Juni 1984 starb Foucault im Alter von siebenundfünfzig Jahren in Paris an Aids.

AUF DEN PUNKT GEBRACHT

Die moderne Vorstellung vom Menschen ist für Foucault ein Produkt der Wissenschaft und der gesellschaftlichen Strukturen des 19. Jahrhunderts. »Der Mensch« als endliches, kontinuierliches und ganzheitliches Subjekt entspricht für ihn einem Humanismus, der sich bei näherem Hinsehen als terroristische gesellschaftliche Kontrolle und Standardisierung des menschlichen Lebens erweist. Aufgabe einer nicht-humanistischen Wissenschaft ist es, die Illusion des Subjekts und geschichtlichen Sinns zu zerstören und die Menschen zu befähigen, ihr Leben, ihr Werte und Verhaltensweisen immer wieder neu zu erfinden.

EMPFEHLUNG

Lesenswert:

Didier Eribon: *Michel Foucault. Eine Biographie*, Frankfurt/Main 1999.

Bernhard H. F. Taureck: *Michel Foucault*, Reinbek 1997.

Philipp Sarasin: *Michel Foucault zur Einführung*, Hamburg 2005.

Paul Veyne: *Foucault. Der Philosoph als Samurai*, Stuttgart 2009. (Biographie)

Besuchenswert:

Die moderne Universität von Lille im Nordosten Frankreichs, an der Foucault während entscheidender Jahres seine Lebens gewirkt hat, lohnt einen Besuch – damit man sich die Tristesse einer aus dem Boden gestampften Provinzuniversität des späten 20. Jahrhunderts vorstellen kann. Foucault pendelte zwischen Provinz und der Pariser Intellektuellenszene der Rive Gauche, des linken Seine-Ufers, und der Kontrast von toter Moderne und lebendiger intellektueller Tradition mag manches in seinem Werk erklären.

Rekonstruktion der Vernunft
Jürgen Habermas
geboren 1929

■ Das Parlament – im Idealfall Stätte der öffentlichen Kommunikation zwischen freien und gleichberechtigten Individuen. Das Europaparlament in Straßburg, 2001

In der Philosophie der Gegenwart, die sich international weithin als »postmodern« begreift, ist Habermas der wohl wichtigste Verfechter des mit der Aufklärung begonnenen »Projekts der Moderne«. Die Philosophen der »Postmoderne« versuchen die als Einengung des Denkens empfundenen Grundkonzepte modernen Philosophierens zu »dekonstruieren«: die Idee einer allgemeinen Vernunft, die Vorstellung des menschlichen Individuums als eines für sich selbst verantwortlichen Subjekts oder die Auffassung von der Geschichte als der Perspektive der möglichen Beseitigung des Gegensatzes von individuellen Bedürfnissen und gesellschaftlichen Zwängen. Habermas will dagegen die Idee der Vernunft als Vorbedingung einer freien und gerechten Gesellschaft und eines

demokratischen und sozialen Rechtsstaats retten, indem er sie neu begründet, rekonstruiert.
Habermas' philosophische Karriere begann in den fünfziger Jahren am von Max Horkheimer und Theodor W. Adorno geleiteten Institut für Sozialforschung in Frankfurt, und der Ausgangspunkt seiner Entwicklung als Sozialphilosoph ist die Kritische Theorie seiner Lehrer. Die Kritische Theorie hatte vor dem Zweiten Weltkrieg als kritische Analyse der zeitgenössischen Gesellschaft im Sinne des Marxismus begonnen, das heißt als Kritik der Gegenwart vom Standpunkt einer gerechteren und freieren Gesellschaft aus. Ihre Anhänger hofften, dass sich diese gerechtere Gesellschaft durch eine revolutionäre Erhebung der unterdrückten Massen verwirklichen lassen würde. Da diese Revolution ausblieb und stattdessen Massenbewegungen wie der Faschismus (und der Stalinismus) den Verlauf der Geschichte im 20. Jahrhundert bestimmten, die die humanitären Ideale der Aufklärung von Freiheit und Gerechtigkeit mit Füßen traten, gaben Horkheimer und Adorno es auf, sich weiter an dem zu orientieren, was eine bessere Gesellschaft ausmachen müsste, und zogen sich auf einen transzendentalen und in letzter Instanz religiösen Wahrheitsbegriff als Orientierung ihrer Gesellschaftskritik zurück.
Diesen Weg geht Habermas nicht mit. Er hält vielmehr an dem Gedanken Kants fest, dass Aufklärung in der Praxis die Voraussetzungen der wissenschaftlichen Wahrheitsfindung herbeiführen muss, nämlich durch die Herstellung einer Öffent-

■ Jürgen Habermas als Vortragsredner, um 1980

KRITISCHES EINGREIFEN IN DIE GESELLSCHAFTLICHE DISKUSSION

Zu Habermas' Selbstverständnis als kritischer Theoretiker gehört es, dass er immer wieder in wichtige politische und moralische Debatten eingreift. Dazu zählt etwa sein Engagement im »Historikerstreit« von 1986, in dem er energisch gegen die die Naziverbrechen verharmlosende These auftrat, die Deutschen hätten nur auf die Bedrohung durch den Sowjetkommunismus reagiert. In jüngster Zeit hat er sich in die Diskussion über die Gentechnologie mit der Forderung eingemischt, nicht allein die technische Machbarkeit zum Maßstab für das Handeln zu nehmen.

■ Die *Theorie des kommunikativen Handelns* von 1981 gilt als Habermas' Hauptwerk.

lichkeit, in der alle Menschen sich frei und gleichberechtigt über das, was als wahr und richtig gelten soll, verständigen können. Dass eine solche Praxis möglich ist, setzt voraus, dass in der Gesellschaft Kräfte wirksam sind, die auf eine weitergehende Freiheit und Gerechtigkeit hinzielen, als sie der in vieler Hinsicht erst formell demokratische und keineswegs stabilisierte Rechtsstaat der Gegenwart bietet. In *Erkenntnis und Interesse* (1968) beschreibt Habermas diese Kräfte als die »Interessen«, die unsere Erkenntnis leiten.

Das Interesse an naturwissenschaftlicher Erkenntnis ist das »technische Interesse« an der Beherrschung der Natur, die Voraussetzung für den materiellen Wohlstand der Gesellschaft ist. Das Interesse, das den verstehenden (»hermeneutischen«) Geisteswissenschaften zugrunde liegt, ist das »praktische« gesellschaftliche Interesse an einer Verständigung über die Normen und Ideen, an denen sich das soziale Handeln orientiert. Aus der Verständigung über technische und praktische Interessen aber entsteht ein weiteres Grundinteresse, nämlich das Interesse an »Emanzipation«, an einer weitergehenden Freiheit und Gerechtigkeit; denn in dem Moment, wo die Ziele der wissenschaftlichen Forschung und der menschlichen Praxis überhaupt reflektiert und diskutiert werden, wo sie uns bewusst und nicht einfach als gegeben hingenommen werden, stellt sich auch die Frage, was alle Teilnehmer an diesen Überlegungen als gemeinsames Projekt ansehen, welche Gesellschaft sie wollen. Die – in öffentlicher Debatte betriebene – Reflexion über die gesellschaftlichen Ziele der Wissenschaft ist das, was Kant »Vernunft« nennt – im Unterschied zum bloß »verständigen« Forschen über einzelne Sachfragen, das der Positivismus, der immer nur vom bereits Gegebenen ausgeht, für die einzig mögliche Art von Wissenschaft erklärt.

In der Realität ist freilich das Interesse der Menschen und sozialen Gruppen unterschiedlich, und einzelne Menschen und Gruppen haben mehr Macht als andere, ihre Interessen durchzusetzen; vernünftiges oder emanzipatorisches Handeln und Forschen, also solches, das allen Mitglie-

HABERMAS UND DER AMERIKANISCHE PRAGMATISMUS

Eine wichtige Anregung für Habermas war die Auseinandersetzung mit dem amerikanischen Pragmatismus, insbesondere mit George Herbert Mead (1863–1931). Mead war der Ansicht, dass die Menschen ihre Auffassungen von der Welt aufgrund ihrer praktischen Interessen herausbilden, und zwar immer in der Kommunikation mit anderen. Das praktische »Sein« bestimmt also ähnlich wie in Marx' Historischem Materialismus das Bewusstsein, aber als permanenter Prozess, an dem das Bewusstsein der Einzelnen immer schon beteiligt ist. Das Bewusstsein kann sich ändern, ohne dass zuvor die Gesellschaft insgesamt verändert werden muss: Demokratische Entwicklung ohne Revolution ist möglich.

■ Elemente der Öffentlichkeit: Zeitung und Wirtshaus. Zuerst in England entwickelte sich die moderne Form von Öffentlichkeit, wie Habermas in seiner Habilitationsschrift *Strukturwandel der Öffentlichkeit* (1961) darlegt. Richard Caton Woodville, *Politics in an Oysterhouse*, 1848

dern der Gesellschaft zugute kommen soll und deshalb möglichst auch von allen mitbestimmt werden muss, ergibt sich deshalb keineswegs von allein oder gar zwangsläufig.

Um weitere Argumente dafür zu finden, dass es in der gesellschaftlichen Realität so etwas wie ein emanzipatorisches Potenzial gibt, wendet sich Habermas nach *Erkenntnis und Interesse* vor allem der analytischen Sprachphilosophie zu. Sprache, so stellt er fest, erwächst aus den praktischen Verständigungszusammenhängen der »Lebenswelt«. In ihren Regeln haben sich bestimmte Figuren gemeinschaftlichen Handelns, der »Interaktion« verfestigt, sodass sie quasi automatisch gelten. Insofern haben sprachliche Äußerungen immer auch schon einen normativen Gehalt, indem sie bestimmte Interaktionen (aufeinander bezogene Handlungen) herbeiführen. Dies führt Habermas dazu, von »Geltungsansprüchen« sprachlichen Handelns zu sprechen. Sprachhandlungen enthalten, wenn man einmal von dem stets vorausgesetzten Anspruch auf Verständlichkeit absieht, stets den Anspruch auf die »Wahrheit« des in ihnen dargelegten Sachverhalts. Aber dies

■ Dieses Foto von 1999 wurde anlässlich der Ankündigung der Verleihung des Friedenspreises des deutschen Buchhandels an Habermas 2001 in Umlauf gebracht.

■ Niklas Luhmann, der Begründer der soziologischen »Systemtheorie« und Habermas' langjähriger Diskussionspartner

macht für sich alleine noch keine sinnvolle Aussage aus, denn der Sachverhalt muss auch mit einem praktischen Interesse verbunden sein; deshalb ist der »Sprechakt« der Aussage stets von einem anderen Sprechakt begleitet, der die soziale Bedeutung des Sachverhalts anspricht, etwa, indem er die Aussage mit einer Aufforderung verbindet und damit eine bestimmte Einstellung zum Sachverhalt für richtig erklärt. Daher spricht Habermas von der »Richtigkeit«, die eine Sprachhandlung auch immer beansprucht. Dies ist insofern zentral, als die »Wahrheit«, indem sie stets im Zusammenhang mit dem gesellschaftlichen Moment der »Richtigkeit« betrachtet wird, »entontologisiert«, das heißt nicht mehr dem ewig »Seienden« zugeordnet, sondern von der gesellschaftlichen Auseinandersetzung und von der historischen Entwicklung abhängig gemacht wird; sie ist also dem sozialen Wandel unterworfen. Das dritte Element der Sprachhandlung ist für Habermas die Selbstdarstellung der Persönlichkeit des Sprechers, in der er seinen Anspruch auf »Wahrhaftigkeit«, also Glaubwürdigkeit, zum Ausdruck bringt.

HABERMAS UND NIKLAS LUHMANN

Habermas hat sich lange mit dem Soziologen Niklas Luhmann (1927–1998) auseinandergesetzt, der eine Theorie der Gesellschaft als sich selbst zusammen mit seinen »Subsystemen« erhaltendes »System« entwickelt hatte. Er polemisierte gegen Luhmann als Vertreter einer »Sozialtechnologie«, die Gesellschaft nur als sich selbst regelnden Automaten sieht und von den in ihr handelnden Menschen abstrahiert. Dieser »Systemtheorie« hielt er seine Auffassung von Gesellschaft als kommunikativer Lebenswelt entgegen. Schließlich integrierte er jedoch Luhmanns Systemtheorie in sein eigenes Konzept von Gesellschaft, in dem System und Lebenswelt einander durchdringen. Die »Habermas-Luhmann-Debatte« ist das Musterbeispiel eines wissenschaftlichen Diskurses, der zwar nicht gleich zur Einigung führt, dennoch aber die Entwicklung der Theorie voranbringt.

Im »Diskurs«, also der Debatte, darüber, ob Geltungsansprüche, die im kommunikativen Handeln erhoben werden, auch berechtigt sind, geht es auf einer anderen Ebene wiederum um Wahrheit, Richtigkeit und Wahrhaftigkeit: Damit diese Diskussion fair verläuft, sollte sichergestellt sein, dass jeder Diskursteilnehmer die gleiche Chance hat, die »Wahrheit« seiner Meinung zu untermauern, die »Richtigkeit« seiner Meinung im Hinblick auf soziales Handeln durchzusetzen und seine eigene »Wahrhaftigkeit« darzustellen. In der Realität ist vollkommene Chancengleichheit im Diskurs nie gegeben, und doch müssen alle Beteiligten im Kopf haben, dass nur bei gleichen Chancen aller der Diskurs so etwas wie Wahrheit feststellen kann, weil man ihn sonst gar nicht zu führen bräuchte. Das »Ideal« eines chancengleichen (»herrschaftsfreien«) Diskurses beeinflusst somit das, was real in ihm geschieht, und erlaubt, dass Diskurse aufgrund von Argumenten zu befriedigenden, weithin anerkannten Ergebnissen kommen, sowohl in ethischen oder rechtstheoretischen Fragen, die die Gesellschaft bewegen, als auch in Fragen der wissenschaftlichen Methode. Voraussetzung ist immer nur, dass alle Diskursteilnehmer in ihrer Argumentation als Richtschnur nehmen, dass die Chancengleichheit, die sie in ihrer Debatte voraussetzen müssen, eigentlich für alle Menschen gelten sollte. Jede inhaltlich wahre Aussage, die zu einer die Chancengleichheit fördernden Handlung führt, ist »richtig«.

Diese »Diskurstheorie der Wahrheit« – oder besser der »Vernunft«, wenn man darunter das Gemeinsame von »Wahrheit«, »Richtigkeit« und »Wahrhaftigkeit« versteht –, ist deshalb für Habermas so zentral, weil sie nach seiner Überzeugung zeigt, dass gesellschaftliche Vernunft oder Rationalität aus sich selbst heraus und ohne Rückgriff auf metaphysische (ontologische, theologische) Voraussetzungen begründbar ist. Dies ermöglicht dann auch wieder, und das war ja der Ausgangspunkt seiner Überlegungen gewesen, eine kritische Theorie der Gesellschaft.

Die Anwendung der Diskurstheorie auf die Theorie der Gesellschaft bestimmt den Inhalt von Habermas' Hauptwerk *Theorie des kommunikativen Handelns* (1981). »Theorie des kommunikativen Handelns« ist deshalb Gesellschaftstheorie, weil

■ Während der Auseinandersetzung des Staates mit dem Terrorismus der »Rote Armee Fraktion« in den 1970er Jahren warnte Habermas die Linke vor einer falschen Solidarität gegenüber terroristischer Politik und mahnte die Einhaltung rechtsstaatlicher Standards durch den Staat an. Feinde machte er sich auf beiden Seiten. Fahndungsplakat des Bundeskriminalamts 1972.

■ Habermas in seinem Arbeitszimmer, um 1970

Gesellschaft immer auf kommunikativem, das heißt von Sprache begleitetem und von sprachlichen Strukturen geprägtem Handeln beruht. Unsere »Lebenswelt« wird von in der Sprache enthaltenen Normen gesteuert, die uns in aller Regel gar nicht bewusst sind, aber stets den Hintergrund unseres sprachlichen Argumentierens bilden. Da komplexe Gesellschaften jedoch nicht mehr allein durch die aus der Lebenswelt stammende alltagssprachliche Kommunikation steuerbar sind, wird Gesellschaft – auch – zum »System«, dessen wichtigste »Subsysteme« der von Macht gesteuerte Staat und die Wirtschaft mit ihrem Steuerungsmedium Geld sind. Parallel zu Wirtschaft und Staat entwickelt sich auch die Öffentlichkeit.

Staat und Wirtschaft verselbständigen sich zunehmend gegenüber der Lebenswelt. Während in der Lebenswelt die Menschen versuchen, Einverständnis über ihre Praxis zu erzielen, folgen Systeme allein dem Gesetz funktionaler Rationalität, das heißt: Alles ist in ihnen auf rationale Weise darauf angelegt, dass sie sich als Systeme selbst erhalten. Dafür sorgen bürokratische Entscheidungshierarchien, die an die Stelle von Konsens treten. Die Subsysteme Staat und Wirtschaft wachsen auf Kosten der Lebenswelt und »kolonisieren« sie. Immer mehr Lebensgebiete werden ihrer funktionalen, bürokratischen, juristischen Rationalität unterworfen und vereinheitlicht. Der Widerstand gegen Macht und Geld und die kulturelle Verarmung der Gesellschaft zu einer uniformen Konsumgesellschaft kann nur aus der Lebenswelt hervorgehen, aber er muss auf der Ebene der Gesellschaft, das heißt politisch, organisiert sein. Er muss sich sowohl der konsensorientierten Maßstäbe kommunikativen Handelns bedienen, wie sie der Lebenswelt entstammen, als auch der allgemeinen Rationalität der Gesellschaft als System: Er muss auf *öffentlicher* Kommunikation beruhen. Anders ausgedrückt: Er muss sich der Vernunft bedienen, die seit Kant nichts anderes ist als die Idee, die diskursive Verständigung, die im überschaubaren sozialen Rahmen, in persönlicher Liebe, Freundschaft und Zusammenarbeit immer wieder gelingt, universal zu machen.

JÜRGEN HABERMAS

LEBEN UND WERK

Jürgen Habermas wurde am 18. Juni 1929 in Düsseldorf geboren. Von seinem zwanzigsten Lebensjahr an studierte er in Göttingen, Zürich und Bonn Philosophie, Geschichte, Psychologie, Deutsche Literatur und Ökonomie. 1954 promovierte er mit der Arbeit *Das Absolute und die Geschichte. Von der Zwiespältigkeit in Schellings Denken* und ging 1956 als Assistent an das Frankfurter Institut für Sozialforschung. Geprägt von der Frankfurter Schule wurde er neben den Sozialphilosophen Theodor W. Adorno (1903–1969) und Max Horkheimer (1895–1973) führender Vertreter der Kritischen Theorie. 1961 habilitierte sich Habermas in Marburg mit seiner Schrift *Strukturwandel der Öffentlichkeit*, mit der er für seine spätere Position eine wichtige Grundlage schuf. Kurz zuvor schon war er auf Vorschlag Hans-Georg Gadamers (geb. 1900) und Karl Löwiths (1897–1973) als außerordentlicher Professor der Sozialphilosophie an die Universität Heidelberg berufen worden. In der Heidelberger Zeit erschien sein Buch *Theorie und Praxis* (1963), eine Sammlung sozialphilosophischer Studien. 1964 kehrte Habermas nach Frankfurt zurück und übernahm als Nachfolger Horkheimers den Lehrstuhl für Philosophie und Soziologie. Dem Buch *Erkenntnis und Interesse* (1968) folgten unter anderem die Schriften *Technik und Wissenschaft als Ideologie* (1968), *Protestbewegung und Hochschulreform* (1969), *Zur Logik der Sozialwissenschaften* (1970) und der zusammen mit Niklas Luhmann (1927–1998) verfasste Diskussionsband *Theorie der Gesellschaft oder Sozialtechnologie* (1971). Von 1971 bis 1980 war er gemeinsam mit Carl-Friedrich von Weizsäcker Direktor am Max-Planck-Institut zur Erforschung der Lebensbedingungen der wissenschaftlich-technischen Welt in Starnberg. In den 1970er Jahren erschien unter anderem seine Aufsatzsammlung *Zur Rekonstruktion des Historischen Materialismus* (1976). 1980 wechselte Habermas als Direktor an das Max-Planck-Institut für Sozialwissenschaften in München. Im Jahr darauf erschien mit der *Theorie des kommunikativen Handelns* sein zweibändiges Hauptwerk. 1982 folgte er erneut dem Ruf auf eine Professur für Soziologie und Philosophie an die Universität in Frankfurt, wo er die ganzen Jahre über seit Anfang der 1970er Jahre nebenbei als Honorarprofessor gelehrt hatte. 1994 wurde Habermas emeritiert. Auch in den 1980er und 1990er Jahren veröffentlichte er zahlreiche Schriften. Immer wieder meldete er sich öffentlich zu Wort und bezog Stellung in politischen Kontroversen. Sein Artikel *Eine Art Schadensabwicklung* löste 1986 den sogenannten Historikerstreit aus. Habermas erhielt hohe Auszeichnungen und die Ehrendoktorwürde vieler Universitäten im In- und Ausland.

AUF DEN PUNKT GEBRACHT

Auf der Grundlage der vom Marxismus geprägten Kritischen Theorie der Gesellschaft Horkheimers und Adornos, letzten Endes aber auf der Grundlage des Kantschen Vernunftbegriffs, entwickelt Habermas einen modernen sprach- und gesellschaftstheoretisch fundierten Vernunftbegriff, der ohne metaphysische Vorannahmen auskommt. Diesen Vernunftbegriff wendet Habermas als Maßstab für die politische Kritik konkreter gesellschaftlicher Entwicklungen an.

EMPFEHLUNG

Lesenswert:

Hauke Brunkhorst: *Habermas*, Leipzig 2006.

Detlef Horster: *Jürgen Habermas zur Einführung*, Frankfurt/Main 1999.

Walter Reese-Schäfer: *Jürgen Habermas*, Frankfurt/Main 1991.

Stefan Müller-Doohm: *Jürgen Habermas. Leben – Werk – Wirkung*, Frankfurt/Main 2008.

Sehenswert:

Nur wenige hundert Meter vom Frankfurter Institut für Sozialforschung entfernt, wo Habermas bei Horkheimer und Adorno lernte und sich für seine Lehrer mit der 68er Studentenbewegung auseinandersetzen musste, befindet sich im Westend, in der Lindenstraße, der Sitz des Suhrkamp Verlags. Im Foyer des Suhrkamp-Gebäudes sieht man Habermas' Porträtfoto inmitten der Porträts der Schriftsteller, die das kulturelle Bild der Bundesrepublik in den fünfziger, sechziger und siebziger Jahren des 20. Jahrhunderts geprägt haben.

BEGRIFFSREGISTER

Auf den Seiten, die **fett** gekennzeichnet sind, findet sich eine ausführliche Erläuterung des jeweiligen Begriffs.

PERSONENREGISTER

Die Namen der Philosophen, denen ein eigener Artikel gewidmet ist, sind **fett** hervorgehoben.
Ebenfalls hervorgehoben sind die Zahlen der Seiten, auf denen weitere Personen ausführlicher behandelt werden.

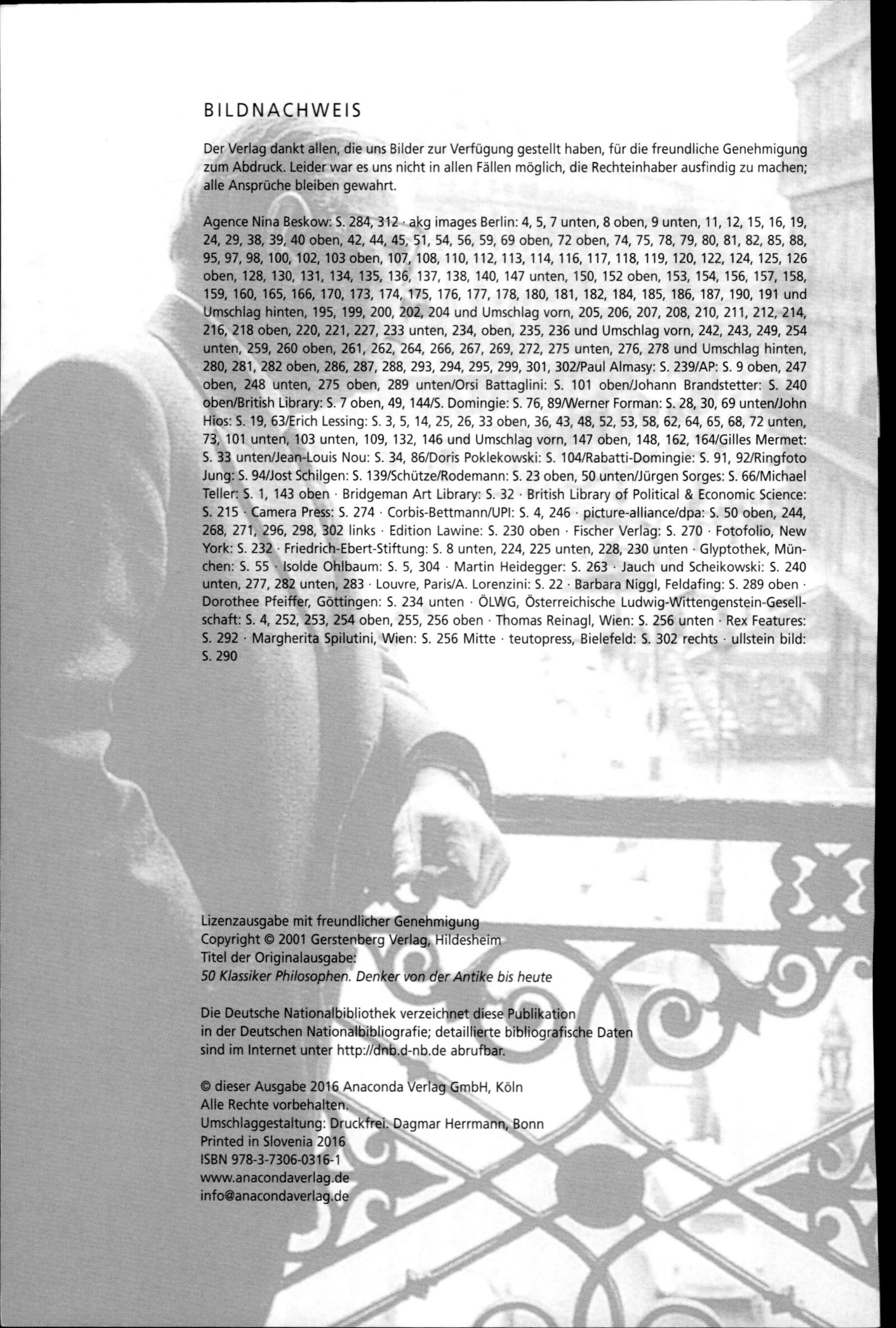

BILDNACHWEIS

Der Verlag dankt allen, die uns Bilder zur Verfügung gestellt haben, für die freundliche Genehmigung zum Abdruck. Leider war es uns nicht in allen Fällen möglich, die Rechteinhaber ausfindig zu machen; alle Ansprüche bleiben gewahrt.

Agence Nina Beskow: S. 284, 312 · akg images Berlin: 4, 5, 7 unten, 8 oben, 9 unten, 11, 12, 15, 16, 19, 24, 29, 38, 39, 40 oben, 42, 44, 45, 51, 54, 56, 59, 69 oben, 72 oben, 74, 75, 78, 79, 80, 81, 82, 85, 88, 95, 97, 98, 100, 102, 103 oben, 107, 108, 110, 112, 113, 114, 116, 117, 118, 119, 120, 122, 124, 125, 126 oben, 128, 130, 131, 134, 135, 136, 137, 138, 140, 147 unten, 150, 152 oben, 153, 154, 156, 157, 158, 159, 160, 165, 166, 170, 173, 174, 175, 176, 177, 178, 180, 181, 182, 184, 185, 186, 187, 190, 191 und Umschlag hinten, 195, 199, 200, 202, 204 und Umschlag vorn, 205, 206, 207, 208, 210, 211, 212, 214, 216, 218 oben, 220, 221, 227, 233 unten, 234, oben, 235, 236 und Umschlag vorn, 242, 243, 249, 254 unten, 259, 260 oben, 261, 262, 264, 266, 267, 269, 272, 275 unten, 276, 278 und Umschlag hinten, 280, 281, 282 oben, 286, 287, 288, 293, 294, 295, 299, 301, 302/Paul Almasy: S. 239/AP: S. 9 oben, 247 oben, 248 unten, 275 oben, 289 unten/Orsi Battaglini: S. 101 oben/Johann Brandstetter: S. 240 oben/British Library: S. 7 oben, 49, 144/S. Domingie: S. 76, 89/Werner Forman: S. 28, 30, 69 unten/John Hios: S. 19, 63/Erich Lessing: S. 3, 5, 14, 25, 26, 33 oben, 36, 43, 48, 52, 53, 58, 62, 64, 65, 68, 72 unten, 73, 101 unten, 103 unten, 109, 132, 146 und Umschlag vorn, 147 oben, 148, 162, 164/Gilles Mermet: S. 33 unten/Jean-Louis Nou: S. 34, 86/Doris Poklekowski: S. 104/Rabatti-Domingie: S. 91, 92/Ringfoto Jung: S. 94/Jost Schilgen: S. 139/Schütze/Rodemann: S. 23 oben, 50 unten/Jürgen Sorges: S. 66/Michael Teller: S. 1, 143 oben · Bridgeman Art Library: S. 32 · British Library of Political & Economic Science: S. 215 · Camera Press: S. 274 · Corbis-Bettmann/UPI: S. 4, 246 · picture-alliance/dpa: S. 50 oben, 244, 268, 271, 296, 298, 302 links · Edition Lawine: S. 230 oben · Fischer Verlag: S. 270 · Fotofolio, New York: S. 232 · Friedrich-Ebert-Stiftung: S. 8 unten, 224, 225 unten, 228, 230 unten · Glyptothek, München: S. 55 · Isolde Ohlbaum: S. 5, 304 · Martin Heidegger: S. 263 · Jauch und Scheikowski: S. 240 unten, 277, 282 unten, 283 · Louvre, Paris/A. Lorenzini: S. 22 · Barbara Niggl, Feldafing: S. 289 oben · Dorothee Pfeiffer, Göttingen: S. 234 unten · ÖLWG, Österreichische Ludwig-Wittengenstein-Gesellschaft: S. 4, 252, 253, 254 oben, 255, 256 oben · Thomas Reinagl, Wien: S. 256 unten · Rex Features: S. 292 · Margherita Spilutini, Wien: S. 256 Mitte · teutopress, Bielefeld: S. 302 rechts · ullstein bild: S. 290

Lizenzausgabe mit freundlicher Genehmigung

Titel der Originalausgabe:
50 Klassiker Philosophen. Denker von der Antike bis heute

Die Deutsche Nationalbibliothek verzeichnet diese Publikation
in der Deutschen Nationalbibliografie; detaillierte bibliografische Daten
sind im Internet unter http://dnb.d-nb.de abrufbar.

Umschlaggestaltung: Druckfrei. Dagmar Herrmann, Bonn
Printed in Slovenia 2016
ISBN 978-3-7306-0316-1
www.anacondaverlag.de
info@anacondaverlag.de